【第十五辑】

KANGZHAN WENHUA YANJIU

抗战文化研究

李建平　张中良　主编

广西抗战文化研究会
广西社会科学院文化研究所　选编

研究抗战文化
传承抗战精神

国魂所系
心向力行

广西教育出版社·南宁

图书在版编目（CIP）数据

抗战文化研究. 第十五辑 / 李建平, 张中良主编.
南宁：广西教育出版社, 2024. 9. -- ISBN 978-7-5435-9499-9

Ⅰ. K265.03

中国国家版本馆CIP数据核字第2024CJ9535号

项目统筹：韦胜辉

策划编辑：黄　明　陈逸飞

责任编辑：陈逸飞　黄　明　熊奥奔

特约编辑：韦林池

责任校对：陆媱澄　龙一新

美术编辑：杨　阳

责任技编：蒋　媛

出 版 人：石立民

出版发行：广西教育出版社

地　　址：广西南宁市鲤湾路8号　　邮政编码：530022

电　　话：0771－5865797

本社网址：http://www.gxeph.com

电子信箱：gxeph@vip.163.com

印　　刷：广西民族印刷包装集团有限公司

开　　本：787mm×1092mm　1/16

印　　张：19.25

字　　数：315千字

版　　次：2024年9月第1版

印　　次：2024年9月第1次印刷

书　　号：ISBN 978-7-5435-9499-9

定　　价：59.80元

承蒙
广西社会科学院资助出版
特此鸣谢

目　录

本辑关注：中国共产党与抗日战争

思潮与运动

文本论析

抗战艺术研究

出版与传播

抗战文化遗产研究

评论与争鸣

研究档案库

★ 本辑关注：中国共产党与抗日战争

以史为鉴、开创未来，凝聚建设新时代中国特色社会主义壮美广西的磅礴力量[①]

陈立生

今年是中国共产党百年华诞，也是中国人民抗日战争暨世界反法西斯战争胜利 76 周年。今天，我们在这里召开“中国共产党与广西抗战——庆祝中国共产党成立 100 周年专家座谈会”，目的是深入学习习近平总书记“七一”重要讲话精神、视察广西时的重要讲话精神和关于抗日战争的若干重要论述精神，研讨中国共产党在抗日战争中的作用、地位和伟大功绩，传承抗战精神，以史为鉴、开创未来，凝聚建设新时代中国特色社会主义壮美广西的磅礴力量。

76 年前，中国人民经过 14 年的浴血奋战，打败了日本侵略者，取得了抗日战争的伟大胜利！这是近代以来中国人民反抗外敌入侵持续时间最长、规模最大、牺牲最多的民族解放斗争，也是第一次取得完全胜利的民族解放斗争。76 年后的今天，在中国共产党的领导下，中国人民创造了世所罕见的经济快速发展和社会长期稳定“两大奇迹”，如期实现第一个百年奋斗目标，正向第二个百年奋斗目标进发。在新的赶考之路上，从伟大抗战精神中汲取智慧和力量，具有重要的理论意义和现实意义。

今天，广西研究抗战的专家学者和抗战英雄后代代表齐聚一堂，交流研究心得。我讲三点意见，供大家参考。

一、认真学习领会习近平总书记关于抗日战争的重要论述，用科学的抗战史观指导广西抗战研究

抗日战争，不仅锤炼了中国共产党人的革命意志、战斗精神，也给中国

---

① 此文为作者 2021 年 7 月 28 日在“中国共产党与广西抗战——庆祝中国共产党成立 100 周年专家座谈会”上的讲话。

共产党人探索具有中国特色的革命道路提供了十分丰富的实践经验。以毛泽东同志为核心的第一代领导集体，最早提出抗击日本侵略者，主导建立了最广泛的抗日民族统一战线，指出了抗日战争的前途，批驳了速胜论和亡国论，促成全民族抗战局面的形成。其中，毛泽东同志先后发表《论反对日本帝国主义的策略》《论持久战》等系列文章，鼓舞了全民抗战的士气，清晰展示了中国共产党人的抗战史观。随后，以邓小平同志、江泽民同志、胡锦涛同志等为主要代表的中国共产党人又结合时代背景系统发展了抗战史观。

党的十八大以来，在中国特色社会主义进入新时代和世界处于百年未有之大变局的宏大背景下，习近平总书记在纪念全民族抗战爆发77周年的仪式、南京大屠杀死难者国家公祭仪式、中日友好交流大会、中央政治局集体学习、中国人民抗日战争暨世界反法西斯战争胜利 75 周年以及一系列的双边和多边的外交场合，系统阐发了他的抗战史观。习近平抗战史观是马克思主义唯物史观与中国抗日战争历史的有机结合，是习近平新时代中国特色社会主义思想的重要组成部分，对我们总结历史经验、把握历史规律、认清历史趋势具有重要的指导意义，为我们开展广西抗战史和抗战文化研究提供了方向。

习近平抗战史观的主要精神可以概括为：1. 抗日战争是全民族的伟大胜利；2. 中国共产党是当之无愧的中流砥柱；3. 中国是世界反法西斯战争东方主战场毋庸置疑；4. 伟大的抗战精神永不磨灭；5. 抗战 14 年是前后贯通的整体；6. 中国人民感恩国际支援；7. 睦邻友好须有正确史观；8. 抗战研究要用历史说话用史实发言。习近平抗战史观，对抗日战争的历史起点、战争发生主要原因、抗日战争中的正面和敌后战场的关系、抗日战争胜利的历史原因、抗日战争与中华民族伟大复兴的关系进行了全面的分析，为抗日战争历史的研究提供新的启发和路径选择。比如，习近平总书记指出："让历史说话，用史实发言，着力研究和深入阐释中国人民抗日战争的伟大意义、中国人民抗日战争在世界反法西斯战争中的重要地位、中国共产党的中流砥柱作用是中国人民抗日战争胜利的关键等重大问题。"① 习近平总书记还强调："要坚持以

---

① 习近平在中共中央政治局第二十五次集体学习时强调：让历史说话用史实发言，深入开展中国人民抗日战争研究［EB/OL］.（2015-07-31）［2021-07-28］.http ：//politics.people.com.cn/n/2015/0731/c1024-27393908.html.

我们党关于历史问题的两个决议和党中央有关精神为依据，准确把握党的历史发展的主题主线、主流本质，正确认识和科学评价党史上的重大事件、重要会议、重要人物……要旗帜鲜明反对历史虚无主义，加强思想引导和理论辨析，澄清对党史上一些重大历史问题的模糊认识和片面理解，更好正本清源、固本培元。"①"坚决反对一切削弱、歪曲、否定党的领导和我国社会主义制度的言行。"② 这些重要论述，对我们研究和宣传党史、抗日战争的历史，反对历史虚无主义，具有重要的指导意义。要坚持以习近平抗战史观指导历史研究，确保广西抗战史和抗战文化研究的正确政治方向与学术导向。

二、立足广西实际，以中国共产党与广西抗战为主线，推动广西抗战研究再上新台阶

一直以来，广西抗日战争研究工作者围绕广西抗战史和抗战文化研究做了大量工作，取得了很多成果。特别是广西抗战文化研究会 40 年来硕果累累，得到了国内外学术界的公认。但肯定成果的同时也要看到，我们的研究远远不够，尤其是在中国共产党与抗战方面的研究还不够系统深入，还需要继续努力。

第一，让历史说话，彰显中国共产党对广西抗战的历史贡献。广西是全国抗战的重要战场之一，是出兵数量占人口比例全国第一的省份，桂林是全国抗战文化中心城市之一，是全国较早收复的省份之一，这些重大贡献的取得，除了国民党广西当局的积极抗战，更离不开中国共产党的运筹帷幄、左右协调。一方面，中国共产党在推动新桂系团结抗战方面发挥了重要作用。抗战时期，中国共产党十分重视对新桂系的统战工作，与新桂系李宗仁、白崇禧等军政要员密切联系，共商抗日大计。1937 年，拟定了中共和广西、四川两大军事集团的三方联合抗日纲领，开创了地方实力派同中共签订抗日协定的先河，促成了抗日民族统一战线的正式形成。另一方面，中国共产党在指导广西抗战文化运动方面发挥重要作用。除了新桂系，中国共产党还在桂林对广大知识分子、民主党派、民族工商业者和广大爱国民主人士开展了统战工作，有力调动旅桂文

---

① 习近平 . 在党史学习教育动员大会上的讲话［J/OL］. 求是（电子版），2021，（7）：4–17［2021-07-28］.http：//www.qstheory.cn/dukan/qs/2021-03/31/c_1127274518.htm.

② 习近平 . 论中国共产党历史［M］. 北京：中央文献出版社，2021：181.

化人的民族责任感和文化创造激情，在文化战线上促成了“桂林文化城”，构建了以爱国主义为主旋律的抗战文化运动，用文化战场的智慧和力量配合正面军事战场。正是中国共产党在促成抗日民族统一战线和繁荣抗战文化的努力，为广西抗战胜利提供了坚实的政治基础和精神源泉。

中国共产党为什么“能”？从中国共产党与广西抗战的历史中我们也可以窥见一斑，正是中国共产党的不懈努力，促成了广西的抗日民族统一战线、促成了广西抗战文化运动的蓬勃发展，广西抗战才能在全国抗战中发挥举足轻重的作用，中国共产党是广西抗战当之无愧的中流砥柱。广西抗日战争研究工作者一定要明晰蕴含其中的根本道理，讲好中国共产党在广西的抗战故事，引导干部群众树立正确的历史观、文化观。

第二，用史实发言，深入系统开展中国共产党与广西抗战的历史文化研究。习近平总书记强调，抗战研究要深入，就要更多通过档案、资料、事实、当事人证词等各种人证、物证来说话。要加强资料收集和整理这一基础性工作，全面整理我国各地抗战档案、照片、资料、实物等，同时要面向全球征集影像资料、图书报刊、日记信件、实物等。要做好战争亲历者头脑中活资料的收集工作，抓紧组织开展实地考察和寻访，尽量掌握第一手材料。① 当前，广西抗战历史文化研究方法还比较单一，主要基于史料研究、文献研究，抗战档案、抗战文物、口述历史的实证研究等方面不足。要抓紧收集整理，在中国共产党是抗日战争的中流砥柱和中国共产党抗战功绩、英烈事迹方面，发掘新史料，整理新史实，形成新见解、新成果。特别是口述历史方面，要抓紧对老党员、抗战老兵抗战经历的记录和研究，避免口述历史的流失。

第三，发挥地缘优势，加强抗战文化的国际学术交流。广西具有“一湾相挽十一国”的地缘优势，抗日战争时期，广西籍的海外华人、华侨或全力提供财物支持，或直接回国参加祖国抗战，或在东南亚战场就地保卫“第二故乡”抗击日本侵略者。要利用好这一地缘基础，加强与有抗战历史的国家交流，共写史书，共同捍卫民族尊严和荣誉，讲好中国共产党抗战的故事，推动国际社

① 习近平在中共中央政治局第二十五次集体学习时强调：让历史说话用史实发言，深入开展中国人民抗日战争研究［EB/OL］.（2015-07-31）［2021-07-28］.http ：//politics.people.com.cn/n/2015/0731/c1024-27393908.html.

会正确认识中国人民抗日战争在世界反法西斯战争中的地位和作用。

三、着力固本强基，全面增强广西抗战研究的后劲和动能

一要加强中国共产党的领导。办好中国的事情，关键在党。为此，广西抗战文化研究会建立了党支部，要坚持以党建促会建、以党建促科研，不断完善党的领导，增强“四个意识”、坚定“四个自信”、做到“两个维护”，确保研究会正确的发展方向，守好意识形态安全阵地，为广西抗战研究筑牢政治基石，注入强大政治力量。

二要拓展学术合作。毋庸置疑，广西抗战研究要实现新的发展，必须调动一切可以调动的积极因素，最大限度凝聚起各方面的研究力量。广西抗战文化研究会要加强与广西历史学会、广西先进文化发展促进会、广西新四军历史研究会、广西中共党史学会等相关学会以及南宁昆仑关战役遗址保护管委会、八路军桂林办事处纪念馆等文化机构的沟通合作，开展学术交流和联合研究，相互学习，相互促进，共同为繁荣广西社会科学事业作出贡献。

三要抓好人才培育。相对而言，在广西抗战史和抗战文化研究方面，我们的队伍还很薄弱，科研力量还不够强大。弘扬光荣传统、赓续红色血脉，发掘历史文化瑰宝，需要一代又一代人的努力。要研究制定发展规划，完善学科建设，在加快人才培养、壮大研究队伍上下功夫。要以课题项目为纽带吸引人才、集结队伍、扩大研究，推动广西抗战史和抗战文化研究深入开展。

今年是中国共产党成立100周年，抗日战争研究工作者要把学习党的历史、学习习近平总书记系列重要讲话精神作为提高思想认识、开拓研究思路的亘要抓手，结合广西党史和广西抗战史，从党在广西的奋斗历程中深学细悟、研机析理，做到学史明理、学史增信、学史崇德、学史力行。与社会各界和有关专家一道，将广西抗战史和抗战文化研究这一学科建设出特色、建设出品牌。

作者简介：

陈立生，广西社会科学院党组书记、院长，研究员。研究方向为政治学、中国近代史。

抗战时期的广西学生军与共产党的领导

文丰义

［摘　要］抗日战争时期，国民党新桂系接受共产党的意见，为扩大抗战宣传和服务前线抗战，从 1936 年 6 月至 1941 年 8 月，先后组建了三届广西学生军。同时，共产党通过地方组织安排中共党员和进步学生参加学生军，秘密贯彻抗日民族统一战线政策，坚持团结抗战方针，通过积极的引导和扎实工作，掌握这支具有特殊战地服务作用的青年组织的主导权，在抗战中发挥出独特的积极作用。

［关键词］广西学生军；共产党领导；国民党新桂系；抗战宣传

抗日战争时期，国民党新桂系多次组织过具有特殊宣传功效与独特战地服务作用的学生军。从 1936 年 6 月至 1941 年 8 月，先后组建了三届广西学生军。学生军实行统一培训，实施军事化管理，培训结业后分赴各抗日前线服务抗战救亡宣传和战地宣传。同时，中国共产党通过地方组织安排大量中共党员和进步学生参加到学生军中去，秘密贯彻抗日民族统一战线政策，坚持团结抗战方针，通过积极的引导和扎实工作，基本掌握了这支具有特殊宣传功效和战地服务作用的青年组织的主导权，使其在抗战中发挥了积极作用。

一、组建学生军的历史背景

广西学生军是抗战时期的特殊历史产物。广西学生军的组建，既是中国共产党推行抗日民族统一战线方针政策、扩大和巩固抗日民族统一战线的结果，也是中国共产党在抗战中发挥中流砥柱作用的又一直接证明。1937 年 6 月，经共产党的不断统战努力，达成“川、桂、红”三方联合抗日协定，为推动蒋介石中央政府决心抗战，建立全民族团结抗战的统一战线奠定了很好的基础。在此基础上，白崇禧接受其机要秘书、中共地下党员谢和赓关于组织学生军开展抗日宣传和防蒋防奸工作的建议，号召广西初中以上的学生积极参加学生军。

二、广西学生军组建过程

第一届学生军 1936 年 6 月 1 日，国民党新桂系李宗仁、白崇禧联合广东的陈济棠公开宣布“抗日、反蒋”，发动“六一事变”。蒋介石采取各个击破的策略，首先瓦解广东陈济棠粤系势力，然后再集中力量对付新桂系势力。在生死存亡的危急关头，新桂系紧抓“抗日”旗号不放，决心与蒋介石抗争到底。大批文化界人士被邀请来广西，从而在舆论上占据了上风。同时，白崇禧接受中共地下党员谢和赓“组织学生军开展抗日宣传和防蒋防奸工作”的建议[①]，号召广西各地初中、高中学生和在武鸣集训的全省高中毕业生、广西师范专科学校的学生等，志愿到南宁报名参加学生军，共有 700 余人报名，其中女生有 60 余名。经军事训练和战护课程教育后，精选大约 300 人组成学生军。6 月 27 日，在南宁正式成立了“中华民国国民革命军广西抗日救国学生军”，并举行成立誓师大会。学生军编成 1 个大队，3 个分队，10 个小队。由中央陆军军官学校南宁一分校大队长周竞兼任学生军大队长和战术教官，政治指导员由谢和赓担任。28 日即刻分别派到湘桂边境、粤桂边境、黔桂边境等从事抗日救亡宣传工作。

当年 9 月，在以中共为代表的多方协调下，蒋介石与新桂系握手言和，蒋介石同意新桂系提出的“确定抗日计划”等条件，任命李宗仁为广西省绥靖公署主任，白崇禧为军事委员会常务委员。“六一事变”得到和平解决。学生军组建不到 4 个月时间，即行解散，全部复员。

第二届学生军 1937 年 7 月，蒋介石发表庐山谈话，承认中国共产党的合法地位，达成国共合作抗日协定。新桂系首领李宗仁、白崇禧也于 1937 年 7 月 21 日表示拥护蒋介石的庐山谈话。在中共地下党员谢和赓力促下，白崇禧 8 月 2 日赴南京履任。李宗仁也于 10 月 12 日乘飞机从桂林转长沙飞往南京，就任第五战区司令长官。

在李宗仁、白崇禧受命履职的两个月内，李、白全省动员，征募壮丁，扩编军队。将广西军队编成 3 个军，共 40 个团的兵力，组成第十一集团军开赴前线作战。为配合广西军队出省抗战宣传，广西当局于 1937 年 10 月决定组建

---

① 中共广西壮族自治区委员会党史研究室．广西抗战［M］．南宁：广西人民出版社，2015：58.

第二届学生军，分别在桂林、柳州、南宁、梧州等地招收初中毕业以上文化程度的青年 250 名。招考信息发布后，报名者有 5000 多人。最后仍旧以第一届的 300 人规模组成广西第二届学生军。第二届学生军随新桂系部队北上抗日，经湖南、湖北到达安徽，工作至 1940 年。

第三届学生军 1938 年 10 月，广州、武汉相继沦陷后，中日双方交战进入战略的相持阶段，日军由于战线长、消耗大、兵力分散，占领的地方来不及固守等情况，已经无力再继续发动大规模快速凌厉的攻势。但在这期间，日军仍不断从广东向西进攻；在北面，日军占领武汉后，也继续南下，长沙遭到日军飞机轰炸和战火危机；在南面，日军又有可能从北部湾随时切断桂越公路，从越南方向向广西进攻。广西南、北、东三面都有来自日军进攻的威胁。

广西当局鉴于当时日军有可能进犯广西的时局和此前组建的第一、第二届学生军在抗战宣传、动员及鼓舞前方将士抗战中的特殊作用，决定于 1938 年 11 月组建广西第三届学生军。当局目的是通过学生军的宣传、动员工作，发动组织群众踊跃参战、参军，支援和配合部队正规军作战，以抵御日本侵略军对广西本土的入侵。第三届学生军招收人数最多，有 4200 多人。他们后来参加了桂南会战，在昆仑关战役中发挥了积极作用。

三、中国共产党对学生军的领导

在新桂系组建的几届学生军中，中国共产党方面始终倾注心血加以引导和领导。在第一届学生军创建后，中共地下党员谢和赓就担任了政治指导员，巧妙利用合法身份对学生军加以引导。

第二届广西学生军有 300 人，其中女生有 130 多名。学生军以中学生居多，大学生有 40 余名。学生军中，中共党员有 10 名，共青团员 119 名。同样按照军队建制，大队长由蒋元担任；副大队长由黄芝刚担任，黄芝刚还兼任女生中队长；副中队长分别由钟少熙（南宁女中的体育教员）、朱澄霞（南宁女中语文教员）、裴曼纳（曾留学日本）担任。

1937 年 12 月 11 日，第二届学生军在省城桂林南郊李家村经集训和必要的战前教育后，开拔至桂林市内。12 日，广西省妇女抗敌后援会、广西省学生抗敌后援会、广西国防艺术社等团体在旧省府大礼堂联合举办欢送学生出征大会。学生军代表上台发表热情洋溢的《告广西同胞书》，全体学生军宣誓，立志抗战到底，并号召全国同胞团结起来，一致抗日。12 月 14 日，学生军正式开赴鄂豫皖抗日前线。先后途经湖南的永州、祁阳、衡阳，一路北上，宣传抗日。12 月 28 日，学生军到达武汉，驻扎在武昌蛇山公园的抱冰堂。在此休整期间，学生军中的中共党员易凤英、郑少东等，通过谢和赓向时任国民政府军事委员会副总参谋长白崇禧提出申请，先后向周恩来、叶剑英、邓颖超、张爱萍、郭沫若、沈钧儒、史良、邓初民等中共方面领导人及民主人士发出邀请，请他们为学生军进行演讲、进行报告。

当时聚集在武汉的数百个抗日救亡团体中，只有广西学生军是全部由学生青年组成的宣传团体，实行统一军队着装，全副武装。在文化程度、年龄结构、团体纲领等方面独树一帜。当时驻武汉的各报记者和驻武汉的英美等外国通讯社和报纸的记者等，都相继来到学生军驻地进行采访报道。尤其差不多占据半数的女兵，更加吸引媒体记者的眼球。当时社会各界与媒体报刊都尊称她们是“巾帼英雄”“花木兰”“娘子军”等。《良友》画报更是将她们英姿飒爽的戎装形象拍成照片作为封面。

周恩来是最先对广西学生军进行时事报告教育的中共领导人。1938 年 1 月，周恩来给广西学生军分析抗战形势。接着是邓颖超给学生军讲《抗日战争与妇女解放》。时任国民政府军事委员会政治部第三厅厅长的郭沫若向学生军宣讲战地宣传工作。之后，叶剑英、张爱萍、聂鹤亭等中共高级将领也先后来到抱冰堂学生军驻地，分别给学生军详细讲授抗战中的政治与军事形势、日军情况、如何做群众工作等。聂鹤亭给广西学生军讲授“游击战术”课程时，长达 16 个小时。此外，在武汉的全国各界救国会领导人，如沈钧儒、史良、沙千里、王造时，以及民主人士、著名学者胡愈之、刘清扬、杜重远、刘王立明（“刘王”为复姓）、马哲民、高崇民、邓初民等，也先后到蛇山抱冰堂看望和慰问广西学生军。

广西学生军在武汉停留 40 多天后，于 1938 年 2 月 5 日，离开武汉继续北上进行抗日宣传。他们深入安徽全境和山东、河南部分地区，分多路到阜阳、霍山、金寨等地开展群众运动、战地服务等工作。

广西学生军作为半军事化的抗日宣传与战地服务组织，虽然形式上是隶属新桂系统率的第二十一集团军司令部，但在组建学生军时，就一直受到中共地方党组织的关注和重视。1937 年 12 月，学生军离开广西时，队伍中已有中共地下党员 10 余名。当广西学生军到达安徽后，由于学生军在武汉时曾多次聆听中共方面领导人的演讲、报告，并接受他们的慰问，与中国共产党方面也有很好的接触。周恩来等中共领导人十分关心学生军的成长，鼓励其在抗战中发挥作用。周恩来曾秘密指示中共安徽省党组织及所在地的地下党组织，对这支学生抗日队伍给予关注和指导。在中共安徽省工委的领导和指导下，1938 年 5 月在学生军中建立了中共学生军支部。随后发展了甘怀勋、赖月婵（王彦）、蒋奎等 20 多人加入党组织。最终学生军中中共党员人数有 50 多人。其中，麦世法、朱澄霞等地下党员还先后担任过学生军的指导员，他们以指导员身份秘密支持并帮助学生军党支部开展工作。

1938 年底，根据中共鄂豫皖地区党委常委张劲夫的指示，学生军的一部分中共党员进入当地国民党地、县、区政府机关工作，其余大部分进入省、县的民众战时动员委员会等群众团体里工作。他们利用群众组织掩护各地区党委和大别山一带的中共地下党活动，推动了这些地方的抗日宣传与民众动员工作。

为加强对广西学生军的领导，中共鄂豫皖边区党委还直接吸收学生军党支部的支部委员甘怀勋、郑少东参加边区党委青年委员会工作，易凤英参加边区党委妇女委员会工作。

广西第二届学生军自 1937 年 12 月 14 日离开桂林开赴抗日前线，先后转战鄂、豫、苏、皖等省抗日前线宣传抗战，历时 29 个多月。他们每到一处，都积极动员和组织群众进行抗日训练，开展慰问抗日将士工作。同时他们还深入战地前线护理伤员，安置战火中的难民，实施防谍除奸计划，组织和率领流亡青年与前线将士并肩作战，为鼓舞和激励全国青年积极参加抗战、坚持抗战、团结抗战，起到了积极推动作用。1939 年 1 月和 11 月国民党的五届五中全会和五届六中全会召开后，逐步确定“溶共、防共、限共、反共”方针，统治安徽的新桂系同样加紧对中国共产党等进步力量的限制与迫害。其中配属李品仙部队工作的一中队学生军，于 1939 年 12 月 2 日被迫解散。广西学生军中的中共党员和爱国人士为冲破国民党顽固派的阻挠和迫害，先后越过日军和国民党顽固派的封锁线，毅然投奔到新四军淮南和淮北根据地，直接参加了新四军。

中共广西省工委在广西当局筹备成立第三届学生军时，即根据抗日斗争形势，在中共南方局和八路军桂林办事处具体指示下，派出一批党员干部、进步青年参加学生军。广西各地党组织认真贯彻执行指示精神，动员青年党员带动积极分子和爱国青年参加学生军。一些进步的社会青年和爱国华侨青年也积极报名参加。

广西当局原本拟招收一个规模在1000人左右的学生团，结果全省报名人数19000多人。广西当局也借此顺势利用青年参加抗战的热情，改变了原有计划，最终录取了4269人（其中女生400多人），扩编为3个团。

经过中共广西省工委的周密部署，在广西第三届学生军中，有100多名中共党员参加，他们被分别部署在各个团中。这些共产党员大部分担任班长以上职务，有10名中共党员担任部分中队、大队和团的政治指导员。他们充分发挥中共党员先锋模范作用，基本上掌握着学生军活动的主导权。随后，还在学生军的3个团中分别建立了党支部，直接由广西省工委书记陈岸和省委委员黄彰联系和领导。当时八路军桂林办事处（也是“中共南方局桂林办事处”）对广西学生军中的中共党组织工作的开展做了几项决定：不建立支部，党员改为单线联系；军官系统和学生系统的党员分开；不发展党员。

广西省工委根据以上决定，在撤销学生军党支部的同时，指定专人负责学生军中的党员联系工作，各团、各大队、各中队、各班组等都分别建立了单线联系人。广西省工委指定：第一团由莫郎直接与广西省工委具体负责联系的同志单线联系；第二团由黄廷机单线联系；第三团由李云嵩单线联系。

此后，由于3个学生军团分赴广西各地抗日前线和边远地方工作，由一人单线联系不方便开展工作，3个团的党组织仍由省工委直接联系领导。其中第一团由省工委书记陈岸领导；第二、第三团则由省工委委员黄彰直接联系领导。团以下各中队基本保持原来的组织系统。军官系统与学生系统党员分开后，省工委先后指定杨美灏、靳为霖负责联系军官系统的中共党员。虽然与新桂系方面承诺不发展党员，但由于一些党员积极分子在参加学生军之前就已经发展为培养对象，他们迫切要求加入共产党组织，而且在学生军中已经履行了真正共产党员的义务，所以，在1938年12月至1940年8月中共学生军总党支部建立前，各团都发展了一些新党员，共计16名。

在组建广西第三届学生军初期，由于广西当局准备不足，原本只准备招收一个学生军团的，结果报名参加人数远超计划。在匆忙扩编情况下，一段时间里，军政干部都得不到及时配备，在不少中队里（主要是后来编入的第二、第三团）出现了先有兵后有官的情况。在各中队管理方面，不得不依靠学生军中的骨干与积极分子代为管理。这个时候，3 个团的中共党支部虽然是刚刚建立起来的，但在当局管理相对松懈、制度不严的情况下，在学生军中开展党的活动比较方便。他们秘密进行党员组织关系接收，初步摸清各团、各队官兵的基本情况。

在广西当局来不及配备管理军政干部的情况下，各团的学习和生活分班、分组进行管理，而这些工作基本由所在班组里的中共党员和积极分子去完成。他们自然就有更多机会在中队和班组里成为骨干力量，由此掌握了各基层学生军活动的主导权。这为以后中国共产党在学生军中的工作开展打下良好基础。

1938 年 12 月，学生军第一团在桂林成立不久，广西省工委书记陈岸就在桂林普陀山下的第一团驻地，召集该团部分党员骨干部署中共党组织在学生军中的工作任务。学生军中的党组织还通过各种关系分别邀请叶剑英、郭沫若、夏衍、范长江等进步人士到学生军中进行演讲和报告。1939 年 1 月，学生军 3 个团集中在桂林训练，各团党组织充分利用政治训练时间，组织和领导学生开展对抗战形势及政治理论的学习，组织他们阅读《新华日报》《群众》等进步刊物，引导广大学生军接受中共的抗日路线、方针和政策。

1939 年 4 月，学生军在经过各种理论和实践训练后，开赴各地开展抗日救亡宣传与动员工作。他们中的中共党员认真贯彻执行中共南方局桂林办事处和广西省工委指示，分别带领各团学生军战士切实进行抗日救亡宣传运动和民主运动。他们每到一地，即深入农村和边远山区，走村串户，慰问群众，帮助他们春耕生产、挑水扫地、砍柴盖屋，解决实际问题，与群众打成一片，广泛动员群众，得到当地群众的普遍信任和支持。

广西当局在组建学生军时，目的是控制这批热血青年为己所用，把学生军的宣传抗日救亡运动纳入他们巩固广西地盘、服务广西前线和后方稳定战略的需要中。中国共产党组织适时根据中共南方局桂林办事处和省工委指示，充分利用合法的方式，采取反控制的办法，争取到了对学生军的领导权，使之成为真正推动全面与全民抗战的一支重要的宣传和动员力量。

学生军在开赴各地进行抗战宣传后，由于3个团4200多人分散在几个区域30多个县的广大范围工作，上级党组织很难掌握各团内部的动态和具体情况。党组织要求各团里的党员骨干要严格按照党的方针政策，根据各地的实际特点，独立自主开展工作。同时利用学生军的合法身份，带动党员和积极分子与当地战时工作团（许多都是中共地下党掌握实际领导权）密切配合工作，注重团结地方开明人士，推动当地政府积极开展抗日宣传与战备活动。

广西地方党组织十分关心和重视学生军里的党组织活动。省工委书记陈岸曾亲自到一团找莫郎联系，省工委委员黄彰则到贵县（今贵港市）找王祥彻，到宾阳找李云嵩，到梧州与丘文惠联系，逐一听取他们的汇报，同时根据上级指示部署工作。党的密切联系与领导，使学生军能够沿着正确的政治方向在抗战中发挥独特的宣传与战地服务作用。

四、广西学生军在抗战中的特殊作用

广西学生军是全国最早一支以青年学生为主的抗日军事组织和抗日宣传团体。他们转战南北抗日前线，服务抗战，宣传抗日，动员群众，为全国所瞩目，影响广泛而深远。曾被许多新闻媒体和社会舆论誉为投向敌人的“三百颗炸弹”、“铁打的一群”、“为民的先锋”。尤其在第二届300名学生军中，有近半数的女青年学生，《战时妇女》曾称赞她们为“广西娘子军”，展现了“中华民族儿女精神”;《珠江日报》则称她们是“八桂的女健儿”。此外，外国记者和外国报纸也争相采访、报道。美国进步记者史沫特莱还专程由延安到安徽前线采访并报道了广西学生军第二中队指导员朱澄霞的事迹。

第二届广西学生军，在抗日战争和之后的解放战争中，先后有25位青年为国捐躯。他们为国家的独立和民族的解放，贡献出自己的青春和热血。他们在战火中锤炼，在战火中成长。新中国成立后，他们中的区济文、江平秋、郑少东、甘怀勋、莫一凡、蒙谷、岳平等，先后担任了各地省级以上领导职务；李志曙、杨美颧、黄超越、陈文升等，成为著名的专家教授。

第三届广西学生军主要活动在广西各县境内。1939年11月，学生军司令部根据桂南战事需要，对学生军进行整编，由3个团整编为2个团，主要部署在桂东南的梧州、玉林和桂西南的南宁、武鸣、宾阳等战前地带。11 月下旬，日军侵犯桂南，桂南会战一触即发，学生军立即投入战地服务工作。学生军深入战地前线，发动当地群众为参战部队做向导、供粮草、运弹药、送物资、救伤员、建营房。同时协调军民关系、解决战时纠纷、协助政府收容和接济难民、安抚受灾村民、组织战地农工贸易等。此外，他们还深入敌后侦察敌情、惩治汉奸、打击日伪势力；配合地方政府组织民工炸桥、破路，破坏日本侵略军后勤运输线等。学生军存续期间，“直接组织打击日军的大小战斗一百三十次，参战九百七十八人次。组织群众破路四百多次，破飞机场两次，抬伤兵一万多次，代军队雇向导、（组织）民夫运送伤员、解决军民纠纷等六千多次，筹集军粮数十万斤”[①]。例如，1939 年 12 月 1 日，学生军的一个班协同南宁区民团指挥部教导总队士兵于深夜 11 时偷袭在邕（宁）钦（县）公路线上的唐报街公所宿营的日军，歼敌近百名，缴获步枪 80 多支、小钢炮 1 门，以及一批军用物资。[②]

从 1939 年 11 月至 1940 年南宁城沦陷期间，广西学生军深入前线作战，其中有 10 余名学生军战士在桂南会战中牺牲。在昆仑关战役期间，学生军还派出 20 多人协助日本在华反战同盟西南支部负责人鹿地亘，深入最前线对日军进行策反瓦解的广播喊话宣传。

1940 年 5 月，学生军在隆安下颜圩进行整编，并从中抽调 800 人到第十六集团军干训班受训，结业后计划分配到新桂系军队中任军官。当时学生军中的中共党组织利用这次整编的机会，也对学生军中的共产党组织进行整顿。中共南宁特支书记黄书光向南方局桂林办事处李克农请示同意后，恢复学生军中的中共支部组织，成立了学生军中共总支委，归属南宁特支直接领导，党总支书记由杨烈担任。随后又在学生军的 11 个中队和《曙光报》社里建立了 12 个支部，同时发展党员 40 名。

学生军经过隆安下颜圩整编后，编成一个团约 1100 人，于 1940 年 7 月开

---

① 中共广西壮族自治区委员会党史资料征集委员会 . 党在广西学生军［M］. 南宁：广西人民出版社，1988 ：448.

② 中共广西壮族自治区委员会党史资料征集委员会 . 党在广西学生军［M］. 南宁：广西人民出版社，1988 ：28.

赴十万大山建立敌后抗日根据地，主要任务是进行战地工作，建立军民合作站等。学生军中共总支部根据新的形势发展，提出学生军里的中共党员的总任务是“巩固学生军团，并争取其进步，以支持广西进步力量”。①

1940 年 10 月 29 日，日军退出南宁，随即撤离钦防一带，日军对广西的威胁解除。皖南事变后，八路军桂林办事处被迫撤销，在桂的《新华日报》分馆、生活书店、《救亡日报》等被迫关闭，大部分进步文化人士相继离开广西。新桂系逐步走向反共反人民的道路。1941 年 6 月，广西当局决定解散第三届学生军。在中共地下党的争取下，延长两个月时间解散。学生军中的党员大部分到广西合作人员训练班受训，一部分安排到三青团各县分团部、第十六集团军政工队、《曙光报》社、学生军通讯处工作，有些返回原来的学校继续上学，只有少数几人专门从事党的工作。随后学生军中的中共党员散播到广西全省各个地方、各个方面，为后来广西革命斗争的全面开展奠定了坚实基础。例如，1944 年就在豫湘桂战役爆发，日军再次入侵广西时，广西省工委号召各地党组织起来组织和领导抗日游击武装，原学生军党员黄嘉、肖雷等成立了桂东北抗日武装——临阳联队，坚守漓江两岸的抗日阵地。1945 年，吴家宜、张熙和、李云嵩等参加领导桂东南抗日武装起义，发出告学生军同志书，号召各地组织发动抗日武装斗争，玉林五属以及贵县、桂平、平南各县的原学生军都积极响应。阳雄飞、陈文渊、梁德、梁宁、林中、李明等原学生军党员又在灵川、武宣、横县、鹿寨、宁明、宾阳、上林等县，分别组织和领导各抗日游击自卫队英勇抗击日本侵略军。在解放战争中，原学生军党员在上级党组织领导下，有的深入农村、山区发动组织群众，建立和领导游击武装，开展打击国民党反动武装的游击战争；有的在城市发动组织群众，开展和领导民主爱国运动，反对蒋介石独裁政府。他们当中，有桂东的吴赞之，桂北的阳雄飞，桂中的韦世刚、韦章平，左右江流域的黄嘉、林中、黄耿，粤桂边区的杨烈、陈清源、邹优宁，都宜忻（都安、宜山、忻城）的覃龙保，还有在省工委机关工作的庄严林、肖雷、覃舜恩，在城市工作的陈盛年、韦纯束、苏仁山、熊元清、胡习恒等。他们在

① 中共广西壮族自治区委员会党史资料征集委员会．党在广西学生军［M］. 南宁：广西人民出版社，1988：33.

广西革命斗争的各方面都贡献了自己的力量。

当时在各战区活动的广西学生军、各地战时工作团、军民合作站和钦廉四属（清末民国时期所设钦廉道所辖的四个县：钦县、合浦县、灵山县和防城县）各县的青年抗日先锋队、战时服务团中的数百名中共党员，按照中共中央提出的“坚持抗战，反对投降；坚持团结，反对分裂；坚持进步，反对倒退”和“发展进步势力，争取中间势力，孤立顽固势力”等方针、策略，积极争取、推动当地国民党军政当局奋起抗击日本侵略者；广泛动员、组织民工为国民党军队运送粮草、弹药、伤员，破坏公路、桥梁，迟滞敌人的行动。同时，发动群众建立武装，开展抗日保乡、锄奸肃特的斗争。据 1940 年《广西学生军过去工作的总结》记载，学生军组织的肃奸组或防奸组 7 个，计 406 人；自卫团 8 个，计 1394 人；游击队涉及 15 个县，共计 17630 人。总计集训游击队员 18560 人。同时学生在组建的一年多时间里，共举办群众演讲 54000 多次，演出多幕剧 21000 多场，举行歌咏演出、演奏 68000 多次；出壁报 14000 多版，书写大型标语 110000 多条，张贴抗日漫画 14000 多幅，印发或张贴宣传情报 28000 多份；出版刊物 85 种，编印宣传册子 10 万余册，印发宣言、民众告示等 22 万余份。①

广西学生军在中国共产党的领导下，用热血和热情为广西的抗战宣传，鼓舞和动员广西的民众参与抗战，书写了光辉的篇章。

作者简介：

文丰义，八路军桂林办事处纪念馆副馆长，研究员，广西抗战文化研究会副会长，主要从事抗战文化和中国近现代文化研究。

---

① 中共广西壮族自治区委员会党史资料征集委员会．党在广西学生军［M］．南宁：广西人民出版社，1988：126–127.

共产党员群体与桂林抗战音乐

刘华清

[摘　要]抗战时期的桂林文艺界，共产党员数量不多，但他们在每个机构都很活跃，他们提倡的文艺思想反映了时代发展和抗战形势的需要，因而得到音乐工作者的赞许和支持。共产党员在桂林领导开展新音乐运动，积极组织音乐工作者深入民众、走向前线，以实际行动支援抗战；利用创办的报刊，普及音乐知识，培养音乐人才；在艰难的环境中，共产党员音乐工作者创作了大量作品。在共产党人的领导下，抗战时期桂林的音乐运动如火如荼，爱国、救亡始终是其主题。

[关键词]共产党员群体；桂林抗战音乐；新音乐运动；音乐人才

[基金项目]本文系广西壮族自治区社科基金项目“桂林抗战时期音乐作品整理、归类与传播价值研究”（项目编号：20BZS001）阶段性成果。

抗战时期，为开展文化救亡活动，大批音乐工作者集中在桂林，他们组成各种团体，用音乐鼓舞军民坚决抵抗、誓死保卫国土的斗志，取得了巨大成就，影响深远。中国共产党领导桂林文艺界统战工作的负责人，前期是夏衍，皖南事变后是邵荃麟。他们都能满腔热情地投入到建立文艺界统一战线的工作中去，尽最大努力，团结一切可以团结的力量，旨在为抗战贡献力量。抗战时期的桂林文艺界，共产党员数量并不多，但他们在每个机构都很活跃，他们提倡的文艺思想反映了时代发展和抗战形势的需要，因而得到音乐工作者的赞许和支持。在共产党人的领导下，抗战时期桂林的音乐运动如火如荼，爱国、救亡始终是其主题。

一、引领桂林音乐运动前进方向

中国共产党领导的新音乐运动是中国近现代音乐史上的重要一章，而抗战时期的桂林是“新音乐”发展的重要阵地。桂林的“新音乐”之所以得到很大发展，与众多共产党人的积极活动密不可分。

全面抗战爆发前，在聂耳、张曙、冼星海、田汉、贺绿汀等进步音乐工作者的倡导下，新音乐运动已经发展到较高阶段，得到众多音乐界人士的认同。

所谓“新音乐”，在20世纪三四十年代通常指无产阶级革命音乐。全面抗战爆发后，音乐界人士云集桂林，中国共产党高层领导人认为应该在桂林继续开展新音乐运动，以推动抗战文艺发展。1938年底，由共产党力量掌控的国民政府军事委员会政治部第三厅（以下简称“第三厅”）从武汉撤退到桂林，决定由音乐家张曙负责留在桂林从事“新音乐”工作。但张曙在桂林仅工作、生活了一个星期即在敌机轰炸中不幸牺牲，第三厅只得另外安排年轻的音乐家、共产党员林路接替张曙的工作。第三厅直接领导的和建立密切联系的艺术团体如抗敌演剧宣传四队、抗敌演剧宣传七队、抗敌演剧宣传五队、孩子剧团、新安旅行团等在桂林积极开展抗战文化宣传，这些团体从事的音乐演出活动都是新音乐运动的范畴。这些团体经常演出延安音乐家创作的作品或自己创作的救亡歌曲，如合唱曲目《黄河大合唱》《新年大合唱》等，歌剧《军民进行曲》《农村曲》等，歌曲《你这个坏东西》《义勇军进行曲》等，推动国统区的群众歌咏活动、戏剧演出活动进入高潮。在长期的抗战宣传中，一批音乐家逐步成长起来，如严良堃、孙慎、舒模、吉联抗、林韵等。

考察桂林的新音乐运动，不能不提《新音乐》月刊和新音乐社。《新音乐》月刊桂林版创刊于1940年1月，主要创办者是共产党员李凌，林路、赵沨、薛良也先后主持过办刊工作。关于创刊缘起，曾经在延安从事音乐活动的李凌回忆：“1939年初，我在延安鲁迅艺术学院音乐系研究室工作，当时接到从桂林寄来的《每月新歌选》（林路编），虽然只刊登歌曲（有少数文字），却面貌鲜明，它是介绍大后方的革命歌曲的刊物。有一次，我和在研究室一道搞理论的郗天风同志谈起，觉得能办一个刊物，既介绍抗战歌曲，同时展开对新音乐文化战线上的问题讨论就更有意思。我们把这意见写信去和林路同志商量，他很快就同意了。接着我们就搞了一个计划拿去和吕骥、星海同志研究，他们都很支持，再经邓发、艾思奇等同志的帮助，事情很快就办起来了。”① 由此可见，《新音乐》月刊创办的目的是促进国统区音乐运动朝着有利于抗战的方向发展，它的出现得到延安音乐界人士和文艺战线的领导者的支持。李凌在回忆中还提到，《新音乐》的创办受到共产党员林路在桂林创办的《每月新歌选》的启发

① 李凌．抗战时期的“新音乐”［J］．人民音乐，1958（6）：30.

和影响。《新音乐》月刊把引领新音乐运动发展、将西方音乐艺术与中国传统民族音乐艺术相结合作为办刊宗旨。编者在第1卷第1期（1940年1月1日出版）"编后"栏目（刊登于29—30页）中介绍办刊目的时说："展开音乐艺术上各种问题的讨论，发扬对曲作及音乐运动之批判，以提高音乐艺术水准，归正音乐运动之发展。"《新音乐》月刊大力提倡开展新音乐运动，发表了大量抗战歌曲和音乐理论文章，受到音乐爱好者的欢迎。据李凌回忆，刊物出版后，"受到读者的广泛的重视和欢迎，好像看到自己的旗帜一样珍视它。第一期出刊不到一个星期，就不得不重版，以后在发行者读书出版社建议下，扩大了篇幅（增加三倍），改大了本式，增加了印数，成为当时销数最多的三个刊物之一"[①]。《新音乐》月刊的读者群越来越大，订阅的人越来越多，一度发行3.6万份，成为国统区"销售数量最多、影响最大的音乐杂志"[②]。《新音乐》月刊以推动新音乐运动发展为主要任务，适应了抗战发展的需要，因而产生了巨大影响，"许多分散在各地的新音乐工作朋友，都通过这个刊物团结了起来，逐渐形成一个有力的核心"[③]。新音乐社产生于《新音乐》创刊前后，由李凌等人发起成立，目的是把从事新音乐活动的人士联系起来，推动新音乐运动的发展。新音乐社成立后，在有音乐界人士活动的地方（如昆明、贵阳、桂林等）成立了分社，其中桂林分社由薛良、甄伯蔚负责。从此，"蒋管区的新音乐运动逐渐成为一个有组织的活动"[④]。

1939年底，桂林音乐界举行第一次座谈会，总结了新音乐运动的经验教训，指明了前进方向，从而推动了1940年新音乐运动的发展。1941年7月18日下午，在音乐社团主要成员的倡议下，桂林音乐界15人在广西省立艺术馆再次召开座谈会。会议由欧阳予倩主持，内容主要是商讨音乐活动的开展及加强各音乐团体之间联系的问题。会议决定今后要多举办演唱会、演奏会和专题座谈会，加强对音乐理论的探讨，并号召各团体之间加强联系和协作。皖南事变的发生对抗日民族统一战线造成了冲击，由于政治因素的影响，1941年桂

① 李凌.抗战时期的"新音乐"［J］.人民音乐，1958（6）：30.
② 汪毓和.中国近现代音乐史［M］.北京：人民音乐出版社，2002：250.
③ 李凌.抗战时期的"新音乐"［J］.人民音乐，1958（6）：30.
④ 李凌.《新音乐》和新音乐社的诞生：新音乐运动杂忆之一［J］.四川音乐，1979（4）：26.

林的音乐运动遭受挫折。太平洋战争发生后，香港沦陷，许多音乐界人士来到桂林。为了适应斗争形势发展的变化，确定今后的工作任务，经李凌发起，并得到田汉、安娥、欧阳予倩的支持，他们以新音乐社桂林分社的名义，以纪念聂耳逝世为名，于 1942 年 7 月 17 日邀集西南各地新音乐工作者来桂，在正阳路大华饭店举行纪念会，讨论有关新音乐的一些重大问题，并举办晚会，演唱一年来创作的歌曲。参加这次会议的有桂林音乐界的马思聪、林路、徐迟、郭可诹、甄伯蔚、姚牧、石嗣芬、陈慧芝、宗炜、马卫之、陆华柏（特邀），柳州音乐界的舒模、力丁，曲江音乐界的徐洗尘、林韵，长沙音乐界的高重实等，共 50 多人。会议的主要内容，一是讨论有关“新音乐”的一些问题及今后的工作，二是检阅一年来的创作成果。田汉在会上发表关于聂耳与新音乐运动的演讲，要求人们以聂耳的刻苦精神为镜子，更扎实地开展工作。欧阳予倩希望西南音乐界人士加强团结，加强自我教育。陆华柏在发言中谈到他两年前发表、后来引起争论的那篇文章（即《所谓新音乐》，载于《扫荡报》副刊《瞭望哨》，1940 年 4 月 21 日出版），他说争论系由误会而引起，希望今后“在工作学习上得以团结一致”。孙慎代表新音乐社发言，表示“愿与全国音乐界团结合作，共同致力于抗战建国”。会上还决定将西南音乐界一年来的创作成果结集出版，后编成《新音乐歌集》一册，以《新音乐》月刊副本的形式于 1943 年 1 月出版。这次会议是西南地区新音乐工作者的一次盛大聚会，统一了西南音乐界的思想，加强了团结，对新音乐运动的发展起到了积极作用。①

早在 20 世纪 30 年代初，为了革命事业的需要，中国共产党就积极领导文艺界开展“左翼文化运动”，从此左翼文化人士有不少投身于革命大潮中。抗战时期，许多“左联”人士如田汉、孙师毅、周钢鸣、安娥、孟超等在桂林从事戏剧、诗歌、小说的创作或新闻宣传工作，他们都支持新音乐运动，或者与音乐家共同创作群众歌曲、戏剧歌曲，或者撰写理论文章探讨“新音乐”的发展形式、路径、现实意义等问题。如司马文森在《救亡日报》1939 年 12 月 24 日的副刊《音乐阵线》发表的文章《过去的和未来的》以及在《救亡日报》1940 年 4 月 3 日的副刊《音乐阵线》发表的《两点希望三点意见》，周钢鸣在《救

① 刘文俊 . 桂林抗战文化城的社团［M］. 合肥：黄山书社，2008：189.

亡日报》1940 年 2 月 26 日的副刊《音乐阵线》发表的《谈音乐启蒙运动的实际意义》，安娥在《广西日报》1943 年 7 月 23 日发表的《聂耳是怎样学习的》，对新音乐运动的发展都有借鉴意义。

共产党员夏衍受中共中央南方局委托在桂林复刊《救亡日报》（1939 年 1 月 10 日至 1941 年 2 月 28 日），办报目的主要是在国统区宣传抗战、动员民众，为在国统区建立广泛的抗日民族统一战线发出中国共产党的声音，指引大后方文化人士沿着正确的方向开展抗战文化活动。《救亡日报》（桂林版）十分重视发挥音乐界的力量，经常报道桂林及全国其他地方音乐界的动态，团结音乐界人士，建立、巩固音乐界统一战线。《救亡日报》开办的副刊《音乐阵线》是沟通解放区与国统区音乐文化交流的桥梁，发表大量进步歌曲，介绍延安和国统区新近创作、产生较大反响的音乐作品，另外也发表音乐理论文章，引导音乐界的发展方向。所发表的理论文章内容丰富，有的总结自身音乐创作的经验，如联抗的《作曲，民歌记录与配词》（载于《救亡日报》1939 年 10 月 12—14 日）、冼星海的《研究民歌与创作新民歌的方法》（载于《救亡日报》1940 年 8 月 11 日）等；有的阐述对开展新音乐运动的看法，如黄迪文的《论新阶段的音乐运动》（载于《救亡日报》1939 年 4 月 17 日）、陈原的《新音乐运动的内容和要求》（载于《救亡日报》1939 年 6 月 26 日）等；有的探讨歌曲创作的形式和方法，如舒模的《从实际生活中创作民族形式的音乐》（载于《救亡日报》1940 年 2 月 26 日）、林山的《研究民歌与大众诗歌的创作》（载于《救亡日报》1940 年 8 月 10 日）等。1942 年 5 月 29 日，《大公报》（桂林版）副刊《文艺》发表了作家徐迟和演奏家马思聪的文章《关于音乐的二封公开信——纯粹音乐、标题音乐、舞蹈、歌剧、世界性、民族性》，使得桂林音乐界关于“纯粹音乐”和“标题音乐”的争论更为激烈。为正确引导音乐界的创作思想，《救亡日报》发表多篇文章，倡导“民族的、大众的文化”，推介新音乐理论，正确引导“纯粹音乐”与“标题音乐”等音乐理论争鸣。《救亡日报》发表的理论文章对音乐创作和群众性歌咏运动的开展起到了指导作用。[①] 冼星海创作的鸿篇巨制《黄河大合唱》引起巨大反响，在延安的文艺人士将乐谱寄给夏衍，夏衍转交给共

---

① 舒翠玲，李莉．抗日民族统一战线下的桂林抗战音乐［J］．歌海，2012（6）：47-52.

产党员林路，林路迅速在自费出版的《每月新歌选》上发表，并组织合唱队排练、演出，引起全城轰动，这对桂林“新音乐”的发展产生了积极作用。可以说，《救亡日报》在特殊条件下开展卓有成效的统战工作，丰富了中国共产党的办报理论和实践，尤其是在如何在音乐文化领域争取民众支持和教育民众方面提供了鲜活的经验。

《救亡日报》（桂林版）的副刊之一《音乐阵线》创刊于 1939 年 12 月 24 日，最初为旬刊，从第 5 期起改为半月刊，1940 年 4 月 6 日出版第 8 期后因“篇幅有限，读者也很不满足”[①]，主持人员决定改为四开周刊，脱离《救亡日报》单独出版。该刊宗旨是推动国统区开展新音乐运动。该刊编者在共产党员林路主持创办的《每月新歌选》第 4、5 期合刊上刊登了关于创办《音乐阵线》杂志的启事，指出只有用集体的力量，才能建立最坚强的音乐阵线。建立音乐界统一战线的呼吁得到各歌咏队、演剧队、宣传队的响应和支持。编者在该刊第 1 期发表的《为保卫西南而歌——代发刊词》中针对新音乐运动存在的问题，号召作曲家和诗人要创作适合抗战需要、激发民众爱国抗日热情的歌曲，在城市或乡村开展大规模歌咏活动，建立歌咏运动的根据地，建立健全歌咏组织，并呼吁建立一个领导机构，领导西南地区开展歌咏活动。《音乐阵线》杂志由于人力、经费、发行等方面的种种困难，出版数期后被迫停刊，但已产生了较大反响。

同样，《每月新歌选》和《新音乐》月刊对于发动群众、巩固抗日民族统一战线也发挥了积极作用。林路发表在《广西日报》上的文章《乐坛回首忆桂林》回忆《每月新歌选》和《新音乐》月刊的办刊情况时说：

刊物出了两三期以后，收到一些各地的来信，逐渐认识到这件工作的重要性，党内的同志们也一再给我帮助和鼓励，我就更加有信心了。编辑时，常常从夏衍同志或《救亡日报》其他同志那里得到些延安或其他地区的新歌，使内容更加丰富，战斗性更强。象（像）冼星海同志的《黄河大合唱》就是夏衍同志交给我的，哀悼平江惨案的歌曲也是夏衍同志授意我刊出的。

后来，李凌同志从延安到了重庆，计划在重庆编《新音乐》月刊，因为重

---

① 广西社会科学院 . 桂林文化城纪事［M］. 南宁：漓江出版社，1984：445.

庆的印刷条件差，稿件是寄到桂林来排印的，要我帮忙校对、编辑。这样，在桂林就有了两种都标明“新音乐”的刊物，特别是《新音乐》月刊，论文与歌曲并重，对加强音乐运动的理论工作起到很大作用，力量就更大了。①

抗战时期，剧作家、词作者、共产党员田汉三次来到桂林，由于他热心于抗战文艺的发展且具有较强的领导能力，所以每次在桂林活动期间都能推动戏剧、音乐运动开展得有声有色。1939 年 4 月 20 日至 9 月 21 日，田汉第一次来到桂林，在率领第三厅平剧宣传队创作戏剧作品、撰写文艺理论文章的同时，也在关注“新音乐”的发展。1939 年 5 月 7 日，田汉在参加广西省会国民基础学校抗战歌咏比赛颁奖大会后有感而发，撰写了《歌咏、歌剧及其他》一文并发表在 5 月 9 日出版的《扫荡报》上，赞扬桂林群众性歌咏取得的成绩、歌咏对于抗战动员的积极意义、音乐界人士所做的努力：“今天广大军民太需要音乐了，太喜欢艺术了，特别是抗战的艺术，这种群众歌咏，特别是儿童歌咏运动由于吴伯超先生和许多音乐家、歌咏指导者之努力，在本城已有了可观的成绩了。”

中华全国文艺界抗敌协会（简称“文协”）桂林分会在 1939 年 10 月成立后，不仅积极组建有战斗力的文艺队伍，采取措施建立文艺界的抗日民族统一战线，而且开展各种活动，领导桂林文艺运动朝着健康、繁荣和服务于抗战的方向发展。由共产党员实质领导、具有强烈左倾色彩的“文协”桂林分会积极组织文艺工作者深入民众、深入前线，以实际行动支援抗战。为了适应抗战形势发展的需要，“文协”总会提出了“文章下乡”“文章入伍”的口号，并组织作家到战地访问。“文协”桂林分会根据总会的号召，在文艺通俗化、大众化方面做了许多工作，同时，桂林分会还有计划地组织在桂林的文艺工作者参加各种社会活动，如集会、游行、演讲等，组织他们到学校、工厂、农村、街道宣传抗战，动员民众参与抗战。

“文协”桂林分会要求文艺界人士的创作、活动服务于抗战，这对桂林音乐界有积极的影响。为响应“文协”桂林分会倡导的“文章下乡”“文章入伍”的号召，1939 年 1 月 28 日，广西音乐会在广西艺术师资训练班召开了主题为

---

① 广西社会科学院 . 桂林文化城纪事［M］. 南宁：漓江出版社，1984：443-444.

“抗战歌曲到农村去”的座谈会，参加座谈会的有文艺界、教育界的知名人士近 20 人，如胡然、吴伯超、陆华柏、张安治等。著名指挥家、广西艺术师资训练班主任吴伯超主持了座谈会。广西音乐会理事、著名男高音歌唱家胡然进行重点发言，他首先指出，全面抗战爆发后抗战歌曲在宣传爱国主义、动员民众方面取得的成就：“音乐在祖国求独立自由的血战中，的确已尽了光荣的任务。一年以来，抗战歌曲迅速地传遍了全国，每一个角落里都吼出了反抗的呼声。雄壮的歌曲，喊出了对侵略者的愤怒，为自卫求生存的必死的决心。抗战音乐得到这样惊人的发展，是没有人能预料到的。”“抗战歌曲呼召着不愿做奴隶的人们，站立起来向敌人开口响出了雷一样的回答，扬起了铁的拳头，决心要粉碎侵略者的迷梦！”胡然随后回顾了一期抗战时期歌曲创作、传唱存在的问题：“也有些杰出的作品，可是太少了。”“除了极少极少的地方，它传布的范围，大半在城市、军队、知识阶层和过着集团生活的群众中。”“一般说来内容都略嫌空泛。”“乐曲的形式太过于自由。”“许多都很不适合群众唱歌的要求，尤其不能到农村去。”胡然接着阐述了抗战歌曲到农村的时代意义：“现在呢，抗战的中心已由都市转向农村，无疑的音乐立刻要把握住当前的任务而转向农村，深入到农民群去，不再固定地停留在原有的状态中，作为抗战的装饰；而是到农村去，唤醒广大的农民，组织他们建立起千千万万的勇敢的抗日队伍，教育他们使他们的锄头，为支持抗战而加倍地生产。所以，我们喊出了这个‘抗战歌曲到农村去’的口号。”“抗战歌曲到农村去”的战斗口号通俗易懂，目的明确，为音乐界指出了奋斗的方向，因此受到参加座谈会的专家学者的赞同。座谈会围绕“抗战歌曲到农村去”的方法、途径，就“怎样的歌词才能适合他们的需要和程度，而容易了解？”以及“怎样的乐曲才能使他们接受和爱唱，而且容易记忆”的理论问题展开了深入探讨。与会人员各抒己见，从不同角度提出了许多切实可行的见解。桂林音乐界提出“抗战歌曲到农村去”这一行动纲领对于推动抗战文艺发展具有重要意义：第一，这是中国共产党提出的抗日民族统一战线理论在国统区音乐界的具体体现，是桂林音乐界践行毛泽东《论持久战》战略思想的具体行动；第二，“抗战歌曲到农村去”这一口号的提出使音乐界明确了工作努力的方向，使桂林城内轰轰烈烈的群众歌咏运动向广大农村地区蔓延、发展；第三，“抗战歌曲到农村去”座谈会及其口号也影响了桂林的文学界、戏剧界、出版界，使广大文化界认识到文艺到农村去为抗战服务的重大现实意义。①

积极开展新音乐运动，极力倡导以音乐为武器动员民众，共产党员引领了桂林音乐运动的发展方向，使桂林抗战文艺的发展走在正确的道路上并取得了辉煌成就。

二、普及音乐知识，培养音乐人才

共产党员群体利用创办报刊的形式普及音乐知识、培养创作人才，积极推动音乐运动发展。

《救亡日报》是共产党员夏衍担任总编辑的报纸，在一定程度上反映了共产党的政策主张，这份报纸迁至桂林恢复出版得到周恩来的支持，该报的出版发行也得到八路军桂林办事处的帮助。《救亡日报》不仅刊登了大量音乐作品和介绍音乐知识的文章，也十分重视音乐创作问题和音乐创作人才的培养。共产党员林路编辑的《每月新歌选》出版后受到普遍欢迎，为了宣传《每月新歌选》，也为了推动新歌的创作，林路在 1939 年 6 月 26 日的《救亡日报》（桂林版）第 4 版发表了《序〈每月新歌选〉》，指出编辑《每月新歌选》主要目的是让民众更多地传唱新歌、避免出现“歌曲荒”，鼓舞人们的抗战斗志，并认为歌咏运动的长久开展需要“建立新的正确的理论基础，并研究精深的音乐技术，创造新的表现方法”，上述观点对歌咏运动的开展和音乐工作者的创作提出了专业化的要求。由林路担任主编的《救亡日报》副刊《音乐阵线》在创刊号中发表了他本人撰写的创刊词《为保卫西南而歌》，其中提出要重新审视全面抗战爆发后开展的歌咏运动，认为歌咏运动存在四个方面的“不够”：歌曲产量不够，歌咏行动不够，歌咏组织不够，联系不够。针对以上问题，他提出了解决办法，其中之一就是应动员广大作曲家创作适合时代要求、反映当前形势的歌曲，尽可能吸收民歌的养分并予以适当处理，便于广大民众理解和接受，以更好地发挥抗战宣传的积极作用。林路对于发表在《音乐阵线》上的音乐作品在歌词、旋律方面有严格要求，内容粗糙、难以传唱的作品是

① 王小昆 . 桂林抗战音乐文化研究［M］. 北京：大众文艺出版社，2005：1–15.

不能发表的。林路撰写的《给热心作曲的同志们》（载《音乐阵线》第 7 期）指出作曲要注意两个要点：一是“思想”，二是“技巧”。他提出歌曲创作要满足两个要求：突出时代性和政治性，具有较高的专业性。他认为群众性歌咏运动具有大众化、通俗化、普及化的特点，因而“歌曲创作者需提升专业理论基础”。《救亡日报》发表了多篇探讨歌曲创作问题的文章，许多作者主张要体现民族风格、借鉴民歌形式，以便让民众更容易理解和接受，发挥更大的动员作用。这些阐述音乐创作方法、风格方面的文章对于初学者和已经成名者都具有一定的借鉴、指导作用。

《新音乐》月刊是共产党员李凌（李绿永）、林路等主持编辑及出版的，林路还创办了《每月新歌选》和《音乐阵线》。《新音乐》栏目众多、内容丰富，主要有国内外乐坛动态、音乐家介绍、世界名曲介绍、音乐理论、歌曲等。该刊重视刊登民歌民谣，也注意介绍外国音乐家和世界名曲，尤其创作的歌曲占有突出地位。名曲《红缨枪》（金浪、向隅作，1 卷 1 期）、《新年大合唱》（李绿永、冼星海作，1 卷 1 期）、《你这个坏东西》（舒模作，5 卷 4 期）、《垦春泥》（田汉词、贺绿汀曲，4 卷 1 期）、《路是我们开》（安娥词，冼星海曲）等都是在该刊问世的。该刊发表的名作还有：舒舍予、陈田鹤的《军民联欢歌》（1 卷 3 期），马可的《老百姓战歌》（1 卷 4 期），秦使侬、刘雪厂的儿童歌曲《打东洋》（1 卷 6 期），天蓝、冼星海的《军民进行曲》（1 卷 6 期），吴新稼、贺绿汀的《我们是抗战的孩子》（3 卷 4 期），田汉、贺绿汀的《胜利进行曲》（4 卷 4 期），马可的《别让鬼子渡黄河》（4 卷 6 期），塞克、郑律成的《准备反攻》（5 卷 1 期），冼星海的《黄河大合唱》，马可作曲的《吕梁山大合唱》（2 卷 3 期至 3 卷 2 期连载），塞克、冼星海的歌剧《生产大合唱》（1 卷 4—6 期连载），高阳、方冬的儿童歌舞剧《小小锄奸队》（5 卷 4 期）等大型歌曲合唱和歌剧，增添了《新音乐》的光彩。①《每月新歌选》是以刊登新创作的歌曲为主的刊物，是抗战新歌曲的总汇。该刊共出 12 期，该刊主要撰稿人有：林路、张曙、冼星海、郑律成、章枚、舒模、张寒晖、光未然、刘式昕、联抗、孙慎等。除了刊登创作的歌曲，还刊有民歌小调、器乐曲、舞曲、歌剧及外国歌曲。该刊第 4 期至第 8 期连续刊登了《黄

---

① 杨益群，万一知，王斌，等．桂林文化城概况［M］．南宁：广西人民出版社，1986：186-189.

河大合唱》，第3期刊登了《张曙遗作特辑》，第1期和第3期刊登了郑律成的《延水谣》《黎明曲》《北京行》，第1至3期还刊登了林路的《到游击队里去》《战士的埋葬》《江汉渔歌》等歌曲，都受到了人们的喜爱。关于《音乐阵线》的办刊缘起和内容，林路回忆："有一次，林林同志感到歌咏运动既然逐渐蓬勃开展，就打算在《救亡日报》上办一个音乐副刊，我也赞成。于是筹备起来，取名《音乐阵线》，准备每周出一次，占《救亡日报》的一版，刊登些短论、报道、群众歌曲、技术理论、习作修改等。总之，凡是《每月新歌选》所包括不了的或不能及时反映的都包括进去了。"①

李凌、林路、赵沨等人编辑的《新音乐》月刊（桂林版）为了解决抗战歌咏运动兴起后随之出现的指挥、表演、创作等问题，也参与到培养音乐人才的事业中来。该刊第3卷第3期（1941年10月出版）和第3卷第5期（1941年12月出版）开辟了"简谱系统问题讨论专页"，讨论为什么学习使用简谱、介绍使用简谱的方法和应该注意的问题，发表了孙慎撰写的《从简谱系统问题想起来的》、李凌撰写的《拍子与低音音符加点》等文章。该刊第4卷第2期、第3期、第5期、第6期（以上各期1942年3—9月出版）与第5卷第1—4期（以上各期1942年11月至1943年5月出版）发表了八期"和声学教程"（莫斯科国立音乐院研究组合著，张洪岛译）。内容包括：旋律的进行，和弦的定义、排列、构成名称、转位及和弦的进行，非和弦音，长三和弦和短三和弦，主要三和弦的机能体系，主要三和弦之连接，如何用主要三和弦为旋律配和声，和弦移动的意义及技巧，等等。该刊第3卷第6期（1942年1月出版）发表了一篇采访对话形式的文章，标题是《关于作曲及其他》，内容是作曲家贺绿汀围绕抗战歌曲的创作问题发表看法。他认为，创作抗战歌曲时，要明白作品的听众是谁，对于听众的生活环境、社会地位、知识水平都要考虑到，经过周密思考后写出来的作品才易于为人们接受，同时创作的音乐作品也要考虑恰当运用民族形式，吸收民族文化的精华。

在中国共产党抗日民族统一战线政策的感召、影响下，桂系人物钟期森主编的《扫荡报》（桂林版）对抗战歌咏运动非常支持，该报除了刊登大量抗战

---

① 广西社会科学院．桂林文化城纪事［M］．南宁：漓江出版社，1984：444-445.

歌曲，也发表了许多旨在解决抗战歌咏运动中存在的“技术”问题的论文。

报社、期刊社及音乐团体等的努力获得了回报，音乐常识在社会各界得到普及，一些学习音乐创作的学员、非专业人士的创作水平得到提高。《每月新歌选》1940 年第 7 期第 32 页《作者介绍》栏目介绍了当期发表作品的作者，编者写道：“这一期上发表歌曲的作者，恐怕除了三四位常见的以外，大部分对于一般读者都是很生疏的。”在介绍作者之一陈元时编者写道：“这是军委会政治部抗剧一队的一位女同志，也许，这首《期望》还是她第一次的作品。在新音乐运动中，虽然女同志曾尽了不少力，但真正负责领导某一地方工作的，还很少发现，作曲方面更少听说了。我们希望音乐工作更广泛地在妇女群众中展开，更希望有不少的妇女音乐工作干部发现。本刊预备出的《妇女歌曲专号》，如果能完全刊登女同志的作品，将更有意义得多，希望各地女同志努力投稿。”在介绍作者之一徐焱时编者写道：“这是一位有力的歌咏干部，他的本行是会计，音乐活动只是业余的……这里刊登的两个曲子虽很短，但很可以看出作者的才能。”《每月新歌选》的编者在 1940 年第 9 期第 1 页的《开场白》中写道：“这一期是‘儿童歌曲’专号。内容方面，除了大人作给儿童唱的歌，小朋友自己的创作也差不多占了一半，这是编者要特别提出来告诉大家的。”同期第 29—32 页《歌曲说明》栏目对当期发表的创作歌曲及其作者有所介绍。在介绍歌曲《我们是新中国的主人翁》时编者写道：“凡是本刊的老主顾，对这位作者也许还能记起来。在四、五期合刊上，我们不是刊载过两位十五岁小朋友关于作曲的通讯吗？这位作者便是其中之一。如果我们把这首歌拿来同四、五期合刊中的那首《自立歌》比一下，就知道他几个月的进步是很大的，编者除了在第五小节和第九小节内稍微把节奏改了一点以外，其余一点也没有动。”对于歌曲《松树王》编者是这样介绍的：“在本期内，这位作者有八首歌，但因为都是很短的，从篇幅上看来还不显得太多。这首歌的歌词很好，宜于小学三四年级唱。”在介绍歌曲《跑啊跑》时编者写道：“这是育英儿童工作团的一位小朋友作的，他今年大概是十六岁。从这首歌看来，他的作风很有点像在桂林遭难的张曙同志，这也许是受张曙影响太深的缘故。里面有些地方常作八度跳进，也许很难唱，但一熟悉了，就会十分顺口的。”编者在介绍歌曲《中国小主人》时写道：“这位作曲者也是一个小朋友，今年好像是十四岁，是新安旅行团的团员，在写作上很努力。这首歌头尾差不多相同，主要的是在强调‘中国小主人’这一主题。”从以上对歌曲及作者的介绍材料可以看出，除了专业作曲家，一批经过培训、学习的业余创作者、青少年创作者在文化救亡运动中成长起来，他们的作品虽然不够成熟，但达到了一定质量，已经能够发挥动员群众、推动民族音乐艺术发展的作用了。

三、在艰难的环境中创作音乐作品

抗战时期，桂林物资匮乏，许多文艺界人士没有收入来源，缺衣少食，同时言论、出版也不自由，时常受到国民党顽固势力的监视、排挤甚至打压，还面临着日军飞机的经常性轰炸。然而，就是在这样的环境中，共产党音乐工作者创作了大量音乐作品。

1938 年 12 月 17 日，共产党员、进步音乐家张曙随国民政府军事委员会政治部第三厅来到桂林，在一个星期内即创作了两首歌曲，其中《负伤将士歌》表达了中国人民坚决消灭侵略者的思想感情和坚强意志。12 月 24 日上午，张曙由住所来到第三厅驻地桂林中学，与林路商量开展音乐活动事宜，又谈到自己正在创作的一首歌，歌词前几句是：“十二月里吃凉水，点点滴滴记在心。日本鬼子的仇和恨，此生不报枉为人。”中午回住所后遭遇日军飞机轰炸，张曙和女儿不幸殉难。正是对民族的热爱、对侵略者的痛恨才促使张曙以音乐为武器，与侵略者坚决斗争。

共产党员林路从 1938 年 12 月至 1943 年 4 月在桂林工作，在此期间领导新音乐运动，组织演出了在延安产生轰动的音乐作品《黄河大合唱》，主编《每月新歌选》、《音乐阵线》、《新音乐》月刊、《士兵歌曲集》等刊物及书籍，同时致力于歌曲创作，作品有《到游击队里去》《送情郎》《短歌》《七七两周年纪念献礼歌》《战士的埋葬》《廿九年进行曲》《抗战三周年纪念歌》《萤火虫之歌》，另外创作了平剧主题曲《江汉渔歌》和平剧终止曲《儿女英雄》。

共产党员、作曲家舒模有感于前方将士在英勇奋战，而后方一些官吏、商人却肆意吃喝玩乐、侵吞公款、囤积居奇、哄抬物价、扰乱金融、剥削人民，“前方吃紧，后方紧吃”的状况使他对抗战前途十分担忧，于是愤而创作了歌曲《你这个坏东西》，揭露了发国难财者的丑恶嘴脸，暴露了国民党统治区的阴暗、腐败。桂林的大街小巷经常可以听到“你、你、你、你这个坏东西”的愤怒歌声。此外，他还创作了《军民合作》《守黄河》等歌曲。

为了激励青年参军报国，田汉与联抗合作完成了《新兵歌》。1940 年 2 月至 3 月，田汉前往桂林，创办刊物《戏剧春秋》，完成歌剧《江汉渔歌》的创作、出版。1941 年 8 月 23 日至 1944 年 9 月，田汉再次来到桂林，团结文艺界人士，在艰苦的环境中多次掀起抗战文艺运动的高潮。其间，田汉多次参与发起并组织纪念新音乐运动的先驱聂耳、张曙的活动：1942 年 7 月 17 日聂耳逝世纪念日，参加“西南新音乐工作者的盛大聚会”，并发表讲话肯定了聂耳对中国音乐事业的贡献，号召音乐工作者为抗战而创作和演出；1942 年 12 月 24 日，主持张曙逝世三周年的祭奠活动；1943 年 7 月主持聂耳逝世八周年纪念集会。田汉领导的新中国剧社积极参加抗战歌咏活动，新中国剧社音乐部曾演出了《黄河大合唱》和《南山之什》（田汉为郭沫若写的贺寿诗，姚牧作曲）等作品。田汉在戏剧创作中加入新音乐歌曲，既体现了自身的创作特色，也推动了音乐运动的发展。他在桂林创作的话剧《秋声赋》，包含《漓江船夫曲》《落叶之歌》《擦皮鞋歌》《潇湘夜雨》《银河秋恋曲》5 首歌曲；他还创作了《再会吧，香港！》《风雨同舟》等主题曲，演出后被广泛传唱。受到田汉的激励，歌唱家姚牧开始尝试创作歌曲，后来整理出版《姚牧新作演唱集》和单行本《南山之什》。①

1944 年初，随着战局形势等的变化，桂林城中的许多文化界人士对发展抗战文艺失去了往日的热情，创作、演出活动有些沉寂，为鼓舞人们的士气，田汉、欧阳予倩等人组织发起了轰动国内外的戏剧展演盛会——西南剧展。戏剧演出展览从 2 月至 5 月共演出 170 场，观众在 10 万人以上。6 月 15 日是“音乐日”，音乐厅、广播电台、大街小巷、茶楼酒肆处处飘荡着爱国、抗战的歌声。田汉日夜写作，短时间内完成了五幕话剧《怒吼吧，桂林！》，剧中有 6 首插曲，即《醒一醒吧，大后方》《滨湖月》《献金歌》《卖花歌》《为第二战场而歌》《怒吼吧，桂林！》，由田汉、安娥作词，费克、王天栋谱曲。歌词慷慨激昂，具有很强的感染力。

---

① 李莉，田可文．论桂林的抗战音乐活动［J］．星海音乐学院学报，2012（3）：26-37.

抗战时期，全国各地大批音乐界人士聚集在桂林，组建了大量音乐机构和演出团队，积极组织开展群众性歌咏活动，创办报刊，创作歌曲，以音乐为武器，发挥了音乐服务抗战，动员、教育、团结民众的战斗作用。如果没有共产党员群体积极引领桂林音乐运动的开展，桂林文化城的地位不会如此突出，其所取得的成就也不会那么辉煌。

作者简介：

刘华清，广西师范大学音乐学院教授。研究方向为音乐教育及音乐史。

大众化、现实化、现代化：抗战时期“学术中国化”运动再审视

张　喆

［摘　要］“学术中国化”运动是抗战时期中共在学术文化领域发起的一场重要运动，主要以中共学人撰文倡导“学术中国化”并讨论如何展开“学术中国化”。通过对中共学人论说的梳理和考察，可以看到“学术中国化”运动具有大众化、现实化和现代化三重诉求，体现了中共配合民族解放和民主革命的需求，在文化和学术领域逐渐趋于成熟和理性。

［关键词］“学术中国化”运动；大众化；现实化；现代化

［基金项目］本文系湖南省社会科学成果评审委员会一般课题项目“新民主主义革命时期党的调查研究与马克思主义中国化”（课题编号：XSP24YBC293）阶段性成果。

1938 年 10 月，毛泽东在中共六届六中全会上提出“马克思主义中国化”的口号。重庆的中共知识分子响应这一号召，于次年 4 月以《读书月报》《理论与现实》为阵地，打出“学术中国化”的旗帜。“学术中国化”运动就此展开。“学术中国化”运动代表着中共一批理论家和学人对前一阶段学术研究和文化运动的一种反思，也体现了他们对今后文化与学术工作的规划和期许。因此，这场运动无论在中共党史还是学术史上都有着极为重要的转折意义。以往学界对这一运动的内容已经有了较为详细的梳理，认为其基本内容包括：用马克思主义的唯物论和辩证法研究中国问题并建立中国的学术系统；充分吸收但不照搬外来学术，扬弃民族传统文化，使两者结合从而创造中国的新文化；立足于中国的实践，解决中国实际问题。①② 这些研究基本延续了“学术中国化”运动中学人们的陈述框架，但未能站在一定高度上对这场运动的内涵进行凝练和总结，更无法透析这场运动背后的根本诉求。因此，本文对“学术中国化”运动

---

① 欧阳军喜．论抗日战争时期的“学术中国化”运动［J］．中共党史研究，2007（3）：69-74.

② 郑大华．抗战时期“学术中国化”运动的再研究：纪念抗日战争胜利七十周年［J］．浙江学刊，2015（4）：5-14.

进行再审视、再研究，以期对这场运动以及抗战时期中共的文化方针有更深刻的理解。

一、大众化："学术中国化"的必由之路

在"学术中国化"运动中，大众化被认为是"学术中国化"的应有之义。这一点在左翼文艺界有关"民族形式"的讨论中十分鲜明地表现了出来。在文艺界，"学术中国化"运动具体表现为"文艺中国化"运动，而利用"民族形式"来创造新文艺就是"文艺中国化"的主要方式。正如巴人所讲的，"我们所要求的文艺上的中国化，就是最能表现出中国的特征的民族内容与民族形式"①。反过来又如潘梓年所说，"文艺上的民族形式问题，应当就是中国化问题"②。虽然文艺工作者在如何建立"民族形式"方面存在一定的分歧，但对"民族形式"的合理性和正当性都表现出肯定的态度，比如在音乐的创造上，戏曲、民歌就作为宝贵的民族遗产而被利用。那么，为何"中国化"问题能够引起文艺界如此重视呢？根本原因在于他们将其看作是大众化的手段之一。何鹏曾指出，"文艺中国化"是"大众化运动的一环，是大众化运动的支流之一"③。郭沫若也曾一针见血地说道："在中国所被提起的'民族形式'……不外是'中国化'或'大众化'的同义语，目的是要反映民族的特殊性以推进内容的普遍性。"④所谓以"民族的特殊性"推进"内容的普遍性"，便是以"中国化"来推进"大众化"。如此说来，至少在文艺界，文化的大众化是"学术中国化"运动的重要诉求。

事实上，大众化也是学者们在讨论"学术中国化"的方法时常被提起的问题。潘菽从"学术中国化"的主体来谈大众化，认为"学术中国化的意义其实也包含有渗透到社会各部门各机构去，即大众化的意义"⑤，因此他提倡建立图书馆、博物馆、艺术馆等公共的学术场所，并且使得每个大学都能尽量将学术资源开放给公众，从而使公众也能够发挥学术创造的作用。方曙则

---

① 巴人．窄门集［M］．香港：海燕书店，1941：91.

② 潘梓年．论文艺的民族形式［J］．文学月报（重庆），1940，1（2）：77-79.

③ 何鹏．抗战文艺诸问题［M］．桂林：文化供应社，1941：41.

④ 郭沫若．"民族形式"商兑［J］．中国文化，1940，2（1）：5-10.

⑤ 潘菽．学术中国化问题的发端［J］．文化月刊，1939（2）：12-19.

与文艺界一样，是从“学术中国化”所要服务的对象来谈大众化。他将“再来一次文字改革”和“深入到群众中间去”作为“学术中国化”的重要原则。在他看来，“学术中国化”运动要想满足大众的需求，就需要配合大众较为低下的知识水平，因此作为知识文化的载体——文字就“不能再深奥再学院化了，而需要通俗化，大众化了”。方曙提出要使文字“成为真正是大众所有的东西”，他认为在拉丁化文字未能普及前，最好是使用大众熟知的地方语言。除此之外，方曙还强调“学术中国化”运动不能够只停留在精英知识分子群体中，而是应该深入到群众中去，“深入到工厂、田庄、军队、店堂、课室里去”①。上海《新知》半月刊曾专门就“学术中国化”问题组织了一场集体讨论会，会上许多学者都将写作的通俗化作为“学术中国化”的重要任务之一，有学者把“学术中国化”分为了高级、中级和下级三个层次，下级的“学术中国化”即“必须在广大群众中间努力做通俗化的工作”②。无论是建立和开放公共文化资源，还是文字的拉丁化与写作的通俗化，都是文化大众化的具体方式和方法。由此可见，主张“学术中国化”的学者们对学术和文化的传播与普及工作表现出高度的重视。

“学术中国化”运动并不是停留在学院派内部对学术研究和文化发展的讨论，而是一批中共学人站在国家民族的抗战事业和革命思想宣传的立场上进行的文化动员活动，因此通俗化和大众化成为其中一项重要指标。事实上，在“学术中国化”作为一个口号被正式提出之前，中共的理论家们在讨论文化运动的方针政策时就已经将大众化和中国化两个问题结合起来分析了。陕甘宁边区文化界救亡协会发表于《解放》杂志的《我们关于目前文化运动的意见》一文中就谈到：“从我们过去一切文化运动的经验已证明了出来，忽视文化上旧的民族形式，则新文化的教育是很困难深入最广大的群众的。因此，新文化的民族化（中国化）和大众化，二者实是不可分开的。”③ 艾思奇也强调过去新文化运动之所以不能够大众化，其中一个重要原因就是“外国气味实在太重了”，没有将其“种在自己的土地上，使他适合中国的气候和营养条件”，因此“要加

① 方曙．学术“中国化”的几个原则［J］．学习，1940，1（9）：218.

② 黄特．论学术中国化［J］．新知，1939，3（4）：21–24.

③ 陕甘宁边区文化界救亡协会．来信：我们关于目前文化运动的意见［J］．解放，1938（39）:28–32.

紧文化的大众化运动"，就要"使我们的文化运动充分中国化"。[①] 在当时的中共学人看来，群众文化运动要将中国化和地方化结合起来，具体利用各地方的本土文化，以适应民间的需要。正是出于将中共的抗战精神和革命思想深入到群众的考量，"学术中国化"运动才顺势而起。可见，当"学术中国化"被提出时，大众化早已是题中之义了。

在考察一些大众化作品时，我们可以发现其中有些已经对"学术中国化"有所实践。以艾思奇的《大众哲学》为例，书中常常用中国的例子来说明哲学原理，他在解释内因和外因对事物必然性的影响时，就以中国社会经济破产为例，称中国社会制度不良是内因，水灾旱灾则是外因，前者对中国社会经济破产具有决定性作用，而后者对其只起到加深作用。这种用大众所熟悉的中国事例来说明哲学原理的方法，无疑有利于马克思主义哲学在群众中的普及和教育，同时也是"学术中国化"的一种表现形式。艾思奇自己也曾表示，"如果没有几分做到了中国化"，在哲学的大众化上是"不能够获得相当成果的"。[②] 曹伯韩也认为："如果做不到'中国化'，就连有些知识分子也不能接受，更不要说未受教育的人了。所以中国化是大众化的第一步。"[③] 正因如此，嵇文甫才称所谓"学术中国化"运动是"伴随着学术通俗化运动，或大众化运动而生长出来的"。[④]

中共学人在发起"学术中国化"运动时，背后蕴含着文化（准确说是带有某种意识形态的文化）普及化的诉求，这对一个政党而言是一项十分重要而又紧迫的任务，从这一维度上来看，"学术中国化"运动具有极大的现实意义。

二、现实化："学术中国化"的重要内容和原则

马克思主义学者相较于其他学者有一个显著的特点，就是无论从事哪一领域的研究，往往会有一定的现实导向。"学术中国化"运动也不例外，在主张"学术中国化"的学者看来，现实化是"学术中国化"的重要内容。现实化就是指

---

① 从贤．现阶段的文化运动［J］．解放，1937，1（23）：10–12.

② 艾思奇．哲学的现状和任务［J］．杂志，1938，1（4）：10–11.

③ 曹伯韩．文化的大众化问题［M］// 李仲融，曹伯韩，杨荣国，等．现阶段的文化运动．桂林：桂林文化供应社，1940：25.

④ 嵇文甫．漫谈学术中国化问题［J］．理论与现实（重庆），1940，1（4）：67–72.

理论与现实的结合，有学者就指出“所谓学术中国化，应当是世界学术的中华民族形式之赋予，是世界学术与中国的历史及当前实践之融合”。[①] 这里，理论与现实相结合包含着两重含义，第一重含义是要用马克思主义的唯物论和辩证法来研究中国的具体问题。在《理论与现实》杂志的创刊词中，“理论现实化”与“学术中国化”被称作深化学术研究的两大原则。据创刊词的解释，“理论现实化”的意思就是“把理论溶化于现实中，要理论地检讨和研究各种现实问题。它是反对经院主义式的‘纯理论’研究的”[②]。潘梓年在解释什么是中国化的学术时也说道：“什么叫中国化的学术？就是把目前世界上最进步的科学方法，用来研究中华民族自己历史上，自己所具有的各种现实环境上所有的一切具体问题。”[③]

理论与现实相结合的第二重含义是学术研究要符合现实的需要，要使得这些研究成果成为指导现实实践的理论依据。侯外庐在谈“学术中国化”问题时强调要将理论学术与现实发展相结合，从而“直接间接地使中国化的学术成为社会发展的实践指导”[④]。柳湜也说道：“‘中国化’是建设新中国文化的一个口号，是配合着抗战建国的过程中历史的任务而提出的。”[⑤] 潘菽认为学术就是为了要适合于中国的需要，解决社会问题而产生的，那些“外国的学术，因外国的需要而产生而前进，未必能适合于中国的需要”，因此要建立中国的学术，从而解决中国特殊的问题。[⑥] 这样看来，现实化是中共学人在研究内容和研究方法上的一个基本标准，在内容上，他们往往选择中国的历史和社会问题加以研究，并且这些问题都与现实紧密相关，而在方法上，也更倾向于阐释义理和总结规律，以求对现实有所指导。

但是，这样一种理论与现实结合的“学术中国化”被叶青等国民党学人诟病为只是马克思主义在中国的“应用”，而不是“化”。在他们看来，所谓“化”是“带有改作和创造之性质的”，真正的马克思主义中国化，“只有一个途径，

---

① 曹伯韩 . 谈谈中国化与大众化［J］. 国民公论，1939，2（5）：190–193.
② 创刊献辞［J］. 理论与现实（重庆），1939，1（1）：1–2.
③ 潘梓年 . 新阶段学术运动的任务［J］. 理论与现实（重庆），1939，1（1）：1–6.
④ 侯外庐 . 中国学术的传统与现阶段学术运动［J］. 理论与现实（重庆），1939，1（1）：7–17.
⑤ 柳湜 . 论中国化［J］. 读书月报，1939，1（3）：118–120.
⑥ 潘菽 . 学术中国化问题的发端［J］. 读书月报，1939，1（3）：111–117.

一种形态”，那就是孙中山的三民主义。[①] 这样的批评当然是出于两党的话语争夺，其根本分歧在于什么才是真正适合中国需要的理论。但叶青所说也不是完全没有道理，真正的“中国化”确实应当具有创造性。那么，中共所发起的“学术中国化”运动是否真的如叶青所说的只是马克思主义在中国的“应用”而无“创造”呢？事实并非如此。艾思奇为反驳叶青的这一说法，专门作了《论中国的特殊性》一文，强调马克思主义的中国化“不仅是指马克思主义的理论研究，而同时是指要能在一定的具体环境之下实践马克思主义，在一定国家的特殊条件之下来进行创造马克思主义的事业。这里就一定有‘化’的意思，也就有‘创造’的意思”。[②] 因为当学者立足于中国的具体实际来进行学术研究时，中国的特殊情形就成为绕不开的一座大山，对这座大山的开凿便是理论创造的源泉。对某一国度和民族发展之特殊性的揭示，正是需要理论的创新。侯外庐的史学研究便是如此。他在写作《中国古典社会史论》时，就是以中国奴隶社会的特点为依据对亚细亚生产方式的概念重新确定，他自己将之称为“理论的延长”。毛泽东之所以能够创造性地提出“新民主主义论”，亦离不开对中国革命特殊性的深刻理解。需要注意的是，中共对中国特殊性的重视与国民党的“中国特殊论”有着根本区别。前者对中国特殊性的探索是在遵循世界普遍性这一原则之下进行的，也就是说，马克思主义作为世界发展的共同规律是不可突破的底线；后者则不具备这样的底线，这就使得他们的“中国特殊论”容易沦落为中国封建思想的倒行逆施。

现实化作为“学术中国化”运动中极受重视的一项原则，一方面体现了“学术中国化”运动是立足于现实的需求，为解决现实问题而主张中国化的学术研究，另一方面也推动了马克思主义学术在中国的发展与创造，这也是这场运动最具学术价值的地方。

三、现代化：“学术中国化”的发展方向和目标

现代化这一主题贯穿了中国近代所发生的一系列政治和文化活动，“学术中国化”运动亦是中国迈向现代化的一环。从宏观的文化运动上来看，“学术

① 叶青 . 论学术中国化［J］. 时代精神，1939，1（1）：63-71.

② 艾思奇 . 论中国的特殊性［J］. 中国文化，1940，1（1）：25-33.

中国化”运动体现了中共学者对新文化的理解发生了从西化到现代化的转变，标志着其在古今中西的文化选择方面趋于理性和成熟。正如周石峰所说，“学术中国化”的核心诉求在于消解“古今”“中西”文化的二元困境。[①]

在五四新文化运动前后，学界往往将古今问题等价于中西问题，在很大程度上低估了中国传统文化的价值，就连马克思主义学者也有这一倾向。中国早期马克思主义者在接受唯物史观时有着经济决定论倾向，这种历史观影响了他们对中国传统文化的定位。较早关注到中西文化关系的马克思主义者是瞿秋白。他以“屈维它”为笔名在《东方文化与世界革命》一文中表示，中国文化与西方文化并不是相互对立的，两者的差别主要在于其所处社会发展阶段的不同。因此，中西文化之所以有各自的特性，是由于“经济上的原因”“东方与西方之间，亦没有不可思议的屏障”。[②]这一时期的马克思主义者大都是从经济决定文化这一范畴来认识不同民族和国家之间文化的差异，而这样一种认识自然就带来对中国传统文化的低估。陈独秀在《精神生活东方文化》中就声称“我们不是迷信欧洲文化以为极则，我们是说东方文化在人类文化中比欧洲文化更为幼稚”。[③]因此，在这一阶段，中共学人在文化上的认识总体上说是趋于西化的。

但是，早期马克思主义者与“全盘西化”派又有本质的不同，他们所认同的新文化本就不是简单的“中”或者“西”，而是对两者都带有批判与反思的眼光。陈独秀在《新文化运动是什么？》中主张：我们不但对于旧文化不满足，对于新文化也不要满足才好；不但对于东方文化不满足，对于西洋文化也要不满足才好；不满足才有创造的余地。恽代英在反对实行国家主义教育时的立论，也很能代表马克思主义者的这一认识。他认为国家主义的教育意在打破对欧美的迷信，这是无可非议的，但“要打破崇拜欧美的迷信，不在拘泥于赞美自己的民族性，而在揭破欧美社会的污秽龌龊，并不惜痛与一般洋奴学者以惩创，

---

① 周石峰．旨趣与绩效：抗战时期学术中国化思潮透析［J］．贵州师范大学学报（社会科学版），2013（1）：74.

② 瞿秋白．东方文化与世界革命［J］．新青年，1923（1）：67-76.

③ 陈独秀．精神生活东方文化［J］．前锋（广州），1924，1（3）：78-80.

使他们不能迷惑国人”[①]。我们可以看到，马克思主义者从一开始就无意将中西文化对立起来，一方面是从经济层面给予中西文化以阶级属性，另一方面对中西文化又都报以审慎批判的态度。这样就造成了两个结果：一是消极方面，低估了中国传统文化的价值；二是积极方面，使得马克思主义者对西方文化并没有产生过度的崇拜与迷信。而正是由于后者，才能使马克思主义者在民族主义高涨之际对中国传统文化的态度得以改善。

当时的一些学者认为，部分文化工作者对中国历史的研究陷于公式化与教条化，只注意世界哲学而忽视中国哲学，只注意世界文学运动而忽视中国文学的特点，不能把新文化的发展同中国传统文化联系起来。因此，基于对前一阶段文化工作的反思，应当要利用社会科学的方法来真正历史地理解中国的优秀传统文化。毛泽东在中共六届六中全会上的讲话，更是体现了中共对中国传统文化态度的一个升温。他主张马克思主义者不应当割断历史，“从孔夫子到孙中山，我们应该给以总结，我们要承继这一份的珍贵遗产”[②]。

“学术中国化”运动正是在中共对传统文化不断予以重视的语境下出现的，也是他们对西学与中学关系的进一步思考。主张“学术中国化”的学者，其基本立场是要求中国的学术研究“不单是接受外国的学术思想文化，而且要发扬中国固有的优秀的学术思想文化，把它们融合统一起来”[③]。吕振羽批评五四文化运动在反封建文化的过程中存在一种盲目反古的倾向，认为“民族新文化并非凭空创造，而是从旧文化的母胎中产生出来，是中国民族文化发展过程中一种继起的历史形态——与社会经济发展过程相适应”，因此对旧文化不应“抹杀”而应“扬弃”。[④]当然，对于传统文化的选择和继承是有一定标准的。其一是要用唯物辩证法批判研究传统学术。杨荣国在《学术中国化问题》一文中就指出，如果不用世界上最先进的学术理论即唯物辩证法研究国故，“不仅看不清现实，就是整理古籍也成了问题，也把握本质不到手，顶多只能作一个皮相

① 恽代英 . 读《国家主义的教育》［J］. 少年中国，1924，4（9）：1–15.
② 毛泽东 . 论新阶段［J］. 解放，1938（57）：4–37.
③ 逖 . 谈“中国化”［J］. 读书月报，1939，1（3）：109–110.
④ 吕振羽 . 中国社会史诸问题［M］. 北京：生活 · 读书 · 新知三联书店，1961：137.

的看法或分析而已”[①]。其二是对传统文化的选择要符合现代化的需要。嵇文甫就以与现代生活十分相容作为继承传统文化的标准。在他看来，传统文化中与现代生活没有冲突的内容可以继承，传统文化中有些具体内容已经与现代生活不相容，但其中蕴含的精神依然对现代生活有益，也可以继承。因为他认为我们文化发展的方向从本质上来讲是现代化的。不难看出，此时中共学人们对新文化的认识已经由西化走向了现代化。

从“学术中国化”运动中学人所呈现出的“古今中西”观来看，他们消解了“古今”“中西”之间的绝对对立，以现代化的眼光对古今中西文化进行再审视、再选择，从而为创造中国的新文化找到一条正确的道路。这就可以解释为什么中共学人在提倡“学术中国化”的同时又在推广文字的“拉丁化”，看似相悖的两个运动恰恰彰显了两者背后的同一个现代化诉求。

综上所述，“学术中国化”运动实际上凸显了中共理论家和学人对学术和文化发展有着三重诉求，即大众化、现实化和现代化。大众化符合中共的文化宣传的需求，其目的在于通过学术的中国化来创作出更多人民群众喜闻乐见的文化作品。现实化是理论与现实的统一，不仅使得马克思主义理论在中国得以应用和实践，更使得马克思主义在中国得以发展和创新。现代化是中共学人对古今中西文化趋于辩证、理性的更高阶段的认识，是发展和创造新文化的正确方向。这三重诉求同时植根于“学术中国化”运动之中，使得这场运动同时符合政治、学术和社会文化的需要，体现了中共在文化和学术领域的表现逐渐走向成熟。时至今日，中国的学术界依然紧跟西方的脚步，在理论与方法的引进上只多不减，因此，“学术中国化”仍是今天的重要课题。当然，这里的“学术”不再单指马克思主义，而是具有更广泛的意义，但我们仍可以从数十年前的这场“学术中国化”运动中获得些许启示。

作者简介：

张喆，中南大学马克思主义学院讲师，博士。研究方向为中共党史。

---

① 杨荣国．学术中国化问题［M］// 李仲融，曹伯韩，杨荣国，等．现阶段的文化运动．桂林：桂林文化供应社，1940：38.

★ 思潮与运动

文化抗战、抗战文化与抗战文化运动

王继平

[摘　要] 文化抗战是中国共产党领导的抗日战争的重要组成部分。文化抗战和抗战文化是既有联系又有区别的两个概念。文化抗战是指文化领域爱国人士抵抗日本帝国主义侵略的斗争，包括参军参战和以文化为武器进行的反侵略斗争。抗战文化是指反映抗日战争的文化现象和文化成果，如抗战文学、抗战艺术、抗战电影等。文化抗战是伟大抗日战争的重要组成部分，中国共产党在文化抗战中发挥了中流砥柱的作用，引领抗战文化发展的方向。抗战文化运动是文化抗战的主要形式，与文化领域爱国人士的个体反抗斗争一起，构成文化抗战的整体。

[关键词] 文化抗战；抗战文化；文化抗战运动

抗日战争是一场全面的抗战，文化领域的抗战是中国共产党领导抗战的重要组成部分。早在抗战时期，毛泽东就指出："长期而又广大的抗日战争，是军事、政治、经济、文化各方面犬牙交错的战争，这是历史上的奇观，中华民族的壮举，惊天动地的伟业。"[①] 自20世纪80年代以来，学术界对文化领域抗战的研究，大多以抗战文化或抗战文化运动来建构和表述，极少以文化抗战来

① 毛泽东．毛泽东选集：第2卷［M］．北京：人民出版社，1991：474.

论述。[①]

21 世纪初特别是近几年来，随着抗日战争研究的深入和文化建设战略的实施，以“文化抗战”来研究和描述文化领域的抗战日渐增多。作为学术研究类型的转换，文化领域中对抗战活动的研究也从抗战文化向文化抗战转型，其中涉及概念、范畴以及研究范式等内容，同时关联抗日战争历史研究的拓展，因此很有必要加以厘清。

一、抗战文化与文化抗战是既有联系又有区别的概念

最早以“文化抗战”和“抗战文化”来表述文化领域的抗战及其成果的学者是马克思主义史学家沈志远。他在 1937 年 9 月 17 日的《半月》第 1 期发表了《文化的抗战与抗战的文化》一文，对文化抗战进行了阐述。指出“文化抗战是全民抗战中的一面，而且是极重要的一面”。所谓文化抗战，主要是指“意识的‘上层建筑’（Ideological Super-structure）而言：政治觉悟、思想、学术、文艺、戏剧、教育、新闻、出版等方面”[②]。因此，“所谓文化抗战，就是这种种方面动员起来以加强和推进全民抗战的阵势”[③]。因此，“我们文化人，在这全面抗战的时期中，应该动员全部力量，拿抗战的文化以实行文化的抗战！”[④]

沈志远对文化抗战的内容也进行了概括，他认为文化抗战有四个重要的环

---

① 学术界较早使用文化抗战来表述文化领域的抗战是在 20 世纪 90 年代，有袁丽容的《郭沫若：“文化抗战”的主将和旗帜》（《郭沫若学刊》1995 年第 3 期）和范忠程的《吕振羽和湖南文化抗战》（《抗日战争研究》1997 年第 3 期）。21 世纪以来，特别是近几年来，以文化抗战来撰述文化领域的研究成果逐渐增加。如郭洁宇、卢勇的《刍议毛泽东文化抗战思想》（《上海党史与党建》2019 年第 10 期），杨胜宽的《郭沫若文化抗战的历史评价》（《郭沫若学刊》2005 年第 4 期），张勇的《重庆文化抗战运动发展述论》（《上海市社会主义学院学报》2017 年第 1 期），《南方局与重庆文化抗战》（《史志学刊》2016 年第 4 期），《郭沫若文化抗战思想述论》（《郭沫若学刊》2018 年第 2 期），文丰义的《抗战全局视野下的桂林文化抗战》（《抗战文化研究》第 1 辑），冉庚文的《楚图南在云南文化抗战中的革命斗争活动研究》（《文山学院学报》2017 年第 1 期），彭涛的《中国共产党文化抗战述略》（《产业与科技论坛》2016 年第 11 期），田边的《壁报：民间媒体与文化抗战》（《国际新闻界》2010 年第 7 期），刘宏伟的《抗战初期徐特立在湖南的文化抗战活动》（《文化创新比较研究》2019 年第 12 期），陈传之的《商务印书馆的文化抗战》（《编辑之友》2011 年第 4 期），张勇、刘红的《〈黄河大合唱〉与桂林文化抗战》（《党史文汇》2016 年第 12 期）等。

② 叶波澄 . 抗战言论集：第 1 辑［M］. 武汉：汉口现代出版社，1937：281.

③ 叶波澄 . 抗战言论集：第 1 辑［M］. 武汉：汉口现代出版社，1937：281.

④ 叶波澄 . 抗战言论集：第 1 辑［M］. 武汉：汉口现代出版社，1937：287.

节或四个方面工作：第一，文化抗战作为决定意义的一环，能够唤起民众，启发民众的政治觉悟，“万分急迫地需要积极提高大众的文化水准——首先是启发大众的政治意识，使他们不但立即认识国家和民族的意念，而且须理解此次抵抗日本侵略的意义和自己的责任”[①]；第二，文化抗战中的另一个重要环节，是思想的抗战，即要批判“唯武器论”“等待主义”“失败主义”“唯军事论”以及“左倾的高调主义和阿Q主义”等错误思想，“创造思想统一的阵容，实行抗战时期大众的思想武装”[②]；第三，“文化抗战的第三个重要的环节是教育的抗战和抗战的教育”[③]，即在学校教育中加强“抗敌救亡教育”“普遍实施抗敌救亡的政治训练”，修订教科书，增强学生的民族意识，实行抗战的社会教育；第四，新闻的抗战也是文化抗战之重要的一环，“报纸应当号召推动组织和指导民众的抗敌救亡运动”[④]。

郭沫若于1940年7月7日和1941年8月分别发表了《三年来的文化战》和《四年来之文化抗战与抗战文化》。在《三年来的文化战》一文中，郭沫若使用“文化战”一词描述全面抗战三年来“敌我两方的文化战情况”，指出三年来抗日军民的“文化战”取得了重要的成绩，包括作家、记者、科学家、教育工作者等群体的一系列文化实践。

在《四年来之文化抗战与抗战文化》一文中，郭沫若使用了“文化抗战”和“抗战文化”这两个概念，文中对文化抗战两个时期的叙述与沈志远所表述的是一致的。

郭沫若所指的文化抗战包括：“一、在思想上，严厉地打击了‘投降’理论”“提高了自己民族的自尊心与坚定了对抗战胜利的自信心”；“二、文化界各部门都直接动员起来，大部分文化工作者都离开了大都市”“走向军队，走向农村”“文化运动得到了广泛的发展，普遍地提高了全国人民大众的文化水准与政治水准”；“三、各种杂志、小册子、通俗读物等大量出版，阐发了抗战建国必胜必成及其可能遇到的各种困难与障碍的理论”；“四、重要文化物的迁

① 叶波澄．抗战言论集：第1辑［M］．武汉：汉口现代出版社，1937：284.
② 叶波澄．抗战言论集：第1辑［M］．武汉：汉口现代出版社，1937：285.
③ 叶波澄．抗战言论集：第1辑［M］．武汉：汉口现代出版社，1937：285-286.
④ 叶波澄．抗战言论集：第1辑［M］．武汉：汉口现代出版社，1937：287.

移珍藏，如文物、教育机构（高校）的迁移。”[①] 由此可知，郭沫若所说的文化抗战，是指文化机关、文化组织、文化人士运用各自的文化武器（形式），在思想上、文化上进行的反对日本帝国主义的文化侵略的活动以及配合军事、政治方面的抗日斗争文化运动。

至于抗战文化，郭沫若的《四年来之文化抗战与抗战文化》在回顾了全面抗战四年来的文化抗战以后，列举了诸多文化抗战的战绩，即“文艺作家对于敌人惨绝人寰的种种残暴兽行的揭露，对于抗战将士们英勇杀敌的种种可歌可泣故事的宣扬，对于各方面艰苦奋斗努力抗战建国的种种情形的描写；新闻工作者出入枪林弹雨采集前方战报向国内外报导”，“社会科学家勤奋地从事于革命理论与实际问题的研究与讨论，使国人对抗建事业有日益深刻的认识与了解”，“自然科学家埋头研究，从抗建资源的考查与技术的探讨；教育家以及一般文化工作者努力于文盲的扫除，广泛的宣传与鼓动，普教方法的改进，专门人材（才）的培养”，“出版界在极其困苦的条件下，亦曾不稍懈地努力全国文化食粮的产出与供给”[②]。可见，郭沫若所说的“文化抗战的战绩”也就是所谓的“抗战文化”。

由此可见，在抗战时期，就有了抗战文化与文化抗战这两个既有联系又有区别的概念。文化抗战是抗战时期中国人民反对日本帝国主义侵略的抗战形式之一，它的主体是文化界，包括思想理论、新闻舆论、文学艺术、教育科学、文物博物等领域，是中华民族特别是文化领域或文化界的爱国人士以各种文化媒介（如报刊、电台、书籍、音乐、美术、戏剧、电影等）为武器，展开对日本帝国主义的抵抗，如作家的小说、诗歌和散文创作，音乐家的高亢旋律，戏剧家的戏剧（戏曲）演出，歌唱家的激情高歌，漫画家的讽刺幽默，电影人的电影制作，科学家的学术创造，教师们的爱国教学等，以此凝聚民族精神，激励抗战斗志，夺取抗战胜利。它与政治、经济、军事、外交等领域的抗战一样，是中华民族伟大抗日战争的重要组成部分，是鼓舞人民士气和激励民族精神的有力的武器，也就是毛泽东所说的“文武两个战线”的“文化战线”。文化抗

① 曾健戎 . 郭沫若在重庆［M］. 西宁：青海人民出版社，1982：309-311.
② 曾健戎 . 郭沫若在重庆［M］. 西宁：青海人民出版社，1982：323-324.

战对于抵抗日本帝国主义的文化侵略和奴役、唤醒民族意识、激励人民信心、凝聚民族精神具有重要的作用，伟大的抗战精神就是文化抗战所体现、所凝聚的中华民族的伟大精神。

所谓抗战文化，就是文化抗战所形成的文化成果（现象、形态等），如抗战音乐、抗战戏剧、抗战文学、抗战漫画、抗战电影等。它是一种以民族大义为前提，以多元政治为基础，以多种形式表现出来的文化。它既反映了中华民族、中华大地所经历的一场沉重的历史劫难，又铸就了一个英雄民族不屈不挠的伟大灵魂。[①]因此，抗战文化是对抗战的经济、政治、军事的反映，是文化抗战的结果。

二、文化抗战是伟大的抗日战争的重要组成部分

文化抗战是中国人民对日本帝国主义在中国推行文化侵略与文化奴役政策的坚决反抗。日本对华文化侵略由来已久，“本来敌寇对我的文化侵略并不是和这一次的大规模的侵略战同时开始的，它在很久以前便采取着文化进攻的体势了。它在上海早有同文书院的设立……在它的外务省里面有所谓‘对支文化局’的设置（近年更扩大为所谓‘兴亚院’的‘文化部’了），那便是对华文化侵略的大本营。它更利用我们的庚子赔款在上海建立了‘自然科学研究所’，在北平建立了‘文化研究所’，利用这些机关对于我们的各种宝贵的研究资料和各种有价值的古物，作学术上的掠夺。还有它在华的各种公私机关和它们的特派员等所作的文化上的偷盗，那差不多是不可以计数的，这些都还是有形的侵略而已。数十年来，敌寇是以侵略中国为它的重要国策，因此它们国内的教育体系事实上可以说整个是对我国文化侵略的体系。”[②]全面抗战爆发后，日本帝国主义除了直接采取全面的军事侵略，在文化上对我国也采取了野蛮残暴的手段，对中国文化造成了极大的破坏。他们企图从三个方面对我国进行文化侵略和文化奴役：一是确立文化侵略的“思想指导”政策，炮制“大亚细亚主义”“中国社会停滞论”等侵略理论，建立和扶植诸如“东亚

---

① 范松．试论抗战文化遗产的定义分析及其他［J］．贵州社会科学，2010（8）：134-136.

② 陆学艺，王处辉．中国社会思想史资料选辑　民国卷：上［M］．南宁：广西人民出版社，2007：372-373.

联盟中国总会”、日本京都东方文化研究所、日本东亚考古学会、日本东亚文化协会等文化侵略组织。二是肆意摧残中国的文化事业和文化成果，企图通过消灭我国的传统文化，来达到从文化上控制中国大众的目的。“据教育部的统计，由战争开始时至一九三九年的年初止，在敌机的狂乱轰炸之下的战区各省市的教育机关财产损失的数目，已达一亿八千三百七十九万六千八百六十四元。此中中学的损失是六千五百一十六万七千七百八十三元；小学的损失是九千六百四十八万九千八百三十八元；社会教育机关的损失是一千八百一十四万四千三百八十元。”[①] 三是在占领区大力推行奴化教育、实行文化专制，企图牢牢控制我国人民的思想。作为对日本帝国主义文化侵略的抵抗，中国人民在文化战线上，也进行了艰苦卓绝的抗战，这就是文化抗战。它与军事、经济、政治、外交等领域的抗战一样，是中国人民抗日战争的重要组成部分，并最终取得了完全的胜利，在中国的文化史上谱写了壮丽的篇章。

文化抗战是支撑抗日战争的精神力量，弘扬了民族文化，保存了民族血脉。抗战初期，文化界人士即论述了文化与抗战的关系，如南迁四川后出任四川大学文学院院长的朱光潜，较早论述了文化与抗战关系的问题。他在四川大学的两篇演讲中明确指出：在战争中交战两国所互相抗衡的不仅是枪炮，尤其是民族文化与民族精神。[②] 罗家伦在 1938 年发表的《抗战的国力与文化的整个性》一文中指出，近代的战争不是单纯的武力战争，而是文化的战争；要看一国的胜败，不只是看它兵力的强弱，而且要看它国内文化水准的高下。陈立夫也在《文化之战》一文中说：“一民族文化之估价，往往因其经历有关存亡绝续之大战而确定。因为文化的力量，有时须在战争中才能表现出来，而同时军事胜败的最终决定因素，还是文化而不是暴力。某一民族之文化而具有特种优点，亦即必为其致胜之道。”[③] 胡适 1942 年 3 月 23 日在华盛顿纳德立克俱乐部发表英文演讲，提出“中国抗战也是要保卫一种文化方式”，是“和平自由反抗专制、

① 陆学艺，王处辉 . 中国社会思想史资料选辑　民国卷：上［M］. 南宁：广西人民出版社，2007：373.

② 朱光潜 . 朱光潜全集：第 8 卷［M］. 合肥：安徽教育出版社，1993：568.

③ 陈立夫，王云五，陈石孚，等 . 抗战四年来的文化运动：下集［M］. 南京：正中书局，1941：1.

压迫、帝国主义侵略的战争”。[①] 以毛泽东为代表的中国共产党人，也同样认识到文化与抗战的关系。毛泽东同志在 1936 年 11 月 22 日中国文艺协会成立大会上的讲话中提出了这一思想。毛泽东指出，要结成抗日民族统一战线，把日本帝国主义赶出去，争取中华民族的独立解放，“要从文的方面去说服那些不愿停止内战者，从文的方面去宣传教育全国民众团结抗日”[②]。为此，毛泽东提出了“发扬民族革命战争的抗日文艺”的“伟大的光荣任务”。[③] 可见，抗战初期，包括文化界在内的社会各界人士就深刻认识到文化与抗战的关系，尤其是中国共产党明确提出了文化领域抗战的问题，并领导文化界组成广泛的抗日民族文化统一战线，在抗日根据地开展了轰轰烈烈的文化抗战活动，并引领着国统区的文化抗战。

习近平总书记指出：“文化是一个国家、一个民族的灵魂。文化兴国运兴，文化强民族强。”[④] 文化抗战，实际上也是中华民族的文化保卫战，是从文化上抵御日本帝国主义的侵略，通过弘扬中华民族文化，使中华文化血脉得以延续和发展。它最终与政治、军事、经济方面的抗战一样，取得了伟大的胜利。文化抗战所形成的抗战文化是代表中国近代文化前进方向的文化形态。毛泽东曾经对鸦片战争以来的中国文化发展进行过独到的分析。他指出，鸦片战争以来中国文化的发展以“五四”为界标，分为两个不同的历史时期。两个时期分别表现为资产阶级的新文化和中国共产党人所领导的无产阶级新文化。中国共产党的文化抗战，即是近代文化发展史上第二个时期的一个重要的阶段。这个阶段的文化发展，正如毛泽东所说，“却是新民主主义性质的文化，属于世界无产阶级的社会主义的文化革命的一部分”[⑤]，在抗战时期，中国共产党人以高度的文化自信，担当起文化抗战的领导责任，创造了“中华民族的新文化”。这

---

① 严云受．胡适学术代表作：下［M］．合肥：安徽教育出版社，2006：186.

② 中共中央党史和文献研究院．马克思主义中国化一百年大事记：1921—2021 年［M］．北京：中央文献出版社，2022：43.

③ 中共中央党史和文献研究院．马克思主义中国化一百年大事记：1921—2021 年［M］．北京：中央文献出版社，2022：44.

④ 习近平．决胜全面建成小康社会 夺取新时代中国特色社会主义伟大胜利：在中国共产党第十九次全国代表大会上的报告［M］．北京：人民出版社，2017：40–41.

⑤ 毛泽东．毛泽东选集：第 2 卷［M］．北京：人民出版社，1991：698.

一时期创造的抗战文学、抗战音乐、抗战戏剧、抗战电影、抗战诗歌等抗战文化形态，构成抗战时期中国文化发展的绚丽篇章，特别是反映中华民族文化精神的抗战精神，成为中华民族精神的象征，融入中华文化的血脉，成为中华民族优秀文化的组成部分，为中华民族精神家园的构建添上浓墨重彩的一笔。

文化抗战是抗战精神形成与发展的动力。抗战精神是抗战时期中华民族精神的集中体现，中国共产党领导的文化抗战则是抗战精神形成与发展的动力。民族精神是一个民族的灵魂，是一个民族自立于民族之林并生生不息的血脉和原动力，是引领民族前行的精神支柱，也是民族文化的深层结构和核心价值。抗战时期的中华民族精神，是中华民族在反抗日本侵略的民族解放战争中所表现出来的主体精神。它反映了抗日战争时期中华民族成员广泛认同和接受的思想品格、价值取向、道德规范与行为准则，体现在中华民族成员的思维方式、行为方式、情感方式诸方面，成为激励中国人民坚决反抗日本帝国主义侵略的思想基础，是鼓舞中华民族血战到底、夺取最后胜利的精神。

抗战精神作为抗战时期民族精神的集中体现，首先是在中华民族面临亡国的背景下凝聚的。鸦片战争后中国逐步沦为半殖民地半封建社会，领土丧失，主权沦丧。面对西方列强的侵略，中华民族没有屈服，一直在坚持着不屈不挠的斗争，从三元里人民的抗英斗争，到席卷中国半壁江山的太平天国运动；从义和团的群众反帝浪潮，到辛亥革命的推翻帝制，都体现了中华民族“我自横刀向天笑，去留肝胆两昆仑”的英雄气概。日本帝国主义对中国的侵略，直接威胁到国家的存亡和民族的生存，是中国近代史上最严重的民族危机，中华民族到了最危险的时刻。中华民族经过 14 年艰苦卓绝的奋战，终于取得了胜利，“正是这个战争，锻炼了中国人民。这个战争促进中国人民的觉悟和团结的程度，是近百年来中国人民的一切伟大的斗争没有一次比得上的。”① 其次，抗战精神集中体现了中华民族救亡图存的核心价值观念。“中华民族在五千年的发展中，历经磨难而信念愈坚，饱尝艰辛而斗志更强，开发建设了祖国的大好河山，创造了灿烂的中华文明，为人类文明进步作出了不可磨灭的贡献。”② 近代

① 毛泽东．毛泽东选集：第 3 卷［M］．北京：人民出版社，1991：1032.
② 江泽民．在全国抗洪抢险总结表彰大会上的讲话［J］．求是，1998（19）：7.

以来，面对西方列强的侵略，中华民族发起的救亡图存的伟大运动，弘扬了以救亡图存为主旨的中华民族精神。在抗击日本帝国主义侵略的抗日战争中，中华民族抛弃党派、阶级、政见、利益的不同，齐聚在抗日救亡的旗帜下，促中华民族救亡图存的共同价值得到了全面展现与升华。此外，抗战精神集中反映了中华民族面对外来强敌坚持民族独立解放斗争的共同意志，是对中华民族精神的继承和发扬。日本帝国主义的侵略，不仅损害了以广大工农为代表的底层人民的利益，同样损害了资产阶级、小资产阶级等各种社会阶级、阶层的利益。因此，反对外来侵略、争取民族独立解放，成了全民族大众的共同意志。抗战精神正是这一共同意志的凝聚。

作为抗战时期中华民族精神集中体现的抗战精神，是中国共产党领导的文化抗战运动的精神成果。民族精神是民族文化的观念意识形态构成，是文化的深层结构，因此，民族文化是孕育民族精神的摇篮和沃土。集中反映了民族精神的抗战精神是抗战文化的一部分，抗战文化以中华民族的优秀文化为深厚土壤，在中国共产党领导的文化抗战实践中得以形成和发展。在抗日民主根据地、国统区和沦陷区广泛开展的以抗日救亡为中心的多种形式的文化抗战活动，以及在教育界、新闻界、文艺界、科技界所开展的群众性抗日救亡运动，对于唤起民族觉醒，鼓舞人民斗志，发挥了重要作用，是抗战时期抗战精神形成和发展的巨大推动力。

三、抗战文化运动是文化抗战的一种形式

抗战文化运动是指抗日战争时期中国文化工作者用文学、戏剧、电影、音乐、美术、新闻及出版等形式，以反映抗战生活，促成抗战胜利为目的而进行的轰轰烈烈、丰富多彩的文化活动。抗战文化运动是抗日战争时期中国文化发展的主流和方向，它密切地配合着中国人民在政治战线和军事战线的抗日斗争，为全民族抗战的进行和争取抗战的最后胜利产生了巨大的积极作用和影响。[①]“抗战文化运动是反对日本帝国主义侵略的民族文化运动……以政治为基

① 高向远 . 论抗战文化运动在抗日战争中的地位和作用［J］. 陕西师范大学学报（哲学社会科学版），1997（3）：169-172.

础、以群众为对象、以批判为武器，随时变而涌动。”[①] 它是 20 世纪三四十年代，中华民族在文化阵线上为反抗日本帝国主义的侵略战争而兴起并发展起来的具有鲜明特色的民族文化运动，是文化抗战的重要形式。[②]

全面抗战爆发后，无论是在抗日根据地还是国统区，爱国进步的文化界人士都掀起了声势浩大的抗战文化运动，成为文化抗战的重要形式。在抗日根据地，中国共产党非常重视抗战文化运动的开展。1940 年 9 月，中共中央发出《关于发展文化运动的指示》，指出抗战文化运动是“在国民党统治区域可能广泛发展与极应该广泛发展的一项极端重要的工作”。在国统区，“应把对文化运动的推动、发展及其策略与方式等问题经常放在自己的日程上”，“应该联合一切不反共的自由资产阶级（即民族资产阶级）与广大小资产阶级的知识分子共同去做。在反对复古，反对大资产阶级的文化专制政策，反对日寇汉奸的奴隶文化等方针之下，必须动员各阶层知识分子、各部门文化人与广大青年学生加入其中”。[③] 在抗日根据地，应当运用“全部权力来推行全部文化运动”，“注意收集一切不反共的知识分子与半知识分子，使他们参加在我们领导下的广大的革命文化战线”，[④] 广泛发展抗战教育运动，“伟大的抗战必须有伟大的抗战教育运动与之相配合”，与此同时，也要开展“识字运动、戏剧运动、歌咏运动、体育运动，创办敌前敌后各种地方通俗报纸，提高人民的民族文化与民族觉悟”。[⑤]

在中共中央的指示下，抗日根据地的抗战文化运动轰轰烈烈地开展起来。文艺宣传部门组织文艺团体深入部队，走上街头、田间，深入民众进行救亡文艺宣传。陕甘宁边区文协下属的“抗日文艺工作团”，曾先后组织 6 个小组分赴晋察冀、五台山、河北、晋东南、陇海等前线开展救亡文化宣传。边区文抗会下属的数十个文艺小组，则经常到工厂、街头、田间，用各种文艺形式，向工人、市民、农民宣传抗日救亡。戏剧创作与演出，美术创作与美术作品展览

① 文天行 . 抗战文化运动的基本特征［J］. 中华文化论坛，2015（7）：5.

② 张文 . 桂林抗战文化及其当代价值研究［D］. 济南：山东大学，2018.

③ 中共中央党史和文献研究院，中共重庆市委 . 中国共产党关于抗战大后方工作文献选编［M］. 重庆：重庆出版社，2019：377.

④ 武衡 . 抗日战争时期解放区科学技术发展史资料：第 2 辑［M］. 北京：中国学术出版社，1984：20.

⑤ 毛泽东 . 毛泽东同志论教育工作［M］. 北京：人民教育出版社，1992：48–49.

也是围绕全民抗战主题进行。抗战报纸、杂志如雨后春笋般遍布各抗日根据地。通过戏剧活动、文学创作、音乐活动、美术宣传、秧歌运动等各种形式，抗日根据地的文化人士以及士兵、普通民众都参与到抗战文化运动之中，激励广大人民的抗日斗志。

在国统区，中共领导文化界爱国人士冲破了国民党的文化专制和文化统治，也广泛地开展文化抗战。周恩来、郭沫若领导的国民政府军事委员会政治部第三厅和后来由第三厅改组的文化工作委员会成为抗战文化运动的领导机构，领导国统区的抗战文化运动，先后形成了武汉、桂林、重庆等抗战“文化城”。在武汉，1938 年 3 月 27 日，中华全国文艺界抗敌协会在汉口成立，实现了文化界的抗日民族统一战线。从北平、上海等地汇集的文化人，发起了抗战文字宣传日、歌咏宣传日、美术宣传日、戏剧宣传日等活动，创作了大量抗战的小说、报告文学、诗歌、通俗文学、音乐、美术等作品，出现了《大刀进行曲》《游击队歌》这些抗战经典作品。在重庆，抗战戏剧运动是一大亮色，在中国共产党的领导和影响下，出现了抗战话剧高潮。以重庆为例，话剧团体就有怒吼剧社、上海业余剧人协会、怒潮剧社、复旦剧社、青年剧社、孩子剧团、抗敌剧社等，中华全国戏剧界抗敌协会在重庆举办了两届戏剧节，演出了《死里求生》《抗战进行曲》《全面总动员》《金玉满堂》《钦差大臣》《狐群狗党》《渡黄河》《冰天雪地》等剧。特别是郭沫若创作了一批历史剧，如《棠棣之花》《屈原》《虎符》《高渐离》《孔雀胆》《南冠草》等，产生了深远的影响。在桂林，由于新桂系与蒋介石的矛盾以及新桂系对抗战的坚定态度，中共得以在此团结和影响进步文化界人士，开展轰轰烈烈的文化抗战活动。据不完全统计，从 1938 年至 1944 年，在桂林逗留过的文化人有 1000 多人，其中，闻名全国的各类专家学者 200 多人。此外，从 1938 年底开始，先后迁入桂林的文化机构也非常多，其中不少是在全国有影响力的，如中央研究院地质研究所、物理研究所、地理研究所，中华职业教育社，无锡国学专修馆，汉民中学，《救亡日报》社，国际新闻社，中国旅行剧社，《新华日报》桂林办事处等。中共桂林党组织充分利用这些有利条件，在桂林进行各种抗日救亡的文化活动，造就了空前繁荣的新闻、出版、文学、戏剧、音乐、美术、教育、科技事业，使桂林成为战时西南地区著名的“文化城”，奠定了桂林文化抗战运动的基础。

抗日根据地和国统区的抗战文化运动，构成了文化抗战的主要形式，汇集成中华民族文化抗战的洪流，抵抗了日本帝国主义的文化侵略，凝聚了民族精神，弘扬了民族文化。它与军事、政治、经济、外交等领域的抗战一样，是抗日战争的重要方面。

总之，文化抗战是抗战时期中国人民反对日本帝国主义侵略的抗战形式之一，是中华民族伟大的抗日战争的重要组成部分。丰富多彩的抗战文化，使中国文化在艰苦卓绝的抗战时期得以保持、延续和弘扬，并因此而形成了民族的、科学的、大众的新民主主义文化，使中国文化进入了一个新的发展阶段。

作者简介：

王继平，湘潭大学马克思主义学院教授，博士生导师。研究方向为中共党史、中国抗战文化。

历史记忆与社会动员：战时陪都工程师节述论

王　瑞

[摘　要] 1940年，中国工程师学会向教育部呈请以大禹诞辰日为工程师节；1943年，国民政府正式规定6月6日为工程师节。在陪都重庆举行的工程师节系列活动中，国民政府通过歌颂大禹功绩，重新阐释大禹精神，彰显大禹为国为民、艰苦奋斗的形象。纪念集会是组织工程师共同参与工程问题研讨、动员工程师投身抗战和建设的重要契机。陪都工程师群体纪念集会经过了初始、发展、高峰三个阶段。陪都工程师节纪念活动是中国各阶层、各职业团结抗战的具体表现。

[关键词] 抗日战争；陪都重庆；工程师节；大禹符号；社会动员

[基金项目] 本文系四川省哲学社会科学重点研究基地“中国近现代西南区域政治与社会研究中心”项目“西南大后方抗战‘胜利年’研究”（项目编号：XNZZSH2211）的阶段性成果。

抗战时期，中国工程事业的发展面临艰难的环境。在国内，资金异常缺乏，各种生产事业难以维持；技术人才不但数量缺乏，而且水准不够。外部支持条件方面，国际交通梗塞，所需的国外机器和原料无法运输。① “孤立独行，则力分而效必微，通工合作，则功多而成必速。”② 工程人员有互相团结与策进的必要。为发展工程事业、支援抗战建设，必须动员工程师群体，因此工程师节便应运而生。目前学术界关于工程师节的研究较少，如李海涛的《民国时期工程师节述论》对工程师节的发展脉络和价值功能进行探讨，提出工程师节对于调动工程技术人员抗战建国的积极性，增强工程师的职业认同，塑造工程师的价值规范和行为理念，推动中国工程事业的发展等方面均发挥着积极作用。③ 工程师节仍有探讨的空间，如大禹形象作为动员符号，是如何在纪念日活动中被塑造出来的；国民政府、工程师群体是如何通过舆论宣传，重新解释工程师的职业责任和使命，构建动员话语的；纪念集会作为工程师节最主要的纪念活动，

---

① 社论：工程师节感言［N］. 新华日报，1943-06-06（2）.

② 翁文灏. 工程建国［N］. 中央日报扫荡报联合版，1942-06-06（4）.

③ 李海涛. 民国时期工程师节述论［J］. 工程研究：跨学科视野中的工程，2019（6）：566-575.

起到了怎样的动员作用等。工程师作为社会成员的一份子，其纪念活动是社会各职业纪念日活动的缩影。本文以陪都重庆的工程师节纪念活动为例，从侧面梳理行业类纪念日在社会动员中的方式、逻辑与影响。

一、大禹形象：动员符号的塑造

工程师节为何要师法大禹呢？农历六月六日被定为大禹诞辰，该论断又是从何而得的呢？大禹形象作为动员符号又是如何被塑造起来的呢？

（一）生成纪念日期

民国时期，有学者表示："例如纪念模范人物，以及其他关于社会国家的纪念，都可修炼吾人的志气，有了志气，才能有百折不回的进取心咧！"①1940年，教育部政务次长顾毓琇造访在成都的顾颉刚时，提出大禹的生日是否可以考证的问题。顾颉刚认为大禹是神话人物，难以考证其身份，更无法得知大禹实际的生辰日期。但通过地方志中川西羌人祭祀祷赛的生活习俗，推论大禹的生日为六月六日。②"夏禹诞辰，究在何日？据史家考证，或谓六月八日，或谓六月六日，各云其是，殊难肯定。嗣请顾颉刚先生特为考证，结果以六月六日为最可靠。"③

除了学术界对大禹展开辩论外，曾与杨闇公一起创建中国青年共产党（简称"中国 YC 团"）的傅双无也十分关注大禹的问题。傅双无编写的《民族圣哲之伟大与四川禹迹之检讨》，对大禹形象的解读产生了重要的影响。"余编《四川禹迹之检讨》一书，以民国三十年六月六日竣事，忆四千二百三十九年前之今日，盖神禹降生于石纽村前刳儿坪上之惟一纪念日也，追思远古，轸念来兹，愿述幽怀以冠篇首。"④书中的"禹生于蜀新辩"章节，还对大禹生地、生平和治水等问题进行了考察，侧重探究了大禹在石纽、汶川、涂山、巴县的踪迹。

学术疑古背景下的"大禹为虫"和政治宣传下"大禹生辰为六月六日"的论断在学界引起一阵风波。直到 1941 年底，太平洋战争爆发，原本计划在香

① 朱公振 . 本国纪念日史［M］. 上海：世界书局，1929：6.
② 王林 . 顾颉刚［M］. 西安：陕西师范大学出版总社，2017：14–15.
③ 辜训略 . 纪念节日史话：第 3 册［M］. 上海：中国文化事业局，1944：451.
④ 傅双无 . 民族圣哲之伟大与四川禹迹之检讨［M］. 成都：今是公论社，1941：7.

港出版的《古史辨》第八册稿件在战火中被烧毁，学界、政界等也没有更多的时间和精力去争论大禹的问题，疑古论战遂渐渐沉寂。但“六六工程师节”的宣传却日益热烈，对大禹的象征意义诠释也更加兴盛。1940 年 12 月 12 日，中国工程师学会在成都举行年会时，向教育部呈请以大禹诞辰六月六日为工程师节。1943 年，教育部经过与内政部、社会部会商，在 1 月 11 日呈请国民政府行政院核定。行政院对于工程师节的提案“准予备案”。① 至此，工程师节由民间层面上升为国家层面。从“大禹为虫”的怀疑到工程师身份定位的转变，战时陪都重庆的舆论又是如何解读和塑造大禹形象的呢？

（二）歌颂大禹功绩

工程师学会提出工程师节后，获得工程师群体的一致赞同和宣传。战时陪都重庆的政府、工程师及报刊纷纷褒奖大禹治理水患的功绩。如，中国土木工程学家、桥梁专家茅以升在《工程师之使命——战争与和平》中指出，大禹为工程师的模范。“工程师节是大禹的诞辰，大禹是我们最伟大的工程师。我们看他在外十三年，决九川，距四海，三过其门而不入。一面与洪水猛兽战争，一面努力国家的和平，战争是他的力的表现，和平是他的爱的表现，有力有爱，因而做了帝王，奠定了夏朝的基础。这战争与和平的使命，他在极短的期间，都能艰苦的（地）完成了，这便是我们工程师的模范！”②

除了工程师群体，国民政府对工程师节也予以重视。陈立夫以大禹治水的动员比赋抗战时局的动员：“夏禹王当时治水，乃统筹全局，实行当时之全国总动员，以抗拒洪水之灾祸。集合一大群人民，在古代大工程师之指导工作。”陈立夫以《尚书·益稷》作为大禹治水动员的史实根据，感叹“以古代技术低劣，交通困难，而竟然能动员起二百多万人来，参加治水工作，可见其组织之伟大，力量之雄厚”。最后又延伸至“凡是不参加治水工作的，都不能享受平治水土而安居乐业的熙熙和和生活”③，暗示不服从国民政府政策，不参加工程动员与建设者将无从获得工程建设的成果。

---

① 关于童子军节、音乐节、工程师节致重庆市政府的代电［A］.1943-02-17. 重庆：重庆市档案馆，档案号：0053-0004-00291-0000-003-000.

② 茅以升 . 工程师之使命：战争与和平［N］. 中央日报，1944-06-06（3）.

③ 陈立夫 . 工程师之动员［N］. 中央日报扫荡报联合版，1942-06-06（4）.

水利委员会委员长、水利部部长薛笃弼在《大禹诞辰纪念》中赞扬大禹精神："大禹治水之事功，史籍中所载甚详，吾人于其人溺己溺之怀抱，与其公而忘私之精神，固当引为师法。而其平治水土，奠定山川，于防洪弭灾以外，兼及灌溉航运，为全局之统筹。其成功之伟大，尤足以垂范后世。"①

报纸期刊也在工程师节纷纷发表社论和评论，以歌颂大禹的功绩，纪念大禹的精神。如《新蜀报》发表社论《祝工程师节》，表明"不仅崇拜大禹在科学上的建树……尤仰戴他仁民爱物的精神。这种精神用现代的眼光来解释，可以说含有为大众的幸福，为大众而务的意义"②。

（三）普及大禹符号

报纸舆论是歌颂大禹形象的阵地。在国民政府、工程师群体间的广泛纪念中，大禹形象逐渐形成一种纪念符号。而《大禹纪念歌》则成为大禹精神和形象解读输出的有效灌输和普及方式，对普通大众产生一定的动员作用。

1943 年 10 月 29 日，教育部向重庆市各公私中小学及大学发布高字第 56223 号训令："查大禹治水利□③万□实开我国水利工程之先河，本会为纪念先哲昭示来兹起见，拟将大禹治水之功绩、服务之精神谱□歌咏以资楷模，兹已登报征求大禹纪念歌词歌曲，特将征求版大函送贵部，即希查照转发音乐、艺术、歌剧各校及设有各该院系之大学广为征求。"④

教育部当日即发布《征求大禹纪念歌词歌谱办法》："一、大禹纪念歌应尽量阐扬大禹美德，并以词意庄严声调肃穆为主；二、征求日期限定为自即日起至十二月底止；三、应征者应将歌词歌谱函送；四、应征者应将歌词歌谱缮写清晰，于本年十二月三十一日以前□送重庆歌乐山，本会逾期不收，邮寄以邮戳为凭；五、应征者应书名（明）本人姓名、性别、年龄、籍贯、学历、现在职业及最近通讯地址，二人合作者应将上列各项一并填送；六、应征之件由本会指定人员并邀请专家组织审查委员会审查；七、应征歌词歌谱经审查应选者，

① 薛笃弼 . 大禹诞辰纪念［N］. 中央日报，1943-06-07（5）.

② 社论：祝工程师节［N］. 新蜀报，1941-06-06（2）.

③ "□"所标注为原始档案记录不清或无法辨认之字，一个"□"代表一个字。本书下同。

④ 关于转知各员踊跃应征大禹纪念歌的训令、通报（附征求歌谱办法）［A］.1943-10-29. 重庆：重庆市档案馆，档案号：0122-0001-00470-0000-156-000.

由本会酌致酬金，第一名六千元，第二名四千元，第三名二千元；八、应征歌词歌谱无论应选与否，概不退还。”①

1944 年 12 月，行政院水利委员会、重庆市政府共收到应征词曲 96 件，当即聘请专家逐件评阅。作品经行政院水利委员会第十二次常务委员会议决，选取出前三名，“计第一名，阮璞作词、俞鹏作曲；第二名杨树达作词、何几作曲；第三名杨白华作词、□□作曲。行政院指令略以阮璞、俞鹏合作的纪念歌作为正式典礼乐曲，其余二歌作为美术歌曲，供游艺等集会中节目用途”②。阮璞、俞鹏合作的《大禹纪念歌》歌词如下：

我思古人，伊彼大禹。洪水滔天，神州无净土。左准绳，右规矩，声为律，身为度。三过其门而不入，八年于外不辞苦。岂不怀归，念此众庶，嗷嗷待哺。大哉圣哉禹。我思古人，伊彼大禹。洪水滔天，神州无净土。薄衣食，卑宫宇，排淮泗，决汉汝。生民相庆免为鱼，禾黍既登修贡赋。忆万斯年，诸夏子孙，弦歌拜舞。大哉圣哉禹。③

在亟待从传统中国文化中寻求精神支持的战争环境下，学术界对大禹的疑古终究渐渐沉寂。主流舆论演变为师法大禹，传承大禹实干、艰苦奋斗、为国为民的精神，使大禹精神成为国民政府动员工程师群体抗战建国的动员符号。工程师节的确立和纪念符号的塑造，充分表明了政府与社会对工程师职业重要性的认可和对工程人才的需求，大禹形象的构建也成为工程师群体借以塑造职业地位的途径。对大禹形象的阐释、塑造，体现的是在战争压力下，从传统文化中汲取养分的文化现象。

二、职业重释：动员话语的构建

纪念符号能够以象征的形式，潜移默化地印刻在社会民众的生活与工作

① 关于转知各员踊跃应征大禹纪念歌的训令、通报（附征求歌谱办法）［A］.1943-10-29. 重庆：重庆市档案馆，档案号：0122-0001-00470-0000-156-000.

② 关于抄发大禹纪念歌的代电、训令。附歌谱［A］.1944-12-25. 重庆：重庆市档案馆，档案号：0053-0014-00158-0000-00-000.

③ 征求大禹纪念歌之经过［N］. 时事新报，1944-06-06（4）.

中，而如言论批驳、辩论、号召等动员话语则以更加激烈的方式来表达意见、沟通见解。工程师节中，重庆各界从工程师职业的重要性、工程师的职业精神、工程师的职业使命等方面，构建纪念话语，重新解释工程师职业，动员工程师及社会各界支持与支援国家抗战工程事业。

（一）工程师职业的重要性

晚清时期，中国社会将工程事业看作“奇技淫巧”。民国初年，“国人类多空谈精神忽视物质，不知工程师为何物，更不知工程师对国家社会有何效用。工程师之不为社会重视，与夫社会人士对工程事业之缺乏兴趣，由来已久”。抗日战争全面爆发后，“国人懔于敌人飞机、大炮、毒气、战车新式武器之教训，群感物质建设之亟不容缓，与工程人才之不可或缺”①。中国科学落后，国防工业根基薄弱，民众日常生活所需的工业制品也多仰赖海外输送，没有自力更生的政策，在战争环境下，又时常遭遇物资受阻的困难，加重了抗战的艰难程度。②在战争压力下，国民政府发动国防科学化运动和国家总动员运动，国家对工程人员的重视和政策为工程师群体的壮大提供了舞台，也引起了社会各界对工程师群体的关注。

1939 年，蒋介石在致中国工程师学会昆明年会的训词中发表观点：“我国以工业落后之国家，从事全面持久之抗战，欲求战胜强敌，胥赖我全国技术人材（才）之一致动员，以克尽其最善之努力。总理昔日以迎头赶上科学，与恢复固有知能，勖吾国民以奋起，而更创制实业计划之宏规，以为实现三民主义之基本。近世新兴诸国之奋起，均由技术人材（才），从极端艰苦中，披荆斩棘所造成。凡专精之技术，与热烈之爱国情绪相配合，则任何困难皆可突破，革命事业必能有成。”③蒋介石通过阐发孙中山的实业计划和中国抗战的需求，表达工程师职业的重要性，传递对工程师人才的渴求，呼吁工程师积极参与抗战建国事业。

工程师节成立后，工程师职业的重要性更加成为舆论宣传的重点。中国共

---

① 关于抄送中国工程师节纪念办法的函［A］.1941-05-18. 重庆：重庆市档案馆，档案号：0177-0008-00004-0000-157-000.

② 社论：工程师节献言［N］. 新华日报，1942-06-06（2）.

③ 辜训略 . 纪念节日史话：第 3 册［M］. 上海：中国文化事业局，1944：485.

产党的宣传阵地《新华日报》也在工程师节强烈地肯定工程师的重要性，“在抗建大业上，后方的工程师和前方的指挥员有同样的重要性，同样的负着不容稍有松懈的职责”。在抗战的语境下，将工程师提高到抗战前线战士的同等地位，打破了工程师职业在社会上和抗战中无足轻重的错误认识。“工程师们肩上的负荷是任重道远的，工程师们所处的境遇却也是万苦千辛。”[①]《新华日报》勉励工程师在艰难的环境中坚定信念，奋发图强。

代表中间力量的《新蜀报》坦言：“工程学与一国工业的盛衰关系至为密切，没有工程师，工业固不能发展。没有工业，工程师也无所施其才，以前，由于中国工业落后，工程师常苦无用武之地，抗战以后，工程师颇有供不应求之势，这是中国产业发展的一征，工程师在□术上的供（贡）献也是抗战时期的大收获。”[②]《新蜀报》的言论同样传递出抗战时期工程师人才供不应求的社会现实。

重庆各界在纪念工程师节时，表达出工程师职业的重要性，以及工程师短缺的现状和对工程师人才的急切诉求。由此形成工程师在中国抗战中发挥重要作用的舆论场域，对于纠正工程事业等同于“奇技淫巧”的思想观念具有积极的影响。

（二）工程师的职业精神

民国初年以来，社会各界对于工程师的重要性尚不清楚，更何况工程师的职业精神。工程师职业精神的重释成为构建动员话语的重要内容，国民政府的“喉舌”《中央日报》，中共的重要宣传阵地《新华日报》，及代表中间力量声音的《新蜀报》等纷纷发表纪念舆论，宣扬工程师的奉献精神、科学精神。

工程事业的发展需要科学技术的支撑，工程师必须具备严谨的科学态度。孔祥熙曾在《工程师的精神技术与责任》中解读工程师的科学精神，即“工程师的精神，是要努力于发明及创造，更须不存成见，见贤思齐，采取他人的长处以补救自己的短处，这也就是大家所说的科学精神”[③]。孔祥熙强调的工程师的科学精神在于增强自己创造与发明的能力。

茅以升认为“工程师要有科学的脑筋”，将工程师的科学精神阐释为“能认识大自然的背景，知道自然界的法则，方能利用自然界的力量，来克服自然

---

① 社论：工程师节感言［N］. 新华日报，1943-06-06（2）.

② 短评：工程师节［N］. 新蜀报，1943-06-06（3）.

③ 孔副院长昨广播演讲“工程师的精神技术与责任”［N］. 中央日报，1943-06-07（3）.

界的困难，征服自然界的障碍”[①]。茅以升对于工程师科学精神的解读，不仅仅局限于技术的培养，还强调工程师的团结、协作能力等。

工程师具备科学的态度和技术才能造就伟大的工程，而从根本上讲，工程事业的发展最终是为了服务国家和人民，因此工程师必须具备无私的服务精神。如徐恩曾将工程师精神阐发为“为大众服务，为大众谋福利”[②]的服务奉献精神。《新蜀报》评价“中国的工程师，有一个伟大的先贤楷模，神禹治水的功绩固迈绝千古，在外八年三过其门而不入的精神，尤其是神禹人格的精华”[③]。《新蜀报》利用大禹治水的精神，勉励中国工程师应当怀有奉献自身的服务精神。茅以升也阐发工程师精神：“工程师要有服务人群的远见，不以一时利害为转移。”[④]所谓服务人群的远见，也是奉献精神的具体表现。

各界舆论对于工程师科学精神、奉献精神的重新阐述，有助于社会民众重新理解工程师职业，有利于工程师群体形成职业共识，凝聚职业团体的力量，对于动员工程师的爱国奉献精神，促进其抗战行动的开展产生了积极作用。

（三）工程师的职业使命

虽然社会各界对于工程和工程师的关注度有所上升，工程师群体的地位有所提高，但社会各界对于工程师职业的了解仍然十分浅薄。因此，工程师职业使命的重新解释，也成为构建动员话语的关键内容。

正如胡筠在《工程师之职责及其养成：为“六六工程师节”而作》的陈述：“现在社会上一般对工程师的职责，每每认识不清，甚至身为工程师的人，也对自己的责任，不很明了，这是很可叹息的。以下几种观念最为流行：（一）以为工程师就是善于动手，能迅速敏捷地修理机器的人。（二）以为工程师是善于画图，拉计算尺的人。（三）以为工程师是能无中生有，点石成金的人，像一般人眼中的魔术家样，希望工程师没有设备，不需准备，而能制造产品。希望工程师能作无米之炊。其实第一种人只能称谓（为）机匠。第二种人只能称谓（为）画图员或计算员。第三种人是世界上所没有的，因为魔术家也不能无

---

① 茅以升．工程师之使命：战争与和平［N］．中央日报，1944-06-06（3）．
② 徐恩曾．工程师之精神［N］．中央日报，1943-06-06（3）．
③ 短评：工程师节［N］．新蜀报，1943-06-06（3）．
④ 茅以升．工程师之使命：战争与和平［N］．中央日报，1944-06-06（3）．

中生有，不过手脚快，动作能瞒住观众的眼光而已。”[①]可见，社会各界对于工程师职业及工作内容的认识十分薄弱，那么工程师的职责到底是什么？

在孔祥熙的宣传中，工程师的责任主要在于支援抗战，供给民生。“抗战以来中国的工业，虽日有进展，但以之支应抗战，供给民生，则相去仍远，若比之欧美，更望尘莫及，此种现象，论者多归咎于我国生产机器的缺乏，及工程人才的稀少，此在一般国民或可有此说法，而我工程界同人，则须力求所以破除此种难关，而不能承认其为事实，盖工程界的责任，第一贵能创造，第二贵能变通。”[②]孔祥熙勉励中国工程师承担抗战与建国的责任。

吴铁城不仅关注战时工程师的责任与使命，还考虑到战后工程事业的发展与进步。他在《工程师的使命》中提及：“时代今正要求工程师，把我们的战时生产和战后交通，推上更高的一阶，并替我战后经济建设技术上的许多难题寻出满意的答案。对于前者，工程师自当本其八年来的经验，熟察其得失的由来，再加以不断的（地）改进，求有以配合陆决战的需要。对于后者，工程师自亦将以国父的《实业计划》、总裁的《中国之命运》和这一次六全大会关于经济建设的纲领，作为指导原则，而研求其实施的程序，贡献其宝贵的意见，求能于胜利复员之际，有条不紊地逐渐实现工业化的理想。”[③]吴铁城的观点，主要在于阐述工程师在战时与战后工业经济发展上的作用。

于右任认为“中国之工程师，在今日所负使命之重大，已不限于为中国之工程师……因其工作，不仅为争取抗战胜利，建设科学文明，与增进民生福利之新中国，而实为促进世界进步，奠定人类和平之有力份子也”[④]。于右任将工程师的使命不只限定在争取中国抗战的胜利和建国的民生福利上，还上升到促使世界进步的程度。

在中国工程师人才短缺、经济通货膨胀的环境下，工程师的职责带有鲜明的时代特点。工程师在抗战中不仅肩负了发展工业以支撑抗战、加快战争胜利

---

① 胡笃．工程师之职责及其养成：为“六六工程师节”而作［N］．中央日报扫荡报联合版，1942-06-05（3）．

② 孔副院长昨广播演讲“工程师的精神技术与责任”［N］．中央日报，1943-06-07（3）．

③ 吴铁城．工程师的使命［N］．中央日报，1945-06-06（6）．

④ 于右任．大禹之精神与工程师之将来［N］．大公报（天津），1941-06-06（2）．

的责任，还承担了供给民生、建设国家的重要使命。

三、纪念集会：动员活动的开展

纪念集会是组织工程师齐聚一堂，共同参与工程建设问题研讨的良好机会，也是凝聚工程师集体抗战精神的重要契机。随着工程事业和人才的进步，工程师群体纪念集会经过了初始、发展、高峰三个阶段。

（一）初始：民间主导、政府参与

1940 年 12 月 12 日，中国工程师学会在成都举行第九次年会，并向教育部呈请以大禹诞辰六月六日为工程师节。但国民政府并未对工程师节进行明确的规定，工程师节的纪念活动主要由民间主导。

1941 年 6 月 6 日 19 时，第一届工程师节纪念大会在陪都重庆的广播大厦顺利召开。陈立夫、翁文灏、张治中、吴稚晖等国民政府要员参与集会。中国工程师学会会员及来宾共 200 余人到席。陈立夫担任大会主席，报告工程师节的意义："（一）大禹昔时与自然侵略者——洪水奋斗；吾人今月应与人为侵略者——日本奋斗！（二）大禹富于创造服务精神，接纳善言，爱惜时间，后世工程人员应切实效法。（三）大禹功在国家万世，当时决不以功自居。"①

第二届工程师节时，中国工程师学会重庆分会召集所属会员在广播大厦召开纪念大会。孔祥熙、吴铁城、白崇禧、贺耀组、陈立夫、翁文灏等国民政府党政军首长以及中国工程师学会重庆分会的会员共 500 余人参与纪念集会。此次集会纪念空间的布置独具特色。广播大厦门前，挂有长幅红布横跨马路，书写着白色大字"中国工程师节纪念会"。当门有一巨幅"大禹治水历史"图画钉展在墙上。进入大厦后，正中悬着"抗战必胜，建国必成"的横幅，两旁有长幅标语"纪念工程师节应遵行国父实业计划"和"纪念工程师节应师法大禹建国精神"。左右是两壁悬横幅各一，内容是"大禹是工作竞赛的典型人物"和"工程师是工作竞赛的领导者"。正对讲台面的一面墙壁，上贴工程师信条，下列各党政军首长题字。会场中除排列靠椅外，用长桌排成一大"工"字，上

① 昨首届工程师节庆祝盛况陈立夫望工程人员切实效法大禹［N］. 新蜀报，1941-06-07（2）.

缀白布，又以各色鲜花组成很多小“工”字，鲜花摆放在白桌布上。[①]

在工程师节纪念集会开展的初始时期，纪念集会主要由工程师学会重庆分会组织筹备，国民政府的政要人员作为嘉宾参与会议，在集会上发表演讲。

（二）发展：官民合作扩大庆祝

第三届工程师节来临之际，国民政府正式核准备案工程师节，工程师节由民间层面上升为国家层面的纪念日。[②]

1943年，陪都重庆的各个工程团体准备扩大庆祝工程师节。自6月6日晨8时起，在广播大厦、中央大学社交会堂、文化会堂等地，分别由工程专家马杰、吴任之、庄智焕、朱泰信、赵曾钰、杨毅等进行工程方面的通俗演讲。化龙桥、沙坪坝、小龙坎、香国寺等地若干国营及民营工厂均同时开放，招待各界参观。工程师学会与国防科学技术促进会，招待会议代表午餐。晚上7时，两路口社会服务处举行纪念仪式，由美国工业增产专家色以登演讲美国最近增产情形，会后展示中国最近试制的荧光灯，向鄂西前线将士致慰问电。[③]

1944年6月6日下午，陪都六六工程师节纪念大会顺利举行，与会政府长官、工程界人士、各机关代表800余人。大会主要环节便是演讲。除了曾养甫、陈立夫、梁寒操进行政治宣传，曾任美国电机工程师学会的副会长麦克美伦在会上演讲“电气化在中国建设中的地位和中国电气化应取的途径”，从美国归来的中国航空工程专家朱敏向大会报告“美国怎样才能五分钟出一架飞机和怎样的成了世界民主国家的兵工厂”。大会宣读工程师年会获奖的论文，最后放映《轰炸东京》等电影。[④]纪念期间，中国工程师学会筹建的工程大厦在两路口中国桥梁公司举行奠基典礼。“工程大厦共分五层，占地廿三方丈余，其中租用金城银行交通部经济部各一层外，两层作中国工程师学会会所之用。”[⑤]这表现出工程师群体的力量在陪都重庆得以发展壮大。

---

① 中国工程师学会盛大纪念六六节党政军首长多出席致词［N］. 中央日报，1942-06-07（3）.

② 重庆市政府关于检发“六·六”工程师节纪念要点给社会局的训令［A］.1943-05-31. 重庆：重庆市档案馆，档案号：0060-0001-00220-0001-062.

③ 昨日工程师节陪都工程界热烈庆祝［N］. 中央日报，1943-06-07（3）.

④ 六六工程师节　陪都热烈纪念［N］. 中央日报，1944-06-07（3）.

⑤ 渝工程大厦举行奠基礼［N］. 中央日报，1944-06-07（3）.

在发展阶段中，工程师节得到进一步重视，纪念活动也得到政府的更多支持，政府与民间工程团体多方合作，扩大庆祝，仪式也更加复杂和隆重，纪念的活动和形式也更加丰富起来。

（三）高峰：抗战后方强化联络

1945 年是工程师群体联合团结的高峰。1945 年 6 月 6 日，工程师节分别在重庆、成都、兰州、西安、贵阳、宁夏及昆明等地同时举行，各地通过无线电进行联络。重庆会场在复兴关中央干部学校大礼堂举行，截至 6 月 5 日，报到会员达 1450 余人，收到论文 300 余篇。纪念大会会期共四天，第一天会程为上午 8 时至 9 时空中联络，9 时 30 分至 12 时开幕典礼，中午由重庆市政府招待公宴，下午 4 至 6 时进行会务讨论。晚上 6 时 30 分至 8 时由美籍顾问凯奈士演讲，晚上 8 时至 10 时举行音乐会，由中华交响乐团进行演奏。同时在夫子池忠义堂进行工程问题公开演讲，张洪元主讲《第二次世界大战中化工之进步》，杜镇远主讲《铁路建国》，并放映工程电影。[①] 吴承洛称此次工程师节集会，“彼此联系，如聚一堂，全国工程师因此即时之传扬，乃能得到更伟大之团结”[②]。此次联合纪念集会，强化了抗战大后方工程师群体和团体的合作和联系。

四、结语

人民的支持、支援是抗战取得胜利的关键因素，因此战时民众动员是赢得抗战胜利的重要保障。战时社会中诸如医生、护士、教师、农民、商人、记者、工程师等各个职业均是支援抗战的重要力量。为肯定各个职业在抗战与建国中的作用，动员各行各业参与抗战建国的事业，纪念日成为动员的重要契机。尤其“对于专门人才、技术人员及熟练工头，政府都应平日有种种调查。对于科学人才，政府应当设法培养，予以种种鼓励。因为这些人员，都是推动国家总动员必不可少的角色”[③]。工程师作为社会职业的一个部分，从侧面能够反映出

---

① 工程师学会年会开幕今日起分在七区同时举行渝区报到会员逾千四百人［N］. 中央日报，1945-06-06（3）.

② 吴承洛 . 编辑者言［N］. 中央日报，1945-06-06（6）.

③ 马季廉 . 国家总动员［M］. 上海：青年书店，1939：45.

职业纪念日在社会动员中的作用。

民国时期，国民政府制定了诸多新式纪念日，但大多数为国民政府意志的体现，是国民政府直接决策的结果。工程师节的独特性就在于它是工程师群体集体努力的结果，甚至可以说是工程师群体动员国民政府所产生的结果。工程师节的生成与举办是工程师群体在战争环境下崛起的体现，也是中国各阶层、各职业进行全民抗战、御敌奋斗的表现。

纪念活动既是集体记忆的再现，也是集体记忆再生产的载体。在工程师节中，工程界和政界通过阐发传统文化中的大禹形象，使之与现代社会相接轨，重新阐释大禹为国为民服务、艰苦奋斗的精神，取得了动员工程界的良好效果。借助大禹对工程师群体职业的重构，塑造了工程师群体的良好形象，加强了工程师群体的职业认同。社会各界对工程师群体的生存困境、人才培养和技术改进的关注，推动了中国工程事业的发展，为抗战提供了后备支持。

最初的工程师节纪念集会由民间主导，政府只是参与者。随着抗战对工程事业的需求逐渐扩大，政府对工程师节的重视程度提高，政府与民间工程团体扩大庆祝工程师节的范围。抗战的最后时期，在工程事业进步和人才壮大的基础上，各地工程师团体取得了密切的联系，工程师节纪念集会活动也达到高峰。工程师纪念集会的开展，推动了工程师群体的团结联系，促进了工程问题的研究，为支援抗战工程的建设发挥了社会动员作用。

作者简介：

王瑞，西南大学中国抗战大后方协同创新研究中心博士研究生。研究方向为抗战大后方史、近现代社会文化史。

桂林抗战岩洞教育调查报告

黄伟林　黄北珈

［摘　要］岩洞教育是桂林文化城抗战时期最重要最独特的文化现象之一。为了利用躲避空袭而浪费的时间，广西当局在桂林创办了20多所岩洞学校，开展了规模宏大的岩洞教育。岩洞教育最早由教育家陶行知先生倡议，为广西当局采纳，有共产党人参与，对全国抗战文化乃至全世界反法西斯文化产生影响。有必要保护与利用这笔宝贵的自然文化财富，使之成为文旅融合的示范基地以及爱国主义、红色文化的教育基地。

［关键词］桂林；岩洞教育；抗战文化

抗战时期，岩洞教育是桂林文化城影响很大的一个文化现象。对这一文化现象，知者甚多。当时不少报刊媒体皆有报道，当年的亲历者在后来的文章中也有回忆。然而，真正关于岩洞教育的研究论文却罕有。2021 年 4 月 5 日根据篇名搜索中国知网，竟无一篇篇名含有“岩洞教育”的论文；根据主题搜索，亦无一篇以“岩洞教育”为主题的论文。可见，岩洞教育是知者甚多，专门研究甚少的抗战文化现象。

长期以来，我们一直关注抗战期间桂林的岩洞教育，收集了一些有关岩洞教育的文献资料。2020 年夏天至 2021 年春天，我们对抗战时期从事过岩洞教育的 20 多个岩洞进行了实地调查，包括七星岩、七星后岩、元风洞、老君洞、白龙洞、还珠洞、看牛岩、教子岩、牯牛山岩洞、蹓马山岩洞、郭家后岩、对化岩、老人山岩洞、留春岩、省春岩、弹子岩以及穿山、象鼻山、月牙山岩洞等。现在我们根据文献资料与实地考察，写成调查报告。

一、桂林抗战岩洞教育缘起

抗战时期，桂林由于特殊的政治、军事、交通和地理区位，成为著名的文化城，亦成为日军空袭的重要目标。日军空袭导致桂林出现了一个影响卓著的文化现象——岩洞教育。

岩洞教育最早由著名教育家陶行知先生提出。1938 年 11 月 30 日早晨，陶行知在国际反侵略运动中国分会发表演讲，演讲进行中听到警报，随同会中执事到雉山岩，继续演讲。当时雉山岩躲避空袭的老百姓很多，临时听到陶行知的演讲，很有兴趣，亦随机听讲。这个遭遇给陶行知一个启发，即利用老百姓躲避空袭的机会，开展岩洞教育。

陶行知先是向广西当局口头提出岩洞教育的建议。当局敦促他立即写出具体的建议。[①] 于是，陶行知写了题为《岩洞教育的建议》的文章提交广西当局。该建议很快在 1938 年 12 月 8 日的《广西日报》上发表。全文如下：

（一）根据几件事实

甲、桂林山洞甲天下，这些山洞不但是天然的防空壕，而且是天然的民众校舍。

乙、十一月三十日空袭警报一发，老百姓即到这些山洞里去避空袭。我所到的地方叫做（作）雉山岩，老百姓是人山人海地集中在三个比较大的洞里，听人说象（像）这样的地方，在桂林有百数以上，不知是否正确。自从昨天大轰炸以后，人民进洞躲避的自必更加踊跃。

丙、我们在洞里等到紧急情报来时，足足有半个钟头，大家都无事做。轰炸后，飞机去了，又等了许久时候，才解除警报。在这时间内，老百姓也无事做。

丁、我早晨是在国际反侵略运动中国分会演讲，中途得警报，只好随同会中执事到雉山岩，继续演讲，老百姓也感觉兴趣，临时随便来听。

戊、出发到雉山岩去，在一路所见，有应注意的几件事似宜用教育来帮助解决：（一）走路很没有秩序；（二）妇人家，抱一个小孩，携一个小孩的很多，没有人帮忙；在狭路及洞口所见，小孩有被挤倒及践坏之危险。

己、没有空袭警报的时候，老百姓也到山洞里去躲避，一直到两三点钟才回家，不过人数少些。

庚、桂林本地及外省来的知识分子估计有一万人，可以动员一、二千人从事普及教育，以为老百姓服务。受伤医好了之官兵，可以选拔英勇优秀者演讲抗战故事。

---

① 唯干 . 桂林山洞教育的展开［J］. 战时教育，1939（10）：12.

（二）提出几条办法

甲、每一个大山洞为一战时民众学校，其包含之每一小山洞为一课室，山洞内外应有教育意义之布置及处理。

乙、组织桂林战时普及教育团

一、依据山洞数，组织教育团，每一个大山洞应有一个普及教育团负责，每一小山洞由各该团酌量组织分团负责。

二、征求自愿团员

子、社会团体，政府机关或学校有力量独立组织一团者，由政府核准得成立一团，称为某某团体机关或学校普及教育团，负责管一大山洞。

丑、个人自愿为团员者，由政府按其地址远近将其编入某团服务，或将其组织成一团或数团。

寅、团员纯尽义务。

三、每团设团长一人，副团长一人，分团长若干人，由各团自推之。

四、各团得视儿童妇女及青年之需要，施以适当之教育。

丙、山洞教育内容

一、第一阶段——一般教育内容。包含：

子、军事政治报告（国际、中国、本省、日本），注重最近消息及分析；

丑、抗战故事；

寅、空袭常识；

卯、教唱歌；

辰、科学常识——包括公共卫生及增加生产；

巳、民权初步及集团生活；

午、文字训练，从认识标语口号入手；

未、演戏。

二、每次（空袭）上两课，每课半小时。

三、课程大纲及指导法，一面试验，一面订定。

丁、普及教育团团员之训练

一、初步集中训练一星期，每天二小时。

二、以后每星期集中训练一次或二次。

三、团员训练，根据一般教育内容及妇女、小孩、青年之特殊需要。

四、设示范团轮流到各山洞扼要辅导，以便各山洞之普及教育团，可以在做上学得较好之办法。

戊、试验未普遍举办之前，得约孩子剧团、新安旅行团、国际反侵略运动中国分会及本地富有民众教育经验之团体，各选派一大山洞举行试验，交换所得，在试验之时，顺便帮助征求团员，以便政府扩大组织。

己、组织指导委员会，由政府聘请专家担负训练团员之责。

庚、组织编辑委员会产生材料，以便各团应用。

辛、设备　最低限度之设备为一张中国地图，一张世界地图和随时调换之标语。留声机、无线电收音机、小孩玩具、简易药箱等，有也好，没有则从缓。

壬、可能的成效　老百姓有现成的时间，知识分子有现成的贡献，大自然给我们以现成的课堂，我想三美具（俱）备，一千元可以使十万人至二十万人受初步教育，还能推到同样的环境中去。[①]

广西当局接受了陶行知的建议，成立了一个机构主持岩洞教育的工作。这个机构全名为“广西省会战时民众教育指导委员会”，简称战教会。教育厅厅长邱昌渭任战教会常委，并委任了总干事、指导员等相关人员。[②]

作为一个教育家，陶行知没有把岩洞教育当作一个孤立随机的教育行为，而是纳入其战时民众教育的整体框架。因此，在向广西当局提交了《岩洞教育的建议》之后，他又撰写了《桂林战时民众教育工作人员须知》。在这篇文章中，陶行知提出并回答了 11 个问题：什么是教育、什么是民众教育、什么是战时教育、为什么从岩洞教育入手、岩洞战时民众教育之内容、好学才能救人、即知即传、服务即教育、怎样教、团体生活、怎样求进。其中，在回答“为什么从岩洞教育入手”这个问题时，陶行知说：

---

① 陶行知 . 岩洞教育的建议［C］// 中国人民政治协商会议桂林市委员会文史资料研究委员会 . 桂林文史资料：第 12 辑 . 桂林：中国人民政治协商会议桂林市委员会文史资料研究委员会，1987：120-123.

② 唯干 . 桂林山洞教育的展开［J］. 战时教育，1939（10）：12.

广西山洞甲天下，经过几次空袭之后，老百姓无论有警报无警报都扶老携幼跑到山洞里去躲起来。这些山洞是天然的校舍；躲避空袭的老百姓有现成的时间求学；知识分子是现成的先生；三美俱备，山洞教育是一种迫切的需要，也是最容易办起来的。平均十万人每天每人白费五小时避空袭，浪费掉的光阴是每天五十万小时，这是多么可惜的一件事啊。岩洞教育是把白费的五十万小时夺回来教老百姓了解抗战的前途，增加抗战的力量。①

事实上，广西当局也是将岩洞教育纳入其国民教育体系的。广西省政府将 1939 年定为成人教育年，当陶行知于 1938 年 12 月提出岩洞教育这个建议，时任广西教育厅厅长邱昌渭高度认可，认为陶行知的主张与广西成人教育运动的宗旨相合。邱昌渭指出："此（岩洞教育）固为一种适应环境之新教育的试验，更可谓整个成人教育运动的开始。故不仅在空袭警报时施教，无警报时亦可在洞内上课，且将扩展范围至山洞以外，使桂林全部成人均获有受教之机会。然后再将此种试验的结果，加以考查与改进，普及施行于全省。则对于抗战建国之前途，必大有裨益。"②

桂林岩洞教育影响很大，重庆《新华日报》曾多次刊登有关桂林岩洞教育的报道。在陶行知提出岩洞教育不久，1938 年 12 月 24 日重庆《新华日报》发表了许醒亚的《儿童救亡工作在桂林》一文，介绍了当时桂林的 4 个儿童救亡团体：孩子剧团、新安旅行团、孩子工作队、儿童战时服务团。文章最后说："最后还要给读者报告一点消息：就是（著）名教育家陶行知先生正在帮助这四个团体小朋友做一种试验。桂林多山洞，每天，清早，这许多山洞里就塞满了人，当警报还未发，或者警报虽发而敌机还未来的当儿，如果能有几百或千百人分队到各山洞给这些避难的民众，讲些抗战故事啦，教唱救亡歌啦，或带本地图去解释时事啦，这该是多末（么）大的收获！这计划能否办成，要看陶先生及这许（多）小朋友的努力了。"

《新华日报》非常敏锐，及时捕捉到桂林岩洞教育的信息，虽然文章只是

① 陶行知 . 桂林战时民众教育工作人员须知［J］. 战时教育，1939（12）：2–3.

② 彭韬晦 . 桂林的岩洞教育［J］. 全民抗战，1939（46）：610–611.

称之为陶行知的试验，尚未提到“岩洞教育”这4个字，但这个试验指的就是岩洞教育。显然，文章中提到的这个计划是实现了的。

二、文献中岩洞教育的现场实景记录

1939年2月28日，重庆《新华日报》刊文《在桂林的岩洞》，对桂林的岩洞教育进行跟进报道：

七星岩是一个能容千人的大洞，战前冷静得像是一条大蛇的口，但现在它却是桂林人的最可靠的保护者了。

今天，洞外的墙上和岩石上，夺目的大字显耀着：“岩洞就是学校”，“警报是我们的上课钟！”洞口挂着最近的报纸，地上也干净得像是刚下过雨似的，做小买卖的，排列在路的左旁——他们也不叫嚣了。

在路的右旁，几十张精制的画片展览着，上面惊心触目的（地）标着兽敌的“烧”“杀”“奸”“掠”和我们抗战力量的画片，一个矮小得不使人注意的小兵生气勃勃的（地）用一根竹棒指画着，解释着。

听到那脆嫩的嗓音，他讲着岩洞里的整洁和秩序，最后他说：“敌人天天来轰炸，弄得我们吃饭睡觉都不得安身，但是我们不能让这些时间白白浪费，我们要把岩洞变成学校，利用这些时间来求知识。这是我们自己的事，我们要同心协力维持秩序，保持整洁，请诸位伯伯叔叔姑姑妈妈们帮助我们做……”

人们凝神静听，接着是一阵轰耳的掌声。①

1939年4月4日重庆《新华日报》刊登《儿童唱歌团在岩洞——在轰炸下进行抗战教育》，对桂林岩洞教育进行持续跟踪报道。

2018年初，我们在陪同复旦大学博士生黄相宜女士到回龙山看牛岩寻访桂林抗战文化遗存的时候，无意中从她那儿得知谷斯范曾经写过一篇桂林岩洞教育的新闻报道。1938年圣诞节的后两天，谷斯范专程参观了七星岩，他撰写的题为《岩洞里的教育》的新闻报道记录了七星后岩的教育实景：

---

① 童常．在桂林的岩洞［N］．新华日报（重庆），1939-02-28（4）．

在这里服务的另一位生活教育社同志，是一个女的，她正站在一块岩石上，用北平音唱《郝梦麟军长殉国》的大鼓词……听的人脸色很紧张……有的感动得流下泪来……岩洞教育的内容，包括：话剧歌唱、生活指导、时事报告、战时知识和抗战故事六项，此外还有无线电播音和电影放映。从无线电播音，可以在警报期间，听取防空指挥部关于敌机动向和灾害状况的报告。从电影放映，可以看到地球的另一方，跟我们同样受着法西斯暴徒的迫害，而英勇奋斗着的《火中的西班牙》；用低劣的武器，以游击战术打败敌人的苏维埃英雄《夏伯阳》；以主于北起塞外荒漠的绥远，南达波涛汹涌的广州湾，三千里犬牙交错的战场上摄来的《战地写真》。①

谷斯范参观了七星岩里的救亡书报室并记录："那是在岩洞傍山岩的凹处，老百姓可以借书报室里的任何一本书看。石壁上还挂有战事地图、连环图画和摄影，其中最动人的是《太行山游击队》《我军机械化部队出动》《伤将士重上前线》。岩洞口的壁上……贴上了壁报，壁报共有三份，是属于三个团体的：新安旅行团、电影放映第二队、朝鲜义勇队。观众最多的是朝鲜义勇队的壁报，它差不多每篇文章都有精彩的插画。有一幅画着一个青年，左手拿了'中韩民族联合起来'的盾，保护着地球，右手拿着一把'抗战到底'的剑，对面盘踞着的一条'日本帝国主义'大蟒蛇，作欲扑杀之势。"②

谷斯范还记录了他参观新安旅行团看到的情景："那群平均年龄不过十二三岁的团员们，穿着棉军服，在向妇女、孩子和老人，像中世纪时代的笃信的清教徒似的，传布着抗日的福音，他们有高度的政治认识，现在，正在教一群妇女和孩子们唱爱国歌，有几个，还在教他们识字，把用铅粉写在石壁上的标语作课本。一个年约六十多岁的老头儿，舌音不清地读着一条标语：'抗战必胜，建国必成！'他的'老师'，一个十四岁的女团员，连口称赞他；并向同伴们宣布说：'这位老伯伯已经识了八个字！'他们立刻对这'老伯伯'报以热烈的掌声。"③

① 谷斯范 . 岩洞里的教育［J］. 大风，1939（77）：3–4.
② 谷斯范 . 岩洞里的教育［J］. 大风，1939（77）：3–4.
③ 谷斯范 . 岩洞里的教育［J］. 大风，1939（77）：3–4.

一位名为陈廷瓒的作者撰写了《桂林之岩洞教育》一文，记录了作者当时实地参观桂林岩洞教育的观感，文章写道："我曾参观过'月牙洞'的学校。洞中有二十几个小学生正在上课。有两个穿着军装的女先生正在施教。洞上石缝中，时常滴下水点来，桌子，凳子都很矮小，一排排很整齐地排列着，风琴声悠扬地逸出洞外，荡漾在树梢草波（皮）上。"①

当时甚至还有人创作了《岩洞教育歌》，称赞岩洞教育这一战时文化现象：

稀奇！稀奇！
大广西的山洞真神秘！
长的，狭的，大的，小的，
有的像龙蛇，
有的深无底，
到处是天的防空洞，
这里又可以通到那里。
长的可以容纳人，
狭的可以放东西。
小的让老弱，
大的确是我们教育的理想地。
空袭警报，变成了上课钟，
最好的教材，就是日本惨无人道的轰炸机。
炸掉我们的房屋和财产，
炸不到我们的心灵和身体，
日本小鬼自以为得到胜利，
其实我们是大家上了一课笑嘻嘻。②

① 陈廷瓒 . 桂林之岩洞教育［J］. 抗建，1939（2）：8.
② 袁行霈 . 诗壮国魂：中国抗日战争诗钞·歌词歌谣［M］. 北京：中国青年出版社，2015：405-406.

三、从事岩洞教育的桂林岩洞及相关机构

（一）从事岩洞教育的桂林岩洞

抗战时期桂林岩洞教育颇具影响，但绝大多数有关桂林岩洞教育的文章，所涉及的岩洞皆为七星岩。谷斯范的《岩洞里的教育》则明确罗列了从事抗战岩洞教育的十八个岩洞：

桂林有十八个大岩洞：看牛岩、教化岩、木龙小洞、对化崖、老人山、郭家后岩、骝马山、九岗观、岑公崖、还珠洞、七星岩、七星后岩、龙隐洞、老君洞、象鼻山、福水岩、牯牛山、白龙洞。那些岩洞，现在都变为战时民众学校，如南京迁来的汉民中学，无锡迁来的江苏教育学院，此外由上海迁来的中华职业教育社等校的师生，和隶属于军事委员会的几个宣传突击队——新安旅行团、孩子剧团、电影放映队等担任教师。

这名称确凿的十八个岩洞，深深吸引了我们，为我们进行桂林抗战时期岩洞教育调查提供了最基本的信息。

十八个岩洞中，木龙小洞、老人山、骝马山、还珠洞、七星岩、七星后岩、龙隐洞、老君洞、象鼻山、牯牛山、白龙洞等十一个岩洞为桂林名岩或名山，容易寻访，但看牛岩、教化岩、对化崖、郭家后岩、九岗观、岑公崖、福水岩等七个岩洞，我们原来未曾听说过，寻访费了不少工夫，其中九岗观、岑公崖、福水岩三个岩洞，至今我们仍然不知其在何处。

看牛岩和教化岩，是桂林石刻专家谭发胜先生告诉我们其所在位置，谭发胜先生还亲自带我们到看牛岩进行了石刻调查；对化崖和郭家后岩的位置则是桂林摄影家落霞女士告诉我们的。

后来我们又在《新闻报》1939 年 4 月 12 日的教育新闻栏目中读到以“广西省政府在桂林实施岩洞教育，现有大岩洞学校十八所”为标题的新闻。

可见，上述十八个岩洞是当时广西官方钦定的岩洞学校。

除上述十八个岩洞，还有本文开头提到的，让陶行知先生产生岩洞教育想法的雉山岩。此外，在 1939 年第 5 卷第 3 期的《成师校刊》上有一则题为《岩

洞施教改在百岩山》的信息，内容为："本校战时民众教育服务团，原定担仨牯牛山所属各岩洞教育。近以该地建筑房屋颇多，每遇敌机空袭，民众前往避难者少，本校战教团工作因之颇多不便，遂改于百岩山所属各岩洞施教，且该处避难者多属回民，工作反较便利矣。"这则信息表明，百岩山岩洞亦是抗战时期从事岩洞教育的桂林岩洞之一。再者，彭韬晦的文章《桂林的岩洞教育》提到穿山、龙隐岩、月牙山、祝圣寺附近的岩洞教育。因此，我们可以确定，桂林至少有 20 多个岩洞参与了抗战时期的岩洞教育。

（二）从事岩洞教育的文教机构

如前文所述，根据陶行知的建议，当时的广西政府专门成立了"广西省会战时民众教育指导委员会"，简称战教会。战教会向社会征召义务工作人员，立刻得到中华职业教育社、生活教育社、江苏省立教育学院以及国民政府军委会政治部第三厅的响应和支持。战教会对岩洞教育有相对周密的安排，每所岩洞学校均有相对固定的文化机构施行岩洞教育。1939 年第 46 期《全民抗战》彭韬晦《桂林的岩洞教育》一文对此有所记录：

因为是试验时期，工作范围暂以较大的山洞，如七星前岩、七星后岩、龙隐岩、雉山岩等处为限，其他服务团体均以固定为原则，经常无警报的时候，以生活教育社担任七星后岩，江苏教育学院担任七星前岩及山边村附近岩洞，桂林县政府职员及其所属的国民基础学校教员担任龙隐岩及月牙山附近各岩洞，中山纪念学校担任祝圣寺附近各岩洞，中华职业教育社担任雉山岩各洞；遇有警报的时候，以政治部第三厅战教服务团担任骝马山老君洞，国防艺术社担任象鼻山，成达师范学校担任牯牛山，华中大学担任老人山，汉民中学担任穿山，省立实小担任还珠洞。

其中，负责七星后岩的生活教育社为陶行知在桂林发起成立的教育机构。1938 年 12 月 15 日在广西省政府礼堂举行成立大会，白崇禧、郭沫若、邱昌渭出席了成立大会。生活教育社在全国许多地方包括延安均设有分社。

负责七星前岩及山边村附近岩洞的江苏教育学院原来在无锡，于 1938 年 1 月迁到桂林，在桂林坚持办学达 3 年时间，校址在六合路，实施岩洞教育是江苏教育学院在桂林期间的工作之一。

国民基础学校负责龙隐岩及月牙山附近岩洞。国民基础教育是教育家雷沛鸿提出的理念。基于这一理念，广西在全省范围内发起国民基础教育运动，各县乡村纷纷设立国民基础学校。

中山纪念学校负责祝圣寺附近岩洞。祝圣寺位于普陀山北麓，附近有弹子岩、省春岩和留春岩等著名岩洞。中山纪念学校于 1937 年 5 月成立，创办之初名为省立桂林实验国民基础学校，很快改称广西中山纪念学校。1938 年以后，该校组织战时民众教育服务团，参加省会岩洞教育工作，并开办岩洞托儿所，利用警报时间来教育大众、保护儿童。

中华职业教育社负责雉山的岩洞。中华职业教育社为教育家黄炎培联合蔡元培、梁启超等人在上海成立的教育机构，1938 年 10 月迁到桂林。

国民政府军委会政治部第三厅战教服务团负责骝马山岩洞和老君洞。老君洞即隐山岩洞。

国防艺术社负责象鼻山岩洞。国防艺术社隶属于广西部队总政治部，成立于 1937 年，是个包括戏剧、音乐、美术、电影的艺术机构，全面抗战初期在广西做了大量抗战文化工作。

成达师范学校负责牯牛山岩洞。成达师范学校 1939 年 2 月迁至桂林，校址在西门外。1941 年，该校改为国立成达师范学校。

华中大学负责老人山岩洞。1912 年，华中大学创办于武昌，1938 年 8 月迁到桂林。

汉民中学负责穿山岩洞。汉民中学原来在南京，1938 年 2 月迁到桂林，校址在穿山村，1943 年改为国立学校。

广西省立实验小学负责还珠洞，即伏波山岩洞。

如果说在桂林从事抗战岩洞教育最为知名的人物是陶行知，那么，在桂林从事抗战岩洞教育最为知名的机构则是新安旅行团。新安旅行团于 1938 年 11 月 18 日到达桂林，此时，正是桂林遭受轰炸最频繁的时候。根据张牧的回忆，新安旅行团与生活教育社共同组织了一个“岩洞教育服务团”[①]，新安旅行团在

① 中国人民政治协商会议桂林市委员会文史资料研究委员会 . 桂林文史资料：第 9 辑［M］. 桂林：中国人民政治协商会议桂林市委员会文史资料研究委员会，1986 ：95.

七星后岩洞口的石壁上用牛皮胶水拌红土写下“敌人在轰炸，我们在上课”“岩洞是我们的好课堂”等大字巨幅标语。[①]至今桂林七星后岩的岩壁上还依稀可见当年新安旅行团从事岩洞教育所写的标语。

新安旅行团的岩洞教育影响很大，得到包括徐特立在内的社会各界人士的称赞。1939 年 2 月 6 日，八路军桂林办事处主任李克农介绍苏联《消息报》特派记者卡尔曼到七星后岩拍摄了新安旅行团“岩洞教育”的情况。卡尔曼将新安旅行团在广场演出的《打倒日本升平舞》整个节目全部拍摄下来，连同新安旅行团的教歌、展览、写标语的镜头，组成一个新闻专辑，加在苏联儿童故事片《小英雄》的前面，向世界各国放映。[②]

关于卡尔曼的岩洞教育纪录片，1939 年的新闻亦有报道：“桂林战教会所主持之岩洞教育，曾一度蓬勃兴起，为中外人士所注意，苏联著名记者卡尔曼氏，曾以活动电影摄制成新闻片，寄往欧洲宣传，亦可见一般人士所注意，惟近来阴雨连绵，故岩洞教育，亦陷于困顿现象，但战教会并不因此而停顿，在此期间大量进行准备工作，已经搜集而分发之图书小册，达二千余份，近复发出千余册，同时又在各施教岩洞，开始教具之设备，如大地图板、讲演凳、演讲架、壁报等等设备多件，一俟梅季结束时，各施教岩洞，将有一部分化为演讲区，一部分化为书报阅览室，其结果将有过于以前之热烈云。”[③]

四、对岩洞教育调查的结论与建议

桂林岩洞教育是第二次世界大战期间全中国，甚至是全世界独一无二的文化现象。桂林岩洞本身是大自然创造的美丽奇特的自然景观。同时，桂林岩洞大多有丰富的摩崖石刻，历史文化悠久。抗战时期，岩洞教育再次赋予桂林岩洞丰厚的人文内涵。因此，这些承担过岩洞教育功能的桂林岩洞应该成为被永久保护的国家乃至世界的自然与文化双重遗产。

为保护和利用这份宝贵的文化遗产，我们建议：

1. 组织有关部门为每个承担过岩洞教育功能的岩洞进行历史文献收集和整理，弄清这些岩洞在抗战时期的文化教育作用。

---

① 崔达 . 新安旅行团在桂林 [M] . 桂林：漓江出版社，1995 ：18.

② 崔达 . 新安旅行团在桂林 [M] . 桂林：漓江出版社，1995 ：5.

③ 俄记者卡尔曼摄制岩洞教育影片寄往欧洲宣传 [N] . 新闻报，1939-06-11 (18) .

2. 为每个承担过岩洞教育功能的岩洞设立文化标识，通过文字和图像呈现其抗战文化价值。

3. 组织专家召开桂林抗战岩洞教育学术研讨会，出版相关论文和著作。

4. 拍摄桂林抗战岩洞教育专题纪录片。

5. 对上述 20 多个承担过岩洞教育的岩洞进行整体性的筹划，从文化、教育乃至经济等多维视角进行整体性思考，在此基础上编制桂林抗战岩洞教育文化资源的保护与利用规划。

6. 整治清理岩洞周围环境，对那些被房屋遮蔽的岩洞，尽最大可能解除遮蔽，让这些岩洞从遮蔽状态中解放出来；并且以这些承担过岩洞教育功能的岩洞为中心，建立相关的岩洞文化公园，使之成为市民和游客参观和休闲的自然人文空间。

7. 选择七星后岩，利用现代科技，重建抗战岩洞学校，建设桂林抗战岩洞教育博物馆，根据历史文献，征集历史文物，整理历史故事，还原历史面貌，将其打造为文旅融合景区和爱国主义与红色文化教育基地。

8. 选择普陀山北麓，依托普陀山和灵剑溪，建设抗战岩洞教育步道，将弹子岩、留春岩、省春岩、张曙墓与抗战文化石刻连成一线，使之成为融自然景观和文化景观于一体的抗战文化游览步道。

作者简介：

黄伟林，广西师范大学文学院教授，博士生导师，广西抗战文化研究会副会长。研究方向为中国现当代文学、桂林抗战文化。

黄北珈，桂林学院城市设计学院教师。

战后舆情民意与国民政府审判日本战犯

李　娟

[摘　要] 国民政府审判日本战犯，其舆论评价经历了由肯定支持到否定批判的巨大变化。从表面上看，战犯审判的大败笔是由审判冈村宁次失当而造成，然其背后有着深刻的根源。前期的审判由于注重民众感受，吸纳媒体参与，得到了较好的舆论评价。中期的审判对于战犯审判的意义与法理精神进行宣讲，经由南京大屠杀案审判等重要案件的全民参与，达到了情理的高度融合，形成舆论高潮。后期的审判由于仓促潦草，在冈村宁次审判中为一党私利而违背法律精神，有失公平公允原则，最终丧失民心，遭到舆论批判，以失败收场。

[关键词] 国民政府；战犯审判；法律；公平公正；舆论

[基金项目] 本文系国家社科基金项目“二战后日本战犯审判新闻史料的整理与研究”（14BXW069）的阶段性研究成果。

关于国民政府的战犯审判，学界已有了较为深入的研究，在肯定其维护国家民族利益尊严，宣示主权、彰显正义的一面时，也指出其惩处存在过分宽容、政治色彩影响其法律意义[①]、敷衍民意、虎头蛇尾，甚至刻意开脱等诸多不足之处。[②]学界从国际形势、国内政局、国民政府自身能力的局限等角度进行了分析研究，然少有从社会民众角度的探讨。[③④⑤⑥]本文尝试结合媒体与民众的反映，回到历史现场，对国民政府的战犯审判进行社会心理与舆论方面的探究考察。

一、初期审判——困难重重下的参与、支持、肯定

1945 年 11 月，国民政府成立了战争罪犯处理委员会，从 1945 年 12 月 16

---

① 严海建 . 对战后南京大屠杀案审判的再认识［J］. 南京师大学报（社会科学版），2008（3）：67–71.

② 左双文 . 国民政府与惩处日本战犯几个问题的再考察［J］. 社会科学研究，2012（6）：144–156.

③ 严海建 . 国民政府与日本乙丙级战犯审判［J］. 近代史研究，2017（1）：89–105，161.

④ 刘统 . 国民政府审判日本战犯概述（1945—1949）［J］. 民国档案，2014（1）：72–84.

⑤ 汪朝光 . 抗战胜利的喜悦与对日处置的纠结：由蒋介石日记观其战后对日处置的双面性［J］. 抗日战争研究，2013（3）：5–18.

⑥ 徐志民 . 抗战胜利后国民政府审判日本战犯研究［J］. 杭州师范大学学报（社会科学版），2015，37（5）：71–77.

日至 1946 年 5 月 1 日，战犯处理委员会分别在南京、上海、北平、汉口、广州、沈阳、徐州、济南、太原、台北 10 个城市设立审判战犯军事法庭，开始对战犯进行审判。

战犯审判一开始就受到了媒体的高度关注与民众的肯定，“由犯罪地国内的或当地的法庭去审判，使这类战犯在当地受到法律制裁，可以使对他们的暴行记忆犹新的地方群众在心理上、精神上感到快慰”①。审判战犯被媒体誉为“历史上之创举”②，对于战犯的公开审判与处决，民众“闻之不胜欣快之至”③。十一战区军事法庭首次审讯时，“一般市民过去因受日人种种残酷的虐待，如今他们也有现在这一天，所以前往旁听的人，非常之多”④。检察官起诉原告时，“的确太不客气，然而旁听人听了，却不胜淋漓痛快之至”⑤。到了处决山口利春时，“市民挤得水泄不通，真是大快人心的事，成千成万的人，跟着汽车跑着看。经西四，西单，前门，时时有响亮的鼓掌声，响起在人群中”⑥。“观众中有喊‘该枪毙’，‘日本人也有今天’的。车抵刑场时，观众已人山人海。”⑦“当山口就刑后，观众莫不称快，齐声高喊‘再来两枪’。”⑧

对于战犯审判，民众中也存在一些不同的认知与行为。侵华日军的暴行给民众造成了严重的身心创伤，由道德、性格、经济等因素而生的顾忌、胆怯、漠视诸多心理对检举作证产生了一些负面影响，在南京地方法院检察处的初步调查敌人罪行报告书中，检察官陈光虞披露道：“此间经敌伪摧残最烈，民气销（消）沉不特自动举发者甚少，即派员访问，亦竟有噤若寒蝉，或否认其事者，此外涉及名誉赧然不宣者有之，事过境迁人去楼空者有之，生死不

---

① 梅汝璈 . 远东国际军事法庭［M］. 北京：法律出版社，2005 ：37.

② 张志陶 . 我国审判战犯概述［J］. 东吴法声，1946（3）：1–2.

③ 社论：致审理战犯军事法庭［N］. 民强报，1946–04–10（1）.

④ 第十一战区军事法庭在平审讯日战犯［N］. 救国日报，1946–04–17（3）.

⑤ 平军事法庭开始审日战犯，山口利春杀人案等四案，定十六日下午二时宣判［N］. 世界日报，1946–04–11（1）.

⑥ 慰我同胞在天之灵，杀人如麻的刽子手，日战犯山口昨伏法［N］. 新民报日刊，1946–09–29（4）.

⑦ 日战犯山口昨伏法［N］. 华北日报，1946–09–29（3）.

⑧ 卅余条中国人命抵一战犯，山口利春昨日枪毙，算得光复后民众第一快事［N］. 北平日报，1946–09–29（4）.

明无从探悉者尤有之。”[①] 上海军事法庭在侦讯中也发现“一般市民，过分宽大，认为苦头已尝不愿再挺身检举或作证，以致确系战犯而有罪行者亦肆意狡赖”[②]。南京市临时参议会指出：“幸存者又因生活重压，对于调查填报，知无补于其口腹之奉，间有以不关心之态度，漠视调查人员之往访。”[③] 审判中，由于参与经历与相关知识的缺乏，有的民众视法庭审判为“热闹活动”，以好奇心理和看客心态参与审判，并未意识到法律意义之所在：“老百姓旁听的满院，后来只好站票……旁听的有女一中和附中的学生。他们听完说有意思，不过不热闹，为什么不灌他们凉水？”[④] 长期压抑的情绪一旦释放，便迅速发酵，随着情绪的高涨，渐渐出现一些非理性的言行，十一战区审讯宪兵曹长黑泽嘉隆时，“六个证人一对证，他倒笑了。满脸的阴险，旁听人，都说‘还不打他’”。[⑤]

对此，各地法庭采取了措施，首先鼓励引导民众进行有效的检举与证据搜集。“武汉行营现复分电鄂、湘、豫、皖、赣等省党政当局，令各机关认真检举，并晓谕民众及社会团体踊跃告发。”[⑥] 上海法庭呼吁“市民依法检举，提供证据，以惩元凶”[⑦]。广州行营“特将全部日战犯六百余名，摄制照片，于廿四日起在行营军法处门前公开张贴，并设密告箱及检举表，凡曾被日军侵害或目击其暴行者，均可指控”[⑧]。北平市临时参议会召开全体参议员谈话会，商讨搜集战犯罪证办法，刊布启事公告市民举发战犯罪证，派定专人负责办理。[⑨] 东北行辕日侨俘管理所成立战罪犯审查委员会，“并望市民协助检举，凡深受其害有犯

---

① 张生，杨夏鸣.东京审判书证及苏、意、德文献［M］.南京：江苏人民出版社，2011：112.

② 日本人多同名同姓，军事法庭侦查困难［N］.前线日报，1946-05-03（4）.

③ 中国第二历史档案馆，南京市档案馆，“南京大屠杀”史料编辑委员会.侵华日军南京大屠杀档案［M］.江苏古籍出版社，1987：555.

④ 日特务土肥原同学老贼持原昨受审［N］.新民报日刊，1946-05-09（4）.

⑤ 十一战区军事法庭昨审日宪兵，惨杀百姓罪大恶极［N］.新民报日刊，1946-04-21（4）.

⑥ 武汉日战犯待检举［N］.大公报（天津），1946-04-15（3）.

⑦ 日本人多同名同姓，军事法庭侦查困难［N］.前线日报，1946-05-03（4）.

⑧ 穗行营便利民众指控日战犯　全部战犯摄影张贴并设告密箱检举表［N］.华侨日报，1946-05-26（2）.

⑨ 临参会昨召开全体参议员谈话会，商讨搜集战犯罪证办法，刊布启事公告市民举发战犯罪证，推定四参议员审查战犯罪证报告［N］.新生报，1946-08-29（4）.

罪事实人证物证俱在者，均可至中心街市府楼该会报告”[①]，指出“战犯最大的特征是‘始终还是认侵略战争并没有错误’的人，这些人大多是宪兵，警察，特务，皇军，自治会领导者等，但必要有证据”[②]。南京大屠杀案敌人罪行调查委员会多次召开会议指导调查[③]，对于参与调查的人员给予奖励，调动民众的积极性，“委员会在过去六个月间除办理调查工作外，并曾经手以国币一百另六万元分给被害人亲属”[④]。

审讯过程中，法庭吸纳各界广泛参与。十一战区长官部外事处处长胡钟京率中外记者二十余人，参观军事法庭及战犯收容所，借机呼吁民众积极检举战犯，“极盼国民协助告发，一个不漏的（地）检举他们”[⑤]。开庭时，“对于新闻界人，照顾得很周到。记者不但坐在最前排，还有桌案，便于笔记”[⑥]。市民则可以通过旁听券入场旁听，“军事法庭大门外已经站着十几个人，正在等着领取旁听券，到里面旁听十一战区首次宣判日本战犯罪状”[⑦]。上海军事法庭举行招待茶会，招待记者，对外报告成立经过、审判的法律根据、审讯程序。[⑧]十一战区法庭及河北省政府，召开记者招待会，报告日俘遣返以及战犯审讯相关情况。[⑨]

二、中期审判——逐步调整融合中的高度认可

1946 年 5 月，远东国际军事法庭对东条英机、广田弘毅等主要日本战犯进行审判，国际法庭派检察官三人及首席检察官李南华来华搜集罪证材料，[⑩]军委会暨行政院特派日本罪证调查小组陪同各地搜集战罪证据并指导处理战犯事

---

① 长春战犯审委会积极调查日战犯［N］. 和平日报（江苏），1946-09-09（2）.
② 九十余名日战犯在长春被捕待审［N］. 星槟日报，1946-11-18（2）.
③ 南京大屠杀罪证周内开始调查［N］. 中央日报，1946-07-02（4）.
④ 一九三七年日军陷南京，犯罪二千七百余起［N］. 中华时报，1946-11-13（1）.
⑤ 日韩战犯明日公审，允许市民旁听［N］. 新民报日刊，1946-04-09（4）.
⑥ 平军事法庭开始审日战犯，山口利春杀人案等四案，定十六日下午二时宣判［N］. 世界日报，1946-04-11（1）.
⑦ 杀人者抵命！山口等四日战犯昨宣判处以死刑［N］. 世界日报，1946-04-17（1）.
⑧ 军事法庭今起侦讯日战犯［N］. 中美日报，1946-03-20（3）.
⑨ 日俘日侨泰半遣送，拘留战犯即将开审［N］. 益世报（北京），1946-04-06（2）.
⑩ 战犯罪证调查小组工作开始行程一月，今日飞汉口调查［N］. 民国日报，1946-05-13（3）.

宜，[①]并指出审判战犯的重点之处，“然搜集罪证与检举战犯，绝非报仇性质，其主要目的，在于根绝日本之侵略势力。凡违反战事法强淫掳掠虐待无辜人民者，及违犯世界和平者，如掀起此次世界大战之计划，阴谋，指挥者，均为战犯。为维护世界之永久和平及使日人自知侵略乃错误之举，做必须搜集罪证，公开审讯，并宣布其战罪”[②]。针对战犯遣返与抓捕战犯存在的“日侨ヨ俘之遣送工作，行将结束，但对战犯之逮捕与审讯，犹未能令人满意”问题[③]，决定“刻仍滞留沪市之日宪兵一千七百人，暂缓遣送返国，听候侦办。闻华中区日军大队长以上日军军官，亦将留沪待讯……战犯嫌疑犯自宜迅速拘留，一方鼓励民众及有关机关检举敌人罪行，搜集罪证，俾便进行审判”[④]。

受此指导，各地法庭由初期审判“山口利春、汤浅寅吉、下田次郎、米村春喜”等对民众犯下罪行的宪兵、特务，转向审判“酒井隆、田中久一、谷寿夫、矶谷廉介、茂川秀、内田银之助”等犯下战争罪行的日军将领等重要战犯，法庭继续鼓励民众举证并进一步阐释战犯审判的法理精神与意义所在。如对酒井隆这一重要战犯的判决，记者“访主审该案之庭长石美瑜少将，承石氏出示判决书正本，并告以该案判决死刑之法条，系根据巴黎非战公约，华盛顿九国公约，海牙陆战规例，日内瓦公约，陆海空军刑法而定谳”[⑤]。酒井隆宣判后，将其判决书正本印刷并译成英文，“分送纽伦堡国际军事法庭，东京远东国际军事法庭，及各国使馆。据该庭石庭长美瑜谈称：各方对该案之审判，咸表满意。酒井隆一案，实际等于百案，因牵扯甚广，调查证据侦察等，曾煞费苦心。然吾人对日本之侵略罪行，并非报复而系杀一儆百，对违反人道之战犯，予以处理，至为慎重，此为我国法庭精神所在云”[⑥]。

媒体积极响应法庭审判方向的转变，从批判战犯侵略思想入手，揭露战犯的战争罪行，宣传战犯审判的重要意义所在。在酒井隆审判的报道中，指出其是“实行日本侵略战之主要人物，制造傀儡政权意图颠覆我国政府，袭

---

① 日本罪证调查小组将赴各地搜集证据［N］. 益世报（北京），1946-04-10（1）.
② 战犯罪证调查小组工作开始行程一月，今日飞汉口调查［N］. 民国日报，1946-05-13（3）.
③ 战犯罪证调查小组工作开始行程一月，今日飞汉口调查［N］. 民国日报，1946-05-13（3）.
④ 战犯调查组留沪工作，千七百名日宪兵候讯［N］. 正报，1946-06-01（1）.
⑤ 日战犯酒井隆死刑呈主席最后裁定　石庭长称俟核准即执行［N］. 申报，1946-08-31（2）.
⑥ 酒井隆判决书译成英文分送各国［N］. 和平日报（上海），1946-10-18（2）.

陷香港唆纵部署造成种种暴行"[①]。揭露其侵略思想表现，"日重要战犯酒井隆今日在京受审时，仍狡黠坚不承认日侵略，谓系为民族生存而战"[②]。宣传战犯审判的意义在于进一步提升公众的认知，"我们受了这几年苦，并不是看热闹似的把战犯牵来牵去满足了兴趣就算了。战犯是代表日本帝国主义侵略的典型，对于他们的一生经过和罪行，不得不加以严密的检讨与检举"[③]。结合国际评论，指出审判的文明意义所在，深入分析日本侵略思想之根源，"日本素以近于疯狂的'武士道'夸张于世，'武士道'的最大性格就是轻生好杀，在日本人所崇拜的若干'烈士'中，无一不是轻生好杀份（分）子。但这些'烈士'们在日本过去国势不振的时候，为了'尊皇攘夷'，故其轻生好杀的行动，犹可谓为出于爱国心所驱使，但此次日本所发动的是侵略战争，而其军人滥肆杀戮，这就绝对不能加以饶恕了"。并将审判日犯纳入战犯国际审判的视野，从国际法的视角批驳日犯推脱之词的错误所在，"在田中宣判死刑的前一天，也正是纳粹十一名战犯在纽伦堡执行绞刑的时候，纳粹战犯的处死，在国际法上产生了一种新观念，就是'个人负有国际责任，此种责任实超越服从国家义务'。故纳粹战犯的杀人行为，不能诿为服从命令，便可卸责，因为'真正的关键并不在于命令问题，而在于道德的选择问题'也。田中的狡辩，也许正与纳粹战犯相同，故其所获得的，也正是纳粹战犯的同一命运"[④]。枪决敌溧阳宪兵队军曹富田德时，报道其遗书措辞狂妄"我今天是以日本帝国军人的身份处死了，我的事情只有天皇天神知道"，"临刑倔强犹呼天皇万岁，至死不悟"的情形，指出"可见军国主义遗毒之深"，呼吁"当此日本力谋再起之时，殊值吾人警惕"。[⑤]

不过，长期以来，"善有善报恶有恶报"的朴素因果观念、与家庭血缘关系密切的"有冤报冤有仇报仇"意识影响着民众的认知，有的人将审判战犯等同于"沉冤得雪"。复仇的核心是正义性，正义与公理相联系，这种公理并

---

① 实行日本侵略战之主要人物战犯酒井提起公诉［N］. 华侨日报（香港），1946-05-29（2）.

② 酒井隆昨在京受审，供词极为狡黠坚不承认侵略［N］. 世界日报，1946-05-31（1）.

③ 关于矶谷廉介［N］. 工商晚报，1946-08-14（1）.

④ 社论：田中久一判处死刑［N］. 星岛日报，1946-10-19（1）.

⑤ 遗书荒谬，至死不悟，敌溧阳宪兵队军曹富田德昨执行枪决，临刑倔强犹呼"天皇万岁"［N］. 申报，1947-08-15（4）.

非“法”，却为人们沿用与认同。[1] 酒井隆被枪决时，“满山满谷拥塞的是人，他们正以复仇的心情，期待着……四点五分，他魂归地下。群众的鼓掌声在山谷里响起，谁都是这么痛快，如像为自己的父母子女复了仇一样”[2]。

所以，一方面，民众高度认可与肯定战犯审判，在媒体宣传与政府动员下，他们继续投入到战犯审判活动的各个环节，发挥了重要的作用。南京大屠杀案开调查庭时，“正值大雪纷纷人均冒雪前往，络绎不绝”[3]，“每日前往应讯者达百余人，廿八日开最后调查庭，应讯者更形拥挤，达百八十余人……连日前来应讯者共六百人，均系居住中华门一带之平民”[4]。广州法庭审讯战犯田中久一时，田中久一自我辩护对起诉书各点认为“没有证据”。[5] 对此，“田中久一需要证据，现在，证据来了。台山三社乡七十三岁老人黄细苏出庭，指证七月十三日敌人在台山残杀民众的经过……黄校礼跟着把三社乡的敌人暴行诉说，他自己曾给敌人用刺刀戳了三次，伤口六七个，他当时脱了上衣，身上的伤痕给法官检看。田中久一碰到了铁证了，他低下头，望也不敢望”[6]。

另一方面，民众的情绪继续释放和发酵，酒井隆被枪决后，媒体评论道，“这种深埋在万千人心坎中的仇恨，已经随着酒井隆的枪决而爆发出来了”[7]。在“善恶有报、报冤报仇”心态的影响下，对于审判中存在的问题，不少民众从情感上无法接受，“记得上一次蒙难同志指认敌宪的时候，有一位殉难烈士的太太，曾咬牙切齿地向管理人说过非常愤激的话。她说：‘不要让他们回去，把他们统统用机关枪射死！’”[8]。有的质疑法律的不足，“本报前曾有社论请逮捕全部日宪兵，此辈造恶多端，不必一定要得到证据才抓。受害者死的死了，没有死的也不见到找得出证据，若一般乡民则更不知状从那（哪）告起。假若一定要等告发而坐视这些恶鬼逍遥法外，实在谈不到甚（什）么公道。还有前在

① 王立．中国古代复仇文学主题［M］．长春：东北师范大学出版社，1998：55.

② 第一个处死的日战犯，酒井隆执行枪决，雨花台畔万人争看行刑［N］．申报，1946-09-14（2）.

③ 检举谷寿夫罪行，昨日续开调查庭，红会掩埋队长谈埋尸统计［N］．大刚报，1947-01-27（5）.

④ 国防部审判战犯法庭调查南京大屠杀案被害人家属［N］．台湾新生报，1947-01-29（2）.

⑤ 田中久一受审记（上）［N］．华侨晚报，1946-06-09（3）.

⑥ 田中久一受审记（下）［N］．华侨晚报，1946-06-10（3）.

⑦ 日战犯酒井隆之末日［N］．申报，1946-09-17（10）.

⑧ 暴行在宽大中被遗忘，刽子手倒要回国去了，为什么审判战犯如此之少，为什么不能治以应得之罪，难道奸淫烧杀都是幻象么？［N］．申报，1946-11-18（5）.

各县荼毒乡民的日人，现在交通阻塞，罪状既无法调查，乡民也无地控告，要就因此轻轻放过，更算不得公平，所以我们要求凡有嫌疑的都应逮捕，日宪兵更不能放走一个，不然的话，冤死同胞在九泉之下是不会瞑目的”①。有的质疑战犯审判的成效，“政府虽然设置几个管理战犯审判的机构，但除了断断续续在报纸上看到一些消息以外，一年来所有的结果，就只是在南京枪决了一个酒井隆，在上海判决了号称‘江阴之虎’的下田次郎的死刑（然而一直到现在还是不能执行）。而集中在江湾附近受‘感化’一年多的一千多个嫌疑战犯，则听说在年底以前都要遣送回国去了”②。

媒体一开始也大力呼吁对战犯给予全力抓捕与惩处，“这是一件空前的事。百余年来我们没有打过胜仗，当然更谈不到审战犯了。被审的共六个人，全部是因被害者告发而逮捕的，但是残害国人，罪状更甚于这六个人的敌宪兵、特务及警务人员，仍然不知要有多少。我们要各尽所知，悉数检举，不使一个罪魁恶首逍遥法外，不使无辜被害灵魂，含冤九泉”③。随着采访、报道、观察与参与的深入，媒体就审判中存在的问题转入了理性的思考解读，“至今在民间，的确还有许许多多含冤未伸的同胞。因此我们不免要问：为什么不能赶紧治战犯们以应得之罪呢？困难在缺乏证据……因为现在国际间讲‘文明’，不像以前野蛮时代，战胜的一方可以将捉来的敌人尽情杀戮，而我们要保持泱泱大国的风度，尽管敌人当初并未以道义待我，而现在我们却必须以公正示敌。要公正，当然一切必须根据法的立场”④，指出问题产生的客观原因和现实困难，“被害人畏缩怕事，那么证据的搜集究竟有些什么困难呢？除了有些罪行根本就不留痕迹，无从找觅外，国人的畏缩怕事，常使担任审讯工作的法官啼笑皆非。不少被害人都有这样的念头：事情已经过去了，算了吧！何必再找麻烦呢！像最近新亚电器厂经理林超那样能够激于义愤，愿协助法庭至宁波搜集芝原平三郎逼奸妇女证据的这一种热心的人士，实在太难得了”，

---

① 社论：致审理战犯军事法庭［N］. 民强报，1946-04-10（1）.

② 暴行在宽大中被遗忘，刽子手倒要回国去了，为什么审判战犯如此之少，为什么不能治以应得之罪，难道奸淫烧杀都是幻象么？［N］. 申报，1946-11-18（5）.

③ 审讯战犯拾零，暴行闻之心痛，律师无能代寇辩护［N］. 益世报（北京），1946-04-11（2）.

④ 暴行在宽大中被遗忘，刽子手倒要回国去了，为什么审判战犯如此之少，为什么不能治以应得之罪，难道奸淫烧杀都是幻象么？［N］. 申报，1946-11-18（5）.

“负责机关牵制多，除此之外，种种其他的因素，例如远地的证人，由于交通旅费等等，势难希望他们肯自动来出庭作证，而负责机关本身由于经费的缺乏与人事的牵制，亦迟缓了工作的进行。又例如管理机构由于警卫力的薄弱，因而采取宽大怀柔的政策；审判机构由于庭长的交替，使工作停顿了数月；由于经费与车辆的缺少，使调查与审讯时感困难。有一位负责人说得好：‘我们已经把他们关了一年多，但是提不出证据来，再关下去也不好意思，只好让他们回去吧’”。①

不仅如此，媒体还高度赞扬法庭审判的法制理性精神，“我政府对待战犯，完全采用法制精神，且代为指定辩护律师，审判长态度和蔼，一切审讯次序，悉与法院无异，讯毕问以有无最后陈述，并命书记官朗读审讯笔录，该犯如有异词并得当庭更正”②。并向各界大力报道宣传审判中的法理细节，如抓捕中的谨慎，“上海军事法庭昨日由检察官林朋我继续开庭侦讯战犯，有关机关扣留战犯颇多，因番号不明同名扣留二三人以上，究竟谁为战犯，待军事法庭检察官严密侦查，故审理手续极须慎重”③。审讯时给予战犯充分辩护的权利与机会，公审汤浅寅吉，“依法保护被告利益，军事法庭事先指定辩护律师姜屏藩，准时出席为被告辩护”④。用证据驳斥战犯的谎言，“军事法庭为此曾派员赴常熟当地调查详情，并发掘被害尸骨，证实米村所供全属谎言”⑤。复核下田次郎就证人提出的异议，“国防部据报后，即令饬上海军事法庭查报，兹据江阴县政府来文证明，告发人章郁仁，并无犯案等情，该庭对该犯下田次郎，当仍维持原判，并报由国防部备查矣”⑥。对冤假错案的纠正，被判处有期徒刑三年的清木规正，“送部审核发回覆（复）审，依法详予调查，该被告并未到过卢氏县，参阅战犯罪行调查表，系红木联队，究竟红木，青木是否一人，无法证明，自

---

① 暴行在宽大中被遗忘，刽子手倒要回国去了，为什么审判战犯如此之少，为什么不能治以应得之罪，难道奸淫烧杀都是幻象么？［N］. 申报，1946-11-18（5）.

② 十一战区军事法庭昨大审日战犯［N］. 新民报日刊，1946-04-11（4）.

③ 宪兵二十三团开始提讯日宪兵，即将解送军事法庭［N］. 前线日报，1946-03-23（4）.

④ 汤浅寅吉罪恶昭彰，军事法庭首次公审［N］. 前线日报，1946-04-30（4）.

⑤ 敌宪米村春喜邀功晋级大兴冤狱，全部案情已明，明日即可判决，军庭昨再开审，被害家属陈述经过，“常熟之狼”难逃一死［N］. 申报，1946-12-29（6）.

⑥ 下田次郎呈请更审，军庭驳覆维持原判，米村春喜定廿八日公审［N］. 中华时报，1946-12-17(4).

属犯罪嫌疑，应认为不能证明，予以谕知无罪之判决”①。

对于民众朴素直观的观念与行为，官方有所注意，并予以了相应引导，避免偏激心态的升级与非理性舆论的扩张引发混乱失序。挖掘尸骨调查谷寿夫罪行时，审判长石美瑜原本计划将谷寿夫带往挖掘现场，后考虑到民众的愤怒情绪，恐谷寿夫在现场被打死，故而作罢。谷寿夫行刑后，“事后军事法庭方面恐乡民怀怨刨掘谷犯尸身予以凌辱有损国际声誉，特嘱令地甲及南郊警局派人看守数日，以防意外”②。“江阴之虎”下田次郎和“常熟之狼”米村春喜被判处死刑游街示众之后，“惟最近国防部因鉴于处罚战犯目的在于维护人道正义，保障国际法之尊严，而不在乎实行报复，故确曾通电全国各地军事法庭，此后禁止将战犯在枪决前游行示众，并不得在文告书类中引用报复性之语句，如‘以快人心’等之类”③。

三、审判末期——渐行渐远与舆论的最后否定

法庭与媒体引导民众追求法律审判中的理性精神，民众的情感诉求也对法庭与媒体产生了影响。作为日本侵略的受害者，共同的苦难历史记忆和一致的道德伦理价值观，使得各方心中产生了强烈的情感共鸣。审判田中久一，“前任三社乡副乡长黄兼之继出庭供述谓：‘见有小孩尸体四具，皆穿肚断肠者。有一年已七十五岁伯父，且遭斩首，身首异地。’言时义愤填膺，悲恸莫名。法官及陪审翻译旁听人等，莫不感伤”④。而“田中久一对于‘日军把小孩抛高，然后以刺刀迎刺’一事，屡次表示‘无此可能’，‘不可置信’，‘为夸大之谣言’……现在，目击着这一种暴行的证人站在他身旁了。‘我亲眼看见一个日本兵，搂着一个背着小孩子的女人强奸，女人不肯，日本兵于是把小孩抢了过来，向上一抛，便用刺刀戳了进去。……’法官和陪审官，证人和旁观者。屏着了呼吸，眼睛充满了怒火，愤恨”⑤。强烈的情感感染和影

---

① 华北三战犯，昨宣判处刑［N］. 世界日报，1947-08-31（3）.

② 血债今以血来还！谷寿夫昨日枪决，临刑前喋喋不休犹作狡辩，一枪从后脑击入立即毙命［N］. 大刚报，1947-04-27（5）.

③ 处罚战犯并非报复，禁止在枪决前游行示众，文告不得用报复性语句，国防部通令各军事法庭［N］. 世界日报，1947-07-02（2）.

④ 台山三社乡长出庭指证田中纵兵杀掠［N］. 华侨日报（香港），1946-06-10（2）.

⑤ 田中久一受审记（续完）［N］. 华侨晚报，1946-06-11（3）.

响，甚至在律师心中引起了认知上的冲突，“当田中像发疯的（地）陈诉了狡辩后，继由指定律师薛祀光起立为田中声辩，大概这位薛律师感觉到田中是该死，而自己却被指定去作抹煞良心的（地）替这杀人刽子手声辩，是违背自己的心情吧，故在说话时全身打颤，不过，眼睛老向记者座位上转动，意思是想记者们明白及清楚他的语气”①。审判香川信义时，他供出一段悲惨的事实，“民国三十四年三月二十三日，他们四二〇四部队自献县向南皮行军，经交河县某村，发现遗失日兵一名，臆测是老百姓所害，结果二百多名敌军，将该村包围，逮捕老幼妇孺百二十八名（男五四，女七四人）全部枪杀，挑毙或活埋”。这种残酷的举动，律师也无法替他辩护。李宜琛律师说：“站在中国人的立场，听到如是惨痛事实，内心悲痛万分，无能为其代辩。”②

随着审判的深入，情感与理智在对公平正义的追求中又逐渐调整融合。公审谷寿夫，各方态度、意见、期望交汇整合，情理互融，汇聚成强大的心理力量，形成了声势浩大的舆论浪潮，推动审判战犯进程的不断深化。审判前，“本市的报纸也不断的（地）报导过关于两犯的消息。于是军事法庭以及战犯拘留所的门前，新闻记者的足迹几乎不断，他们知道南京市民对这两名战犯的愤恨，是无可言喻的”③。法官、检察官也纷纷向媒体表达了尽快审判的愿望，“据国防部审判战犯军事法庭石庭长美瑜告记者：一俟该犯解到即行审讯，年内当可判决”④。检察官陈光虞接受采访时称：“一俟解达公文由陈总长过目交来军事法庭后，立刻开始侦讯，有关人证亦将分别传讯，预料此案当不至拖延甚久云云。”⑤对于民众的期盼，法庭给予了充分准备回应，“据国防部审判战犯军事法庭负责人谈：大致在励志社举行，并拟发出旁听证二千张，俾市民得有机会一睹此杀人恶魔，如何在神圣法律之前，受正义裁判”⑥。公审当日，“前往旁听者达两千人，庭内仅一千余人，而楼上楼下已座无虚席，四周站立观审者亦有数百余人，

① 公审田中久一旁听记，他会加上双重死罪吗（二）[N]．星岛日报，1946-10-01（3）．
② 审讯战犯拾零，暴行闻之心痛，律师无能代寇辩护[N]．益世报（北京），1946-04-11（2）．
③ 旷世罕有的魔鬼，谷寿夫与矶谷廉介[N]．和平日报（江苏），1946-10-04（4）．
④ 南京屠杀案主犯押抵南京[N]．前线日报，1946-10-04（2）．
⑤ 谷寿夫矶谷罪证，军事法庭搜集中，陈检察官谈即开始侦讯[N]．南京晚报，1946-10-04（4）．
⑥ 公审谷寿夫将在励志社[N]．大刚报，1947-01-13（5）．

其余则在礼堂外聚听”[①]。出庭时，“其余四十九位证人，他们都是暴行的目击者，有的代替家属申冤，有的叙述本身被害情形”，媒体形容“真是句句真确，语语血泪”[②]。为民众的申冤表示宽慰，“旁听席上已挤满了穿着农民服装的被害男女，在他们‘血肉模糊’‘处身地狱’的血泪的追忆里，能够找到这个伸（申）诉的机会，想来也定是一件藉慰生平的事情”[③]。检察官的发言将情感的表达与追求法律正义紧密相连，“陈检察官说：铁证如山，被告怎样也推卸不了。十个谷寿夫不足以抵偿血海深仇，一千个谷寿夫的血也洗不尽近代文明史上的耻辱，严刑峻法也不足以平服几十万被害人的惨痛。最后他表示坚决主张处被告以死刑”[④]。在汇报遇难者人数时，“声音一阵阵悲哀，听众们鸦雀无声，‘索取血债’自然是大家一致的要求了”[⑤]。对于谷寿夫的结局，各方看法一致，“约一星期后，即可宣判，官方虽迭次宣称，审讯尚未终结，无由得知该案结果，然一般坚信谷魔必处死刑无疑”[⑥]。宣判死刑等待核实时，“一般坚料谷犯，复判死刑，殆无疑问”[⑦]。石美瑜也指出，“惟自司法观点言，谷犯罪恶累累，铁证如山，无论就国际公法及一般法律权衡，谷犯之死刑均不可免，否则对于中国国际威信及司法尊严大为减削，亦为国际正义上之一大污点”[⑧]。谷寿夫枪决前，“国防部审理战犯法庭的布告，清晨时便已粘贴在每条重要的街道，报告他们，十年来的血债，今天已到了索偿的一日……沿途战犯法庭还散发着小型的油印布告……执刑的枪手据说事先曾经过了一番挑选，选拔的是一个枪法最好的枪手，临行刑前，监刑官陈光虞还再三的（地）嘱咐枪手，子弹要由后脑射入，一枪毙命，不能再打第二枪”[⑨]。对于谷寿夫的处决，媒体表示，“南京同胞积压了十年的沉怨宿恨，一旦得以清

---

① 昨日公审谷寿夫，万头攒动争看魔王狰狞相，一脸横肉满口狡词图赖罪，今日下午继续审讯［N］. 大刚报，1947-02-07（5）.

② 公审谷寿夫第二日，传讯证人当庭对质，谷犯无赖一再推诿责任［N］. 和平日报（江苏），1947-02-08（3）.

③ 大屠杀罪魁谷寿夫公审旁听记（一）［N］. 救国日报，1947-02-07（4）.

④ 大屠杀案昨继续公审，日军屠城铁证如山［N］. 和平日报（江苏），1947-02-09（3）.

⑤ 南京大屠杀案主角谷寿夫受审记［N］. 申报，1947-02-12（9）.

⑥ 谷魔案今开辩论庭，内田孝行提起公诉［N］. 救国日报，1947-03-03（4）.

⑦ 谷魔必死［N］. 救国日报，1947-04-10（4）.

⑧ 谷寿夫死期不远，仅待当局之核准［N］. 大刚报，1947-04-23（5）.

⑨ 南京大屠杀案罪魁谷寿夫今晨枪毙，天字第一号战犯雨花台伏法，百万市民人人称快，替殉国数千英灵，索回了一点偿付［N］. 南京晚报，1947-04-26（1）.

雪，真是大快人心的事”[①]。正如报刊所言，“一位先哲说过这么一句话：‘血债必须用同物偿还。’这是真理，也是人情，抗战虽然已经胜利，而且已经过了胜利的二年，但日本军阀残杀中国人民的血债，依然鲜明的（地）刻在中国人民的心里”[②]。

在长达两年多的审判中，民众、媒体、法庭形成了共同的审判情感与意志、记忆与认知，对汤浅寅吉、山口利春、酒井隆、田中久一、伊达顺之助、芝原平三郎、松本洁、谷寿夫、矶谷廉介、野田毅、向井敏明、田中军吉、茂川秀、内田银之助、白鸟乔吉等罪大恶极战犯的审讯、宣判和公开处决，经由媒体的报道、法庭的宣传和民众的参与，各方相互影响，情理共融，以法律达成对战犯公平公正审判成为各方的信念共识与舆论评判的标准。战犯审判犹如一列火车，行驶在法律的轨道上，在舆论的推动下驶向公平正义的终点，容不得半点迟缓与偏移。所以，当冈村宁次的审判一再拖延，立即引发舆论的质疑，“战犯冈村宁次，始终未闻动静，因此颇引起世人关怀，并据外传冈村宁次现正负责联络班工作，且其于接收时，协助政府不无微功，或可将功抵罪。昨据石美瑜庭长语记者：彼信冈村于联络工作完毕时，终将移交司法裁判，且俟交何军事法庭审判时，彼仍一本至公，做最公正之处理”[③]。以法律对冈村宁次进行公平公正的审判，可以说是各方意见汇总与全民期待的必然诉求。

然而，对国民政府而言，战犯审判的政治意义大于法律意义。在东京审判期间担任首席顾问的倪征燠在回忆中提到：“当时国民党政府对东京审判缺乏正确的认识和估计，以为日本军国主义侵略中国，事实昭彰，审判不过是个形式，受害国毋须提出确切证据，就可以对受审战犯定罪。”[④]国际上，苏美冷战拉开帷幕，出于冷战政策的需要，美国开始扶植日本，包庇赦免了一大批日本战犯。对此，梅汝璈以哲学意味之口吻称：“余确已觉察鉴于过去二年来世界情势之急剧变化，东京之审判已失去其政治上之大部意义，但余深信有其不致失去其在法律及历史上之意义。”[⑤]国内内战日渐激烈，国民党军队节节败退。随着国内外

① 战犯谷寿夫昨伏法［N］. 和平日报（江苏），1947-04-27（2）.
② 南京大屠杀三战犯，昨在雨花台枪决［N］. 大刚报，1948-01-29（2）.
③ 战犯冈村宁次即将开始审判［N］. 救国日报，1947-05-10（4）.
④ 梅汝璈 . 远东国际军事法庭［M］. 北京：法律出版社，2005：序 1.
⑤ 日本主要战犯判决书草拟完成需时三月［N］. 世界日报，1948-05-03（3）.

形势的变化，相关机构认为国内审判的目的已达到，1948 年 3 月 17 日，国防部、外交部、司法行政部向行政院呈文，认为“我国军事法庭受理战犯案件共达壹仟余起，已足显示范之作用，再事大批引渡衡诸我国对日宽大政策似无必要，又各国审判战犯业务已成尾声。本国防部所属之审判战犯军事法庭预定于本年六月结束，如再行引渡则盟军总部能于何时逮捕接送殊难逆料，旷时旷日，久悬不结，似亦未尽妥善”。拟请转呈国民政府对此前通过的应行引渡的 50 余名战犯免于追究。①

在审判前期，民众要求“天理报应”，政府追求“示范作用”，惩处战犯的目标经由法律的途径达成一致，各方能各取所需。到了审判后期，民众追求公平公正，要求继续，政府认为目的达到，却要收场，最终在冈村宁次的审判中，矛盾完全凸显。一方面，政府为利用其从事内战，暗中谋划秘密安排，“在商议战犯名单时，何应钦就特别关照：不要将冈村列入。这就违背了法律的原则，而是出于政治的考虑”②。白崇禧也透露说：“根据国际情况，以暂不归国为安全。为了敷衍舆论，也可能移交军事法庭审理，但审判只是走走形式而已。”③另一方面，舆论穷追不舍要求给出交代，“列为头号战犯的冈村宁次今天被提起公诉……按冈村宁次是在一九四五年九月三日代表日本在中国战场签降后，被派为协助南京政府遣送日军民回国的联络官，自从他被扣留的时候起，他的行踪就秘而不宣”④。

在舆论压力之下，1948 年 8 月 23 日冈村宁次终于被公审。媒体广而告之审判的重大意义，“依其身份，他是日本侵华的第一号战犯，所以是军事法庭成立以来审判战犯案件的最重要者，而且是该庭宣告结束前的一幕压轴戏”⑤。为此，法庭也做出公平公允之姿态，发出 700 余张旁听证⑥，邀请“驻京沪各国使节及本市各界代表”，“为补救旁听限制之缺憾起见，将在参议会附近通衢，装置扩音机。向市民广播审判情形。并利用参议会所办之新都电台（呼号

① 严海建 . 国民政府与日本乙丙级战犯审判［J］. 近代史研究，2017（1）：89.

② 刘统 . 国民政府审判日本战犯纪实［J］. 决策与信息，2014（5）：58-61.

③ 稻叶正夫 . 冈村宁次回忆录［M］. 北京：中华书局，1981 ：148.

④ 日战犯冈村宁次现才被提起公诉［N］. 华商报，1948-08-04（1）.

⑤ 公审冈村宁次［N］. 南洋商报，1948-08-30（3）.

⑥ 战犯冈村宁次，今日可审结，审判情形将向全国广播［N］. 台湾新生报，1948-08-23（2）.

KLST）波长一千二百 KC，同时向全国转播”。[①] 媒体欣慰地表示：“这万人瞩目的‘日军大将’终于要向法律与正义低头。”[②] 法庭的召开也为民情的表达提供了机会。开庭当天，“公审的时候虽规定为上午九时三十分，但清晨八时许，即有成千市民，扶老携幼，鹄立雨中，欲一睹这位以中国人民的血肉作为进身之阶而狰狞嗜杀的侵华元凶底（的）庐山真面目”[③]。当“冈村一行下车时，成千市民抑制不住郁积多年的仇恨，而鼓噪起来，冈村脸上浮出一点不豫之色，好像是受了委屈似的”[④]。“下午江一平律师替被告辩护说，被告对部属的非法行为事前已尽防患能事，请庭上宣判无罪，时旁听席上有轻微的嘘声数起。”[⑤] 庭审完毕，“在参议会门首聚听广播审讯情形之市民，于瞥见彼等露面时，又复群相鼓掌，激昂之情，溢于形色”[⑥]。媒体坚信冈村宁次必被法律惩处，“一个靠侵华起家，以中国人民的血肉为进身之阶的枭将、魔王，居然还想以诡辩，以阴谋，逃出神圣的法网，再做中国人民的刽子手”[⑦]！并引用检察官驳斥律师申请无罪的话语来表明态度，“他既然有罪，而我们要判他无罪，怎么能够对得起在抗战中无辜被日军杀害的死难军民。假定我们判他有罪，当局认为影响邦交的话，也不会把他送到这里来依法审判”[⑧]。然而 1949 年 1 月 26 日，法庭宣判：“被告既无触犯战规或其他违反国际公法之行为，依法应予论知无罪，以期平允。”[⑨] 使冈村宁次逃脱了正义的制裁。判决书宣读后，法庭内全场哗然。石美瑜拒绝回答记者在现场的提问和质疑，立刻宣布退庭，慌忙躲进庭长室。愤怒的记者们不顾宪兵的阻拦，冲入办公室向法庭抗议。[⑩] 各界的不满滚雪球式扩大。1 月 28 日，中共中央发表要求重新逮捕和惩办冈村宁次的声明。2 月 1 日，上海《申报》转载了中共的声明全文，再度表明了各界强烈不满的态度。中国

① 冈村宁次后日受公审［N］. 益世报（天津），1948-08-20（2）.
② 辩护律师，要求判冈村无罪［N］. 益世报（天津），1948-08-24（2）.
③ 公审冈村宁次［N］. 南洋商报，1948-08-30（3）.
④ 公审冈村宁次［N］. 南洋商报，1948-08-30（3）.
⑤ 冈村昨公审，狡辩罪行外还丑表功，案情须调查改期再审［N］. 大公报，1948-08-24（2）.
⑥ 公审冈村宁次［N］. 南洋商报，1948-08-30（3）.
⑦ 公审冈村宁次［N］. 南洋商报，1948-08-30（3）.
⑧ 公审冈村宁次［N］. 南洋商报，1948-08-30（3）.
⑨ 日本驻华派遣军总司令，冈村宁次宣判无罪，退庭后曾请晋谒庭长致谢遭拒绝，还押监狱俟报中枢核定［N］. 申报，1949-01-27（4）.
⑩ 徐家俊 . 冈村宁次是如何逃脱制裁的［J］. 档案春秋，2019（7）：47.

致公党就此事公开指责南京政府："此种违背人民意志的行为，实为不可容忍之事。"[①]《密勒氏评论报》开设一期专栏刊登读者来信，就冈村宁次无罪释放一事发表民众的看法。民众强烈反应，"冈村宁次在 1949 年 1 月 26 日这天被国防部审判战犯军事法庭无罪释放，这个消息让我们难过无语，许久都不能说话。一个参与令人深恶痛绝的对中国人大屠杀的人，竟被中国政府无罪释放，这是真的吗"[②]。民众对国民政府的幻想破灭，"应记得战争期间我国人民被杀、房屋被烧、财产被夺、姐妹被强奸、生命的损失和财产的破坏难以计数。即使冈村被依法处决也无法平息人民的愤怒。但冈村被国民政府宣判无罪使我们的愤怒变成了无助"[③]。国民政府信用破产，丧失了民心的支持，遭到舆论的巨大声讨。

纵观战犯审判，前期的审判虽然困难重重，但在民众的检举与媒体的宣传配合下，审判抓捕处决了不少在华作恶的宪兵、特务等罪犯，由于注重民众感受，吸纳媒体参与，得到较好的舆论评价。中期的审判在东京审判影响下，审判处决了重要战犯，对于战犯审判的意义与法理精神进行宣讲，经由南京大屠杀案审判等重要案件的全民参与，达到了情理的高度融合，形成舆论高潮。后期的审判由于仓促潦草，在冈村宁次审判中为一党私利而违背法律精神，有失公平公允原则，最终丧失民心，遭到舆论批判，这也是战犯审判未被民众传颂，为历史所遗忘的社会原因所在。

作者简介：

李娟，国家图书馆典藏阅览部副研究馆员，主要从事中国近现代史研究。

---

① 中国致公党指斥南京释放战犯冈村［J］. 公论，1949（5）：31.

② 赵光辉 . 国共舆论战与国民党的大战略：以审判冈村宁次为中心［J］. 新闻传播与研究，2017（11）：115.

③ 赵光辉 . 国共舆论战与国民党的大战略：以审判冈村宁次为中心［J］. 新闻传播与研究，2017（11）：115.

植根于传统与现实的晋察冀抗战文艺

张中良

［摘　要］晋察冀边区发扬土地革命时期红军重视宣传鼓动的传统，把文艺工作纳入军队与根据地发展的战略部署，像构筑阵地一样建设文艺队伍与文艺园地。在晋察冀，各种文体如十八般武艺各显其能，源远流长的古诗传统亦得到继承，旧体诗与新诗、言志之鼓点与叙事之琴声交汇成一部晋察冀烽火交响曲。文艺战士从地方戏曲、曲艺、民歌等民间音乐中汲取养分，融汇现代音乐元素而创作的抗战歌曲，成为传唱久远的经典作品。编写《冀中一日》等群众写作运动也刻进历史的丰碑。晋察冀文艺以独特的风姿进入中国现当代文学史。

［关键词］晋察冀；抗战文艺；红军传统；旧体诗传统；民间艺术；抗战歌曲

［基金项目］本文系国家社科基金重点项目“抗战时期敌后战场文学研究”（项目编号：17AZW024）的阶段性成果。

在晋察冀根据地的开辟、建设，以及敌后战场的抗敌斗争中，文学艺术非但没有缺席，反而由于需求的急迫与条件的严酷，激发出旺盛的生命力，在战争环境中顽强地生根出土、茁壮成长，见证了敌后抗战之艰苦卓绝，同时参与了民族解放战争的历史进程。

一、发扬红军传统，构筑敌后文艺阵地

晋察冀军区在以武装斗争迅速打开局面之后，便把文艺工作纳入军队与根据地发展的战略部署。正如聂荣臻司令员在晋察冀边区第二届艺术节大会上的演讲中所说：“在八路军的军队里，有一贯的传统，就是把艺术当作政治工作的武器，拿它来提高军队文化生活，提高士兵战斗情绪。当年红军在文化落后的地区，甚至在长征时，在无人烟的地区，都有文艺的活动，剧社还是演剧，

在雪山上也响着雄壮的歌声，它作为政治工作的武器在部队中是有着重要的意义的。”抗战时期也应继承这一传统，文艺工作不仅能够鼓舞士气，提高军队的文化素养与战斗力，而且可以生动反映战斗生活与可喜的战绩，以便边区内外知晓，因而文艺“并非是军队的装饰品而是活的力量”，是“军队的政治机关，应很好的（地）掌握这一武器，并很好的（地）利用这一武器”①。党政军对文艺工作高度重视，根据地的文艺工作由各级行政组织与文化团体负责实施，即使是担负敌后战场主要作战任务的八路军主力部队，也把文艺工作纳入部队建设，把文艺宣传当作政治攻势的有力武器来使用，通过文武结合发挥更大的作用。晋察冀军区专门召开文艺工作会议，聂荣臻发表长篇讲话，强调要继承与发扬红军历来重视文艺工作的光荣传统，指出文化与军事、政治、后勤、经济等工作只有岗位的不同，没有地位的差别，文艺工作者在部队大有发展的前途；要“参加与了解真实的战争生活，在烽火弥漫的战场上去丰富自己的生活材料”“在必要时也扛起枪杆跟战士们一起战斗”“伟大的作品将来一定要产生，而且一定会产生在前线，产生在堡垒附近”；讲话中还对如何批评、讽刺指向等问题发表了中肯的看法。②

红军重视文艺工作的传统在晋察冀得到发扬光大，从部队到地方，文艺工作均有组织保障。最初，军区设立文艺工作科；精兵简政后，文艺科取消，但仍有人专门负责文艺工作。各分区设文艺干事，军区、分区的直属机关、团也大多建立了文艺小组，不少连队也在俱乐部下成立了音乐（歌咏）小组、美术小组、戏剧小组等。军区和分区都曾有计划地开办短期文艺工作训练班，如军直文训队、三分区文训队，培养连队文艺工作者③。西北战地服务团开办三个乡村艺术干部训练班，为根据地培养了数百名文艺宣传骨干。华北联合大学文艺学院文学、音乐、美术、戏剧四个系毕业生达千余人。④

党组织的号令，敌后抗战的召唤，使得大批文艺工作者汇聚到晋察冀，有的来自宝塔山下，有的来自其他地区，也有本地成长起来的文学新人，晋察冀

---

① 张学新，刘宗武．晋察冀文学史料［M］．天津：天津社会科学院出版社，1989：188–190.
② 张学新，刘宗武．晋察冀文学史料［M］．天津：天津社会科学院出版社，1989：191–199.
③ 黄天．晋察冀军区文艺工作［N］．解放日报，1942–08–24（4）.
④ 张学新，刘宗武．晋察冀文学史料［M］．天津：天津社会科学院出版社，1989：200–203.

文艺队伍规模愈发壮观。据统计，1937 年 7 月到 1945 年 8 月在晋察冀工作的文艺战士在 2700 人以上，其中知名作家、艺术家就有蔡其矫、蔡若虹、仓欣书、陈廷辉、陈明、陈强、丁一岚、丁玲、范瑾、方冰、戈焰、管桦、何迟、何洛、侯金芝、胡丹沸、胡可、胡苏、康濯、雷加、李英儒、梁斌、刘光人、刘荣发、刘燕瑾、吕骥、卢肃、罗东、史立德、苏民、苏醒、孙犁、王昆、王琳、魏巍、吴印咸、邢野、徐光耀、徐肖冰、杨沫、杨润身、钟惦棐、周而复、朱星南等。①

在边区各级党政机关的指导与支持下，文艺工作者组成规模不等的团体，有的侧重某一文体或主题，如晋察冀诗会、燕赵诗社、战地社（西站团诗歌团体）、铁流社（东北干部队诗歌团体）、铁骑社、新长城社、鲁迅研究会、民间音乐研究会（中国民间音乐研究会晋察冀分会）、中华全国美术界抗敌协会晋察冀边区分会、中华全国戏剧界抗敌协会晋察冀边区分会、中华全国音乐界抗敌协会晋察冀边区分会等；有的属于综合性协会，如晋察冀边区文化界抗日救国会（简称文救会，1939 年 2 月成立，前身为 1938 年春成立的晋察冀边区文化工作者救亡协会）、冀中文化界抗战建国联合会（简称文建会）、中华全国文艺界抗敌协会晋察冀边区分会、边区文化界抗日救国联合会（简称文联）等。

众多文艺社团发挥特长，积极创办副刊与杂志，筑起了一个个抗战文艺阵地。如《海燕》《鼓》《剧运》《战地》《战地文艺》《部队文艺》《文艺习作》《火线文艺》《诗建设》《诗战线》《歌创作》《诗》《边区诗歌》《晋察冀文艺》《新世纪诗歌》《晋察冀戏剧》《晋察冀美术》《晋察冀音乐》《五十年代》《晋察冀艺术》《边区文化》《长城》《山洪》《文艺通信》《文化纵队》《大众看》《晋察冀通讯》《边区通讯》《文化导报》《乡村文化》《文化界》《冀中文化》《文化工作》《文艺学习》《冀中画报》《连队文艺》《文化纵队》《红星》《平原文艺》《新文艺》《文艺通讯》《文艺轻骑队》《国防最前线》《老百姓》《铁骑》《新长城》《文艺报》《山》《路》《少年艺术队》《平原文艺》《歌与剧》《绿芽》《文艺轻骑》《乡村文艺》《红星》《抗战时代》《火花》《歌创造》《群众歌声》《大家唱》《大众唱》《连队音乐》《连队歌唱》《我们的歌》《冲锋歌声》《战线歌声》《七月歌

---

① 以上统计数字与名字均来自晋察冀文艺研究会与河北省社会科学院语言文学研究所晋察冀研究组合编的《晋察冀文艺战士名录》。

声》《火线歌声》等。其他新版与翻印出版物有《抗战英雄故事》《冀中街头诗选》《粮食》《人多主意多》《街头歌》《文艺小丛书》《少年儿童文艺丛书》《晋察冀民歌选集》《夜》《日出》《雷雨》《带枪的人》《记贺龙将军》《第七连》《开麦拉前的汪精卫》《小集》《鲁迅杂感集序言》《睡眠》《意大利童话集》《我是劳动人民的儿子》《表》《钢铁是怎样炼成的》《不走正路的安得伦》《严寒通红的鼻子》《巴黎的陷落》《马尔华》《西行漫记》《草叶集》《大陆之歌》等。[①]由于战时条件的限制，出版物只有部分采用铅印，其他则采用石印或油印。尽管困难重重，但文艺战士总是斗志昂扬，以笔为刀枪。

办有副刊最多的报纸当属1937年12月11日由晋察冀军区创办的《抗敌报》。1938年8月，《抗敌报》改属晋察冀边区，1940年11月7日更名为《晋察冀日报》，直至1948年6月14日终刊。抗战期间，该报办有至少18种副刊，其中发表文艺作品的就有《战地文艺》《海燕》《老百姓》《文化界》《边区妇女》《剧运》《晋察冀艺术》《文化思想》《鼓》等。《海燕》发刊词写道：

在粉碎敌人围攻的残酷战斗中，我们的《海燕》就这样和大家见面了。抗日的阵营中，任何一个岗位在总的任务上都是一样的，在文艺领域里，我们要把笔尖化作一柄长剑，对准敌人的胸膛！

文艺在战斗中，它不仅应该是一面反映活生生的现实的镜子，一支军号，一通战鼓，而且要作为胜利而呼啸的勇敢活泼的、在暴风雨的海洋上面强健的（地）翱翔着的海燕。

……

怎样的时代，决定了怎样的内容，有怎样内容，就有怎样的形式。《海燕》的内容，当然应该是抗战的。在形式上，我们要努力做到短小和通俗，适合于大众在抗战中行动的步调。因此，我们想在报告文学、行动的街头诗、墙头小说、

---

① 以上统计信息，参考文献如下：1938年初边区出版报刊达50余种，名单原载1938年8月25日《抗敌报》；1942年边区（冀西、冀中两区）出版的文艺书刊名单，原载1942年7月《晋察冀日报》副刊。此外，还有晋察冀日报印刷厂、冀中文建会、冀中军区政治部前线报社印刷厂、各专区文艺团体、边区各剧社文工团、联大文艺学院以及各地政府编辑、翻印之大量艺术教材、舞台脚本、通讯报告选集、诗集、单行本小说等多种，未能列入上述名单。参照《晋察冀文艺研究》创刊号，第80–85页。

街头剧等方面多加努力……[①]

在《抗敌报》《晋察冀日报》的副刊上，可以看到雁宿崖战斗、冀东潘家峪大惨案、冀中宋庄之战、血战羊观、锦热路北血战、日本无条件投降消息传来时狂欢之夜的描述，也可以看到对狼牙山五壮士、子弟兵母亲戎冠秀、萧克司令、白乙化与雷烨等英模烈士的刻画。《抗敌报》《晋察冀日报》诸副刊所代表的晋察冀文艺，的确如《海燕》发刊词所说，像时代的镜子折射出晋察冀烽烟滚滚，似战鼓擂响起催人奋战的鼓声。

二、继承文学传统，旧体诗“新翻杨柳枝”

晋察冀旧体诗根基深厚，这方面的创作主要集中在燕赵诗社。1943 年 1 月 15 日至 22 日在河北阜平召开的晋察冀边区第一届参议会上，聂荣臻、皓青、阮慕韩、张苏、刘奠基、宋劭文、吕正操、于力、邓拓等共同发起燕赵诗社。邓拓执笔的《燕赵诗社缘起》写道：“古来燕赵，豪杰所聚，慷慨壮歌，千秋景慕。方今板荡山河，寇氛未消，黎明前夜，国难犹殷。有志之士，奋起如云，边区民主，谠议宏开。定反攻之大计，期必胜于来朝。窃谓盛会不常，机缘难遇，诚宜昂扬士气，激励民心，以燕赵之诗歌，作三军之鼓角。为此倡议立社，邀集联吟，所望缙绅耆老，硕彦鸿儒，踊跃参加，共襄斯举。”

七十多岁的皓青参议员首先作律诗四首，其中两首如下：

其一

吟坛阒寂久无声，三岛虾夷肆横行。
残敌燕南成壁垒，雄师华北峙长城。
河山收复今年事，韵语推敲此日情。
蚕食何伤终作茧，大同世界放光明。

---

① 邓拓．邓拓全集：第 3 卷［M］．广州：花城出版社，2002：559.

其四

将军弓马故盘旋，巧胜夷人是此年。
提倡民权开议会，发扬诗兴筑吟坛。
七言篇什融千古，八路声威塞地天。
华北英贤方荟萃，鸡皮亦得列鸳班。

《晋察冀日报》社长邓拓和诗《赠边区参议会诸老，步皓青老人原韵》：

其一

边疆参政此先声，当见千秋大道行。
山厦轩昂开谠议，诗心浩荡越长城。
骚坛今日联吟韵，新国他年笃旧情。
信是毛锥能退敌，好随战纛向黎明。

其四

直捣黄龙奏凯旋，相期和乐太平年。
燕然诸将欣铭石，朔土万民庆立坛。
四海为家宽阔地，大千仰首自由天。
刀环马革都豪杰，画阁何须看列班！

“五四”文学革命之际，先驱者为了新时代启蒙之需，率先向已成痼疾的传统格律体诗词发难，别开生面开创白话新诗。但是，传统诗词源远流长，历经时光淘洗的经典以其丰富的内涵与多彩的审美成为永恒的珍品，而借传统文体创作的旧体诗亦可表现现代生活与思想感情。邓拓自幼深受传统文学浸染，以旧体裁写新时代信手拈来，毫无滞涩。1937 年 11 月 7 日他以《晋察冀军区成立志感》为题赋诗：“血肉冰霜不计年，五台烽火太行烟。战歌匝地三军角，卫垒连珠万里天。北岳扬旌胡马怯，边疆复土祖鞭先。阵云翻向龙江日，响彻河山唱凯旋。”抗战时期邓拓的诗歌创作始终与其征战步履相随，有的表现抗战之艰苦卓绝，如邓拓率晋察冀日报社队伍穿过无人区，行军途中吟成的《在反“扫荡”途中》：“风雪山林路，悄然结队行。兼程步马急，落日水云横。后路歼顽寇，前村问敌情。棘丛挥斤斧，伐木自丁丁。”有的抒发战斗豪情与战友深情，如《勖报社诸同志》《题聂荣臻同志像》《送三五九旅》《送友人赴延安》；有的歌颂英烈，如《狼牙山五壮士》《哭何云同志》《题马兰烈士墓》；还有含蓄的战地情诗，如写给爱人丁一岚的《夜别》《心盟》《定情》等。在邓拓笔下，旧体诗创作比新体诗更为轻车熟路，所以才会参与倡议建立以旧体诗创作为主的燕赵诗社。

冀中军区司令员吕正操也以旧体诗叙事抒怀。1941 年 4 月底，吕正操带一个工作组到十分区检查工作，在桑园被敌人包围，回民支队二连指导员杨兆卿牺牲。回到军区后，吕正操赋诗《桑园突围——一九四一年五月三日从十分区归来》：

桑园突围破晓间，
战士奋战苦衣棉。
寇追情急急似火，
春日昼长长如年。
马逸人散阵不成，
往来冲突西复东。
天似有罗地似网，
此起彼伏相呼应。
回支骁勇天下闻，
有女如龙叱风云，
从容迫敌却追兵，
过路入营日西沉。
就榻疲顿举足难，
梦少神安醉黑甜。
翌晨欢庆青年节，
人马一一散复还。
地下有道道有沟，
是真罗网疏不漏。

倭寇纵有黔驴技，
人民眼底一蜉蝣。

此诗以质朴真切的笔触写出了敌情紧迫、险象环生的场景，起伏跌宕而脉息流畅，洋溢着磅礴大气与乐观精神，颇有几分唐代诗人高适的《燕歌行》等军旅歌行体诗的风骨情韵。旧体与新诗、言志之鼓点与叙事之琴声交汇成一部晋察冀烽火交响曲。

三、从民间与时代汲取营养，展开歌声的翅膀

易于接受与传播、普及性强的艺术形式，戏剧之外，还有歌曲。边区活跃着一批音乐工作者，如吕骥、周巍峙、李劫夫、卢肃、王莘、陈地、卜一、韦虹、徐曙、罗浪、田涯、唐诃、晨耕、刘兆江、刘敬贤、曹火星、张达观、严金萱、边军、张非、王引龙、刘沛、朱云鹤、陶申、田工、石磊、罗品、崔牛、韦虹等。晋察冀边区这片战火中的热土产生了大批抗战歌曲，表现战斗意志与战斗场景的，如《我们是无敌的游击队》《起来，边区青年》《坚决地战吧》《我们坚决像钢》《晋察冀》《保卫晋察冀》《滹沱河》《子弟兵军歌》《子弟兵战歌》《前进，子弟兵》《子弟兵进行曲》《少年进行曲》《边区青年进行曲》《边区儿童大合唱》《战士的枪》《枪口向法西斯瞄准》《我们的铁子弟兵》《夜袭之歌》《骑兵歌》《地雷像个大西瓜》《我们是爆破小组》《让地雷活起来》《叫他越治越不安》等；纪念、歌颂类的，如《天上有个北斗星》《望见了北斗星》《永远跟着共产党》《毛泽东之歌》《中华民族》《自从来了八路军》《八路好》《我们的铁骑兵》《骑兵歌》《英雄赞》《七七之歌》《忘不了》《颂平阳》《新战士王二发》《自由的农夫王老三》《劳动英雄胡顺义》《狼牙山五壮士歌》《五壮士之歌》《狼牙山谣》《五勇士故事歌》《狼牙山上的纪念碑》《五十九个》《李勇要变成千百万》《李勇已变成千百万》《王禾小唱》《晋察冀小姑娘》《老人歌》等；表现根据地建设与军民生活的，如《华北联大校歌》《参加八路军》《民主政权歌》《成立联合政府》《县选歌》《选村长》《选举代表》《认真选举》《民主的好收成》《新中国的姆妈》《小槐树》《走回自己的家乡》《抗日的事要多干》《送粪小唱》《边区印钞工人歌》《模范的拨工组》《春耕歌》《北山开荒歌》《春耕曲》《春耕小唱》《整滩歌》《保

卫秋收》《王老三减租小唱》《七月小唱》《对花》《军队和老百姓》《优待抗属》《义卖歌》《破路歌》《新青年》《太行山上的青年》《妇女做鞋组》《战斗生产》《愉快的劳动》《晋察冀儿童》《朱大嫂送鸡蛋》等；展开政治攻势的，如《炮楼谣》《炮楼儿高又高》《身在曹营心在汉》《枪口朝天放》《伪军小唱》《伪军反正》《中国人不打中国人》等。[①②] 诗歌插上音乐的翅膀，传播得更快更远。如方冰创作的《歌唱二小放牛郎》，由李劫夫谱曲，形成同名歌曲。曲调与内涵高度契合，感伤中更多的是敬佩与怀念，成为一首传唱至今的经典作品。

音乐工作者努力从地方戏曲、曲艺、民歌等民间音乐中汲取养分，融汇现代音乐元素，与诗人共同创造出时代色彩鲜明的抗战歌曲，其中不乏传唱久远的经典作品。1943 年，西北战地服务团卢肃与牧虹为了配合根据地军民保卫麦收，在河北平山县突击创作小歌剧《团结就是力量》，剧本完成后，觉得结尾似乎缺了点什么，于是决定写一首齐唱曲将全剧推向高潮，牧虹作词，卢肃很快完成谱曲，歌曲就以剧名作为歌名：《团结就是力量》。

团结就是力量，
团结就是力量。
这力量是铁，
这力量是钢，
比铁还硬，比钢还强。
向着法西斯蒂开火，
让一切不民主的制度死亡。
向着太阳，向着自由，
向着新中国发出万丈光芒。

歌词虽然简单，但表现出钢铁般的意志与必胜信念，主题鲜明，格调高亢，旋律明快流畅，节奏铿锵有力。初次演出时没有舞台，全体演职人员都跑到场地中央，挽着臂膊齐声高唱，演出现场反响热烈，歌曲不胫而走，迅速传遍根

① 陈志昂 . 抗战音乐史［M］. 济南：黄河出版社，2005：122-209.
② 于冰 . 晋察冀抗日根据地文艺社团及其音乐创作活动研究［D］. 沈阳：沈阳音乐学院，2010.

据地，又传到国统区，直至后来传到海外，至今仍然给人以巨大的鼓舞。

抗战时期，虽然总体上维系了国共合作的统一战线，但两党之间在政治、经济、军事等方面的分歧始终存在，有时甚至激化到兵戎相见。1943 年 3 月，重庆出版了蒋中正署名的《中国之命运》，此书强调在抗战形势下“没有国民党，就没有中国”。中共中央机关报《解放日报》与此针锋相对，同年 8 月 25 日发表题为《没有共产党，就没有中国》的文章。

晋察冀边区平山县铁血剧社音乐队长曹火星，1939 年冬进入华北联大音乐系深造，写过《上战场》《选村长》《春耕忙》《万年穷翻身》等歌曲。1943 年 10 月，曹火星与三位战友组成小分队到房山霞云岭堂上村工作。他得悉大后方两党对救中国的论争后，想据此创作一首歌曲作为响应，敌后战场六年多的战斗经历激发起他澎湃的创作激情，当地流行的“霸王鞭”民间曲调为他提供了利用与改造的基础，一支《没有共产党就没有中国》如一轮旭日，在霞云岭喷薄而出：

没有共产党，就没有中国，
没有共产党，就没有中国
共产党，辛劳为民族，
共产党他一心救中国，
他指给了人民解放的道路，
他领导中国走向光明，
他坚持了抗战六年多，
他改善了人民生活，
他建设了敌后根据地，
他实行了民主好处多，
没有共产党，就没有中国，
没有共产党，就没有中国。

歌曲一经诞生，便由霞云岭传唱到涞水、易县一带，后来刊于《晋察冀日报》，传播得更远。随着抗战的推进直至胜利，“他坚持了抗战六年多”改为“七年多”“八年多”。1950 年，毛泽东主席听到女儿唱时，提议加上一个“新”字，《没有共产党就没有新中国》从此成为一支经久传唱的经典歌曲。

四、发动群众写作，描绘抗战宏图

晋察冀文艺战士在血与火的战斗中淬炼铁骨，汲取素材，运用多种文体表现抗战，取得了巨大成就。除诗歌、戏剧、音乐之外，其他方面也是成果丰硕：小说既有王林《十八匹战马》《腹地》所代表的现实主义色彩浓郁的写实作品，也有孙犁《荷花淀》《芦花荡》所代表的诗性叙事；新闻记者与文艺战士发表了大批优秀通讯报告文学作品，如仓夷的《纪念连》《永定河畔的一支抗日武装》《日本士兵觉悟了》《冬学》，魏巍的《狼牙山的儿女》《晋察冀，英雄多》《燕嘎子》，周游的《冀中宋庄之战》《正定铁路边奇妙的战斗》《侯松坡越狱记》《一个工人出身的排长》，沈重的《棋盘陀上的五个“神兵”》《冷落了的大亚公司》《“囚笼政策”的毁灭及其他》等。文艺战士在自己奋力创作的同时，也把组织与推动群众写作当作一项救亡与启蒙交汇的重要任务来完成。1939 年元旦，晋察冀边区决定发起征稿，编发“晋察冀的一周”群众写作运动，时间定在 1939 年 1 月 10 日至 17 日，编委会由边区政府、部队与群众团体派员组成，征稿活动得到广大干部群众的热烈响应，编委会收到大量稿件，曾选编十五万字准备出版，但因敌人“扫荡”，稿件失毁。[①]1941 年冬，边区文联与鲁迅文艺奖金委员会发起“军民誓约运动征文”，悬奖征求文艺作品，除了冀东、冀热辽等区因交通阻塞未能参加之外，多数分区都参与其中。第一批收到文艺作品 400 余件，其中文学作品 250 余件、音乐作品 60 余件、美术作品 20 余件、戏剧作品 50 余件；入选作品 167 件，含文学作品 99 件、音乐作品 40 件、美术作品 8 件、戏剧作品 20 件。第二批收到文艺作品 50 余件。1942 年鲁迅文艺奖金公布第一、二、三、四季度入选作品，以及年奖一种、季奖多种。军民誓约运动征文活动成果颇丰，“创造了大批文艺作品，出版了歌集二、剧本十六、誓词彩色木刻一套，墙头小说、街头诗、誓约诗、短篇小说各一集，各剧社组织了许多军民誓约晚会，在恢复一九四一年大‘扫荡’后军民情绪上起了很大

---

① 张学新，刘宗武 . 晋察冀文学史料［M］. 天津：天津社会科学院出版社，1989：287–288.

的作用”。仅三分区，在 1942 年 8 月 15 日至 9 月底，就“在游击区沟线外共演出二十二次，有八十三个村庄的观众，共八九千人，同期间创作了剧本十个，歌曲十四支、大鼓等小形式作品六个”[①]。

规模更大而且终于成书的群众性文学活动当属《冀中一日》的编写印行。1941 年春，冀中军区政委程子华、司令员吕正操、区委书记黄敬等提议发起一次群众性的写作运动，仿照茅盾主编的《中国的一日》，出一套《冀中一日》。茅盾主编的大型纪实文学作品集《中国的一日》，选择 1936 年 5 月 21 日为时间窗口，发动工农兵警学商各界书写当日所见所闻所思所想，征集来稿 3000 篇以上，不下 600 万字，在此基础上几经遴选，选定 500 余篇共 80 余万字，于同年 9 月由生活书店出版。不同的是，那是在七七事变之前的文化中心上海，而此时此地却是 1941 年不时受到日伪“扫荡”冲击的冀中根据地。但是，共产党人敢想敢干，说干就干。中共冀中区委就编辑《冀中一日》工作专门发出通知，要求“各级党委及全体同志应该了解《冀中一日》的编辑在党的宣传事业上的意义，各级组织应保证党政军民各部门及全体党员依照征稿办法供给稿件，按期寄交，各级文建会员负责收转。下级同志不能写稿者，可自述意思，发动文化水平较高的同志代为记录，尽可能做到全党同志能写文章者，都写稿，不能写稿者，亦能口述思想，请人记录成稿”[②]。党政军机关高度重视，民间团体积极行动，军民干群纷纷动笔动口，写作运动蓬勃地开展起来，连村口街头的“识字牌”上都写着“冀中一日”四个字。“站岗放哨的儿童、妇女见行人来往时，查清了‘通行证’，还得叫你念念‘冀中一日’四个字”[③]，念完之后还得问问指的是哪一天。1941 年 5 月 27 日，只是一个平平常常的日子，选择该日是为了表现根据地的日常生活。但有的连队，为了获得好题材，经上级批准，专在那一天打下了敌人的据点。“各地送往《冀中一日》总编室的稿件，要用麻袋装，用大车拉……打起游击来，还得保护这些稿件……直到后来，才又决定由各级主管部门，经过初选再送，这样就使得冀中一级直接处理的稿件少些，

---

① 张学新，刘宗武．晋察冀文学史料［M］．天津：天津社会科学院出版社，1989：265.

② 冀中一日写作运动委员会．冀中一日［M］．石家庄：河北人民出版社，2011：417.

③ 王林．王林选集：下［M］．天津：百花文艺出版社，1987：378.

编选得快些，打游击时也轻便些。”[①] 冀中区选调40多个宣传、文教干部，并请来延安文工团的韦明与晋察冀边区文协的孙犁参加编审，用了几个月的时间，从5万篇来稿中初选采用230余篇，约35万字，稿件内容分为四辑：第一辑“鬼蜮魍魉”，揭露敌人残暴行径；第二辑“铁的子弟兵”，描写武装斗争与军队生活；第三辑“民主、自由、幸福”，描写冀中根据地的民主建设；第四辑“战斗中的人民”，表现民众的斗争生活。初版油印200余部，一部分作为送审用，以便审定修改后正式出版，一部分编印人员留存，一部分被县区干部和附近的小学教员拿去“先睹为快”。[②] 初印本[③] 编定之后，孙犁针对编选中发现的问题，写了一本《区村和连队的文学写作课本》，篇幅不大，也无需送审，用当时视为珍品的粉连纸油印发行。吕正操、黄敬等冀中首长将其带到太行山麓铅印一次，书名改为《怎样写作》发行，八路军三纵队的《连队文艺》、晋察冀的《边区文化》也都予以连载，深受欢迎。而《冀中一日》初印本，由于“五一大扫荡”，未及审定，编者之一的王林把校订的稿本与补选的稿件藏在堡垒户的夹壁墙里，在反“五一大扫荡”的空隙中绕道去查看。不料夹壁墙被敌人捣开，抢掠一空，并且付之一炬。即使未被敌人发现烧毁，由于纸张是当时试制的麦秆纸，经不起长时间潮湿的侵蚀，经过一个夏季也朽烂了。抗战胜利后，相关单位曾多次登报征求初印本，到1959年3月天津百花文艺出版社重新铅印时，也只找到其中的第一、第二辑。幸而参与刻印工作的“铁笔战士”周岐当年出于特别的喜爱将该书全套四册带回家精心保存，并于1960年披露于世。《冀中一日》第三、第四辑得以于1962年7月第一次铅印出版。至此，四辑始得出全，成为珍贵的历史文献。正如冀中军区政委程子华在《冀中一日题词》中所说：

《冀中一日》是冀中党政军民各方面有组织的首次集体创作，是大众化文学运动的伟大实践，是我们向新民主主义文化战线上进军的一面胜利的战旗。这在冀中是空前的。《冀中一日》实事求是的（地）反映了冀中人民的生活和斗争，

---

① 冀中一日写作运动委员会 . 冀中一日［M］. 石家庄：河北人民出版社，2011 ：421.
② 冀中一日写作运动委员会 . 冀中一日［M］. 石家庄：河北人民出版社，2011 ：433-435.
③ 初印本第四辑版权页内容有：“一九四一年十月十九日草印 / 主编：冀中文建会 / 编辑：八路军三纵队政治部 / 冀中行署 / 冀中各群众团体 / 发行：《冀中一日》编委会。”

刻画出了冀中抗日民主根据地欣欣向荣的光明面，揭穿了敌伪汉奸罪恶无耻的黑暗面。……正因为它是真实的生活和斗争的描述，就可看到，冀中抗日军民在坚忍不拔的残酷斗争中对国家民族的贡献如何巨大，对于那些关心国防前线——冀中的全国抗战军民们、国防朋友们以如何兴奋鼓舞。

亦如林呐在《寻书简记》里所说：

《冀中一日》不同于一般书籍，这是千万人用血泪凝炼的书。在这部书里，人们以无限热情歌颂我党我军的伟大英明，用满腔悲愤控诉敌寇汉奸的滔天罪行，或者描绘一次难忘的斗争，或者记叙一件有意思的生活。在这里，可以看到根据地欣欣向荣的建设面貌，可以看到我军英勇歼敌的战斗，可以看到各种类型的人民英雄，可以看到亿万人梦寐以求的新中国的雏形。这里，自然也描画了帝国主义者穷途末日的残景，和那些丧心病狂的侵略者的丑恶灵魂。

《冀中一日》是抗日烽火的真实写照，是军民心血的红色结晶，也是烈士乃至历史的不朽丰碑。《冀中一日》的撰稿人、军区政治部宣传部长张仁槐与骑兵团政治部主任杨经国，以及一些参加过筹委会工作的编辑记者在这部散文集刚刚编成时的反“扫荡”中壮烈牺牲，未能亲眼见到此书付梓。虽然编成之时未能按计划出版，但正如1942年孙犁所说，其意义当时即已显现——使从前不知文章为何物的人能够执笔为文，在作文与作战、根据地民主建设诸方面同样有所作为；对文学工作者是一个“大刺激，大推动，大教育”，使其意识到自己以前的一些作品“空洞无物，与人民之生活、人民之感情距离之远”，今后当“更去深入体验生活，扩大生活圈子重新较量自己”；使冀中干部人民，通过文学认识自身所处的生活与工作，认识各地乃至全局，认识各种工作与复杂的生活现象，看到工作的楷模，使外面的人士认识冀中。[①]亦如王林后来所说，写作运动是发动拿镰刀斧头和拿枪杆的工农兵自己写自己战胜民族敌人和创造新社会的生活和斗争，在实践工农兵方向上，在文艺与群众相结合上，它的影

① 冀中一日写作运动委员会．冀中一日［M］．石家庄：河北人民出版社，2011：418–419.

响比它的直接目的更加深远；1949 年以后，冀中土生土长的作家陆续出版了十多部长篇小说和更多的短篇小说，这多少与《冀中一日》写作运动的影响有关。[①] 后来，受到《冀中一日》写作运动启发，安平县编了一本《安平一日》，六分区发起《伟大的一年间》写作运动，边区文联、鲁迅文艺奖金委员会和北岳区文教会发起新年乡村文艺创作征文活动，冀中区七分区发起《伟大的两年间》写作运动等。由于环境严酷，《伟大的一年间》收到的两千余份稿件大部分丧失，《伟大的两年间》近万份稿件未及出版，成为珍贵的原始文献。

早在 1938 年 12 月，邓拓在《勖报社诸同志》中如此勉励《抗敌报》同仁："笔阵开边塞，长年钩剪风。启明星在望，抗敌气如虹。发奋挥毛剑，奔腾起万雄。文旗随战鼓，浩荡入关东。"抗战胜利后，晋察冀文艺战士果然是"文旗随战鼓，浩荡入关东"，成为解放战争乃至新中国的一支文艺劲旅，以别致的风姿进入中国现当代文学史。

作者简介：

张中良，上海交通大学人文学院教授，博士生导师。研究方向为中国现代文学，近年侧重抗战文学研究。

① 冀中一日写作运动委员会 . 冀中一日［M］. 石家庄：河北人民出版社，2011 ：428.

作为“社会剖析派小说”的家族史

——《科尔沁旗草原》之“史诗性”风格新诠

洪　亮

［摘　要］端木蕻良的《科尔沁旗草原》具有“史诗性”的风格特征，这已经成为研究者的共识。但除了一般“史诗性”作品的共性外，《科尔沁旗草原》还具有“家族史”与“社会剖析派小说”的双重特征。前者使得作品具有了明显的主观性和个人性，无论情节的时间与空间跨度如何巨大，它最终都收束在一种个人化的视角之下。后者则体现了当年的端木蕻良作为一个年轻的左翼作家，对于更广泛、更深刻地分析历史与社会这一目标的自觉追求。二者都使得《科尔沁旗草原》所具有的“史诗性”风格变得更加复杂而厚重。

［关键词］《科尔沁旗草原》；史诗性；家族史；“社会剖析派小说”

从抗战文学的视角来看，端木蕻良的《科尔沁旗草原》可以说是一部颇为独特的作品：这部小说写于1933年8月至12月，比萧红的《生死场》和萧军的《八月的乡村》都要早。尽管《科尔沁旗草原》中涉及抗战的笔墨远少于萧军、萧红的作品，但是小说结尾对于九一八事变后东北地方的混乱场景的出色描写，给人的印象极为深刻，更何况作品还反映了一个其他作家极少写到的事实，即九一八事变之前日本的经济侵略已经给东北地方带来了巨大的影响和冲击。因此或许可以设想，假如《科尔沁旗草原》能像《生死场》和《八月的乡村》那样写成不久即获出版[①]，那么它或许会和后两者一样，被后世的文学史家视为抗战文学的滥觞，而其所引起的轰动也很可能不下于后两者[②]。但是，由于遭遇

① 《生死场》初稿完成于1934年9月，《八月的乡村》初稿亦在此前后完成。两部作品分别印行于1935年12月和1935年6月，均为自费印刷出版。参见季红真的《萧红全传：呼兰河的女儿》，现代出版社，2016；张毓茂：《跋涉者——萧军》，辽宁人民出版社，2000。

② 夏志清给予《科尔沁旗草原》更高的评价：“除了作者年轻和写作狂热所造成的文体上的粗糙以外，我们很容易认定《科尔沁旗草原》跟抗战前十年所产生的更受赞扬、更为精致的任何小说比起来，是一部具有更宏伟的想像（象）力的作品……要是他能够在1939年付梓之前，将原稿加以修改，使之具有更澄澈的文体和故事性，《科尔沁旗草原》可能终于被公认为三十年代所产生的最伟大的中国小说。”参见夏志清著、刘绍铭等译《中国现代小说史》，复旦大学出版社，2005，第393页。

种种波折，《科尔沁旗草原》直到 1939 年 5 月才由开明书店出版，此时七七事变已经过去了将近两年，在全面抗战的炮火声中，这部写到九一八事变后即煞笔的作品，已经失去了因“时效性”而产生轰动的可能。然而，作品的艺术价值并不会因为出版时间的推迟而受损，《科尔沁旗草原》出版之后不久，即得到了批评家巴人热情洋溢的称赞：

这就是我们作者所要描出的这广漠的草原的风貌。这在我们读了，觉得像读了一首无尽长的叙事诗。作者的澎湃的热情与草原的苍莽而深厚的潜力，交响出一首“中国的进行曲”。音乐的调子，彩色的丰姿，充满了每一篇幅。我们的作者，有一付（副）包容这整个草原的胸壑，倾听着它的啜泣，怒吼，歌唱，哀叫；还倾听着它衰老的叹息，新生的血崩……我们作者是个小说家吗？不，他是拜伦式的诗人。[①]

虽然巴人也指出了作品中的一些缺点，比如对于日本的侵略给东北草原所造成的影响反映不够等，但这并不妨碍他把《科尔沁旗草原》看作一部成功的作品，他在这篇评论的结尾处这样对小说进行总结：“莎士比亚的华丽 + 拜仑（现译为拜伦）的奔放 + 道斯托以夫斯基的颤鸣 = 直立起来的《科尔沁旗草原》——一种印象的现实主义的作品。”[②]

显然，巴人主要是从作品的风格着眼来肯定《科尔沁旗草原》的，而后来的文学史家和研究者，在评述这部作品时也多会强调其“史诗性”品格，如“长篇《科尔沁旗草原》是一个鸿篇巨制，从远古至‘九一八’前夕东北草原首富丁府的由盛而衰的历史纠葛……用叙事诗的方式加以表现”[③]；“《科尔沁旗草原》……就其对历史追本溯源的浓厚兴趣、讲述英雄传奇的热情、对重大历史事件或与此密切相关的时代主题的关注、场面的宏阔与气势的雄壮而言，的确称得上是一部史诗性作品。”[④]可以说，《科尔沁旗草原》所具有的

① 巴人．窄门集［M］．香港：海燕书店，1942：158-159.

② 巴人．窄门集［M］．香港：海燕书店，1942：174.

③ 魏建，刘聪，张梅．中国文学：第 6 册［M］．济南：齐鲁书社，2003：210-211.

④ 张中良．张中良讲现代小说［M］．长沙：湖南教育出版社，2011：208-209.

“史诗性”风格基本已经成为研究者的共识，但是与此同时，这部作品中的另一些要素，却很难被归为一般意义上的“史诗性”特征。分析这些要素如何在作品中与“史诗性”特征共存甚至糅合，或许有助于我们重新审视《科尔沁旗草原》的风格。

一、“家族史”的追溯

尽管在文学批评和文学史中，“史诗性”是一个非常常见的术语，但是对于究竟哪些特征可以被定义为“史诗性”，研究者似乎没有很明确的共识。而如果考察世界文学史上那些真正的史诗作品，就会发现绝大多数的史诗都是英雄史诗，在一些理论家看来，英雄精神正是史诗最重要的，甚至是唯一的决定性特征。比如布鲁姆认为：“史诗——无论古老或现代的史诗——所具备的定义性特征是英雄精神……或可称之为不懈的视野，在这样的视野里，所见的一切都因为一种精神气质而变得更加强烈。”[①] 具体到《科尔沁旗草原》这部作品，研究者在概括其“史诗性”特征时，也经常会提到其英雄传奇色彩，但是作品中真正能够称得上“英雄”的，其实只有“大山”和“老北风”这两个次要人物，而作品的主人公丁宁，却很难说是任何意义上的英雄——在一种最极端的情况下，他甚至被自己的侍女骂作“比废物还糟”。另外也有研究者注意到，作者在对丁家祖先罪恶的揭露中，有时竟会不自觉地流露出对他们的敬畏，但是端木蕻良在创作《科尔沁旗草原》时已经加入了北方左联，左翼思想的影响使得他绝不可能仅仅因为一丝敬畏，就把那些大地主阶级的代表塑造为英雄。所以倘若真把《科尔沁旗草原》比作一部史诗的话，它也绝不是一般意义上的“英雄史诗”，而更像是一部家族史。

端木蕻良为《科尔沁旗草原》的初版本所作的后记中称：“丁宁自然不是我自己。但他有新一代的青年的共同的血液。”[②] 作品中的人物不等于作家自身，这当然是一个常识，但端木蕻良的刻意强调，却恰恰印证了丁宁身上有着明显的作者的影子，正因如此，他的强调才会显得有必要。如果把作品中的丁家和端木蕻良自己的家世相对照，其间的相似之处显而易见：端木蕻良祖籍河北，

---

① 布鲁姆．史诗［M］．翁海贞，译．南京：译林出版社，2016：导言 6.

② 端木蕻良．科尔沁旗草原［M］．上海：开明书店，1939：518.

他的父系祖先在很早以前就离家闯关东，来到辽宁昌图并成为当地“开荒斩草的原始老户”，后来逐代积累而成为当地巨族；而《科尔沁旗草原》也是从两百年前“一个远古的传说”写起，写一群遭受水灾的难民如何背井离乡，向神秘的关东草原进发，尤其突出了丁家祖先丁半仙成为逃难队伍领袖的过程。端木蕻良的曾祖父曹泰曾做过京官，此人家中辈分排行第四，因脾气暴烈而被称为“曹四老虎”，正是在他的手里曹家的家业达到顶点，成为当地最大的地主，拥有土地两千多垧（合两千多公顷）；而《科尔沁旗草原》中不择手段、极大地扩张了丁家产业的，便恰恰是丁宁的曾祖父——外号“丁四老虎”的丁太爷。1904 至 1905 年日俄战争期间，昌图因地处交通要道而成为两国军队争夺的焦点，饱受蹂躏，曹家祖宅也被俄军占据，连祖茔丛林都被用作屯兵点，最终俄军撤军时又将曹家洗劫一空；[①] 在《科尔沁旗草原》第三章中，丁家小爷（丁宁的父亲）因为沙俄军队的到来而仓皇出逃，途中眼见沙皇军官在丁家祖坟上搬运枕木却无能为力，正是这段惨痛家史的再现。端木蕻良的母亲姓黄，出生在穷苦人家，因长相漂亮而被端木蕻良的父亲曹仲元相中，意欲娶其为妾，但遭到端木外祖父的严词拒绝，结果曹仲元竟雇了四十多个打手，趁夜到黄家强行把端木的母亲抢走；而《科尔沁旗草原》中丁家小爷看上了黄宁姑，在向她的父亲黄大爷提亲遭拒后，也是带人强行到黄家抢人。端木蕻良的大舅由于妹妹的被抢而对曹家耿耿于怀，十几年不登曹家的门，直到外甥长大了才偶尔去曹家走动，但他的儿子大祥却寄食于曹家，是端木蕻良兄弟几人的玩伴；在《科尔沁旗草原》中丁宁的舅舅同样无法原谅丁家，而他的儿子大山也是丁宁所敬重的好朋友……[②]

尽管《科尔沁旗草原》中的丁家以端木蕻良自己的家族为原型早已是研究者的共识，但笔者仍然不厌其烦地举例，乃是为了进一步说明《科尔沁旗草原》在很大程度上已经具有了“家族史”的性质。更加有趣的是，《科尔沁旗草原》

---

① 参见孙一寒的《〈科尔沁旗草原〉情节与历史的真实》，“纪念端木蕻良文学生涯七十周年”国际研讨会论文，转引自秦弓的《荆棘上的生命——20 世纪三四十年代中国小说叙事》，春风文艺出版社，2002，第 383 页。

② 上述关于端木蕻良家世与小说艺术的论述，除另行注明者以外，亦参考李建平的《大地之子的眷恋身影——论端木蕻良的小说艺术》，广西民族出版社，1995；孔海立的《忧郁的东北人端木蕻良》，上海书店出版社，1999。

中的丁家不仅很容易让人联想到现实中端木蕻良所出身的曹家，也同样带有明显的《红楼梦》中大家族的影子。端木蕻良幼年时就熟读《红楼梦》，并深受其影响，加之恰巧与红楼梦的作者曹雪芹同姓，这就使得早年的端木蕻良情不自禁地产生出一些幻想，在潜意识中把曹雪芹当成自己的祖先。因此后来在以自己的家族史为原型进行创作时，出于对曹雪芹的崇拜，端木蕻良便免不了将《红楼梦》中的情节糅合进自己的作品里。比如第七章写丁宁为了给父亲筹借本钱而来到三奶家，一进门就被一群女性包围，这样的情节很难不让人联想到大观园中的贾宝玉——无论作者如何反复强调丁宁的“厌恶”；而水水、春兄、灵子三位与丁宁发生过情感纠葛的少女的先后惨死，更几乎是《红楼梦》中类似情节的翻版。

或许正是由于渗透了作者自身的家族记忆，《科尔沁旗草原》中对于大地主阶级的批判变得不那么单纯，而是呈现出更为复杂的色调：尽管作品中丁家的每一个先辈手上都或多或少地沾过血污，但作者并没有把他们塑造成恶魔，反而会时不时地展现其灵魂中那一星半点的闪光之处。比如最早来到大草原的丁半仙，在逃难过程中虽然用的是装神弄鬼的手段，但毕竟安抚了人群的恐慌情绪，最终带领他们抵达富饶的科尔沁旗草原。再如丁四太爷在兼并土地时的心狠手辣，在作品中几乎被表现到了极致，但是当写到他与人谋划如何夺取农民的土地时，却夹入了他的两段自述：“我是以钱服人哪（呐），他明值八百，我给他一千，我都替他想，卖地的就卖这一回，是孩子老婆哭瞎眼的钱，我能亏着他们吗……”“我是以德服人哪（呐），我绝不忍看他们端着金碗要饭吃。我是成全他们哪（呐），他们是让大片的地，累的（得）筋疲力尽，我是拿钱换他们的地，而且我还是多给，我是诚心要他们翻翻臊，再走一道好运气……”①这两段话当然带有非常明显的讽刺意味，四太爷的自我标榜，其实是典型的五十步笑百步，但是比起他对付另一个大地主北天王的手段来，像这样对待农民，确实已经可以称得上是“菩萨心肠”了。更何况作品中还将他和其他的地主进行了对比，相形之下，他的“仁慈”简直要令人信以为真。又如丁家小爷，在强抢黄宁姑一事上表现的就是一个十足的恶霸，但是当他不幸的妻

① 端木蕻良 . 科尔沁旗草原［M］. 上海：开明书店，1939：24.

妹嫁给流氓苏黑子、饱受折磨而发疯的时候，他也感到悲伤和愤怒，并为妻妹和她的女儿春兄提供了庇护，这无疑展现了其未泯的人性，而小说中对其凄凉晚景的描述，也让人不由产生一丝同情。除此以外，作品中所有的丁家成员里，唯一一个近乎彻头彻尾的反面人物便是三爷，而他恰恰是和丁宁血缘关系最远的一位。

更能说明问题的，则是对丁宁母亲这一人物的处理。其实早在写作《科尔沁旗草原》之前，端木蕻良就写过一篇短篇小说《母亲》，发表于 1932 年 12 月的《清华周刊》第 38 卷第 12 期。这篇小说的自传色彩比《科尔沁旗草原》更浓厚，小说中母亲的遭遇，几乎与现实中端木蕻良母亲的遭遇一模一样——端木蕻良回忆说，年少时他的母亲曾特地叮嘱他，要他长大后把自己的悲惨遭遇写出来[①]。《科尔沁旗草原》中有关丁宁母亲被抢的情节，绝大部分是原封不动地照搬了《母亲》的相关内容，只有一处做了十分耐人寻味的改动：在《母亲》中，“我”出生以后若干年，父亲由于在事业上屡受挫折而野心破灭，再加上“我”的妹妹的夭折所带来的打击，逐渐认识到自己此前的荒唐和对于母亲的罪恶，但没有等到向母亲赎罪，他便在忧伤中死去，于是“不幸的母亲便把这刚要变好的父亲，轻轻失去”。到了《科尔沁旗草原》中，丁宁的母亲黄宁姑的命运则被改写成刚生下丁宁后即在日俄战争的兵荒马乱中去世，而后文中多次出现的“太太”，实为丁宁的继母。这番改动的原因不难理解：在后文的情节中，丁母经常是以反面形象出现的，比如她的丈夫死后，一个小丫鬟只因为不小心“碰洒了老爷祓苦的香炉碗”，就被她折磨得死去活来；在小说结尾处，她更是因为侍女灵子怀上了丁宁的孩子而逼迫她服毒自尽。若将这些情节安放在以作者母亲为原型的黄宁姑身上，对于作者而言显然是难以接受的，所以《科尔沁旗草原》中的黄宁姑只能早早死去，再由一位继母来承担后面的罪恶，而且作者这样处理之后似乎仍嫌不够，在未完成的《科尔沁旗草原》第二部中，甚至让灵子奇迹般地死而复生。凡此种种，似乎都表明作者在小心翼翼地呵护着其心中的母亲形象。

总之，《科尔沁旗草原》的家族史色彩使它与一般意义上的“史诗性”作

---

① 端木蕻良．端木蕻良文集：第 1 卷［M］．北京：北京出版社，1998：548.

品截然不同，尽管其纵贯数百年历史、横跨大草原上各个阶层的宏阔结构，确实颇具“史诗”气质，但是填充这一结构的内容，却处处透露着明显的个人家族记忆的色彩。在这个意义上，或许可以说它是一部另类的“史诗”。

二、深藏的“社会剖析”倾向

作为东北作家群的代表人物，端木蕻良经常被研究者拿来和萧军、萧红进行对比；此外丁宁这个人物身上的类乎列文、聂赫留朵夫的气质，也让研究者关注到端木蕻良所受的托尔斯泰的影响；也有研究者从“暴露家族制度弊端”的角度，把端木蕻良和鲁迅相联系。但是在种种关于端木蕻良的比较研究中，夏志清的一个观点颇为独特：“在三十年代小说家中，端木应与茅盾相提并论，以不相伯仲的能力描写中国在外国帝国主义控制下，日益衰败的经济。”[①] 表面上《科尔沁旗草原》的风格与茅盾的作品几乎毫无关联，甚至大相径庭。茅盾所开创的小说模式被称为“社会剖析派小说”，这类小说强调理性地分析社会，而不会过多表露感情，这同《科尔沁旗草原》激情澎湃的风格似乎很难联系到一起。但是如果仔细分析研究者对“社会剖析派小说”特征的概括，就能看出《科尔沁旗草原》与这类小说的距离，并没有乍看起来那般遥远：一般认为，“社会剖析派小说”的特征包括用“社会科学家”的态度分析、解剖社会，力图对社会生活作出总体的、全貌式的再现；注重从经济角度再现生活、揭示社会现象背后的经济动因；多将作者的感情倾向隐藏起来而作客观的描写；善于塑造复杂的性格等。[②] 可以看出，《科尔沁旗草原》除了其热情洋溢的特征与茅盾等人客观、冷静的风格不同以外，几乎完全符合“社会剖析派小说”其余的特征——当然，如果据此将《科尔沁旗草原》视为“社会剖析派小说”，那未免过于武断，因为这唯一的不同，却有可能是最为本质的不同。“社会剖析派小说”既然强调“社会剖析”，就必然要求作者像“社会科学家”那样，用客观的视角，理性地分析自己笔下的人与社会，所以像《科尔沁旗草原》这样主观色彩极其浓厚的作品，无论在其他方面与“社会剖析派小说”如何相似，也很难令人信服地被归入这一流派。但这仅仅是就作品正文而言，而端木蕻良自己

① 夏志清 . 中国现代小说史［M］. 刘绍铭，等译. 上海：复旦大学出版社，2005：384.
② 严家炎 . 中国现代小说流派史［M］. 北京：人民文学出版社，1989：175-204.

为《科尔沁旗草原》所作的后记，却为我们提供了一些异样的信息。

这篇后记一开头，作者就直言“我十分的（地）分析过这草原上所有的社会的机构”[①]，而且作者随后还不厌其烦地分享了他“分析”的结果，他说，土地是东北草原上最崇高的财富，而占据着土地的地主便是那个社会的重心，所以他的作品就以地主为圆心，再伸展出无数的半径，想以此达到看清整个草原全貌的目的。他详细地罗列了各种类型的地主，包括小地主（小闷头财主、一捧火）、中等地主（暴发户、破大家、土鳖财主、肉间蛐[②]）、大地主（大财主，大粮户，首户）等，而最有趣的，还是作者对他为何要选择首户丁家作为模型的说明：“因为再没有他更足以表现出东北地主的各方面了，因为再没有一个地主的长成史，比他是更完全变态的了。”尽管作者随后也补充道：“而且因为我亲眼看见过这一幕大家族史的演换，而且我整整的在其中生活过，所以我写出的也特别的熟习。”[③]但是两个“而且”似乎暗示着，作者熟悉地主家庭的生活，仅仅是他如此构思《科尔沁旗草原》的次要原因，而前面的一番“社会分析”，才是真正的主要原因。前文已分析过，作品的“家族史”性质其实是非常明显的，所以此处作者的自白，就显得有些耐人寻味。不过我们只要将这篇后记和茅盾的《〈子夜〉是怎样写成的》对读一下，就不难窥见端倪：虽然《子夜》与《科尔沁旗草原》的风格大相径庭，但两位作者对创作过程的自述，竟然如出一辙，他们都强调自己在构思阶段，是怎样用一种政治的、经济的视角，去分析自己所要表现的社会，也都强调自己在创作过程中是如何紧扣事先设定好的主题。尽管很难证明端木蕻良受到了茅盾的影响[④]，但很显然，和茅盾同为左翼作家的端木蕻良绝不会满足于仅仅在小说中自诉家史，他一定也会试图用社会科学知识来分析他所生活过的环境。

如果带着从作品后记中得到的启示来重新分析《科尔沁旗草原》，就能立即看出它那隐藏在“史诗性”风格背后的，甚至与这种风格截然相反的要素。

---

① 端木蕻良．科尔沁旗草原［M］．上海：开明书店，1939：511.

② 原文如此，疑误。在1998年出版的《端木蕻良文集》第一卷中，此处写作“肉间蛀”。

③ 端木蕻良．科尔沁旗草原［M］．上海：开明书店，1939：513.

④ 虽然1933年端木蕻良创作《科尔沁旗草原》时《子夜》已经出版，但是他的后记写于1937年5月，而茅盾的《〈子夜〉是怎样写成的》则写于两年以后。

其最明显的体现，（正如夏志清所说）就是作品对经济因素异乎寻常的重视。比如在小说前三章中，就出现了对于丁家先祖掠夺、兼并土地的历史的大段描写，至于后面写到九一八事变前夕草原上所发生的巨变时，则更是把侧重点放在了寻找土地资本崩溃的原因上面：作品着力表现的，是农民和地主间的矛盾的激化，其最集中的体现就是“推地”事件，作者在描写这件事时，用了整整三章的篇幅。与此同时，作者也没有忘了表现科尔沁旗草原的另外两条经济动脉——商业资本和高利贷资本——随着土地资本的崩溃而发生的动摇。比如小说中很重要的一个情节，就是丁宁父亲（丁家小爷）的死，虽然作者并没有将其死因交代得很清楚，但是从人物的对话和种种暗示之中，我们很容易推断他是因为外出经商赔本，积忧成疾而死。在小爷决定出门之前，父子二人有一段冗长的对话，其主要内容就是分析当时东北的经济状况，小爷讲着自己几十年来的投资经验，而丁宁则告诫他，现今的经济状况与以往相比已经发生很大变化，不能再根据常识下判断。作者甚至借丁宁之口，直白地表达出了“现在的经济，已经成了一切社会机构的中心”① 这样的“经济史观”。另外，小说中还多次写到丁宁与自家钱庄掌柜的对话，也明显是想通过钱庄经营状况的窘迫，来反映高利贷资本所受到的冲击。

尤其值得注意的是，小说关于九一八事变之前日本的入侵，也写到日本军队“秋操”对地方的骚扰与“黑帽子”（铁道守备队）对中国百姓的屠杀，但更多表现的是日本对于中国经济状况的影响与控制。其中有两处最为集中：一处是上文提到的丁宁与父亲的对话，丁宁反复强调的是日本人会如何操纵中国粮食市场的行情，以及日本国内市场的变化对中国的经济所造成的影响等；另一处是在第十四章，当时农民们正因为“推地”事件而聚集在一起，由于三缺嘴低价买了两双日本产的橡胶鞋，而引起了大家对于“日货”的讨论以至争吵。从他们的对话中，可以清晰地看到日本在经济上对中国的全面侵入。

虽然“经济史观”的渗入使得《科尔沁旗草原》颇具“社会剖析派小说”的特征，但是写作这部作品时的端木蕻良，毕竟还只是一个二十岁出头、从事文学创作没有多久的青年，无论就人生阅历还是写作的笔力来说，他都不

① 端木蕻良 . 科尔沁旗草原［M］. 上海：开明书店，1939：164.

可能像茅盾在《子夜》中那样，在作品中全方位、多角度地反映整个社会[①]，即使那确实是他的意图。在笔者看来，端木蕻良解决这一矛盾的途径，便是对丁宁这一形象的独特塑造：一方面，丁宁身为地主家的少爷，却对农民颇为同情，而且还与农民们的领袖大山是表兄弟、好朋友，这样作者就可以以丁宁为圆心，来辐射草原社会中的各个阶级；另一方面，这是一个具有极强的思考能力的人物，他不仅思索着自己和家族的命运，也常常把思维的触角伸向整个社会。所以，当作者感到难以把自己对于社会的分析和思考，完全用小说情节表现出来的时候，他就可以借助丁宁的心理活动，直接将它们展现在读者面前。虽然这难免会损害小说的艺术成就，但是却能够弥补《科尔沁旗草原》在反映社会的深度和广度方面的不足——如果以“社会剖析派小说”的标准来衡量它的话。

三、结论

其实只要不拘泥于“英雄史诗”的狭窄定义，就应该承认以往的研究者对于《科尔沁旗草原》“史诗性”风格的概括是可以令人信服的。本文的分析并非为了推翻这一结论，而是想说明《科尔沁旗草原》的“史诗性”风格何以是独特的：它既是一部家族史，又是一部社会史。前者使作品具有了明显的主观性和个人性，无论情节的时间与空间跨度如何巨大，它最终都收束在一种个人化的视角之下，这是《科尔沁旗草原》与其他的“史诗性”作品的一个明显不同。当然，尽管家族史不同于英雄史，但是其热情洋溢的笔调却是一致的，所以将家族史的特征融入作品的“史诗性”风格中并非难事。至于后者则显得更加耐人寻味，因为对社会的理性剖析和浓郁的抒情诗风格，显然是背道而驰的，但在《科尔沁旗草原》中，却能够看到作者将二者缝合起来的独特尝试。这种尝试并非总是成功的，比如作品中经常以各种形式写到主人公丁宁对于社会问题、经济问题的看法（或者是心理描写，或者是丁宁和他人的对话），而这些描写如果从艺术角度看，似乎并非总是必要的。但从这种尝试中至少可以看出当年的端木蕻良作为一个年轻的左翼作家，对于更广泛、更深刻地分析历史与

---

① 小说前三章虽然是对大草原面貌的全景式勾勒，但也是采取“电影剪接”的手法，即把一幅幅独立的画面以时间顺序串联起来，与《子夜》那种多条线索交叉的复杂结构大相径庭。

社会这一目标的自觉追求。凡此种种，都使得《科尔沁旗草原》所具有的“史诗性”风格变得更加复杂而厚重。

九一八事变之后，民族危机引发左翼文学的关注，民族解放与继承自“五四”的人的解放，以及左翼标志性的社会解放紧密交织，构成了左翼文学的深广空间。《科尔沁旗草原》正是左翼文学巨大历史容量的突出代表。

作者简介：

洪亮，山东师范大学文学院副教授，文学博士。研究方向为中国现代文学。

江西抗战文艺运动中的新诗创作

刘晓彬

[摘　要] 抗战全面爆发后，作为部分为国统区、部分为沦陷区的江西，在文学创作上以新诗创作的成就最大。不仅诞生了“七月诗派”代表诗人天蓝和芦甸，还出现了大量的木刻版画诗，特别是街头诗（墙头诗）等，盛极一时。所有的新诗作品都在热诚地渲染斗志昂扬的中华民族心理与全民抗战时代气氛，表现了诗歌与抗战时代、诗歌与中华民族、诗歌与人民群众的血肉联系的高度统一。大量朗诵诗的创作也反映了抗战年代的激昂情绪，对动员群众抗日以及诗歌走向大众化起到了积极的推动作用。新诗在抗日宣传活动中发挥出了显著作用，同时也锻炼了一批文艺战士，他们为江西抗战文艺运动史、江西现代文学史和江西现代诗歌史写下了浓墨重彩的一页。

[关键词] 现代江西；抗日诗歌；文艺运动；中国新诗

抗战全面爆发后，作为部分为国统区、部分为沦陷区的江西，在文学创作上以新诗创作的成就最大。“民族解放战争推动了新诗走向人民。人民需要呐喊，需要歌唱，需要进军的号角，需要催征的战鼓。”[①] 所有的诗人都投入到为民族解放而歌的洪流中：郭沫若在 1937 年 7 月秘密回国参加抗战，以无党派人士身份，在中共领导人周恩来的直接领导下，组织“抗敌文化宣传队”以及“战地服务团”等文艺组织和团体赴前线劳军，与田汉、田汉夫人安娥、聂绀弩、柯仲平、杜宣等全国著名诗人先后奔赴江西进行抗日宣传，工作期间创作了大量激情奔放的优秀诗作。其中郭沫若创作的许多感情激越的佳作，收录在《战声集》里。“诗人们以激越昂扬的声音，高唱战歌，表现了争取解放的中华民族的伟大气魄和在觉醒中的人民的力量。”[②]

一、“七月诗派”诗人的创作

对于抗战时期的新诗发展状况，胡风曾经有过这样的分析：“在诗上，由

① 吴军．中国现代文学史［M］．北京：北京广播学院出版社，1994：393.
② 田仲济，孙昌熙．中国现代文学史［M］．济南：山东人民出版社，1979：372.

于人民情绪底（的）兴奋、焕发、感激和乐观，不但那些忧伤的低诉绝了迹，同时也减去了那种可望而不可即的焦躁的意味，而是从生活激动发出的火热的声音。这是诗的疾风迅雷的时期，和战争初期的人民底（的）精神状态是完全相应的。”[①] 于是，“七月诗派”就在这种背景下诞生了，并逐渐发展成为中国新诗发展史上的重要流派。“七月诗派”以艾青、田间为先驱，以诗歌理论家胡风为核心诗人，以抗日战争和解放战争为时代背景，以提倡革命现实主义和主观战斗精神为创作理念，以坚持无拘无束的自由体为诗体形式，以鲜活、质朴、明朗、丰富的口语为诗歌语言，以崇尚“力之美”的阳刚之气为美学风格，以《七月》《希望》《诗创作》《诗垦地》《呼吸》《泥土》等刊物为宣传阵地，以重庆、成都两地为活动中心，以知识分子为主要力量而形成的一个青年诗人群体，其中活跃着两位江西籍诗人——天蓝和芦甸。

抗日战争全面爆发后不久，天蓝转赴山西，并在临汾参加了八路军。“抗战的烽火迫使‘七月’诗人迅速地由多愁善感的少年走向战斗的生活，民族的灾难与个人命运的不幸共同锻造出他们热烈而充满战斗色彩的艺术个性。”[②] 身着戎装后的天蓝，由于工作、学习和生活发生了新的变化，加上在抗日前线进行武装斗争面临复杂而险恶的环境，他的新诗创作有了一个质的飞跃。正如天蓝所说：“等到一九三七年冬，我直接和工农兵生活在一起，同生死共命运的时候，诗的语言自然而然地变得比较明白易懂了。”[③] 他在这一阶段的代表诗作有《夜，守望在山岗上》《雪的海》《哀歌》《队长骑马去了》《G.F. 木刻工作者（二首）》《车子辘辘走你门前过》《预言》《我，延安市桥儿沟区的公民》《青年的歌》等。其中《夜，守望在山岗上》这首诗“尽管不到二十行，却反复酝酿了四个月”[④]。这首诗作描绘了一幅大战前夜的夜景图，山群、山外的山、山外的河流、苍穹等被夜色淹没的景物，以及“敌人从正面侧面而来，在四五里以外”的战前紧张气氛都具体而真实，诗人为了千万冤屈而死的人民燃起的“我私誓，我

---

① 胡风．在混乱里面［M］．上海：作家书屋，1949：11.

② 赵敏俐，吴思敬，王光明，等．中国诗歌通史：现代卷［M］．北京：人民文学出版社，2012：476.

③ 天蓝．天蓝诗选［M］．北京：人民文学出版社，1981：85.

④ 唐天然．《队长骑马去了》的诞生经过：天蓝同志一夕谈［M］// 赵荣声，周游．“一二·九”在未名湖畔．北京：北京出版社，1985：261.

愿将我付与山西的西部”的战斗激情，与在朔风中手握钢枪守望山岗的八路军、夜色中的山岗景色融为一体。应该说，在这首诗中，迎着朔风握住枪的八路军战士的矫健形象决定了诗歌情感的走向，确立了诗歌情感的抒发方向。所以，诗人在作品中将战士置身于广阔无垠的祖国，将要为千万冤屈而死的同胞报仇的激烈情感，通过诗歌所描写的这幅“大战前夜的夜景图”表达出来。

与《夜，守望在山岗上》反复酝酿了四个月不同的是，天蓝的著名长诗《队长骑马去了》在几天之内就完成了。《队长骑马去了》是当时具有广泛影响力的叙事长诗，是天蓝在这一阶段的成功之作。这首诗是天蓝取材于从军委总部会议上听来的真实故事，揭露和控诉了阎锡山所进行的反共摩擦的真实面目，以及国民党破坏抗日民族统一战线的恶性事件，同时也抒发了广大抗日军民对破坏抗日斗争恶行的愤慨情绪。该作品的故事原型是晋西南一位游击队长“W.F.D.”，即忠诚的八路军干部王凤泰。他奉命去阎锡山部队，收编了一支被日本侵略者击溃的部队，部队被共产党员王队长教育整顿后，转变成了一支人民的军队。这支队伍经过改编不久，就以新的姿态与日军交战。在队长王凤泰的指挥下，全歼敌军。但是，在“秋林会议”前后，阎锡山发动“十二月事变”，以机关召集会议的名义，让王凤泰只身渡过黄河，在王凤泰骑马前往会议所在地宜川县秋林镇的途中，将其杀害。王凤泰被害以后，收编的部队随即由阎锡山委派的一个“暗藏的托派”接手。不久，这支彪炳一时的抗日武装，在与日军作战时，被“托派队长”故意引入日军的包围圈，伤亡惨重，最后只剩下二十几个弟兄劫后生还，他们吟唱道：“队长骑马去了……”所以，天蓝在这首长诗的引子部分写道：“为纪念 W.F.D. 而作，他在晋西南从溃散的匪军中缔造了一支很好的游击队，可是却给奸人诱过黄河谋害了。这支部队随即落在坏人的手里。”[①] 这首叙事长诗于 1938 年 5 月只用了几天时间就创作完成，全篇一气呵成。天蓝说，是烈士的鲜血激励了他，才使得他的诗情奔泻[②]。由于作品以短句为主，正好适合当时延安开展的朗诵诗运动，于是传唱一时，迅速传播到所有的抗日根据地，以至于后来流传到国统区，成为当年流传甚广的名作。程

---

① 天蓝．天蓝诗选［M］．北京：人民文学出版社，1981：17.

② 唐天然．《队长骑马去了》的诞生经过：天蓝同志一夕谈［M］// 赵荣声，周游．“一二·九”在未名湖畔．北京：北京出版社，1985：261.

应锷说："天蓝在山西，创作了《队长骑马去了》，发表在著名的文学刊物《七月》上，刚健清新，大家都以为是一篇力作。" [①] 周游说："他初到延安时，创作了一首动人的诗篇《队长骑马去了》，在国统区和解放区曾传诵一时，先发表在胡风主编的《七月》杂志上，继又发表在周扬同志主编的延安《文艺战线》上，其后，茅盾同志在重庆主编的《文艺战线》也曾予以转载。" [②] 虽然程应锷和周游所说的《队长骑马去了》曾发表在文学刊物《七月》上有误，应该是诗人将此作品与其他诗作结集成诗集《预言》，然后被胡风编进《七月诗丛》系列出版，但足以说明这首叙事长诗在当年的火爆程度。当然，天蓝确实在文学刊物《七月》上发表过诗作，但不是《队长骑马去了》。最早的一首应该是 1938 年 7 月发表在汉口出版的《七月》第三集第六期上的《G.F. 木刻工作者》。应该说，天蓝的《队长骑马去了》，"是根据地最早以叙事诗的形式表现现实生活的作品之一" [③]。

芦甸的新诗创作，深受理论家兼诗人胡风的影响。胡风在许多文章中阐述他提倡的现实主义的观点，他指出，现在的新诗创作绝不是简单地恢复和继承革命现实主义诗歌传统，而是必须发展，因此提出反对客观主义，强调作家"更直接地突进生活"、发扬主观战斗精神去能动地影响和改造现实。[④] 胡风作为"七月诗派"核心诗人，其现实主义诗歌理论很自然就成为"七月诗派"的艺术主张和美学标准。由于"七月诗派"诞生和成长在中华民族灾难深重的年代中，因此诗人们的情感世界和艺术世界里充满了深重的忧患意识和浓烈的郁愤情绪，他们的感伤和忧郁凝结着对民族与人民的深厚感情和深切关注。所以，为那些在社会黑暗底层和深重灾难中挣扎的劳苦大众抒发痛苦的情感，是"七月诗派"诗人芦甸新诗创作的主要题材之一。比如他于 1941 年在成都创作的《牛儿》一诗：

牛儿牵着妈妈的衣角进城，

---

① 程应锷．"一二·九"文学回忆［M］// 赵荣声，周游．"一二·九"在未名湖畔．北京：北京出版社，1985：186.

② 周游．悼念天蓝同志［M］// 赵荣声，周游．"一二·九"在未名湖畔．北京：北京出版社，1985：257.

③ 颜敏．"七月诗派"的江西籍诗人：天蓝与芦甸［J］．宜春师专学报，1999，21（1）：21.

④ 凌宇，颜雄，罗成琰．中国现代文学史［M］．长沙：湖南师范大学出版社，1993：361.

那边来了一队吹号打鼓的小童军。
王乡长的儿子也在里面，
牛儿很想喊他，
他却那样骄傲，
那样神气地看牛儿两眼。
夜里，
牛儿怯怯地向妈说：“我要进洋学堂。”
妈说：“你还年纪小。”
“王乡长的儿子不是比我更小吗？”
牛儿没有得到回答，
只听见低低的哭泣……
几天后，
妈妈忽然不要牛儿割草，
也不要牛儿砍柴，
还深更半夜替牛儿补旧衣，做新鞋。
一天早晨，
妈妈把牛儿从吹号打鼓的梦中叫醒。
替牛儿换了一身干净的衣服，
还替牛儿打了一个小小的包袱。
牛儿问：“是不是去看外婆呀？”
这时门外有人喊：“三婶子，八九岁的娃儿还要喂奶吗？”
呵！
原来是那个打老婆打出了名的张裁缝。
妈妈说：“牛儿，向师傅磕头。”
牛儿恐怖地望了望师傅铁青的面孔，
哇的一声扑倒在妈妈的怀中：“妈妈，你不是说我还小吗？”
……

在这首作品里，诗人以现实主义表现手法，建构了诗作的基本情感内容，真实地再现了当时社会黑暗的悲怆和处在水深火热之中的人民生活的困苦与无奈，并用对比的技巧，描写了富人王乡长的儿子可以“进洋学堂”和穷人的儿子牛儿只能“做学徒工”的事实，字里行间透溢出对被压迫的劳苦大众的深切同情和对光明前景的渴望。体现了“七月诗派”的诗“始终与现实斗争紧密相连，表现出强烈的社会责任感和明确的政治功利性”。①

当然，“七月诗派”的诗人除了讴歌抗战、呼唤解放、抨击丑恶、揭露黑暗、赞美革命人民之外，还赞美自然、赞美光明，他们“笔下的自然大都带有一种宁静浪漫的色彩和温柔亲切的情调，表现出他们热爱生活、渴望和平、向往幸福的强烈追求。”“在语言上，他们重视运用灵活自然、充满生活气息的口语，简洁有力，色彩强烈。”② 比如芦甸于 1943 年写于成都的《沉默的竖琴》一诗：

我懂得，
你为什么起得这样早，
为什么在我的小窗下低唱着凄婉的歌；
为什么把你的小弟弟逗进我室内？
为什么凝望着远远的天……
原谅我，
我不能给你留下什么，
甚至我的名姓。
因为 我是一个亡命的“过客”，
像你门前的水，
流过了，
永远不会折回来……
我只能以沉默的竖琴弹奏我的祝福：
我愿花朵属于你，
荆棘属于我……
我即将远去，

① 凌宇，颜雄，罗成琰 . 中国现代文学史［M］. 长沙：湖南师范大学出版社，1993：361.
② 丁帆，朱晓进 . 中国现当代文学［M］.2 版 . 南京：南京大学出版社，2007：199.

后有追赶的马蹄，
前有人群的召唤……

这首诗用“我是一个亡命的‘过客’”的粗犷和豪爽与“我只能以沉默的竖琴弹奏我的祝福”的缠绵和温柔进行强烈对比，在以沉默的竖琴弹奏的祝福声中，抒发诗人对未来生活的希望和信心，虽然“我即将远去，后有追赶的马蹄”中饱含无奈与疲惫，但“前有人群的召唤……”让坚定的使命感跃然纸上。

天蓝与芦甸两人作为具有强烈时代激情的现实主义诗歌流派的中坚力量，以具有鲜明个性的歌唱，表达了普遍的时代情绪和人民群众的心声。“七月诗派”与当时的“延安诗派”和“九叶诗派”一起构成了中国现代文学史、中国现代诗歌史以及中国战争史上必不可少的精神力量。

二、街头诗（墙头诗）的创作

抗战期间，街头诗（墙头诗）、朗诵诗等盛极一时，所有的新诗作品都热诚地渲染斗志昂扬的中华民族心理与全民抗战时代气氛，表现了诗歌与抗战时代、诗歌与中华民族、诗歌与人民群众的血肉联系和高度统一。

街头诗，又称为“传单诗”“墙头诗”“岩头诗”等。抗日街头诗源自延安，随后迅速传播到全国各地。街头诗虽然流行于抗日根据地，但由于比较精短，适合直接发挥抗日宣传教育作用，从而成为国统区学校墙报最主要的文学体裁。

学校流亡学生比较多，写诗的同学也很多，只要进入学校就进入了抗战诗的氛围，因而涌现出了一批有影响力的校园诗人，其中表现比较抢眼的江西诗人有李一痕、刘予迪（邹狱）等。李一痕自从以战区学生的身份考入因杭州沦陷而迁入重庆的国立艺专之后，对诗近乎痴迷，完全陷入诗的意境中，创作的诗歌作品越来越多，但一直苦于没有发表的阵地。受自己的校友、国立艺专江西同乡会主席卢是[①]办的墙报《匡庐》的影响，以及在南开大学、复旦大学、中央大学等学校办的诗墙报的启发下，李一痕与艺专诗友同学在校

① 卢是（1918—1992），初名卢善群，后改名为卢濬、卢是等。江西寻乌人。擅长国画、油画、版画、书法。作品除敦煌壁画临摹作品外，还有连环画《史老姑娘》、油画《孙中山卫士》及为中国军事博物馆创作的大幅油画《火线文艺》《抢修机场》等。著述有《敦煌莫高窟及安西榆林窟之壁画》等。

园里办了一个诗墙报，取名为《火之源》。李一痕担任主编，刘予迪（邹狱）、卢小华、蒋萸棣、何志生等担任编辑。在学校出刊诗墙报并不复杂，但必须到学校教务处去申请并登记。并且，所有上墙报的诗歌作品，必须经过学校教导处审核同意才能刊发。与李一痕合作创办诗墙报《火之源》的骨干有六七个人，其中家住江西赣州的画家、诗人刘予迪（邹狱）表现最为突出。

以抗战为主题的诗墙报《火之源》一经诞生，就引起了大家的共鸣，同学们都把自己创作的抗日诗歌工工整整抄写好投给编辑部。李一痕在学校专门设立了一个投稿信箱，每次打开信箱都能收到几十封来稿，其中还有诗配画的来稿。同时，诗人何其芳也在他担任副社长的《新华日报》的报眼上专门刊登了诗墙报《火之源》第五、第六期的出版目录预告，再次扩大了宣传的范围，引起了当时诗坛的广泛注目，南开大学、复旦大学等各大院校的学生都络绎不绝慕名而来，他们不仅阅读墙头诗，还专门找诗墙报的编辑交流，这些墙头诗在抗日宣传中充分发挥了其紧密配合社会现实的战斗作用。

随着诗墙报《火之源》的影响力越来越大，来稿也越来越多，于是诗墙报办成了半月刊，最后办成了周刊。受此影响，另一位艺专学生诗人李荒与同学创办了诗墙报《嘉陵江》，同样取得了很大的反响。这两份诗墙报刊物刊发的许多抗战诗歌，震撼了当时沉闷死寂的雾都重庆，对大西南诗歌的蓬勃发展产生了一定的影响。当时刊发的诗歌作者大都是二十岁出头的大学生，其中有臧克家、王亚平、任钧、李岳南、宴明、沙鸥、蒂克、丽砂、寄踪、以淘、雷石榆、方敬、谷风（牛汉）、魏琼芝、魏荒弩、周牧人、邹荻帆、缪白苗、包白痕、高鸿仪（高缨）、禾波、夏舒雁、潘天青等。

李一痕在专注于主编诗墙报《火之源》的同时，创作了《醒来吧，重庆》等宣传抗日的墙头诗，作品写道：

醒来吧，重庆？
抗战前线的炮声隆隆，
你不能再沉醉灯红酒绿。
太阳旗的铁蹄，
已向我们这里逼近，

一个城市，一个乡村，
在血中火中沦陷，
一个国家，一个民族，
将遭受同样悲惨的命运。
醒来吧，重庆？
……
醒来吧，重庆！

诗人以愤怒的诗歌语言抨击了腐败的国民党政府在抗战的深重灾难时期，依然麻木不仁，天天沉醉于灯红酒绿之中，过着醉生梦死的生活。

三、朗诵诗和木刻版画诗的创作

朗诵诗因抗战宣传需要而开始受到重视，并展开了广泛实践，因为“要使得诗重新成为‘听觉艺术’，至少是可以不全靠眼睛的艺术，而出现在群众之前，才能使诗更普遍地，更有效地发挥其武器性，而服务于抗战”①。“让诗歌的触手伸到街头，伸到穷乡”“用活的语言作民族解放的歌唱”②，使得朗诵诗成为抗战诗歌运动中的一个突出形式。

当时大量朗诵诗的创作，不仅及时地反映了抗战年代的激昂情绪，而且由于情感激扬奔放、语言通俗流畅，对动员群众抗日以及诗歌走向大众化起到了积极的推动作用。其中由流亡海外的江西诗人王礼锡创作的《再会，英国的朋友们！》影响广泛。这首朗诵诗是王礼锡在回国前夕的告别宴会上，用英语即兴创作并朗诵的诗作，抒发了诗人与英国援华战友不舍的情感和热爱祖国的深情，表现了诗人希望早日回到祖国投身民族解放事业的迫切心情和崇高精神。此诗最初是在宴会上以英文构思而成，朗诵时的原文为英文，后来翻译为中文。当时朗诵的时候，王礼锡以纯正的英语、苍凉的声调，朗诵得激越悲愤，动人心弦。朗诵完了，他向在座的中外朋友深深地鞠躬，两行热泪顺着他的脸颊流了下来。在送别宴会现

---

① 任钧．新诗话［M］．上海：两间书屋，1948：102.
② 冯乃超．宣言［J］．时调，1937（1）.

场的马丁后来回忆当时的情景："遂诵此诗，满座黯然。"[①] 后来，女诗人华尔纳于1939 年 1 月在英国广播电台朗诵这首诗作时，动情地说："我是含着骄傲的热泪去读它。"[②]1938 年 12 月，王礼锡回国，他被推选为中华全国文艺界抗敌协会理事，负责文协国际宣传委员会工作。在不到一年的时间里，王礼锡创作了大量的抗战诗，比如《别锡兰朋友们》《五月三日》《小心里的仇恨——参观儿童保育院后》《黄河南岸速写》《渡河》《血迹》《毒炸后》《一月十五日》等，并于 1939 年5 月由中国诗歌社正式出版诗集《去国草》。同样，夏征农也创作了一首情感基调接近的朗诵诗。不过，作为皖南事变的亲历者，夏征农创作出的这首朗诵诗《三年了，皖南》[③]，尽管苍凉而悲伤，不舍的情感贯穿全诗，但这首诗作与王礼锡创作出的《再会，英国的朋友们！》不舍的情感基调不同。前者是"相煎何太急"，因兄弟之间内斗而不得不告别，是一种"亲者痛，仇者快"的伤痛情感；而后者是为了挽救民族危亡和争取民族独立解放而不得不告别，是一种感叹"友谊天长地久"的分别情感。此外，江西萍乡诗人孟依帆的朗诵诗《给诗人》则以一种呐喊之声呼唤诗人投入抗战之中：

诗人，请睁开眼睛看看，
那莽莽草原正烧得通红；
请尖起耳朵听听，
敌人的飞机在滥炸。
大炮在狂轰，
祖国已遭到空前的浩劫，
神州响遍了抗战的号声。
诗人啊，
你还能在花前月夜，
偎着一头柔发恹恹装病；
你还能在细雨霏霏中的驴背上，

---

① 王礼锡 . 王礼锡诗文集［M］. 上海：上海文艺出版社，1993：543.
② 王礼锡 . 王礼锡诗文集［M］. 上海：上海文艺出版社，1993：543.
③ 此诗发表于皖南事变前夕，原载于新四军军部《抗敌报》最后一期。

牟着你瘦削的双肩低咏高吟。
诗人，你是中华民族的优秀儿女，
你有良好的教养……[1]

由于抗日宣传和政治动员的需要，为了便于广大人民群众理解，街头诗和朗诵诗的创作均强调通俗易懂，从而“推动了新诗语言与形式向通俗化、散文化方向发展”[2]，在一定程度上对诗歌艺术的审美特性有所损害。关于新诗散文化问题，主要体现在口语分行的时候，忽视了新诗内在的结构和模式，朱自清曾说：“抗战以前的新诗的发展可以说是从散文化逐渐走向纯诗化的道路”“抗战以来的诗又走到散文化的路上”[3]。在新诗创作中，书面语和口语对于街头诗和朗诵诗来说，具有不同的意义。如果新诗语言过于书面语化，对当时文化程度不高甚至大部分是文盲的广大人民群众来说，会因为难以理解其内涵，而无法及时接受。而如果新诗的语言以口语分行的形式出现，人民群众理解起来就会比较容易，接受起来也就会比较快。但是，街头诗和朗诵诗的语言，在以口语的形式出现时，却过于散文化了。从技术上看，只是口语的简单分行，严重忽略新诗必须具备的要素。所以，随着抗日战争逐渐转入相持阶段后，诗人们的注意力开始逐渐转向如何提高新诗的艺术审美力，以及丰富新诗艺术的表现力，努力推动新诗艺术向纵深发展。比如前面提到的“七月诗派”，“他们把革命现实主义诗歌推向了一个新的更加成熟的阶段”[4]。

抗战期间还出现了木刻版画诗。诗作创作出来之后，通过木刻版画的形式印制在纸上，并在街头巷尾张贴或以报纸副刊开辟专栏发表的形式进行抗日宣传活动，其中影响力最为广泛的是《诗歌与木刻》专栏。1941年，严卢与分宜一小的老师张伯槎等人在分宜城内组织了“诗歌与木刻研究小组”，小组成员

---

① 原载于1941年江西萍乡《诗》刊。孟依帆（1916—1956）本名孟文渊，江西萍乡人。毕业于武汉大学中文系。曾任《大刚报》副刊编辑，后在江西萍乡、宜春等地中学任教。诗作散见于湖北和江西各地报纸。著有《边城集》《诗经今译》等。

② 凌宇，颜雄，罗成琰．中国现代文学史［M］．长沙：湖南师范大学出版社，1993：348.

③ 朱自清．朱自清全集：第2卷［M］．南京：江苏教育出版社，1988：345.

④ 凌宇，颜雄，罗成琰．中国现代文学史［M］．长沙：湖南师范大学出版社，1993：348-349.

有柳为莲、夏侯秋、邹兴国、严栩生等10余人，均为分宜中学的学生。1942年秋，严卢以“诗歌与木刻研究小组”为基础，在分宜组织了一个“抗日学生宣传队”，创作了《抓汉奸》《募寒衣》《铁蹄下的怒吼》等作品，并让小组成员深入街头巷尾和边远农村，以刻制、张贴、散发木刻作品和书写标语等形式，开展抗日宣传活动。1943年，严卢等人逃难来到江西吉安地区，利用《民治日报》的副刊，开辟了一个半月一期的《诗歌与木刻》专栏。另外，在《诗歌与木刻》担任主编的诗人还有江西吉水的叶金[①]，他同时还担任《诗时代》吉安版等刊物的主编。当时，他不仅创作了大量的抗战新诗和散文诗，而且还创作并出版了抗战小说《原野之流》《新婚之夜》等。

南昌沦陷后，许多留下来的进步作家和文艺工作者，仍继续开展隐蔽的抗日宣传活动，其中包括在敌人包围下用诗歌战斗的诗人。茅盾曾郑重指出：“在抗日战争时期，沦陷区的各大都市中，地下的进步文艺工作者大都能坚持岗位，以各种方式，与敌伪斗争。”[②]这个时期锻炼了一批特殊的战士，他们为江西抗战文艺运动史以及江西现代文学史和江西现代诗歌史写下了浓墨重彩的一页。

作者简介：

刘晓彬，江西省社会科学院文研所特邀研究员，主要从事现当代诗歌研究。

---

① 徐柏容（1922—2014），笔名叶金、令狐令疑等。江西吉水人。中共党员。1944年毕业于国立中正大学（今南昌大学）经济系。20世纪30年代末任《诗歌与木刻》、《诗时代》（吉安版）等刊物主编。历任南京《新华日报》采通部财经新闻组组长，天津知识书店编辑，天津通俗出版社、天津人民出版社编辑部副主任，百花文艺出版社编辑部负责人、副社长、编审，国家新闻出版署大学编辑专业教材编审委员等。享受政府特殊津贴。20世纪30年代末开始发表作品。1982年加入中国作家协会。著有散文诗集《阳光的踪迹》，散文集《伊甸园中的禁果》《南国红豆寄情思》，抗战小说《原野之流》《新婚之夜》，诗集《棣华诗集》（合著，台湾版）等。另出版学术著作《杂志编辑学》《现代书评学》等及教育部大学本科指定教材《期刊编辑学概论》等共十余种。1995年获得韬奋出版奖。

② 茅盾 . 在反动派压迫下斗争和发展的革命文艺［C］// 中华全国文学艺术工作者代表大会宣传处 . 中华全国文学艺术工作者代表大会纪念文集 .［出版地不详］：新华书店，1950：49.

抗战文学作品中的日本战俘形象浅析

黄婷婷

［摘 要］日本战俘作为中国战场上特殊的群体，为作家近距离观察和深入认识日本军人提供了条件。中国作家主要塑造了三类具有独特意义和价值的日俘形象：阶级视野下的“日本兄弟”、被遮蔽的“未改变者”和政治博弈中的牺牲品。阶级视野下的“日本兄弟”形象是作者对材料选择组合的结果，具有抗战宣传的作用。因抗日救亡的迫切性，“未改变者”形象在抗战文学中很少出现，或说有意被遮蔽；政治博弈中的牺牲品也只能用“春秋笔法”来展现。抗战文学中的日俘形象背后交织着民族情感、国际公法、人道精神和国共政策等，也折射出书写者所处的文化和意识形态空间的复杂多元。

［关键词］抗战文学；日俘形象；“日本兄弟”；“未改变者”

［基金项目］本文系国家社科基金重大招标项目“抗战大后方文学史料数据库建设研究”（项目编号：16ZDA191）的阶段性研究成果。

抗战时期，作为侵略者的日本人是中国作家审视、描写和想象的对象。抗战初期，中国作家与日本军人的实际接触较少，所以作品中以“鬼子”群像为主，描写大多模式化和简单化。随着抗战深入和优待俘虏政策的贯彻落实，日俘数量不断增多，其收容改造得到国共两党重视。日俘为作家近距离观察和深入认识日本军人提供了条件，因而涌现了一批以日俘为描写对象的作品，其中以报告文学为主，大多是作家或记者在日俘收容所参观和访问时所见所闻的简略记录。除浮光掠影的访问参观记录之外，也有与日俘长时间接触后产生的佳作，主要有沈起予的《人性的恢复》和天虚的《两个俘虏》，前者在当时被认为是“有系统且含有深意的记载”①。除报告文学外，还有少量的小说、话剧和诗歌。小说有黄源的《俘虏》、哈华的《山彬伍长》，话剧有丁玲的三幕剧《河内一郎》、董每戡的独幕剧《俘虏》和刘纯德的独幕剧《俘虏》，诗歌有黄鲁的《赠日本俘虏》、胡危舟的《访俘虏》和晏明的《俘虏》。黄源的《俘虏》主要记叙了为保命自愿被俘的日本兵中川由太郎成为俘虏后的心理活动。中川由太

① 丁伯骝．“人性的恢复”（书评）［J］．文化先锋，1943，2（20）：23-24.

郎控诉日本军阀欺骗和压迫日本人民，认为日本出兵中国，是“破坏东亚以及世界的和平，完全是强奸了民意的一种充分的（地）显露了帝国主义的残酷的面目的侵略政策”[①]，小说中还收录了在上海打第一仗时，他亲眼看见一个日本士兵杀了大队最高长官，成为了中国俘虏的片段。日本俘虏对侵华战争深刻的认识，以及上海一仗就有士兵主动当俘虏，明显是作者借战俘之口传达反战观念的虚构情节。话剧《河内一郎》展现了日俘由效忠天皇到人性复苏、调转枪口的转变过程，茅盾以“玄”为笔名撰文表示“在我们长期抗战和正确的（地）对敌宣传工作之前，日本士兵大觉悟这一天是必然要到来的。剧本《河内一郎》就是坚强我们信心的作品”[②]。黄鲁的《赠日本俘虏》分为“尺八”“支那人”“自由”三小节，劝告日俘“除掉你生锈的徽章吧”，将如“中国军人一样，自由而健康呵”。[③] 胡危舟的《访俘虏》写自己“像探访一位挚爱的同志”[④] 走进俘虏收容所，看到获得优待的俘虏流淌着愧疚的眼泪。晏明的《俘虏》展现了日本士兵被俘前为所欲为和被俘后狼狈悲哀的两重形象，通过对比控诉日本士兵的罪行，警告日本终将自食恶果。小说、话剧和诗歌借想象的笔触刻画觉悟的日俘形象，增强民众抗战胜利的信心，以达到宣传的目的。

战俘文学逐渐受到学界重视。21 世纪之前，除茅盾、李长之等对《两个俘虏》《人性的恢复》《河内一郎》等作品进行印象式的批评，很少有人提及这一题材的作品。21 世纪后，《中国抗战文学中的日本战俘形象》《抗战文学关于日本俘虏的言说》《抗战时期战俘文学中的观念纠葛》三篇论文分别从战俘形象、题材内容和作家观念等角度切入研究，学术视野不断拓展。其中《中国抗战文学中的日本战俘形象》一文将抗战文学中的日俘形象分为四类：顽固自负的侵略者、思念故乡的哭泣者、追求和平的革命者和感化教育的改造者，并探讨了这些形象产生的原因。但是，该文对日本战俘的范围界定不清晰，且该文涉及的文本较少。

日俘作为中国战场上极为特殊的群体，中国作家主要塑造了具有独特意

---

① 黄源．俘虏［J］．抗战半月刊，1937，1（3）：37.
② 玄．书报述评："河内一郎"［J］．文艺阵地，1938，1（9）：297-300.
③ 黄鲁．赠日本俘虏［J］．中国诗坛，1939（1）：3.
④ 胡危舟．访俘虏・马夫［J］．中国诗坛，1940（6）：12.

义和价值的三类日俘形象：阶级视野下的“日本兄弟”、被忽视的“未改变者”和政治博弈中的牺牲品。日俘形象的出现不仅丰富了中国文学中的日本人形象谱系，更可使我们从中管窥战时中国作家的文化心理和意识形态的复杂幽微之处。恰如巴柔所说：“形象是对一种文化现实的描述，通过这一描述，制作了（或赞成了，宣传了）它的个人或群体揭示出和说明了他们置身于其间的文化的和意识形态的空间。”[①] 日俘形象背后交织着民族情感、国际公法、人道精神和国共政策等，也映射出书写者所处的文化和意识形态空间的复杂多元。

一、阶级视野下的“日本兄弟”

大部分战俘访问记中存在一个普遍的叙事模式：日本士兵被俘后绝望害怕，获得优待后感动惭愧，接受思想教育后明白日本人民的敌人不是中国人民，而是日本军阀。在这一叙事模式中，日俘形象是“程序化了的文本”[②]，即受害的“日本兄弟”形象。“日本兄弟”形象的程序化是在词汇、等级关系和故事情节三者中建构起来的。

称呼日本俘虏的词汇主要有“俘虏”“村民”和“兄弟”（或“弟兄”）。“俘虏”是国际公法下对战争中失去战斗力的敌国士兵和没有战斗力的民众的称呼，可看作战俘的社会属性。“村民”的称呼源自“和平村”“博爱村”等俘虏收容所的命名，具有人道主义色彩。“兄弟”一词是将日本民众、日本士兵看作被日本军阀欺骗压榨的受害者，“是被压迫阶级之间的精神同盟”[③]。“使用某个词就将首先反映出某种宗教、政治、哲学的选择”[④]。为何高频率称呼日俘为“兄弟”？天虚在《两个俘虏》中提出加强日俘“旧意识思想的淘汰崩溃，从而减少我们瓦解敌军的困难”意义大于“站在人道主义的立场，和严守国际公法之点上”。[⑤] 优待日俘的目的是争取国际正义，改造日俘的目的则是让其为中国抗

① 巴柔 . 从文化形象到集体想象物［M］. 孟华，译 // 孟华 . 比较文学形象学 . 北京：北京大学出版社，2001：121.

② 巴柔 . 从文化形象到集体想象物［M］. 孟华，译 // 孟华 . 比较文学形象学 . 北京：北京大学出版社，2001：130.

③ 张全之 . 抗战时期战俘文学中的观念纠葛［J］. 文艺争鸣，2020（7）：35-40.

④ 巴柔 . 从文化形象到集体想象物［M］. 孟华，译 // 孟华 . 比较文学形象学 . 北京：北京大学出版社，2001：132.

⑤ 天虚 . 两个俘虏［M］. 广州：上海杂志公司，1938：9.

战服务。改造最具成效的方法是在优待基础上进行思想教育，从而使他们抛弃军国主义思想。如果以民族主义为依托，让他们反对自己的国家，这既违背了抗战的出发点，也与他们早已形成的民族认同相悖，因而形式上的思想教育逻辑是以阶级为出发点，反对日本军阀，解放日本人民，将其侵略意识转变为民族解放意识。

与“日本兄弟”相关联的词汇是“日本军阀”，这两者构成一组对立的等级关系。在形象学文本中，当对组织和等级化原则进行定位时，人们将关注一切在自我和他者间作为分界线的东西。[①] 在战场上，按照民族划分，中国士兵与日本士兵是对立的一组等级关系。当日本士兵失去战斗力，成为被争取的对象时，划分原则由民族变为阶级，日俘与日本军阀形成一组对立的等级关系。对立的等级关系将日俘由“他者”转换到“我”的位置上，日俘不再是战场上的“鬼子”，而是与中国民众一样脸上“带着农民的朴质”[②]“带着纯粹的日本劳动者面相，显得天真而朴质”[③] 的兄弟。

除对立等级关系外，这些作品中经常出现两个典型的故事情节：递香烟（或日俘抽烟）和谈话。在很多作品中，与俘虏见面都会有“抽香烟情节”：

当第一支香烟在他们嘴上吐出了急促的烟圈时，俘虏中的一个禁不住叹息了：“啊！七八个月以来，我们没尝着这种好味道了，真正不错，感谢，感谢，从心底里感谢！”[④]

有时弟兄们把自己分得的各界送来慰劳的纸烟，每人再拿出一盒，送给他们作为友好的表示。[⑤]

他很恭敬地向环绕着他的中国战士，和悬挂在厅中央的委员长肖像鞠了一个躬，很不好意思地说了声：“谢谢”，坐在凳子上抽着烟。[⑥]

---

① 巴柔．从文化形象到集体想象物［M］．孟华，译 // 孟华．比较文学形象学．北京：北京大学出版社，2001：136.

② 天虚．两个俘虏［M］．广州：上海杂志公司，1938：12.

③ 访问两个日本俘虏［J］．战地通信，1938（21）：9-12.

④ 李兰．日本俘虏在博爱村［J］．时事类编，1939（43）：54-64.

⑤ 亦五．中国伤兵与日本俘虏［J］．宇宙风，1940（101）：29-32.

⑥ 沈钟藩．郑州通讯：日本俘虏宫川审问记［J］．战时民众，1941，3（4）：7-9.

“这里有烟，要一根么？”[①]

除接受香烟，作者甚至会安排日俘主动向中国来者要一段快要燃尽了的纸烟的情节[②]，他们对于香烟是渴望的，并且会因此产生感激之情。“抽香烟情节”无论是作者的真实记录，还是虚构情节，都承载了特定的话语功能。20 世纪 30 年代，在一些左翼作家的笔下，“抽烟权的被剥夺反映了统治者的恶毒、劳动者的不幸、反抗者的悲哀，获得香烟的愿望就是对于自由的憧憬”[③]，抽烟权承载了劳动者权利的叙事话语功能，这一话语功能在“日本兄弟”形象的书写中延续。抽烟权的获得某种程度暗示了日俘脱离日本军阀的压迫，将在正义方获得新的自由。

谈话情节往往是在抽烟中进行的，主要包括以下内容：家庭情况、学历、曾经的职业和对战争的看法等。作品中谈话的日俘基本是文化水平较低的劳动者，在军队中是底层士兵。在身份信息的确认中，作者往往会凸显他们的阶级身份，如《山彬伍长》开篇特意交代八路军抓住三个日本俘虏，其中两个士兵守规矩，而作为伍长的山彬是“最顽固”的一个。其后的小说叙事中，三个俘虏被俘后不同的态度和他们在军队中的阶级地位密切相关。两个诚意投降的俘虏是在日本军队中被无情打骂和虐待的士兵，他们来中国战场前分别是工人和学生，是日本军阀欺压的对象。山彬伍长是欺压士兵的军官，受军国主义思想荼毒已深，问不出过去的信息，只会捣乱，被“我”斥责为“法西斯强盗”。日俘中并非没有军官，但作品中大多选择呈现与工农出身的士兵的谈话：一方面因为军官的军国主义思想更顽固，士兵的思想改造更成功；另一方面可能源于对“日本兄弟”的阶级身份认同。

“鬼子”是中国民众表达对日本侵略者仇恨和厌恶的“套话”[④]，“日本兄弟”

---

① 丁玲 . 河内一郎［M］. 汉口：生活书店，1938：71.

② 舒群 . 西线随征记［M］. 武汉：上海杂志公司，1938：47.

③ 高兴，杨剑龙 . 香烟、文学与社会：社会“日常性”的一种呈现方式（1930 年前后）［J］. 贵州社会科学，2011（2）：25.

④ “套话”是比较文学形象学中的学术用语，中国比较文学形象学研究者孟华根据西方学者的定义将其解释为人们“思想的现成套装”，亦即人们对各类人物的先入之见。“套话”详细解释可见孟华主编的《比较文学形象学》中的《试论他者“套话”的时间性》一文。

则是作家称呼日俘时的词语，差异巨大的两者可能是同一人，他们身份的转换是因为国共两党优待俘虏的政策和抗战宣传策略，即通过优待俘虏来达到争取国际正义、宣传抗战和瓦解敌军的目的。对于普通民众而言，简单的口号宣传难以让他们转变对“鬼子”的仇恨。文学作品在抗战时期担任着宣传的功能，通过词汇、等级关系和故事情节，日俘形象在文本叙述中逐渐实现“鬼子”向“日本兄弟”的转变，使读者在阅读程序化的文本过程中对日俘的情感由民族仇恨转变为阶级同情。金安利在《抗战小说中的日本民众形象》一文中指出，“左翼文坛基于阶级论至上的单一视角，使得大多数作家把日本军阀与日本民众截然区别，认为日本民众必然与中国民众站在同一立场上反对日本军阀”，这没有从民族性和民族文化的角度思考法西斯产生的原因，“是一种乌托邦的想象”[①]，这一论断同样适用于抗战文学中的日俘形象。阶级视野下的“日本兄弟”形象是作者对材料选择组合的结果，虽然展现了反侵略统一战线由中国扩大到日本人民的趋势，起到宣传抗日的作用，但这也使得日俘形象较单一。

二、被遮蔽的“未改变者”

林语堂在《日本俘虏访问记》中写道，“俘虏们有‘改变’了的和‘未改变’的两种，这两个名称至多只能说出一般的态度”，见“未改变者”是“这一次参观中最有趣的事”，[②] 并且重点描写了未改变的日俘。“未改变者”都是战事初起那段时间（1937—1938）被俘的飞行员，他们自制日本天皇神座供奉，“‘士气’仍旧很高”，“残暴、聪明，狂热而不悔过”[③]，认为自己并未投降，只是被击落下来成为俘虏。对于“军阀”，他们不知为何物，针对作者解释的军阀（指代替人民统治国家而且决定国家政策的军人阶级），给予否认，并且坚信作者口中的“军人阶级”是“日本忠实的仆人”。即便作者“想以友好的态度做一点宣传工作”，也完全无效。“五六年的囚禁并没有改变他们的观念或他们的志气”[④]，由此可见优待和思想教育对一些战俘并未起到任何作用。此外，从林语

---

① 金安利．抗战小说中的日本民众形象［J］．区域文化与文学研究集刊，2016（4）：207-221.
② 林语堂．日本俘虏访问记［J］．罗书肆，译．时与潮，1945，22（6）：17-19.
③ 林语堂．日本俘虏访问记［J］．罗书肆，译．时与潮，1945，22（6）：17-19.
④ 林语堂．日本俘虏访问记［J］．罗书肆，译．时与潮，1945，22（6）：17-19.

堂笔下着墨不多的“改变者”也可看出战俘改造的局限性。这些“改变者”的态度“既不很和善也不很敌视”，“他们宁愿没有人去打扰他们，他们知道别人会问他们一些常有的问题，和引起他们痛苦的话”。[①] 他们和兴奋、士气高昂的“未改变者”形成鲜明的对比，从两者的对比中可以找到日本侵华的部分答案：黩武主义已成为大部分日本军人深入骨髓的东西，并且是他们的精神支柱。引起“改变者”“痛苦的话”会伤害他们的自尊心和深切的“爱国心”，可以推测这些话大概是《日本俘虏访问记》中经常出现的对抗日战争和日本军阀的看法，以及被俘后的感受等问题。由此看来，“改变者”也并不都是加入中国反战事业的“日本兄弟”。

除了林语堂细致刻画的“未改变者”，谢冰莹在《俘虏收容所参观记》中也提及了日俘中的几个顽固分子。这些顽固分子对来参观者态度恶劣，带着玩笑的态度说“喝，参观的来了！”[②]。优待并未让他们感到愧疚悔恨，反而助长了他们的嚣张气焰，其中一个“满脸生着麻子，带（戴）着空军便帽，有八字髯须，个子高而瘦，完全像个军阀的家伙”直接询问“为什么不给我们带些慰劳品”。[③] 谢冰莹虽然对于顽固分子的行为和言语感到愤怒，但理智告诉她驱使他们来中国的是日本军阀，要以博爱感化他们，因而在结尾赋予了顽固分子改变的可能性，那位“脸孔凶恶的人”在《日本空军俘虏签名式》上签名，并且在提及孩子时流下了眼泪，让读者看到其人性和值得同情的一面。

根据陆勇的《抗战时期国民政府的日军战俘收容与改造研究》一文的抽样统计，1939 年末至 1940 年初，军政部第三俘虏收容所日俘参加反战或抗日活动人数占比 20.8%；1941 年末至 1942 年初军政部第二俘虏收容所在“外栋”[④] 学习的日俘占比 42.9%—56.6%。[⑤] 解放区方面，前期的俘虏宣传和管理也有许多不足之处，如“对新来俘虏警觉性不够以致遭受不应有的损失，有的对俘虏

---

① 林语堂 . 日本俘虏访问记［J］. 罗书肆，译 . 时与潮，1945，22（6）：17-19.

② 冰莹 . 俘虏收容所参观记［J］. 黄河，1941，2（4）：651-655.

③ 冰莹 . 俘虏收容所参观记［J］. 黄河，1941，2（4）：651-655.

④ 镇远第二收容所为防止“未改变者”阻碍反战活动，在 1939 年开始实施分类隔离的方法，将反战的俘虏归为“外栋”，军国主义者隔离在“里栋”。里栋的俘虏“信奉‘皇军不败’，责难‘反战同盟’为卖国贼”，曾提出过不准用大礼堂演反战戏剧、准许在后舍内升日本国旗等条件，并以绝食斗争。

⑤ 陆勇 . 抗战时期国民政府的日军战俘收容与改造研究［D］. 重庆：西南大学，2014.

过度优待反遭对方轻视，增加了以后待遇上的困难，有的不能够按其觉悟程度进行教育以致进步很慢”①。这些都说明日俘改造并非易事，未改变者并非少数。此外，日俘加入反战组织，是不是真的出于思想觉悟也值得质疑。鹿地亘在1939年10月的日记中记录过，与反战分子接触后发现俘虏主动投诚是因为“当日军，不是享福的营生”，被俘后反而生活物质条件更好，“这些俘虏们的说法，没有什么不同，对中国当局表示感谢，所谓反战分子，只要有香烟和酒，就行了”②。但是，除了林语堂和谢冰莹外，再难找到对“未改变者”的刻画。天虚的《两个俘虏》、丁玲的《河内一郎》和哈华的《山彬伍长》描写了日本士兵刚被俘时顽固的态度和转变的过程，但是描写较为简单，容易让读者误以为日俘改造只需物质上的优待和几次动人的谈话便可成功。丁玲也意识到自己的问题，自言《河内一郎》“第二、第三幕实在缺乏生活，较公式化而且乏味”③。

“未改变者”形象的缺席主要有以下三点原因。第一，为宣传国共两党的日俘政策。国共两党对待俘虏都是以优待感化和思想教育为主，这既能在国际上呈现中国的人道主义形象，又能争取日俘加入反战工作。文学作品中呈现“日本兄弟”形象既能赢得国际同情，又能宣传优待俘虏的政策，让普通民众更易理解日俘与日本军阀的区别，进而配合日俘改造工作。第二，大部分作家并未与日俘深入接触，对俘虏的直接认知来源于短时间的谈话；有的作家带着预设之见或政治任务访问俘虏，如胡危舟是“由于爱慕着俘虏底（的）故事”④走进俘虏收容所，罗家伦则是因为地方行政当局安排的视察任务访问和平村俘虏。由于中日民族文化和在战争中的立场均不相同，中国作家想要深入认知俘虏这一特殊群体，必然需要长期接触。但是，大部分作家如鹿地亘在《和平村记》中所写“来访问一天两天的人最多”，这些访问没有“打进他们的心底，接触他们的悲哀和愁惨吧”。⑤最后，与作家的创作心态和观念有关。日俘题材的作品中，作家对日本发动战争的原因并未进行过多思考，都将矛头直指日本军阀，

---

① 对敌军俘虏政策［N］. 解放日报，1941-09-23（1）.

② 鹿地亘 . 抗战日记［M］// 桂林市政协文史资料学习委员会 . 桂林文史资料：第49辑：纪念中国人民抗日战争胜利六十周年 . 桂林：漓江出版社，2005：153.

③ 张炯，蒋祖林，王中忱 . 丁玲全集：第9集［M］. 石家庄：河北人民出版社，2001：160.

④ 胡危舟 . 访俘虏・马夫［J］. 中国诗坛，1940（6）：12.

⑤ 鹿地亘 . 和平村记：俘虏收容所访问记［J］. 林林，译. 十日文萃，1939，1（6）：13-16.

这背后有着强烈的“功利主义用心”，以“阶级论抹平了民族间的鸿沟，人性论使改造者成为拯救人类灵魂的牧师，而最终结果不仅是为了重塑一个有人性的人，而是让他们走上反战之路”[①]，从而帮助中华民族抵抗日本侵略，赢得战争。除此之外，有的访问者甚至带着“胜者为王”的虚荣心访问战俘。罗家伦特意将对俘虏的演讲称之为“训话”，并且强调是“生平第一次阔气的‘训话’”，结尾处则写道：“有一个俘虏提议，要高呼‘罗先生万岁’三声送别。他们居然都站起来叫；而且叫的时候，是两手并举的。我一生没有人叫过我万岁。有之，自日本俘虏始。”[②]罗家伦带着政治任务视察俘虏，其心态也是政府态度的一种映射，即借日本战俘一扬中华民族之威风。

战争不仅仅是不同国家军事实力的较量和比拼，也是不同文化间的对峙与博弈。文学作为文化的一种形式，对战争的支援不仅要有口号式的宣传与赞歌，也应有对导致日本发动侵华战争的文化根源的思考。抗战文学中的“未改变者”形象对深度挖掘日本战时文化心理具有一定意义，但这一形象的缺少，或说有意被遮蔽，既是一种遗憾，也反映了一些作家个人的思考被民族救亡潮流压倒而逐渐失落和隐没的境况。

三、政治博弈中的牺牲品

国民党的反共活动和内部派系斗争制约了国统区的日俘改造工作和反战同盟的建立，俘虏改造的目的由支援抗战演变为权力争夺，部分反战日俘成了政治博弈的牺牲品，如1941年发生在反战同盟总部的“八俘虏逃亡事件”[③]就是军统特务邹任之挑唆的结果。鹿地亘记述，国民党内的派系纷争让有的人“想使反战同盟遭受挫折”，有的人“想把反战同盟的事业，连同鹿地在内，独占

---

① 张全之．抗战时期战俘文学中的观念纠葛［J］．文艺争鸣，2020（7）：35-40.

② 罗家伦．和平村纪游［J］．时与潮副刊，1943，2（3）：7-11.

③ 1941年3月邹任之以强硬态度对反战同盟提出改组意见，让反战同盟成为傀儡组织，使得其在前线的反战宣传活动难以进行。在此背景下，发生了反战同盟总部成员8人逃亡事件。逃亡原因据说是邹任之唆使他们说马上就要发生内战了，到时反战同盟将作为“共产主义团体”而受到处置。因此，要不失时机地标榜“三民主义”，尽量带领更多的伙伴脱离反战同盟逃到邹任之与青山和夫的那边。结果：1. 逃亡者全体开除；2. 要求政府当局一定要对他们8人采取“最严厉的处分”。

为己有”，有的人“不准许把鹿地放到广西桂系那边去”。[①] 沈起予在长篇报告文学《人性的恢复》中用“春秋笔法”表达了对国民党阻碍俘虏改造和反战活动的批评。丁伯骝评《人性的恢复》时指出：“说沈先生这部作品有些地方含蓄，尤值得特别提出来一谈。当沈先生以春秋责备贤明之笔而论到某些人或某些事时，常常就以这种含蓄的笔法来写。那些地方的触及是必须含蓄的，为了进步不能不加以批判，但为了避免‘刺激’，又不能过于发挥主观的意见，无已，祗（只）有‘留有余地’了。我有一些读过此书的朋友，对于此等地方总觉不够‘痛快’，但我的想法却不然，为了抗战工作步伐的整齐，焉能不顾及‘痛快’所可发生的影响？这是作者用心甚苦之处，读者是应该加以体谅的。”[②]

左翼作家沈起予曾在博爱村担任管理员，《人性的恢复》是对这一时期的记录。“博爱村”即第二俘虏收容所分所，是军统为了使日俘的反战组织不被鹿地亘和桂系垄断，把第二俘虏收容所中的部分日俘运到重庆南岸区而组织的，所长由特务邹任之担任。[③]《人性的恢复》中着重刻画的人物俘虏三船，作为政治博弈的牺牲品，承担了“含蓄的批评”的功能。

较其他俘虏，三船的身份复杂且暧昧。沈起予对植木、高桥等人的家庭情况、在部队中的职务和被俘经过等都有较详细的交代，对三船的身份则言：“比现任所长还先到和平村，在俘虏中算是大‘元老’的原（缘）故，连他的履历都弄不大的确。据说此公在和平村内，原是一个骑墙派：在顽固分子前，他是‘天皇的赤子’，在觉醒派之前，他又说他是‘革命大家’。”[④] 博爱村的俘虏教育工作本来进行顺利，但邹任之将三船和两名朝鲜俘虏带来，并将组织正义军的任务交给他们，反而使得反战工作受阻。

三船爱出风头、虚荣心强、两面倒的性格特点，是他被邹任之选中的原因之一。所长用“三船先生”称呼三船，满足了三船的虚荣心，使得他“成了不

---

① 鹿地亘．日本人民反战同盟在桂林［J］．王晓秋，苏林岗，译．广西社会科学，1986（1）：197-207.

② 丁伯骝．“人性的恢复”（书评）［J］．文化先锋，1943，2（20）：23-24.

③ 鹿地亘．日本人民反战同盟在桂林［J］．王晓秋，苏林岗，译．广西社会科学，1986（1）：197-207.

④ 沈起予．人性的恢复［M］．上海：群益出版社，1946：48-49.

三不四的存在：不像俘虏，当然也并非职员”[①]。三船有意挑拨日俘与中国管理人员的关系，差点引起暴动。他成为同盟干事长后，挑唆同盟成员提出不合理要求，排斥管理人，使得本应活跃的反战活动停滞。三船的特务行径使得其他日俘孤立他。他逐渐陷入孤独，心境日益消沉。所长离去后，他失掉了依恃，以前因所长讨好他的人也疏远他，在他心境上更加上一重打击，进而做出半夜跳入装有公文箱的房间的荒唐行为。虽然文中没有明写三船的行为是邹任之的授意，但从三船与邹任之的关系及邹任之的离开对三船产生的影响都可推测出两人关系匪浅。如果不是“我”以宽容的人道精神引导三船正确认识自己，他极有可能面对严厉的处罚，成为邹任之阻挠左翼人士组织反战活动和沽名钓誉的牺牲品。

三船的形象不仅具有含蓄地批评国民党内部的派系斗争阻碍反战活动的功能，也揭示了国民党俘虏改造不成功的原因，还展现作者超越党派之争的人道主义精神和作为左翼知识分子坚定的革命理想。“我”知晓三船是因可怜又可悲的虚荣心而如此，所以扮演了拯救者和引导者的角色教育他，“你们的反战不仅是口头上表示反战就完事，而实是一种革命事业；因之艰难困苦，还远在后面”，并且向他“细细地说明了革命者必备的条件，举了些成功的革命领袖的生活态度，中国的，外国的，乃至日本的”。[②]邹任之破坏反战活动与“我”成功将三船指引到反战之路，映射了国共两党在抗日中的作为。结尾处，鹿地亘带走一批反战同盟成员，“我”发出“自己的命运，全靠自己创造”[③]的感慨，不难让人联想到中共团结工农兵群众依靠自己改变命运、创造新生活的号召。

四、结语

文学作品中不同的日俘形象改变了“对日军的一般化描写的弊病”[④]，显示了中国作家深入挖掘日本侵华原因和侵华日军心理状态的努力，也传递了书写者的形象和诉求。三类日俘形象某种程度上也反映了战争时期文学的境遇。塞

① 沈起予．人性的恢复［M］．上海：群益出版社，1946：50.
② 沈起予．人性的恢复［M］．上海：群益出版社，1946：112.
③ 沈起予．人性的恢复［M］．上海：群益出版社，1946：169.
④ 王向远．“笔部队”和侵华战争对日本侵华文学的研究与批判［M］．北京：昆仑出版社，2005：310.

姆·德累斯顿在《迫害、灭绝与文学》一书中探讨战争文学、大屠杀文学时述及“知识分子难以在集中营里找到合适的位置，他需要这样的位置去安放他认为重要的追求比如批判性思维、方法论的怀疑和精神的宽容”①。在中华民族抗日的浪潮中，救亡成为作家首要思考的问题，文学的审美功能似乎无处安放，这也在某种程度上束缚了部分作家的理性思考，弱化了文学叩问战争的力量和文学对真实的追求。不过，“文学用语词描绘，在反映真相和现实上并不比历史文本逊色”②，抗战文学中的日俘形象虽有遮蔽，但依旧为这一段历史留下了文学的面向，也为探究战时中国政治意识形态的纠葛提供了空间。

作者简介：

黄婷婷，深圳市龙华区清泉外国语学校教师。研究方向为中国文学。

① 德累斯顿．迫害、灭绝与文学［M］．何道宽，译．广州：花城出版社，2012：178.

② 德累斯顿．迫害、灭绝与文学［M］．何道宽，译．广州：花城出版社，2012：50.

苏联文艺对延安文艺的影响

吴继金

[摘　要] 各类外国文艺中，苏联文艺对延安文艺的影响是最大的。毛泽东《在延安文艺座谈会上的讲话》就吸收了苏联的经验，并将从苏联引进的“社会主义现实主义”文艺创作方法作为延安文艺的指导思想。延安时期，延安文艺界翻译、编辑、出版了大量的苏联文艺理论和文艺作品，演出了苏联名剧、演唱了苏联名曲、展览了苏联作品。在具体的创作方法和技巧方面，延安文艺也借鉴、吸收了苏联文艺的先进之处。

[关键词] 延安文艺；苏联文艺；文化影响；文化交流

在世界无产阶级文艺中，列宁、斯大林时代的苏联文艺，是向广大人民进行社会主义教育的有力工具，是为民主主义、社会主义而斗争的锐利武器，是世界革命人民心目中的灯塔。毛泽东说：“苏联所创造的新文化，应当成为我们建设人民文化的范例。”① “外国的好经验，尤其是苏联的经验，也有指导我们的作用。”② 中国新民主主义文化必须“同一切别的民族的社会主义文化和新民主主义文化相联合，建立互相吸收和互相发展的关系，共同形成世界的新文化”③。“决不可拒绝继承和借鉴古人和外国人。”④ 毫无疑问，苏联十月革命的胜利对中国共产党人的鼓舞，苏联给予中国共产党的帮助，都直接影响到延安文艺的发展。一方面，意识形态相同，尤其是延安早期，中国共产党是共产国际的一个支部并受其领导，莫斯科传出的声音使中苏两党关系十分紧密，中共从建党伊始，其方针、政策就借鉴于苏联。苏联对中共的影响不仅仅是政治上的，而且

① 毛泽东 . 毛泽东选集：第 3 卷［M］. 北京：人民出版社，1991：1083.
② 毛泽东 . 毛泽东选集：第 3 卷［M］. 北京：人民出版社，1991：862.
③ 毛泽东 . 毛泽东选集：第 2 卷［M］. 北京：人民出版社，1991：706.
④ 毛泽东 . 毛泽东选集：第 3 卷［M］. 北京：人民出版社，1991：860.

渗透到包括文艺在内的各个方面。另一方面，苏联作为最早取得无产阶级革命胜利的国家和世界上第一个社会主义国家，在文化建设上的成就和经验都是值得中国共产党学习和借鉴的。因此，各类国外文艺中，苏联文艺对延安文艺的影响是最大的，无论是文艺指导思想还是具体的创作技巧，延安文艺都借鉴、吸收了苏联文艺的先进之处。

一、引进苏联的文艺理论

“十月革命一声炮响，给我们送来了马克思主义。”不仅如此，十月革命还给中国送来了苏联文艺。在“以俄为师”的历史背景下，有关俄罗斯文艺的译介作品开始在中国出现，苏联文艺思想自20世纪二十年代后期传入中国，到三十年代前期成为主潮之一。左翼文学家、批评家主张文学与革命的结合、文学思潮与社会运动的同步，大力译介、宣传苏联文学理论，传播苏联的文艺作品。到了延安时期，文艺的政治功能与意识形态意义，使得苏联文艺思想借助抗战形势而得以强化和普遍化，同时也被中国化了，结束了“五四”以后文艺思潮的多元状态，使苏联“社会主义现实主义”（或“革命现实主义”）的创作原则占据了延安文艺的主流地位，并形成了毛泽东文艺思想。

延安文艺的指导思想集中体现在毛泽东1942年5月发表的《在延安文艺座谈会上的讲话》中，而这篇文章也最集中而全面地表达了毛泽东的文艺思想。在这篇文章中，毛泽东关于“文艺为工农兵服务”“无产阶级的文学艺术是无产阶级整个革命事业的一部分”“是整个革命机器中的‘齿轮和螺丝钉’”等思想，明显吸收了苏联的经验，其有关马克思主义的文艺观点很大程度上也受到被苏联阐释了的马克思、恩格斯、列宁文艺理论的影响，还包括普列汉诺夫、斯大林、卢那察尔斯基、波格丹诺夫等人的理论影响。

首先，毛泽东的阶级文艺和“文艺是革命机器的组成部分”的论述，显然借鉴于列宁在《党的组织和党的文学》中关于“齿轮与螺丝钉”的说法。

列宁在《党的组织与党的文学》一文中将文艺与无产阶级革命事业紧密地联系在一起，不但论证了无产阶级文艺不是为少数贵族或“上等人”服务，而是“为千千万万劳动人民服务”的基本观点，而且明确地提出革命文艺的政治倾向性和战斗作用的要求。列宁指出，无产阶级文学是无产阶级整个革命事业的一个组成部分，是“同无产阶级公开联系的文学”，必须置于党的坚强领导之下，无产阶级文学家必须坚持党性立场。毛泽东《在延安文艺座谈会上的讲话》指出：“无产阶级的文学艺术是无产阶级整个革命事业的一部分，如同列宁所说，是整个革命机器中的‘齿轮和螺丝钉’”①，强调“要使文艺很好地成为整个革命机器的一个组成部分，作为团结人民、教育人民、打击敌人、消灭敌人的有力的武器，帮助人民同心同德地和敌人作斗争”②。关于文艺为什么群体服务的问题，毛泽东明确指出：“这个问题，本来是马克思主义者特别是列宁所早已解决了的。列宁还在一九〇五年就已着重指出过，我们的文艺应当‘为千千万万劳动人民服务’。”③“我们的文学艺术都是为人民大众的。”④毛泽东在1944年给周扬的信中援引列宁的观点：“艺术应该将群众的感情、思想、意志联合起来。”⑤即要把文艺引出“象牙之塔”，拿到群众中去，使文艺成为人民大众的文艺，发挥团结人民的作用。也只有这样，文艺才会有无限的生命力。

毛泽东所接受的苏俄文艺理论的影响，尤其是列宁文艺思想的影响，大多离不开瞿秋白、周扬等“左联”领导人的译介。左翼文艺明显地烙上苏联无产阶级文艺的痕迹，是延安文艺最直接、最主要的精神资源。“没有30年代左翼作家的加入，延安文学是不可能发生如此强大的影响的……延安文学的最坚实的内核仍然是由这些左翼作家带到延安文学之中去的。”⑥左翼文艺家大力译介、宣传苏联文艺理论，如列宁的《党的组织与党的文学》最早发表于1905年11月13日的《新生活报》上，瞿秋白、博古等中共早期理论家都翻译过这篇文章。1942年5月12日，毛泽东指示延安的《解放日报》副刊特辟一个《马克思主义与文艺》专栏，5月14日，博古翻译的《党的组织与党的文学》在该专栏刊登，

---

① 毛泽东．毛泽东选集：第3卷［M］．北京：人民出版社，1991：865-866.

② 毛泽东．毛泽东选集：第3卷［M］．北京：人民出版社，1991：848.

③ 毛泽东．毛泽东选集：第3卷［M］．北京：人民出版社，1991：854.

④ 毛泽东．毛泽东选集：第3卷［M］．北京：人民出版社，1991：863.

⑤ 中共中央书记处研究室文化组．党和国家领导人论文艺［M］．北京：文化艺术出版社，1982：8.

⑥ 王富仁．延安文学有重新加以研究的必要［J］．学术月刊，2006，38（2）：98-101.

而专栏的按语则是由毛泽东处送来的。[①]列宁的《党的组织与党的文学》被认为是文学“党性原则”的最高范本，其重要理念成为毛泽东《在延安文艺座谈会上的讲话》的重要理论依据。

其次，毛泽东提出的“社会主义现实主义”文艺创作方法，也是从苏联引进的。

1934年，在苏联作家代表大会上，“社会主义现实主义”被正式确立为苏联文艺的创作方法。列宁在论及文艺时，要求文艺家从现实的革命发展中真实地、历史具体地去描写现实，在自己的作品中“反映出革命的某些本质的方面”。同时，艺术描写的真实性和历史具体性必须与用社会主义精神从思想上改造和教育劳动人民的任务结合起来。茅盾指出：“社会主义现实主义的创作方法实质上既是革命现实主义的，也是革命浪漫主义的，不过没有明确指出来罢了。”[②]“社会主义现实主义”从苏联引进中国后，虽然经左翼文学大力提倡、广为宣传，但并未被广泛接受，没有成为普遍的创作、批评原则。全面抗战爆发后，苏联式的“现实主义”占据了文坛的垄断地位。当时的理论家几乎一致地宣扬“现实主义”，主张文艺为现实斗争服务，茅盾就是其中的代表性人物。茅盾认为写实主义是“五四”以来文学史的主流，若有人将浪漫主义与之并陈，实是皮相之见。“五四”以来的文学史中，也有从浪漫主义、未来主义、象征主义出发的，但时代的客观需要仍然是写实主义。[③]毛泽东《在延安文艺座谈会上的讲话》第一次明确地指出：“我们是主张社会主义的现实主义的。”[④]他在鲁迅艺术学院（以下简称“鲁艺”）讲话时还说：“我们的二万五千里长征也是‘铁流’，可惜还没有人写。”[⑤]毛泽东在这里强调要学习苏联作家的现实主义创作态度，文艺家要多关注社会现实，多反映革命斗争的实际。

“社会主义现实主义”创作方针主张文艺为政治服务，在当时首先就是要

---

① 黎辛．关于“延安文艺座谈会”的召开、《讲话》的写作、发表和参加会议的人［J］．新文学史料，1995（2）：203–210.

② 茅盾．茅盾全集第27卷：中国文论十集［M］．北京：人民文学出版社，1996：370.

③ 茅盾．还是现实主义［J］．世界知识、妇女生活、中华公论、国民周刊战时联合旬刊，1937（3）：101.

④ 毛泽东．毛泽东选集：第3卷［M］．北京：人民出版社，1991：867.

⑤ 艾克恩．延安文艺运动纪盛：1937年1月—1948年3月［M］．北京：文化艺术出版社，1987：70.

为抗战服务。毛泽东指出："任何阶级社会中的任何阶级，总是以政治标准放在第一位，以艺术标准放在第二位的。"[①] 按照政治标准来说，"一切利于抗日和团结的，鼓励群众同心同德的，反对倒退、促成进步的东西，便都是好的"；"而一切不利于抗日和团结的，鼓动群众离心离德的，反对进步、拉着人们倒退的东西，便都是坏的"。[②]1943 年 11 月 8 日，中共中央宣传部颁布了《关于执行党的文艺政策的决定》，其中即明确规定，凡是"与战争完全无关的大型话剧和宣传封建秩序的旧剧"[③]，一律不准演出。延安文艺作品（尤其是后期）的一个突出特点，就是普遍具有宣传性，要么是配合政治运动，要么是宣传党的政策，要么是歌颂英雄人物、劳动模范；总而言之，这些作品都带有一定的政治指向与目的。

强调现实主义与浪漫主义的融合，塑造正面英雄形象，是"社会主义现实主义"文艺创作的基本要求。1939 年，鲁艺成立一周年，毛泽东为其亲笔题词：抗日的现实主义，革命的浪漫主义。毛泽东从当时的文艺实践和政治现实出发，要求文艺创作更具典型化："比普通的实际生活更高，更强烈，更有集中性，更典型，更理想，因此就更带普遍性。"[④]1942 年 5 月 30 日，即延安文艺座谈会开过不久，毛泽东到鲁艺讲话，强调文艺作品反映出来的生活要比普通的实际生活更高，更强烈，更有集中性，更典型，更理想，因此就更带有普遍性。[⑤] 延安时期的文艺理论家周扬，一直都深受苏联文学的影响，早在 20 世纪三十年代初就第一个在国内全面系统地介绍"社会主义现实主义"。文艺整风期间，周扬又特别译载了《苏联作家协会章程》，再一次延安给介绍了这个理论。他在文末所作注释中还特别强调了这个章程以及"社会主义现实主义"对于延安文艺发展的重要作用。[⑥] 毛泽东《在延安文艺座谈会上的讲话》发表后，周扬根据毛泽东的精神进行阐释，使"社会主义现实主义"不仅成为延安文艺的指导思想，而且成为相当长的一段时期内中国文艺创作和批评的最高准则。

---

① 毛泽东 . 毛泽东选集：第 3 卷［M］. 北京：人民出版社，1991：869.
② 毛泽东 . 毛泽东选集：第 3 卷［M］. 北京：人民出版社，1991：868.
③ 中央宣传部 . 关于执行党的文艺政策的决定［N］. 解放日报，1943-11-08（1）.
④ 毛泽东 . 毛泽东选集：第 3 卷［M］. 北京：人民出版社，1991：861.
⑤ 艾克恩 . 延安文艺运动纪盛：1937 年 1 月—1948 年 3 月［M］. 北京：文化艺术出版社，1987：366.
⑥ 苏联作家同盟规约［N］. 周杨，译 . 解放日报，1942-09-16（4）.

毫无疑问，毛泽东的《在延安文艺座谈会上的讲话》明显体现了苏联的文艺指导思想。

二、译介苏联文艺作品

“当自己的民族解放事业尚在艰苦阶段上奋斗的时候，对于表现了自己决定自己命运，创造出人类的地上乐园，而且在反法西斯战争中拯救人类命运，推动了历史前进的苏联文学，自然不能不发生深厚的兴趣。不，岂但是深厚的兴趣而已，直将由此认识真理，提高勇气。”[①] 这是茅盾在当年分析中国读者将兴趣集中在苏联文学的原因时所讲的。在延安，“加强中苏两国的文化联系”作为中共战时对外文化交流的基本出发点，“伟大的社会主义国家苏联是中华民族解放斗争中最可靠、最亲爱、最能共患难的朋友……将沟通两国文化的工作，扩大到各阶层的人民中间去！”[②] 因此，人们对苏联文艺的热情更高了。

延安文艺对苏联文艺的借鉴和吸收，首先表现在翻译、编辑、出版了大量的苏联文艺理论和文艺作品。

毛泽东等中共领导人十分重视对外国文化的翻译工作，尤其是对苏联马克思主义文艺理论与文艺作品的翻译。1939 年，著名诗人萧三从苏联回延安以后，党中央开会研究他的工作安排问题，最后决定让他去主持鲁艺编译部的工作，可见毛泽东和他的战友们对于翻译外国文艺作品的重视。延安文艺座谈会之后，毛泽东即指示当时的中宣部代部长凯丰：“中央须设一个大的编译部……大批翻译马恩列斯及苏联书籍，如再有力，则翻译英法德古典书籍。”[③] 毛泽东对苏联文艺作品给予了很高的评价，《在延安文艺座谈会上的讲话》中指出：“法捷耶夫的《毁灭》，只写了一支很小的游击队，它并没有想去投合旧世界读者的口味，但是却产生了全世界的影响，至少在中国，像大家所知道的，产生了很大的影响。”[④]1944 年 5 月 19 日，毛泽东建议延安《解放日报》转载了苏联作家考涅楚克的三幕五场话剧《前线》，作为当时的延安和其他抗日根据地对

---

① 黄俊英．二次大战的中外文化交流史［M］．重庆：重庆出版社，1991：203.
② 社论：加强中苏两国的文化联系［N］．新华日报，1940-03-03（1）.
③ 艾克恩．延安文艺运动纪盛：1937 年 1 月—1948 年 3 月［M］．北京：文化艺术出版社，1987：392.
④ 毛泽东．毛泽东选集：第 3 卷［M］．北京：人民出版社，1991：876.

干部进行教育的材料。《解放日报》于同年 6 月 1 日发表了一篇社论《我们从考涅楚克的〈前线〉里可以学到些什么？》，全文约 3600 字，起草者不知是谁。从保存下来的原稿照片上可以看出，毛泽东修改之处很多，满篇都有他改写、加写、圈删的字迹。《解放日报》分八天连载了《前线》，并转载了 1942 年 9 月 29 日发表于苏联《真理报》《消息报》《少共真理报》的介绍斯大林文艺奖金获奖剧本《前线》的文章。

当时延安文艺界的几位领军人物周扬、萧三、周立波等，在译介苏联文艺理论和作品方面贡献最大。作为鲁艺院长的周扬翻译了马克思、恩格斯、列宁、普列汉诺夫、高尔基等人的有关文艺论述，编辑出版了《马克思主义与文艺》一书，翻译了车尔尼雪夫斯基的名著《生活与美学》，并发表《唯物主义的美学——介绍车尔尼雪夫斯基》等。萧三翻译出版了《列宁论文化与艺术》，译介了普希金、马雅可夫斯基等人的诗作和《前线》等苏联剧作。在这些领军人物的带动下，延安出现了传播苏联文艺的热潮。陕甘宁边区新华书店出版了《列宁论文化与艺术》，延安华北书店出版了高尔基著的《苏联的文学》，《解放日报》刊载了介绍高尔基关于文学本质及作用观点的文章，西北文工团翻译了苏联新剧《生活在召唤》等。1941 年 6 月苏德战争爆发后，《解放日报》文艺栏发表了一些苏联卫国战争的报告文学作品，如爱伦堡的《莫索里尼的本领》（岳鸿译）和《列宁格勒永远是我们的》（林宁译），阿·托尔斯泰的《希特勒军队的真面目》（识者译）和《伏尔加在为战争工作》（山屋译），肖洛霍夫的《在顿河上》（魏伯译）等，一时引起了很大反响。

其次是表演苏联名剧、演唱苏联名曲、展览苏联作品。

美国著名记者埃德加·斯诺在《西行漫记》中写道："由于他们热烈地崇拜苏联，因此难免有不少抄袭和模仿外国思想、制度、方法、组织的地方……共产党的许多的歌用俄国的音乐，在苏区很流行。"[①] 延安文艺座谈会前后，以鲁艺为中心，延安的戏剧舞台上排演了不少苏联名剧，如果戈理的《婚事》《钦差大臣》，契诃夫的《求婚》《蠢货》，波戈廷的《带枪的人》，伊凡诺夫的《铁甲列车》，拉夫列尼约夫的《决裂》等。1944 年初，夏起在《解放日报》上撰文，

---

① 斯诺 . 红星照耀中国［M］. 董乐山，译 . 北京：作家出版社，2008：275.

记叙在杨家岭中央大礼堂的晚会上“苏联独幕短剧《傻瓜》的演出盛况”，称“此剧紧张而充满笑料，观众不断为剧中女游击队员的胜利欢呼，鼓掌”。[①]陈学昭在一篇题为《看〈苏联人〉回忆》的剧评中指出：“中央党校演出此剧时曾在延安观众中引起极大兴趣，并留下深刻印象……《苏联人》仍意义极大。希望延安以《苏联人》的演出为契机展开一个新的话剧运动。”[②]其中，苏联剧作家波戈廷创作的表现十月革命的具有史诗风格的话剧《带枪的人》是当时影响较大的一部。萧三在1942年1月14日的《解放日报》发表《谈〈带枪的人〉在延安的演出》评论：全剧十三场的布景“漂亮也简单”，这在当时的困难条件下是不容易的。表演上的不足是，“只见列宁的外表、动作，看不见列宁的内心生活”“表现列宁平凡、亲切、可爱也不够”“演员说话声音太低、太快，吐词不清楚”。[③]虽然有人对演包括苏联名著在内的“大戏”不满，提出了批评，认为脱离实际，不合时宜，但这些苏联剧本就是“被当作生动的政治课来接受的”；有些剧本不仅被《解放日报》连载，甚至被当作“整风运动的必读材料”，借以“提高人民与军队的文化水平”，鼓动为“长远事业的无比的勇敢献身”。[④]苏联戏剧不仅丰富了战士的文化生活，提高了延安观众的审美水准，而且也丰富了民间戏的艺术表现手段。

延安还举办了介绍苏联的美术作品展览。1939年5月10日，庆祝鲁艺成立周年的成绩展览会开幕，其中第九室就专门陈列了“苏联革命之名画”，“全系苏联有名的艺术家的作品，多为描画按革命前后之群众的英勇斗争的情形，以及沙皇的黑暗腐败统治的暴露，内容丰富，技巧惊人”。[⑤]这对于开阔人们的眼界，传播苏联文艺起到了重要的作用。延安美协举办的“1941年美术展览会”上的数千件参展作品中，就有一部分为苏联版画，多数是反映十月革命的历史画。此外，早在1939—1942年期间，《夏伯阳》和《列宁在十月》以及《列宁在一九一八》等苏联影片就曾在延安公映，[⑥]这对中共以后的电影政策产生了巨

---

① 艾克恩．延安文艺运动纪盛：1937年1月—1948年3月［M］．北京：文化艺术出版社，1987：483.
② 艾克恩．延安文艺运动纪盛：1937年1月—1948年3月［M］．北京：文化艺术出版社，1987：484.
③ 艾克恩．延安文艺运动纪盛：1937年1月—1948年3月［M］．北京：文化艺术出版社，1987：306.
④ 葛一虹．俄罗斯、苏联戏剧在中国传播的三十年［J］．戏剧论丛，1957（4）：88-98.
⑤ 骆晓会．俄苏文艺传播与近代中国社会［J］．株洲师范高等专科学校学报，2006（4）：19-25.
⑥ 程季华．中国电影发展史：第2卷［M］．2版．北京：中国电影出版社，1981：360.

大影响。

最后是对苏联文艺的学习和教育。

在当时的延安文化界，有两个名字不断地被提起，一个是高尔基，一个是鲁迅。延安几乎每年都举办高尔基的纪念会，介绍最多的是高尔基的作品及相关的评论。郭沫若曾说过，高尔基“对于中国的影响绝不亚于在苏联本国”“我们借此不仅可以知道应该如何去创作或创作些什么，而且还学习了应该如何生活或成为一个怎样的人”。① 例如，中国文艺协会 1937 年 6 月 20 日晚举行高尔基逝世一周年纪念会，丁玲讲述纪念会的意义，并介绍高尔基生平，毛泽东、朱德、洛甫、周恩来、博古等应邀出席。1938 年 6 月 18 日，边区文协又举行高尔基逝世二周年纪念大会，首先由抗日军政大学唱《高尔基纪念歌》，随后周扬发表了学习高尔基的讲话，柯仲平朗诵了高尔基的《海燕》，并在《新中华报》上发表了《高尔基二周年祭》。此外，1942 年 2 月 10 日，是被称为“俄罗斯文学之父”的著名诗人普希金逝世 105 周年纪念日，延安小说家、诗人举行纪念大会，肖军、艾青、萧三、柯仲平参加。艾青在《解放日报》撰写纪念普希金的短文《先知》。同年 4 月 12 日，延安诗人提前两天纪念马雅可夫斯基逝世 12 周年，萧三等人朗诵了马雅可夫斯基的诗。在纪念马雅可夫斯基的专号“诗墙报”中，艾青提出“把诗送到街头去”！纪念马雅可夫斯基最珍贵的纪念品是什么？艾青说，乃是“让诗脱去神父的可憎的黑袍，穿上清道夫的红背心”②。

全国文艺界抗敌协会延安分会是当时延安一个较大规模的群众性文艺组织，曾多次举办文艺讲座，邀请精通苏联文学的萧三和周立波讲解苏联文学。鲁艺曾开设“名著选读”课，讲授外国文学，苏联文学是其讲授的重点。周立波从 1940 年至 1942 年在鲁艺宣讲外国文学，被有的学生誉为鲁艺历史上“最具浪漫色彩的篇章之一”。其中讲到高尔基、法捷耶夫、绥拉菲摩维奇、涅维洛夫等苏联作家及名著，讲到普希金、莱蒙托夫、果戈理、托尔斯泰、屠格涅夫、陀思妥耶夫斯基、契诃夫等俄国作家及名著。《安娜·卡列尼娜》是俄国

---

① 巴拉绍夫，李福清．论刘白羽的创作［J］．宋绍香，译．文艺理论与批评，2008（1）：46-52.

② 艾克恩．延安文艺运动纪盛：1937 年 1 月—1948 年 3 月［M］．北京：文化艺术出版社，1987：343.

著名作家列夫·托尔斯泰的代表作品，通过女主人公安娜追求爱情的悲剧，以及列文在农村面临危机而进行的改革与探索这两条线索，描绘了俄国从莫斯科到外省乡村广阔而丰富多彩的图景；安娜充盈的生命元气，不屈的叛逆精神，以及那种绝不向恶势力屈服的勇士气概，化作一曲生命的颂歌，其中每一个美丽的音符，都在读者胸膛中激发起对旧制度的憎恨与对新生活的渴望。周立波讲授《安娜·卡列尼娜》以后，安娜成了当时女孩子们的偶像，有些女同学还会模仿她穿着黑色的衣服。

苏联著名演员、导演、戏剧教育家和理论家、舞台艺术改革家斯坦尼斯拉夫斯基，主张真实反映生活，强调内容与形式的统一，把人、人物和演员作为全部舞台艺术的基础，把理解人、表现人、教育人作为终身追求的艺术目标；演员的创作原理和训练方法强调“体验基础上的再体现”，力求演出各部分之间的和谐一致和演出的艺术完整性。中国话剧的表演、导演、舞美，甚至剧本创作、剧团组织与剧人修养，或多或少都打上了这位苏联艺术家的印记。1940年9月8日，张庚在《新中华报》上发表长文《纪念斯坦尼斯拉夫斯基与中国剧运的开展》，文章论及斯坦尼斯拉夫斯基体系，他的体系是什么呢？是一种使演员随时引起创造的“灵感”的方法，他最痛恶的，就是在舞台上装模作样，做一定公式化的动作和打一种老先生谈文章的腔调。他称这是舞台上的刻板法。斯坦尼斯拉夫斯基反对刻板法，要求演员要有真实的表演，不但有真实的外形，而且更重要的要有真实的感情。文章指出，长期以来，许多前辈努力使戏剧担负起重大的社会使命，也竭力反对剧场的庸俗化。但是在剧场的历史上我们新的精神常常被庸俗的不良传统所腐化了。文明戏如此，话剧在今日的上海何尝不如此。戏剧在中国，曾被奴役于商人营利的目的，养成了“以观众的喝彩或赞许而自满”的恶习。因此，我们必须培养大批新的象（像）斯氏一样从基础训练开始的艺术家，以斯氏精神忠于艺术，忠于艺术的社会使命，看重真实性，注意从基础做起。[①]鲁艺则努力用斯坦尼斯拉夫斯基体系的原理去教育学生，并将有关著作列为“演剧教程”指导书目。1940年10月间，鲁艺开始在戏剧系第四期的教学中，试行苏联著名导演斯坦尼斯拉夫斯基的表演理论

---

① 艾克恩. 延安文艺运动纪盛：1937年1月—1948年3月［M］. 北京：文化艺术出版社，1987：209.

体系，收录斯坦尼斯拉夫斯基的著作《论演员》、斯坦尼斯拉夫斯基学派戏剧家查哈瓦的《导演的原则》、拉普泊的《演员的工作》的《演剧教程》，作为戏剧系与实验剧团的重要教材和参考书。

三、借鉴苏联艺术风格

苏联文艺对延安文艺的影响是广泛的，既表现在思想观念上，又表现在内容形式上。从文艺家的世界观、人生观，到文艺创作题材的选择、人物刻画、心灵呈现、手法表现乃至艺术语言的运用，每一个部分都有可能受到苏联文艺的影响。延安文艺中的许多作品，都存在着对苏联作家的模仿痕迹。但是这种模仿又带有中国传统，将苏联文艺形式与中国文艺形式进行了融合，创造出一种表现力极强的新的民族艺术形式，使之具有中国特色。

整体而言，延安文学更注重吸收苏联文学中激进的革命色彩，注重对小说文本的模仿、借鉴、学习，是接受苏联文学影响最为明显的一支文学力量。如丁玲的《太阳照在桑干河上》、周立波的《暴风骤雨》，在叙述模式上的“道路曲折，前途光明”，与高尔基的《母亲》和肖霍洛夫的《被开垦的处女地》也有着“深厚的血缘关系”。[①] 周立波在其成名作《暴风骤雨》的创作中，既借鉴了肖洛霍夫悲喜剧交融的美学形态，又用契诃夫式诙谐幽默的笔法塑造了老孙头的形象。难怪苏联学者认定，老孙头“这个滑稽鬼和快活的打诨者是格内米雅其村的舒尔卡老爹的亲兄弟”[②]。在延安诗人中，马雅可夫斯基被推崇的程度，堪比高尔基和鲁迅。他的诗歌中表现出的革命精神和作为诗人的战士情怀，都是被延安诗人反复颂赞的。他几乎影响了当时延安的所有诗人，他的诗歌和对他诗歌的评论经常可以在延安的报刊上看到。丁玲的长诗《七月的延安》、郭小川的《我们歌唱黄河》、贺敬之的《十月》，都不同程度地借鉴了马雅可夫斯基诗歌的语汇和楼梯式的建构形式。

延安木刻是继承20世纪三十年代鲁迅苦心培养的新兴木刻艺术革命传统发展起来的。把新兴木刻的革命传统带到延安来的，主要是一批三十年代活动

---

① 陈春生．论延安战争小说与苏联战争小说的内在联系［J］．湖北师范学院学报（哲学社会科学版），2001（1）：33–36.

② 陈元恺．二十世纪中国文学与世界［M］．西安：陕西人民出版社，1987：147.

于上海的左翼木刻家，如江丰、胡一川、沃渣、马达、陈铁耕、黄山定、张望、刘岘、力群等人。鲁迅对苏联的木刻尤为注重，在他收藏和编印出版的世界各国木刻作品中，以苏联的居多，他向艺术青年大力推荐苏联的木刻，认为苏联的木刻艺术水平是最高的。在鲁迅的影响下，以法复尔斯基为代表的苏联版画，“自鲁迅介绍到中国来之后，曾引起很大的模范作用：他的作品是纯朴而规则的，他的构图是严密而不易的。这些都为木刻青年所爱好和愿意跟他学习”①。这些左翼木刻家来到延安，使延安木刻中外国版画尤其是苏联版画的痕迹非常明显。正如力群所说：“学习苏联木刻的经验，使我深深地感到太拘束了，那种刀法刻小幅的书籍插图还较适用，但画幅一大就不自由，象（像）带（戴）上脚镣跳舞。”② 延安文艺座谈会讲话后，木刻家才逐渐摆脱了苏联（欧化）的束缚，开始向民间美术学习，走出了一条中国化的版画道路。

延安文艺对苏联文艺的借鉴和吸收，不仅开阔了人们的眼界，丰富了群众的文化生活，提高了延安观众的审美水准，而且也丰富了文艺的艺术表现手段，促进了延安文艺的繁荣和发展。

作者简介：

吴继金，湖北美术学院马克思主义学院教授，主要从事政治理论和中国近现代美术史研究。

① 李夏.论抗战时期延安木刻版画的民族特色［J］.南昌大学学报（人文社会科学版），2007（4）：118–123.

② 力群，王朝闻，元古，等.关于新的年画“利用神像格式问题”［N］.解放日报，1945–04–12（4）.

绽放在滇池边的红山茶

——西南联大艺术概观

李光荣

［摘　要］本文是专著《西南联大艺术历程》的前言（略有删改）。该书全面系统地描述了西南联大戏剧、音乐、美术、舞蹈等各科艺术的面貌，梳理出各科艺术的发展历史，论述了各科艺术的重要社团、代表作品和代表作家，对西南联大艺术的成就、贡献、特点、规律、地位、影响等进行评价，并总结了西南联大艺术的历史经验，讨论了其艺术成就与其艺术教育的关系、艺术与社会的良好互动等，还插入了许多有代表性的历史图片。本文旨在阐述西南联大艺术产生的背景，梳理西南联大艺术的面貌及其发展历程，并把其历程分为五个时期，认为西南联大艺术的显著特点是艺术性和现实性，最后阐明该书写作的相关问题，说明该书的研究目标是填补中国艺术研究的空白，而实现此目标的重要标志是史料的收集运用与撰著的原创性。

［关键词］西南联大艺术；背景；面貌；历程；特点

一、西南联大在昆明的始末

西南联大是一所存在于抗日战争及其稍后时期的大学，1937 年开办，1946 年停办，共九年历史。

1937 年 7 月，日本在我国华北地区发动全面侵华战争，为保全中国的大学与文化，国民政府决定在内地“筹设临时大学若干所”。[①] 其中，北京大学、清华大学、南开大学三校迁移长沙，联合组成国立长沙临时大学。11 月 1 日，国立长沙临时大学开学。京津才子笳吹湘江边，弦诵岳麓山，得以继续完成学业。

可恨日军再行相逼。1938 年 2 月，学校迁往云南，更名为国立西南联合大学，简称西南联大。师生分三路迁徙，乘车和乘船的两路均先出国到越南，

---

① 王学珍，江长仁，刘文渊，等 . 国立西南联合大学史料：1　总览卷［M］. 昆明：云南教育出版社，1998：53.

从河内乘滇越铁路的火车回国到达昆明；另一路由身强体壮的三百名师生组成“湘黔滇旅行团”，取道湘西，经贵州，徒步进入云南到达昆明。“湘黔滇旅行团”于2月20日启程，历时68天，步行1750公里，于4月28日进入昆明，完成了教育史上“最悲壮的一件事”[①]，书写了“书生长征”的历史。

开初，西南联大置理学院和工学院于昆明，设文学院和法商学院于蒙自。5月4日，西南联大在昆明和蒙自两地同时开学上课，开始了“笳吹弦诵在山城”[②]的历史。一个学期后，文学院和法商学院再迁昆明。

1939年9月，新校舍在昆明西北角城外筑成使用，西南联大有了属于自己的校园。新校舍面积一百二十四亩，建有办公室、教室、图书馆、实验室、学生宿舍、食堂等。1938年8月，学校遵教育部令创建师范学院；1939年7月，学校遵教育部令设置训导处。至此，西南联大形成了“三处五院”的组织机构。“三处”即教务处、训导处、总务处，“五院”即文学院、法商学院、理学院、工学院、师范学院。学校常委会和“三处”办公室，文学院、法商学院、理学院设在新校舍；工学院仍在东城外拓东路的几处会馆，距新校舍5公里；师范学院初设昆华中学北院，被日机轰炸后迁至龙翔街昆华工业学校，离新校舍不远。

1938年9月28日，日机开始轰炸昆明。自此，昆明人的生活中增添了一项新内容：跑警报。地处城边的西南联大也莫能例外。上课时，师生们听到空袭警报，立即下课往后山疏散。频繁疏散必然影响教学。后来师生们摸索到日机一般在中午前后来袭，学校调整作息时间予以应对。1940年7月，日军攻占安南（今越南），云南变成了前线。西南联大遂创叙永分校以作万一之准备。1940年的新生和先修班在叙永分校上课。叙永与昆明相距遥远，由于交通和通信不发达，出现了许多麻烦。1941年8月底，叙永分校停办，师生迁回昆明。自此，无论战争形势如何险恶，西南联大都未曾迁移。

战争是影响西南联大办学最直接的因素，当然也是西南联大办学的最大背景。西南联大因抗战而诞生，因战局而迁徙，在战争中历尽艰辛、受尽磨难，

---

① 郭建荣．联大往事［M］．昆明：云南教育出版社，2019：15.

② 《国立西南联合大学校歌》歌词。

但弦歌不辍，为国家培养了大批人才。与此同时，西南联大积极抗战，先后有一千多名师生参军作战，有的牺牲在战场。学校还开办军工课程培养军事人才；承担译员训练班的教学和管理工作，为盟军培养翻译人员；与地方合作承担军事工程的设计，参与策划设计公路、铁路等。学校在文艺方面则承担起宣传抗战的义务，创作了大量抗战作品，举办文艺表演，鼓舞部队官兵和普通民众。

1941 年 1 月，皖南事变发生，共产党人遭到打击而撤出学校，国民党从重庆派人进校清查共产党员，进步势力暂时隐退，致使西南联大已经形成的民主自由风气和活泼多彩的校园文化消失，多数文艺团体停止了活动。西南联大进入了低沉期。这种状况持续到 1943 年秋天才得到改变。至 1944 年 5 月 4 日，民主运动走向高潮，学校重新出现生龙活虎的局面。

1945 年 8 月，日本宣布无条件投降。西南联大师生喜不自胜，奔走相告：终于结束了战争，终于有了北归家园的希望!

可是抗战刚结束，内战的乌云又笼罩在中国上空。西南联大师生在昆明掀起了反内战运动。11 月 25 日晚，西南联大、云南大学、中法大学、英语专科学校四所大学联合举行反内战时事晚会。云南省党政军当局派部队开枪威胁，遂引发了昆明市大中学校全面罢课。12 月 1 日，云南省当局企图用武力解决罢课问题，制造了震惊中外的“昆明惨案”。不屈的西南联大和昆明学生坚持斗争，最终取得了胜利。

“反内战要和平，反独裁要民主”发展成全国性的运动，“一二·一”运动是这场运动的中心，西南联大则是运动中心的策源地。抗战胜利后，西南联大是在反内战、争民主的氛围中教书育人的。

1946 年 5 月 4 日，西南联大举行典礼，宣告结业。根据云南省的请求和教育部的安排，西南联大将文学院、法商学院、理学院和工学院回迁京津，将新办的师范学院留在云南，成立国立昆明师范学院。部分教师和师范学院学生留下。

云南的社会情形亦是西南联大办学的重要背景。龙云就任云南省政府主席后，竭力保持云南在政治、经济、军事上的独立。西南联大到来之时，云南基本上处于“半独立”状态。教育的落后是云南经济社会发展的掣肘。一批高校迁来，等于“送教上门”，云南省给予了热烈的欢迎。值得一提的是，云南省为迁滇高校提供了宽松的政治环境。云南省政府不准国民党特务在昆明随便捕人，而昆明的治安由云南的宪警负责，国民党对昆明的进步人士无可奈何。1941 年 1 月，皖南事变后，国民党两次派人来昆明，企图逮捕进步学生，均遭云南省政府拒绝。1942 年 1 月，西南联大学生举行“打倒孔祥熙”的游行，云南省政府未加阻挠。不久，重庆再次派人来昆明追查“倒孔”主谋，云南省政府亦未支持。后来，昆明学生的一系列爱国民主运动，如“五四”活动周、“七七”纪念会、“国是宣言”、反内战游行等都得到了以龙云为首的云南省政府的默许。云南省政府的这些做法引起了蒋介石的深刻不满，他遂下决心解决“龙云问题”。1945 年 10 月 3 日，蒋介石密令杜聿明部队包围“龙公馆”和云南省政府，胁迫龙云离昆。从此，昆明的学生运动和爱国民主活动进入艰难时期，遂有“一二・一”惨案的发生。历史表明，昆明民主运动的形成，爱国热潮的高涨，与龙云及云南省政府提供的宽松政治环境有密切关系，而西南联大则是昆明爱国民主运动的主力军。

由于交通工具紧缺，西南联大办学结束后师生分批乘车离开昆明，1946 年 5 月 4 日第一批一百多名学生启程，7 月 11 日最后一批两百多名学生离开。当晚，云南省警备司令部派特务杀害了民主人士李公朴，四天后的 7 月 15 日，又迫害了闻一多教授。

1946 年 7 月 31 日，西南联大在昆明的工作全部完成，西南联大至此结束。

二、西南联大艺术活动内容

艺术是人类生活的花朵，只要人类在文明的土壤上生活，就会有艺术之花开放。西南联大的艺术活动即是上述办学活动的产物。

1937 年 11 月，西南联大在长沙初创，就形成了浓厚的艺术氛围。尽管才逃离敌占区，尽管旅途的艰险还历历在目，尽管枪声还不绝于耳，师生就开始了文艺活动。只不过，这些文艺活动不是欢快的，而是悲伤的，同时也是反抗的、强劲的。学生组织了临时大学话剧团，演出抗战剧目，参加当地的文艺汇演，到部队去慰劳；抗战歌曲时时回响在校园，学生还曾去部队教唱抗战歌曲；南岳分校学生创办了壁报，张贴了美术作品。

在长沙临时大学西迁途中，“湘黔滇旅行团”的学生唱歌，闻一多先生画素描，旅行团与当地群众联欢，一路皆有艺术活动。5月开学，昆明的学生或组织剧团公演话剧，或参加昆明剧团的演剧活动，推广抗战精神和话剧艺术。蒙自的学生办壁报、创作美术作品、办夜校、教唱抗战歌曲，把抗战歌曲传遍蒙自城的大街小巷。

1938年12月，学生中的戏剧爱好者筹演话剧《祖国》，接着组织了西南联大话剧团。西南联大话剧团的演出可圈可点，曾几次改变了云南艺术史的书写内容。1939年2月《祖国》的演出刷新了云南戏剧演出场次的纪录，《祖国》还被选为代表国家慰问援华抗日华侨的演出剧目，并为南洋华侨机工回国服务团演出。

也是在这个时候，学生组织了群社，开展了绘画、歌咏、演剧等文艺活动，组织文艺队下乡演出，宣传抗日。在群社的推动下，西南联大的文艺活动出现了热潮。

群社的《热风》壁报刊登了多种美术作品，并逐渐形成了以漫画为主的风格。吴晓铃的一组关于恋爱问题的漫画在同学中引起了很大反响，“门神图”的辛辣讽刺则让人感到畅快淋漓。马杏垣的木刻是这一时期的代表作。魏建功的藤印开创了印材的新品种，他义卖藤印则成为历史上的盛举。

群声歌咏队致力于演唱和普及抗战歌曲，把抗战歌曲唱响校园各个角落，唱到昆明大街小巷和郊外农村，活跃了西南联大的生活，宣传普及了抗战意识。

1939年8月，西南联大的教师邀请曹禺来昆明导演他自己的剧本《原野》和《黑字二十八》，是云南戏剧史上空前的盛事。《原野》由西南联大话剧团主演，《黑字二十八》由昆明多个剧团联合演出。《原野》的导演团、舞台监督、舞台美术以及后台服务者多为西南联大师生。演出开创了云南戏剧和《原野》演出的新纪录，在中国戏剧史上具有一定地位。

西南联大歌咏团与群社歌咏队不同，歌咏团显示出向专业社团发展的趋势。虽然歌咏团仍以唱抗战歌曲为主，但加强了演唱的艺术性。1940年7月昆明广播电台试播，即请西南联大歌咏团去电台进行播音演唱。8月正式开播后，西南联大歌咏团举行专场演唱会，首次把中国人民的抗战歌声通过电波传向世界部分地区，之后又多次应邀前往广播电台演唱。9月15日，在云南省合唱音乐会上，西南联大歌咏团再次演唱了《黄河大合唱》全曲。

《国立西南联合大学校歌》是西南联大校方组织创作和演唱的唯一一首歌曲。因此，它的诞生和演唱是西南联大艺术史上的一件大事。在我国高校艺术史上，《国立西南联合大学校歌》也颇负盛名。它的咏唱贯穿了西南联大办学的全过程，是西南联大最为普及、咏唱最多的一首歌曲。从内在的思想艺术到外在的创作咏唱，《国立西南联合大学校歌》都可以称为“西南联大第一首歌”。

1940 年 9 月，戏剧研究社的《阿 Q 正传》再次把西南联大戏剧推向高潮。此剧组织了西南联大最大的演出及服务队伍，再次刷新了昆明戏剧单部剧作演出场次的纪录。

西南合唱团是以昆明的西南联大校友为主体组成的一个合唱团。1940 年，已有一些西南联大学生参加，1941 年以后，合唱团几乎都是西南联大的学生了。西南合唱团以唱艺术歌曲为主，《蓝色多瑙河》《胜利进行曲》《老黑奴》《故乡的老亲人》等是常唱的曲子。合唱团曾多次应邀到昆明广播电台播音演唱。尤其值得记载的是 1940 年深冬举行的专场音乐会，合唱团演唱亨德尔的清唱剧《弥赛亚》。在当时的大后方，西南合唱团是唯一一个能够演唱《弥赛亚》全曲的合唱团。可以说，西南合唱团是当时昆明和大后方最优秀的合唱团之一。

1941 年皖南事变发生后，西南联大文艺活动除戏剧外，音乐、美术等皆已停止。许多同学参加了校外的音乐活动，而戏剧公演本来就是在社会上进行的。从这个意义上说，这时西南联大文艺活动的特点便是谋求向外发展。

1941 年 7 月，联大剧团演出《玩偶家庭》，孙毓棠、凤子夫妇再次联袂参加，让因内部分化而衰落的联大剧团得以重振。这也是凤子最后一次在昆明的戏剧演出。

同年 8 月，国民剧社演出的陈铨的代表作《野玫瑰》，是继《祖国》之后又一部纯粹的“西南联大牌”演出，从剧本、导演、舞台监督、舞台美术、演员到幕后工作人员，全都来自西南联大。这是《野玫瑰》的首次演出，又一次增添了戏剧史的内容。1942 年 6 月，《野玫瑰》再次由青年剧社演出。

1943 年 10 月，山海云剧社在昆明演出曹禺新改编的《家》，邀请曹禺的学生范启新担任导演。该剧演出全剧需五个小时，是真正的大戏。这是《家》在昆明的首次演出。演员高超的演技征服了全场观众，引得市民争相观看，演出只好一续再续。《家》的演出场次仅次于联大剧团的《原野》和戏剧研究社的《阿Q正传》，这三部剧并列为西南联大戏剧的“三大演出”。

高声唱歌咏队于1944年秋开始活动，1945年春成立。歌咏队倾向于咏唱艺术性歌曲，常唱《静静的顿河》《我流浪遍了四方》《哥萨克之歌》《红河波浪》《都达尔和玛丽亚》《幽静的岸滩》《我所爱的大中华》等，还和昆明的其他合唱团同台演唱过《黄河大合唱》。反内战运动中，高声唱歌咏队以勇敢的姿态投入了战斗，到街头演唱宣传，创作歌曲。严宝瑜的《送葬歌》唱出了大家心里的悲伤，成为西南联大的歌曲中咏唱人数较多、影响较大的一首，是“西南联大第二首歌”。

高声唱歌咏队和西南联大学生的咏唱把《茶馆小调》传遍了昆明，大后方一些地区将之带到了北方，这对《茶馆小调》的传唱起了推广作用，使之成为当时的流行歌曲。

1944年4月，阳光美术社创办壁报《阳光》画刊，发表漫画作品，《登龙有术》在师生心里产生了巨大的冲击波，给许多师生留下了难以磨灭的印象。

于1944年秋开始活动的剧艺社，次年秋演出《风雪夜归人》获得好评，遂确立了演出艺术性戏剧的发展方向。罢课开始后，剧艺社不得不改变方向投入斗争，创作并演出反内战戏剧。《凯旋》和《潘琰传》是其代表。《凯旋》成为中国反内战戏剧中演出场次最多、影响最广泛的剧作，被论者与《放下你的鞭子》相提并论。“一二·一”运动结束后，剧艺社回归艺术方向，演出的《芳草天涯》获得高度赞誉。可惜这时西南联大已进入历史的尾声，剧艺社不能继续在昆明演出了。

西南联大以校歌的组歌演唱结束了九年的办学历史，这歌声久久回荡在西南联大师生的记忆中。《国立西南联合大学校歌》传唱了几十年，至今校友们还常在各种聚会时唱起。

西南联大在昆明的工作至1946年7月底全部结束。在西南联大宣告结束后，由西南联大组织的彝族歌舞演出再一次轰动春城，引起了云南文艺界的广泛关注和热烈讨论，开创了我国民族民间原生态歌舞的演出历史。

三、西南联大艺术发展的时期划分

以上梳理了西南联大的艺术发展历程，下面将对西南联大艺术历程进行一个大致的时期划分。

《国立西南联合大学校史》把西南联大九年的历史分为五个时期：长沙临时大学时期（1937 年 8 月至 1938 年 2 月），皖南事变之前（1938 年 2 月至 1941 年 1 月），皖南事变之后（1941 年 1 月至 1944 年 5 月），爱国民主运动高潮期（1944 年 5 月至 1945 年 8 月），反内战时期（1945 年 8 月至 1946 年 7 月）。这种分期的主要依据是政治事件。的确，政治对西南联大的影响是巨大的，它几乎决定着西南联大的命运。但文学艺术不等同于政治，它有其自身的规律。文艺与政治有关，似乎又与政治局势的起伏变化不完全吻合。①

根据西南联大文艺的活动及其发展变化情况，可以把西南联大艺术活动的历史分为三个时期：前期，艺术的高昂期（1937 年秋至 1941 年春）；中期，艺术的深沉期（1941 年春至 1943 年秋）；后期，艺术的突变期（1943 年秋至 1946 年夏）。分期理由如下：

长沙临时大学虽然上课只有三个多月，但它确实是西南联大办学的一个阶段。其存在的时间、地点与名称与西南联大不同，教学的条件、课程的设置、学校的工作以及学生的活动内容等也与西南联大不同，将其作为一个独立阶段没有问题。但是，其存在时间太短，若独立出来，与西南联大九年历史的其他分期时间长度不平衡，更为主要的是长沙临时大学无论是存在时间、制度建设、教学内容还是思想学风等方面都没有形成自己的特征。以本题所研究的艺术活动而言，长沙临时大学已经开始了戏剧、歌咏、美术等活动，但成绩并不突出，留下的资料相当有限，若将其独立出来书写，无论内容还是篇幅都与后来各时期很不相称。也就是说，将长沙临时大学的艺术活动划分为一个单独的时期，无论是在内容的详尽性还是对时期的准确划分上，都是不恰当的。再从历史的发展来看，长沙临时大学有如西南联大的准备期，在艺术活动上则相当于一个排练期。长沙临时大学的艺术活动中宣传抗战的内容和朝气蓬勃的精神被学生带到了昆明，在西南联大发扬光大。例如，临时

---

① 李光荣，宣淑君．季节燃起的花朵：西南联大文学社团研究［M］．北京：中华书局，2011：2.

大学剧团演出的“好一计(记)鞭子”(《三江好》《最后一计》《放下你的鞭子》)和《前夜》由学生带到昆明继续演出;《义勇军进行曲》《牺牲已到最后关头》《打回老家去》等歌曲学生一路唱到云南，又在昆明和蒙自继续演唱。就是说，在艺术上，长沙临时大学与西南联大初期的关系是连续的。基于这个原因，本书不把长沙临时大学的艺术单独划分为一个时期。

1941年1月的皖南事变确实是西南联大生活面貌的一个分水岭。虽然皖南事变是一起政治事件，而且发生地远离昆明，但对西南联大的生活与作风产生了巨大影响，使其前后呈现出不同的面貌。皖南事变之前，西南联大师生精神昂扬、意气风发、轻松活泼；皖南事变之后，师生走向沉稳、平静、冷寂。尽管学校的管理、教学、环境、设施等照旧，但师生的精神面貌、生活作风、文艺活动和以前大不一样了。皖南事变之前，校园里到处飘荡着歌声，演讲会、辩论会、读书会、朗诵会等每周都有，几十种壁报贴满墙头，琳琅满目，思想、观点以及形式多种多样，只要走进校园，便会感到新鲜，受到鼓舞，活力倍增。这之后，一切都消失了。从长沙到昆明，西南联大形成了浓厚的民主、自由的学术风气，皖南事变后，这种风气失去了表现的方式。

文艺是注重表达的，它依据形式而存在，如果失去了形式，文艺也就不复存在。皖南事变后的西南联大校园，丧失了文艺的生存条件，师生不得不开辟别的道路，其结果是到社会上去寻找生存空间，从而形成了向外发展的特征。皖南事变前，西南联大的戏剧、音乐、美术、文学均在校园里开展活动，皖南事变后，除戏剧外全部停止了校内活动而走向校外。

西南联大的戏剧团体具有很强的艺术实力，其自然会要求在较大的空间内演出节目，因此，这些戏剧团体一开始就在公众舞台上演出。这样，皖南事变虽然迫使戏剧研究社解散，使联大剧团的实力略有削弱，但对西南联大戏剧的整体活动没有造成太大影响。音乐爱好者则参加了昆明市的歌咏团体，去校外练歌。美术活动几乎停止，在校园内外均没有太多的表现。文学爱好者在校外办刊物。校园里只剩下一般的教学和学术讲座了。

由于皖南事变前后西南联大的风气与艺术的生存环境不同，艺术的思想倾向也有所不同，本文把皖南事变作为一个节点，划分西南联大艺术的时期。但它仅仅是一个分期的标志，与西南联大艺术的内容与形式没有直接关系。正如道路旁的一块路牌，路牌本身与道路的长短好坏没有关系。这里虽然使用了政治事件作为分界线，但不是将政治事件作为分界的标准。

西南联大的冷寂沉闷气氛一直持续到 1943 年秋。暑假中，闻一多为编选《现代诗钞》，读到了田间、艾青等解放区诗人的作品并深受震动。开学后，闻一多在课堂上介绍田间的诗，称它为“鼓的声音”。[①] 闻一多充满诗情的讲解，点燃了青年学生的热情，促使他们寻找感情的喷发点与喷发形式。也是在这时，几个痴情于文学的学生张挂出一份壁报《耕耘》，另外几个耐不住寂寞的学生受到启发，也贴出一份壁报《文艺》。由于两份壁报所秉持的文艺观不同，两批学生遂发生了争论。争论引起了同学们的兴趣，激发了大家的热情。闻一多以及《耕耘》《文艺》壁报唤醒了西南联大师生沉睡的热情，大家酝酿着新的喷发方式。终于，到了 1944 年 4 月，新诗社诞生，《诗与画》壁报创刊，师生的热情汇成了民主运动的潮流。由于戏剧与音乐爱好者一直在校外活动，因此可以把《诗与画》视为后期艺术开始活跃于校园的标志。《诗与画》壁报诗画同刊，图文并茂，随后，“画”独立出来，成为《阳光》画刊，专门刊登美术作品。虽然《诗与画》的创刊时间晚于 1943 年，但我们应看到，新诗社的最初发起人何达，既是闻一多“田间课”的听者及写文章介绍该课者，又是《文艺》壁报的负责人之一，正是他发起组织了新诗社，策划了《诗与画》和《阳光》画刊；而讲“田间课”的闻一多先生，既是新诗社的导师，也是阳光美术社的导师。由于闻一多和何达的作用，西南联大美术以及艺术活动进入活跃的后期的启动时间较早，应该在 1943 年秋天。基于此，本书把西南联大后期艺术活动的起点放在 1943 年秋。

在西南联大的历史上，“一二·一”运动犹如一颗硕大的钉子，阻碍了西南联大的发展，描述西南联大史，都无法绕开“一二·一”运动。在“一二·一”运动期间，西南联大中止了所有工作，全校师生无一例外地关注着这场运动。因此，西南联大后期的艺术社团，如剧艺社、高声唱歌咏队、阳光美术社等都改变了自己的发展方向，中止了自己的工作和活动计划，全力投入“一二·一”运动。虽然戏剧、音乐、美术活动都在斗争中放射出卓越的光芒，但变成了“斗

---

① 何达. 闻一多·新诗社·西南联大［J］. 北京文艺，1980（7）：53.

争的艺术”而弱化了纯艺术的色彩。运动结束后，各社团又回到原先的艺术道路上。“一二·一”运动在西南联大的历程上如此突兀而不协调，能不能舍弃不论述呢？不能。因为其事件重大、地位突出，不能忽略。能不能将其独立为一个时期来论述呢？也不能。因为它游离于西南联大的历史进程，与西南联大的办学活动无法相融，不属于办学内容。“一二·一”运动在西南联大历史上都不能独立，那么，在论述西南联大的艺术活动以及艺术社团的时候更不能将它独立了。基于这种认识，本书在论述西南联大后期艺术历程及各个艺术社团的时候，肯定要谈到“一二·一”运动，但不能将其独立出来单独论述。

四、西南联大艺术的总体特点

西南联大艺术总的特点是现实性和艺术性。

现实性是西南联大艺术最为鲜明的特点。

首先，西南联大的艺术是在现实生活中产生的，与那种坐在书斋中的研究和创作大不相同。

例如，因湘黔滇步行迁徙而产生的闻一多的沿途写生画。连闻一多本人也没有想到，自己会重新拾起放下了十多年的画笔。出于对祖国壮美河山的热爱，也由于这样的旅行机会难得，闻一多援笔作画，遂至画兴大发，不顾旅途的劳顿，放弃了休息和谈天的时间，一路走一路画，创作了一组稀世素描珍品。假若没有西南联大的迁徙和湘黔滇旅行，便不会有闻一多的素描写生画。

又例如，为“四烈士”（于再、潘琰、李鲁连、张华昌）出殡的需要所作的《送葬歌》。昆明市学联与云南省政府代表经过多次谈判，才争取到为“四烈士”出殡游行的结果。云南省政府害怕学生把游行变成大张旗鼓的宣传行动，提出了不准呼口号、贴标语、发传单的限制。但他们没有想到，除这些方式之外还有其他的宣传方式能够利用。昆明市学联及“一二·一”殉难烈士治丧委员会提出，请高声唱歌咏队找一首歌来练习，教同学们唱，届时在送葬队伍中唱。可是，就他们所知，古今中外没有一首适合为同学出殡而唱的歌。这一现实的需要迫使高声唱歌咏队考虑自行创作一首歌。于是严宝瑜在极度悲愤中创作了《送葬歌》。假若没有“四烈士”出殡的需要，就不会有《送葬歌》的诞生。

而离开了特殊的现实生活环境，即使是同一个作者，也找不到相同的感觉，也写不出彼时彼景中的作品来。为纪念死难的同学，郭良夫决心写一点东西，于是他收集各种资料，创作出了三幕剧《潘琰传》[①]。剧本写成后，剧艺社即行演出，感动了全体观众。在演出过程中，作者发现了一些问题，需要再进行提炼。因此在发表时，该剧仅刊登了第一幕和第二幕，第三幕要等作者修改后再刊登。但西南联大随即结束，刊物也停止了。师生北返，却没想到第三幕的稿子在迁徙途中丢失了，郭良夫决心将它补写出来。为此，他再行收集资料，还去潘琰的家乡徐州访问调查。可以说，作者这时掌握的材料比初创时更丰富，认识比原先更深刻了。可是，他却怎么也找不回先前的感觉，激不起创作的冲动，无法补写出来，最终该作成了残本。可见，西南联大的艺术作品是现实环境的产物，是实际生活催生出的花朵。

其次，西南联大的艺术是为现实生活服务的，与那些为创作而创作的作品大不相同。

魏建功素来喜爱篆刻艺术，他在蒙自和昆明治印时开创了一件稀有印材——藤印，为印坛所未闻。他义卖藤印一百余方，将所得款项全数捐献给抗日部队。闻一多治印的动因则是为生活所迫，靠刻印所得弥补家庭生活的不足，让全家人渡过了食不果腹的难关。

从长沙到昆明，西南联大所唱的歌曲大多数是属于抗战一类的。抗战是当时最大的现实，最切实的生活。高声歌咏队的最大功绩是普及抗日歌曲。他们不仅在校园里唱，让多数同学都学会唱，还下乡去唱，鼓舞群众的抗敌士气。高声唱歌咏队所唱的歌曲，在抗战时期是抗日歌曲，抗战胜利后是艺术歌曲，“一二·一”运动中是反内战的民主歌曲，有很明显的变化。

戏剧的演出最能表明艺术为现实生活服务的事实。联大剧团演出《祖国》是“为前线将士募鞋袜”，演出《夜未央》是“为筹募劳军礼金”，演出《玩偶家庭》是为“战时公债劝募总队西南联大劝募分队公演”，演出《塞上风云》是“为募集前线将士医药公演”。戏剧研究社演出《阿Q正传》是为“昆明学生救济

① 《潘琰传》又名《民主使徒》。闻一多曾篆书剧名“民主使徒”。

委员会募集西南联大贫寒学生基金”。国民剧社演出《野玫瑰》是“劝募战时公债”。山海云剧社演出《北京人》是为“募集前方将士医药”，演出《家》是“为本市中国建设中学筹募基金”，举办“彝族音乐舞踊会”更是出于对民族同胞的爱，为了宣传少数民族文化，促进民族大团结。

这些演出因为服务于现实生活，大多切合实际，因而受到大众的欢迎。如闻一多赋予《原野》新的意义，认为剧中“蕴涵着莽苍浑厚的诗情，原始人爱欲仇恨与生命中有一种单纯真挚的如泰山如洪流所撼不动的力量”，并说“这种力量对于当今萎靡的中国人恐怕是最需要的吧！”[①]这真是慧眼独到的阐释。

西南联大艺术与现实性紧密相连的特点是其艺术性。

艺术作品必然具备艺术性，这是天经地义的。但在某些特殊的时候，艺术却会丧失其艺术性，变成一般的宣传品。这在抗战时期是突出的。因此抗战初期才会有一场关于艺术与宣传的争论。当时许多人认为，大敌当前，抗战是第一要务，可以牺牲艺术去进行抗战宣传。从政治的角度说，这种观点无疑是对的。但没有艺术性的东西，能够称为艺术吗？另一种观点认为，艺术必须坚守艺术性，追求阳春白雪，不考虑接受者的文化程度和所喜爱的形式，只要成果具有艺术性就能传之久远，而且艺术性越高越好。从艺术的角度说，这种观点也是对的。但象牙塔里的艺术，大多不能为大众所接受，难以起到宣传抗战的作用。如何把宣传与艺术恰当地处理好，使作品既是艺术品，又能为人所接受呢？这一问题在抗战时期的文艺界实际上并没有处理好，或俯就了宣传而损害了艺术，或坚持了艺术而放弃了宣传，能够把两者很好地结合起来的艺术品并不多。而在西南联大的艺术实践中，这一矛盾似乎并不突出。

在闻一多的心目中，艺术与宣传的关系是很清楚的。1939 年 2 月，正当艺术与宣传在文艺界讨论得热烈的时候，他写了《宣传与艺术》一文阐述自己的观点。他指出：“抗战以来我们宣传的工作实在难令人满意……其原因则在做宣传工作的人热情有余，技巧不足。”[②]他说：“我所谓的宣传，在文字方面是

---

① 闻一多为《原野》演出所写的《说明书》，转引自李乔《看了〈原野〉以后》，《云南日报》，1939 年 8 月 23 日。

② 闻一多．中国人的骨气［M］．北京：中国工人出版社，2013：80.

态度光明而诚恳的文艺作品，在形式上它甚至可以与抗战无大关系，但实际能激发我们敌忾同仇的情绪，它的手段不是说服而是感动，是燃烧！它必须是一件艺术作品。”宣传与文艺的关系在这里阐述得再清楚不过了。闻一多根据当时我国识字率低的现实，在文中提出：“在我们特殊情况之下，文字宣传究不如那‘不落言诠’的音乐图画戏剧等来得有效。”[①]这篇文章写于《原野》策划之前，《祖国》演出之时，由此我们能够理解闻一多参与策划《原野》演出的原因，能够理解闻一多在抗战时期及其之后从事文艺活动的思想根源。闻一多的文艺观在西南联大是极具影响的。除了自己的文艺实践外，闻一多还指导了多个文艺社团的活动。他是南湖诗社、联大剧团、冬青文艺社、新诗社、阳光美术社、剧艺社的导师，说他引导了西南联大文艺的方向并非夸大其词。在闻一多的思想和实践影响以及具体指导下，西南联大的艺术活动兼具艺术性和宣传性。

对于艺术作品艺术性的坚持，在西南联大有两种表现：一种是在现实性较强的作品中贯穿强烈的艺术性。《国立西南联合大学校歌》是一个典型的例子。校歌歌词叙写西南联大在战火中劳苦迁徙为国育才的历史，期望学子们修成人杰以中兴国家。歌词上阕叙述迁徙流离的辛酸和最终安定的欢愉，下阕表达报国雪耻的壮志和抗战必胜的信心。其思想内容表达了当时西南联大师生共同的愿望，传达了师生的心声，每次唱起都会激起大家的强烈共鸣。而在艺术性上，长调词牌“满江红”的选取，填词的工整，借代、比喻、典故等的恰当运用，字词的精练，上下两阕在结构上的均衡统一，感情表达的适度等都是其所长。曲谱又能恰当地与词意配合，把上阕的悲愤和下阕的雄壮充分表达了出来。

另一种是在与现实不够紧密的作品中突出艺术性。抗战期间，在西南联大各戏剧团体演出的剧目中，有一些是与现实生活关系不十分密切，或者说是与抗战关系不够紧密的，如《原野》《雷雨》《玩偶家庭》《权与死》《阿 Q 正传》《北京人》《家》《风雪夜归人》等，可这些剧目的演出都有较高的上座率，得到观众的赞誉，有的还创造了历史纪录，这是为什么？因为剧本是艺术的。艺术的

---

① 闻一多．中国人的骨气［M］．北京：中国工人出版社，2013：81.

剧本奠定了演出的精彩，使得演出能够吸引观众，得到艺术家的好评。再说，人们在战斗中也需要休息、娱乐，以补充力量，这些演出适应了这种需要。

现实性和艺术性可以说是西南联大艺术能够感动人、产生巨大影响、获得生命力、具有独特历史地位的原因。

作者简介：

李光荣，云南师范大学特聘教授，西南民族大学教授，中国现代文学研究会理事。研究方向为中国现代文学及国立西南联合大学。

抗战救亡电影中女性角色的“符号”功能及意义

程亚丽

[摘　要] 电影作为“社会存在”的一种表现形式，其题材与主题的选择与戏剧等同，皆与时代精神主脉同步。抗战救亡主题电影中通常承担战争受难者与救亡“参与者”两种角色功能的女性角色，其实是民族国家话语的宣谕“符号”，传达着反抗侵略、民族觉醒的时代主流价值，也是抗战文化致力于理想女性建构的影像体现与反映。

[关键词] 抗战电影；女性符号；民族国家话语

[基金项目] 本文系2012年国家社科基金一般项目“抗战时期女性文学叙事研究”（批准号：12BZW100）的阶段性成果。

电影作为“社会存在”的一种表现形式，其题材与主题的选择与戏剧等同，皆与时代精神主脉同步。九一八事变爆发后，国土沦丧迅速激发起了文艺界的抗战热情，作为艺术新兴媒介的电影也由一种流行文化商品迅速转化为传播抗战精神、激励民族共同体意识的宣传“利器”，在全民抗战的历史洪流中发挥了独特的宣传作用。值得留意的是，在抗战救亡主题电影中，女性角色具有特殊符号意义，这些电影中的女性多以女战士或以群众——“女同胞”角色的出现，通常承担战争受难者与救亡“参与者”两种角色功能，并作为民族国家话语的宣谕“符号”，传达反抗侵略、民族觉醒的时代主流价值，也是抗战文化致力于女性建构的影像体现与反映。

一、民族国家的性别象喻：反日救亡电影中女性角色符号价值

20世纪30年代前期是左翼电影的“天下”，尤其是在“国防文学”口号提出后，“国防电影”反映了民族国家的大时代，在国民党当局文化统制环境下仍有一批电影聚焦民族救亡的文艺题材与主题，“采用隐晦曲折的象征方法表达民族感情”[①]，生动演绎了七七事变全面抗战之前大时代下的社会风潮。值得重视的是女性角色

① 陆弘石．中国电影史 1905–1949：早期中国电影的叙述与记忆［M］．北京：文化艺术出版社，2005：95.

在这类反日救亡电影中担当的为民族国家意识形态代言的“符号”象征功能。

由孙瑜编导、著名影星阮玲玉主演的《小玩意》(1933年)，将九一八事变和一·二八事变都纳于时代风云之下，借助一个底层妇女的苦难遭遇，对民族国家话语作了形象叙述与生动表现。电影中的叶大嫂一家，靠制售小玩具为生，本是幸福平静的一家人，“被战争毁坏之前的故乡曾经是祥和安逸的乐园”[①]。但叶大嫂的丈夫却在外出做生意时中暑死在街上，小儿子也被坏人拐走，一场军阀混战又烧光了家产，沦为难民的叶大嫂只好携女珠儿一路流浪逃难到了上海棚户区，与漂亮、心灵手巧的女儿一起制作玩具为生，母女相依为命。但一·二八事变让平静的村镇变成了战场，十九路军在日军的炮火压制下苦苦支撑，青年们纷纷支持，跟着加入战斗的珠儿却在一个晚上不幸死于日军的炮火，这让叶大嫂陷入孤苦无告的境地，她将自己对日本人的仇恨倾注在她制作的玩具里。一天，她在售卖自己制作的“十九路军打日本”的玩具时碰巧与失散的儿子遭遇，但可惜未能认出对方。恍惚间一阵爆竹声让她以为战争又爆发了，她圆睁双目在街头向人疾呼：“敌人杀来了！大家一齐杀出去呀！救你的国！救你的家！”“中国要亡了……快救救中国！”结果被闻声而来的巡捕当作疯子给抓走了。影片在揭露二三十年代黑暗社会现实的同时，也表达了九一八事变后民间浓厚的国家意识。虽然国民党上层意图封杀文艺界的一切反日倾向，但这一电影作品塑造了具有爱国情怀的底层母亲的感人形象，“通过对那些把抗日理想寄托在抗日武器中的妇孺的描写”[②]，表达了来自民间的抗日救国的强烈呼声，积极配合了当时进步文艺界一致对外的民族国家话语宣传。

费穆编导的《春闺梦断》则明显采用了女性隐喻的方式来表现爱国救亡的时代主题。影片以两个年轻女人的三个梦境构织而成。梦境一，她们梦见战场上的一个士兵，吹着凄凉的军号，另一个士兵从军大衣内取出保存完好的一片秋海棠叶子，对叶若有所思。梦境二，她们梦见一个恶魔不仅焚烧了地球仪，还将海棠叶子投入了熊熊燃烧的烈火。梦境三，两个女性在极力躲避恶魔的欺

---

① 佐藤忠男.中国电影百年[M].钱杭，译.上海：上海书店出版社，2005：14.
② 佐藤忠男.中国电影百年[M].钱杭，译.上海：上海书店出版社，2005：16.

凌，避无可避后，便将压在心头的怒火转化为斗争的力量，她们手持刀枪，与敌以命相搏，最终消灭了恶魔。影片寓意其实十分明显：“恶魔”无疑象征着觊觎中国领土的日本侵略者，“秋海棠叶子”是中国地图的象喻，代表着被日本帝国主义蚕食的“中国主权”，做着噩梦的“女人”则喻指被战争荼毒、处于水深火热中的全国民众。在噩梦情境中，两个女人被恶魔百般凌辱，但“士兵”却似乎无力保卫国土和女人。女人，也就是民众，只有奋起自救，拿起武器，才能保家卫国。所以，女性身体的被辱与遭受蹂躏的广大国土在影片中构成一对意义互文的象喻，影片借影像性别化修辞表达了深刻的民族国家意识。

1932 年田汉编导的《三个摩登女性》，以一·二八淞沪抗战为背景，通过两个从东北流亡到上海的青年的爱情和人生选择，寄寓了对时代环境与个人命运关系的现实思考，提出在国破家亡、民族危难的历史关头，每一个青年人都应该积极振作起来，参与到爱国救亡的时代洪流中来。影片采用“三角恋爱”的故事模式，借东北流亡青年张榆和周淑贞之间的爱情波折，肯定周淑贞独立女性的美好品质，通过她自食其力，参加救护，参与救亡工作的积极表现，借张榆之口点明了电影的主旨：这才是时代需要的“摩登女性”。而在她的影响下，曾经彷徨于前路的张榆也终于从沉沦、迷茫的精神状态走出，他坚定了自己的情感，明确了努力的方向，与周淑贞一起投身前线参加救亡工作，这种精神转变过程具有明显的时代引领意义。电影其实是以大学生张榆为中心，诠释了青年知识分子的时代选择，包括周淑贞在内的三个女性角色，正代表着都市社会三种普遍的女性类型，电影批判了追求资产阶级腐朽生活的虞玉，也否定了沉溺于小资产阶级伤感和绝望情绪的陈若英，对所谓“摩登女性”身上的堕落腐朽气息和空虚绝望的精神状态进行了深刻的批判；而对积极投身于劳动大众、努力为工人阶级争取生存和自由斗争的周淑贞，电影则肯定和歌颂了她自食其力积极向上的精神追求。显然，电影赋予周淑贞形象以新的时代内涵，重新定义了新女性在民族国家的社会责任，并由其承担了男性的拯救者、引路人的时代角色，这是由 20 世纪 30 年代初那种特定的时代环境所决定的，符合主流文化对理想女性的社会期待，该电影对当时的青年知识分子的精神建构产生了重要影响。

二、女性受难：战时电影民族国家意识宣谕的模式

七七事变后，表达反日救亡主题的左翼“国防电影”将阵地转移到战时大后方，主要分布在武汉、成都、重庆这几个大城市，在这里“生产”的战时电影继续进行民族国家话语的声画宣谕。抗战的全面到来，使“大轰炸”下的重庆“生产”的战时电影更加着眼于动员民众，更加聚焦于抗战这一时代的重大主题，更加以民族国家利益为诉求，也让大后方电影成为中国最前锋的反侵略武器。如狄遒在探讨时代对于小说的要求时所称：“抗战使中国的新文学变了质，像脱下华服的青年踏上了征程，文学在中国就成为‘反侵略的’一种武器而存在着了。这现象在文学即现实之反映的解释下，并不值得惊奇的，而在现实变化的时候，反映现实变化的文学，也必然要变化。”[①] 而为了“抗战胜利”这一民族国家的最大目标，战时电影，同样要适应正在变化的严峻现实，让女性作为民族国家符号的功能在电影中得到进一步的演绎、铺衍。

让女性受难代表民族国家的现实境遇，以此召唤更多人进行抗战，成为战时电影女性表现的共同思维模式。史东山编导，舒绣文、魏鹤龄主演的《保卫我们的土地》（1938 年）是全面抗战爆发后第一部表现抗战题材的电影。它讲述了九一八事变时，被日本人毁了家的青年刘山带着一家老小到处逃难的故事。影片开篇就穿插了一组纪录片镜头，展示侵略者在中国大地上到处烧杀奸淫的情景。在日军铁蹄下辗转、呻吟、挣扎的女性成为民族受难与屈辱的象征，适时地配合了当时的抗战宣传，取得很好的社会效果。陈波儿主演的电影《伤兵曲》（1942 年）[②] 用大量的篇幅表现日军在后方对我民众的暴行：山西某地一乡镇，“丰收的时节，天高气爽的秋天”，老百姓安宁、美好的乡村生活一下子被日本侵略者的铁蹄给碾碎了。日军刺刀、枪口下的倒马镇陷入灾难，日本士兵烧杀抢掠，残害妇女，“多少大闺女和娘儿们在敌人刺刀枪口包围中被拖出镇外”，留下的是“凄惨欲绝的声音”和“堆着的血淋淋的尸体”。侥幸活下来的慧宝被戏班里的金大叔救了，哭喊着“妈，你在哪儿”，悲切地在尸体堆里寻找着自己的母亲。女性的受难激发了男子血性，电影随后转入抗争这一环节：

---

① 黄俊英 . 小说研究史料选［M］. 成都：四川教育出版社，1988 ：15.

② 参见陈波儿《伤兵曲》，连载于《创作月刊（桂林）》1942 年 1 卷的第 2、3、4、5 期。

几个人商量着是否“参加队伍去”。金大叔鼓励大家：“好伙伴！你们不用胆小，你们瞧，前面那一片鲜血还没有干，这是什么血？这都是我们兄弟的血！中国人的血！我们跟前就有这样一个苦命根儿，他的妈不是给敌人拖去了吗？现在他的妈在受着侮辱，受着痛苦！胆小的家伙！你们没有妈吗？没有老婆吗？你们敢担保自己的妈、自己的老婆，能不受敌人的奸淫、掳掠？”但唐管山却声称家里有老婆要养，要干别人去干。电影片尾伴随着慧宝“嘴里凄苦地向原野喊：‘妈！你回来呀！妈……’”的哭声，五个患难的兄弟，除了唐管山，其余四人踏上了抗战道路。

战时电影也赋予了女性保卫民族大义、砥砺抗战的符号工具的意义。在民族主义意识为主导的电影叙事中，以家园生活为本位的女性，一旦沦为侵略者性暴力下的受害者，无论是传统文化还是民族对立的现实，都让受辱女性背负着深深的耻辱，因此，面对“兽兵”，妇女以死维护清白或者与敌偕亡往往是电影的“规定情景”。田汉任编剧的《胜利进行曲》（1940 年）以长沙保卫战为背景，全面表现长沙军民共同御敌，誓死不屈的情景。“本事”中当“敌侵沙田乡，毒肆淫掠”之时，“农妇王氏，为敌所追，将施非礼。妇骇甚，乃佯指一舍，请为前导，迨过池塘，突反身推敌，同溺于池”①。面对敌军的侵犯，王妇选择与敌人同归于尽，以此保全自身的贞节。电影在表现“义民”同仇敌忾、“临难不苟，威武不屈”的同时，也通过妇女的抵抗，彰显了女性以“身”报国的行为。对女性而言，确保身体不被侵害即是对国家的忠诚、对民族气节的捍卫，“如何在自己本位上努力”，“反对敌寇奸淫，宁死不屈，誓死保持民族气节、妇女贞操”②，这是战时漫浸的民族主义意识形态对妇女的统摄与要求。

阳翰笙编剧、岳枫导演的《逃亡》将剧情置于九一八事变背景下，充分再现东北难民的悲惨境遇与奋起反抗。主人公黄少英、黄少云兄妹，以及黄少英的恋人吴三妹，他们本来在美好的乡土中幸福生活，两家人其乐融融，青年男女之间情感甚笃。但战争的到来打碎了一切，两个家庭离散，亲人遭难。而黄少云、吴三妹两个年轻姑娘在逃难过程中先后遭遇坏人，吴三妹被觊觎其美色

---

① 张骏祥．中国抗日战争时期大后方文学书系：第 8 编 电影［M］．重庆：重庆出版社，1989：43.

② 中华全国妇女联合会妇女运动史研究室．中国妇女运动历史资料：1937—1945［M］．北京：中国妇女出版社，1991：788.

的富豪子弟董斌所掳，黄少云也在路上被不怀好意的店铺掌柜赵二所欺。黄少英辗转寻找，救下了妹妹。但来到天津后，黄少云很快又被恶少董斌掳去。董斌欲行不轨之事，已经屈从成为董家少奶奶的吴三妹从旁阻止，加上黄少云自己拼死抵抗，才暂时免遭毒手。董氏父子以慈善家名义大发国难财，为难民所识破。当黄少英听到妹妹呼救寻到董家并在难民的帮助下救下妹妹后，发现吴三妹已自杀于血泊之中。在"中年人"的指点下，难民们决定投身抗日。可以说，在不少抗战电影中，女性的角色意义都格外突出其弱者身份，她们被欺辱、被奸淫、被夺去生命。挣扎于死亡线上的女性难民，被借用来指控战争的罪恶，控诉日军侵略给平民个人带来的灾难。

三、女战士：大后方电影中的"危机女性"

虽然战时电影充分构建了战争背景下女性受难者的角色符号，表达了抗日救亡的时代"共名"，但事实上，女性并不只是战争中的弱者、受难者，她们也是抗战中保家卫国、有所担当的"女战士"。澳大利亚女学者李木兰提出"危机女性"的概念，指出中国有长期的"危机女性"的历史，战争使女性被国家赋予比和平时代更大的角色责任，然而妇女在家中作为"贤妻良母"的角色同她们作为"忠勇战斗女儿"代表国家和民族采取极端公开行动的战士角色形成明显的对照。[①] 抗战时期主流文化合理建构了符合公众期待的理想女性，"危机女性"显然与男性共同承担起了抗战中的战斗者、参与者、支持者的角色，抗战电影更多借这类女战士角色诠释了女性与家国的密切关系。

"战士"本是传统社会的男性化身份符号，但在一些电影中，女主人公并非只有完全弃绝个人的性别身份才能成为战士。战时体制下，抗战电影赋予了传统社会中一向作为男性附属的女性以巨大的主体性。1938 年，欧阳予倩在香港创作了《木兰从军》电影剧本，表现了花木兰智勇双全、代父从军的女英雄形象。作为战时"孤岛"电影，该片体现了借古喻今的创作用意，把"木兰从军"作为一种传达抗战意义的"性别符号"，以实现激发民气、进行抗战动员的意义。与此同时，在战时大后方也出现了不少表现与歌颂花木兰式抗战"女英雄"的

---

① 王政，陈雁 . 百年中国女权思潮研究［M］. 上海：复旦大学出版社，2005 ：222.

电影，如《青年中国》《中华儿女》《八百壮士》都将电影叙事聚焦于亲历战斗的女兵。《青年中国》中，以女兵身份出现的女主人公沈晓霞凭借其性别优势，获得农妇李母信任并得知村民的隐藏地点；《中华儿女》中，入伍不久的女队员主动请缨乔装参与破坏敌方重要交通线；《八百壮士》中，四行仓库战斗的危急关头，“难民代替了受伤的士兵作战”，女难民则“包扎伤兵创口，抬伤兵”，妇女捐出自己的首饰支援八百壮士，更有女童子军杨惠敏冒着炮火，勇敢泅水给守军送去一面国旗以鼓励士气的英雄壮举；《民族的母亲》中的赵母英勇支持组织游击队、动员青年坚决抗战等。这些角色是受战争文化渲染的产物，她们被电影有意贴上了女爱国者、女战士、民族母亲的标签。

女战士的性别身份很难在两军对垒的前线战斗中得到凸显，她们在战场的战斗能力难以与男性对等，但在对敌特殊环境下却能凭借女性的性别“优势”，利用女性身体或相貌取得斗争胜利，那些身入敌后施展“美人计”刺探情报的“女间谍”、遇到日本士兵先假意屈从并伺机杀敌的普通农妇，概莫如是。饶有意味的是，大后方电影在女性的影像呈现上，惯于将女性外表装束与内在品质对立起来，凡衣着打扮装饰朴素者一定是吃苦耐劳、积极参与抗战的进步女性；反之女性性征如果格外突出，风姿妖娆，要么是被公众指责的对国事漠不关心的摩登女郎，要么就是以情报附敌的“女间谍”，或是道德败坏者。如孙瑜导演的《火的洗礼》（1940 年），讲述了一个敌方“女间谍”在抗战中转化的故事。女主角方茵初以摩登女郎形象出场，她出入于灯红酒绿中，为敌人搜集情报，行动受挫后便化身女工阿瑛进入兵工厂，进而骗取了工人老魏的信任。但是，在大后方的重庆，当她面对工人们为支援抗战而全力忘我生产，目睹无数无辜百姓因敌机轰炸而伤亡，她的民族意识开始觉醒，并为自己造成的罪恶而忏悔。她主动向政府坦白了自己的身份，并协助当局搜捕潜伏在重庆的敌伪间谍，最终她身负重伤，为赎罪而死。电影通过描绘这一女性前后的转变，强调了战时凝聚民族共同体意识的意义与坚决抗战的时代精神对女性的感召。另一部电影《胜利进行曲》则将叙事视点聚焦于普通农妇，通过普通农妇的临难抉择展现抗战主流意识形态的覆盖力，激起民众参与抗战的热情与信心。女性参与战争本身也足以抨击男性中的“胆小鬼”，她们是鞭策男性焕发血性的“响鼓重擂”。

如詹明信所说：“那些看起来好像是关于个人和利比多趋力的文本，总是以民族寓言的形式来投射一种政治：关于个人命运的故事包含着第三世界的大众文化和社会受到冲击的寓言。”[①]战时大后方电影还有不少表现了“后五四”抗战时期知识女性“娜拉再次出走”现象。每一个从“夫的门”走出的“娜拉”或面临抗战时代的召唤，或经受抗战苦难生活的考验，或肩负女性身份的重担，然而，她们从思想和行动上完成从“夫的门”再次“出走”的行为，构筑了一个女性个人与民族命运相连的影像寓言。

以 1943 年由郁茹创作的中篇小说《遥远的爱》改编的同名电影为例，1947 年该电影上映后曾在重庆、成都大后方获得极大轰动。小说中的罗维娜正是这样一个“娜拉”式女性，她出身于具有革命传统的家庭，幼时虽随母亲寄人篱下，却一心向上，中学时就追随兄长的足迹从家庭出走，与同为进步青年的高原组建了温馨小家庭。但罗维娜并没有在安逸的家庭生活中迷失自我，她在时代大潮召唤下，与安于家庭生活的高原在精神上日渐疏离，后来再见到已成为革命者的兄长后，终于克服了自己的感情局限，努力冲破了与高原二人情感世界的藩篱，奔向了血火交迸的抗战前线。郁茹在小说中集中塑造了罗维娜这样一个革命女性，热情歌颂她身上那种永远进取的时代气质，细致书写出进步女性勇于反叛灰色生活的积极进取精神和献身抗战事业的英雄品格，她显然是那个时代无数敢于为国家民族献身的知识女性的典型与缩影。而追求她的几位“革命”男性最终却成为她永远进步的陪衬。尤其是其丈夫高原，一个本来的革命者，在进入城市生活后革命意志却不断退化，囿于一己小资产阶级情感生活而沦为大时代的落伍者。电影中，高原跑去香港经商，却因战火延烧到香港，随难民流落到广西，与已经离开他的罗维娜相比，他的软弱、失落与迷茫明显印证了男性性别的错位，电影隐含着一种性别审视与批判的眼光。电影之所以受到公众欢迎，是因为它撷取了时代女性典型的“雄强”精神品质和生活侧面，艺术化地表现了一个战争动员的伟大时代主题。女作家突出女性自我的心理叙事，刻画了女主人公的进步形象，以其周围两个知识男性的精神弱点来反衬出罗维娜巾帼不让须眉、识大体懂大义的人物特征，在精神境界上将罗维娜与她身边几个男性构成鲜明对比，形成特有的“扬女抑男”的叙述格局，

---

① 詹明信．晚期资本主义的文化逻辑［M］．北京：生活·读书·新知三联书店，1997：523.

对男性气概进行潜在质询，给予观众“女性尚且如此、男性如何不能”的心理暗示。

在阳翰笙编剧的《八百壮士》(1938年)中，女童子军杨惠敏全然不顾生命危险，为部队输送食物、医药等物资;《东亚之光》中，政治部妇女工作队进行了征募寒衣公演;《血溅樱花》中的立群积极参加难童救护队;《孤城喋血》中，老农的女儿冒险为姚营长传送情报。这些电影从不同侧面展现了抗战文艺中女性承担的几种角色：弱者、激励者、死难者、战斗者，显示出女性对于民族国家话语的贡献“价值”。但无论作为一个受难者还是战斗者，女性似乎又都无法回避以“身体”的“付出”作为代价的模式，这似乎构成抗战文艺女性叙述的一种悖论。再如沈西苓的电影《中华儿女》(1939年)，表现了中国不同阶层的人民如何参加抗战。影片开头，借助了上海、南京、杭州、青岛等地的名胜风景，抒发了对祖国山河的热爱。电影由四个故事组成，展现了民族国家话语中女性的符号意义。第一个故事是《一个农民的觉醒》，讲述了青年农民刘二哥的故事。因为母亲不肯上后山，刘二哥的妻子刘二嫂为照顾婆婆，婆媳二人一起留在村里。等敌军撤走，刘二哥赶回家，却发现妻子已经被日本士兵杀害，母亲也奄奄一息。伤心、愤恨的刘二哥，心里燃烧起复仇的火焰，忍着眼泪参加了游击队。女性身体受辱成为一个符号，构成男子血性迸发的触媒。第二个故事讲述了几个青年在身边女性鼓励下逃出沦陷区参加抗战的故事。第三个故事《抗战中的恋爱》，表现青年知识分子对抗战的不同态度，但明显以青年A为中心，故事开头他在时代的洪流前，消沉落后，不肯积极行动，只沉湎于个人的恋爱迷梦。最终心爱的姑娘被敌人炸死，血的事实让他觉悟，开始投入抗战工作。这里潜含着错误的性别认知，“女性吸引力和性被视为无论对男性的世俗追求还是精神的升华都是有害的”①。第四个故事《游击女战士》，讲述游击队在队长带领下执行上级布置的破坏敌人交通线的任务的故事。由于需要先穿过敌人岗哨才能绕到敌人后方，一个入伍不久的女学生向队长献计，她将自己装扮成乡下姑娘，引开敌人的哨兵，最终使队员们顺利通过敌人警戒并完成了任务。

正如蓝海在《中国抗战文艺史》所述，“我们的抗战文艺中固然也描写了

---

① 刘霓，黄育馥.国外中国女性研究文献与数据分析［M］.北京：中国社会科学出版社，2009：129.

壮烈的场面，刻画了英勇的故事”，但创造的各种人物“只美丽有趣，并非活生生的男女”，“‘跟着个性的毁灭’‘也毁灭了小说的结构，毁灭了它的史诗性质’。他们多半以概念的类型的姿态而出现”。而且还进一步指出抗战写作的局限性：“我们的写作还没能从‘活人的直接印象’，以及个人的热情的幻像（象）中解放出来，创造的人物不是琐碎便是抽象。因为文学里充满了照像，现实的再现，模糊的幻影，人物成为平面的，呆板的，漫画式的；没有生命，甚而没有个体的感觉。时代向作家们要求的却不是肖像画，而是典型；不是时事性，而是时代性。”即是说“不仅要写出社会的现实性，且要写出时代的真实性”。①对于抗战题材中国电影的女性角色塑造与表现而言，这也可谓中的之论。

作者简介：

程亚丽，上海交通大学人文学院教授，博士生导师。研究方向为抗战文学、女性文学。

---

① 蓝海 . 中国抗战文艺史［M］. 北京：现代出版社，1947：10–11.

桂林抗战文化城的生活书店、读书出版社、新知书店

陆　璎

[摘　要] 生活·读书·新知三联书店（简称三联书店）是我国具有悠久历史的著名出版社，它的前身是邹韬奋、徐伯昕等出版家于20世纪30年代在上海创立的生活书店、读书出版社和新知书店。本文介绍了抗日战争时期三家出版机构撤往桂林，在抗战大后方出版革命书刊、传播进步文化的事迹，肯定了它们为抗战胜利所作出的重要贡献。

[关键词] 生活书店；读书出版社；新知书店；桂林文化城

一、以发达的出版业为标志的"桂林文化城"

出版界有个段子：三联书店不是店。的确，三联书店不是一家书店，而是一家出版单位，准确来说，三联书店是由20世纪三四十年代活跃于中国出版界的三家著名出版机构——生活书店、读书出版社、新知书店合并而来。抗战期间，这三家出版机构都在桂林设立分支办事处和营业部，在中国共产党的领导下，为国统区的抗战文化建设作出过杰出的贡献。

1937年抗战全面爆发后，南方小城桂林作为当时广西省会所在地，随着抗战形势的发展变化，成为中国抗战大后方的文化中心之一。一时间桂林城精英荟萃、群贤毕集，抗战文化事业蓬勃发展、影响广泛。桂林的文艺运动，其活跃程度和重要性不亚于战前的北平、上海，1937年到1944年间，先后到桂林的文化人士数以千计，如郭沫若、茅盾、巴金、夏衍、田汉、柳亚子、胡风、邵荃麟、司马文森、周钢鸣、艾芜、王鲁彦、骆宾基、端木蕻良、王西彦、孟超、华嘉、黄药眠、林焕平、熊佛西、黄宁婴、陈残云、秦似等；新闻出版工作者

有胡愈之、范长江、徐雪寒、宋云彬、华应申、卞祖纪、孙明心、邵公文、沈静芷、胡仲持、陆联棠、赵家璧、张静庐等。他们在中国共产党的领导下，对桂林乃至整个国民党统治区的文化进步和出版事业作出了重要的贡献。

抗战时期的桂林有“文化城”之称，这个文化城的主要特点是出版事业高度发达，而文化城出版事业的主导是在中国共产党领导和影响下的进步书店和出版社。著名出版家赵家璧先生曾感慨，国统区的书刊，有80%是在桂林出版的，与其说桂林是文化城，不如说它是出版城更来得适当，假如以中国出版业的发展史而言，桂林的这一阶段是值得大书特书的。当时桂林城内的桂西路（今解放西路）两旁几乎全是书店，可谓是名副其实的“书店街”。有文化人回忆：“我为了考大学，住在桂林西郊的丽泽门外，每晚进城必经桂西路。这是一条短街，又是一条文化街。当时桂林的书店、报社、出版社都集中在这条街上。”① “（1942年）在桂林书业公会登记过的大小书店出版社，共有七十九家……抗战以来，一个城市的出版单位多至于此，大约还是第一次。”② 桂林位于西南公路铁路交通的中心，交通运输方便，纸张货源相对充足，这些因素对于出版印刷业的发展，有着积极的作用。

二、在中国共产党的领导和影响下开展工作

抗战时期桂林的出版事业，特别是一些进步书店和出版社，一开始就是在中国共产党的领导和影响下开展工作的。1938年3月，生活书店最早在桂林设立分店，这年冬季，读书生活出版社、新知书店、《新华日报》桂林分馆相继建立。

生活书店于1932年7月由邹韬奋、胡愈之、徐伯昕等创办于上海，以传播进步文化为宗旨，主要出版社会科学读物、青年读物、抗战文艺作品。说到生活书店，不能不提它的前身——创办于1925年的《生活》周刊。《生活》周刊原是上海中华职业教育社的刊物，成立一年后邹韬奋接任主编，内容以短小精悍的评论为主，九一八事变后刊物内容更以抗日救亡为中心，发行量最高时达15万份，广受读者欢迎。

---

① 伍大希.桂林出版忆旧二则［J］.中国出版，1996（10）：18.
② 秋飚.桂林的出版事业［N］.新华日报，1942-09-25（2）.

生活书店成立后先后创办过多种著名刊物，其中包括创刊于 1934 年 9 月由陈望道担任主编的《太白》半月刊。在中国传统文化中，太白为拂晓前出现于东方的金星，也称启明星，《太白》寓意要为驱除黑暗、迎接曙光而努力。《太白》刊登大量进步文章，倡导新文化。然而创刊不到一年，即被国民党当局查封。1935 年夏秋之际，陈望道收到广西省立师范专科学校陈此生教务长的邀请，前往桂林任教。

1937 年 7 月抗战全面爆发后，邹韬奋原计划与何香凝、郭沫若一道经香港、广州到武汉。在上海开往香港的轮船上，同行的郭沫若讲到广西桂林的情况，引起邹韬奋极大的兴趣，到香港后邹韬奋决定由广州先到桂林再前往武汉。12 月 8 日，邹韬奋与张仲实、杨东莼等友人抵达桂林，“广西青年的高度热情以及追求进步的精神也使邹韬奋深受感动”①，在桂林短短三天，邹韬奋接连应邀到广西大学、第二届广西学生军驻扎的李家村等地演讲，深受青年们欢迎。

1938 年 3 月 15 日，生活书店桂林分店在广西省首府桂林成立，店址在中山南路 182 号，先后担任分店负责人的有卞祖纪、孙明心、邵公文等。“1939 年 3 月又成立了编审委员会，胡愈之任编审委员会主席，张铁生任编审，使桂林分店成为当时西南地区的出版发行中心，许多书是在桂林排版印制，然后分运西南各地发行，或由桂林供给纸型，在外地印刷，如毛泽东的《论持久战》、叶剑英的《武汉广州沦陷后的抗战新形势》等书。”②生活书店的出版物主要是社会科学和文艺读物，其“青年自学丛书”“新中国学术丛书”等进步书籍，对青年读者有过启蒙的作用。据当时生活书店负责人卞祖纪回忆，1938 年在广西大学任教授的李达将他的著作《社会学大纲》一书作为教材，做到学生人手一册；每逢星期日，生活书店则是广西大学、桂林高中等同学密集之地，他们专心致志选购图书的动人情景，至今犹历历在目。③

读书生活出版社（后改名为读书出版社）1936 年成立于上海，创办人是李公朴、艾思奇、黄洛峰等。1938 年冬，读书生活出版社桂林分社成立，社

---

① 魏华龄，李建平．抗战时期文化名人在桂林［M］．桂林：漓江出版社，2000：133.

② 桂林市文化研究中心，广西桂林图书馆．桂林文化大事记：1937—1949［M］．桂林：漓江出版社，1987：684.

③ 邵公文．从学徒到总经理：书店生涯回忆［M］．北京：朝华出版社，1993：49.

址在桂西路（今解放西路）17 号。抗战时期读书生活出版社出版发行了在国统区较有影响的文艺杂志《文学月报》和《新音乐》。“1939 年 5 月读书出版社与新华日报桂林分销处合作开设门市读者书店，由邝达芳和张汉清分别代表新华日报、读社任正副经理。当时桂林的生活、读社、新知三家书店党支部，直接由桂林八办领导……桂林分社同时担负造货任务，一些书稿由重庆寄到桂林排印，《新音乐》杂志也在桂林排印”。[①]

生活书店桂林分店（中山南路 182 号）

读书生活出版社桂林分社（桂西路 17 号）

《新音乐》月刊是一本对推动国统区抗战新音乐运动的发展起过非常重要作用的音乐期刊，1940 年元旦创刊之初由在重庆的李凌和在桂林的林路主编，稿件由重庆寄至桂林读书出版社出版经销。根据 1998 年 8 月 13 日笔者在湖北省文联林路先生寓所的采访记录，林路先生回忆：“李凌是 1939 年底从延安出来重庆以后，才和我有联系的。当时并没有见过面。是向隅看见了我在桂林编的《每月新歌选》，在李凌离延安前对他说：‘你到了国统区，可以找桂林的林路。’于是李凌就给我写信，邀我一起编《新音乐》的。当时重庆的印刷条件比较差，桂林条件好些，环境也宽松些。稿件一般是李凌从重庆组好了寄来的，由我在桂林编辑、排版……印刷厂也不是印音乐作品的，叫科学印刷厂。就这样，在桂林出版了《新音乐》第一期。”

---

① 李莉，王玏，陆璎，等 . 广西民国音乐史研究［M］. 桂林：广西师范大学出版社，2016：79.

新知书店于1935年秋在上海成立，创办人是钱俊瑞、徐雪寒、华应申等，钱俊瑞任理事长，徐雪寒、华应申负责业务。1938年初新知书店迁到武汉，华应申被任命为中共汉口书业界党支部书记，10月武汉沦陷，遵照党的指示，12月新知书店撤退到桂林，门市部在桂西路（今解放西路）35号。1939年2月新知书店总管理处也设在桂林，华应申任桂林分店和总管理处副总经理，主持桂林新知书店工作，总经理徐雪寒则来往于渝桂之间，负责联系社会上层，筹措资金。

当时八路军桂林办事处在中共中央南方局和周恩来的亲自领导下，于1938年11月建立，它集八路军桂林办事处、中共中央南方局桂林办事处、新四军驻桂林通讯处于一身，是中共设在南方国民党统治区“三位一体”的领导机关和公开办事机构，李克农任办事处主任。八路军桂林办事处的主要任务是宣传中国共产党的抗日救国主张，动员、团结各阶层人民抗战；领导、引导桂林抗日文化救亡运动等，撤退到桂林的报社、出版社就是直属于八路军桂林办事处的领导。

曾经担任《新华日报》桂林分馆领导工作的沈毅然回忆：“李克农同志对新知书店非常关心，他经常查问书店党组织的活动情况，亲自给书店职工作政治形势报告。从湖南撤退到桂林的共产党员，有些有志于文化出版事业的，克农同志必先征询新知书店领导是否需要；办事处举行节日的庆祝活动、报告会和联欢会，三家书店和《新华日报》分馆的同志也都去参加。当时国民党反动派把新知、生活等进步书店看成共产党的外围组织。事实上，我们就是一家人，因为我们的革命思想和奋斗目标完全一致，密切联系群众的作风也相同。”[①] 同时，桂林的出版机构及报社成立了中共桂林市书报业党支部，沈毅然任党总支书记，华应申任副书记。

新知书店在桂林编辑出版了大量马列主义著作和宣传党的理论方针政策的图书，如艾思奇的《大众哲学》、胡绳的《辩证法唯物论入门》、薛暮桥的《经济学》、狄超白的《通俗经济学讲话》、邓初民的《社会史简明教程》、李达的《社

---

① 沈毅然．革命队伍的一座熔炉：抗战时期的桂林新知书店［M］//《新知书店的战斗历程》编辑委员会．新知书店的战斗历程．北京：生活·读书·新知三联书店，1994：195–196.

会学大纲》等，在青年中有着广泛的影响。

新知书店这些出版成果与华应申的辛勤领导分不开。“他遵照桂林八办的指示，于 1939 年底把已被国民党反动派查封的中共湖南省委在邵阳办的《观察日报》印刷厂搬到桂林，改建为秦记西南印刷厂，由桂林新知书店领导和管理，秦记西南印刷厂的设备和技术较好，在桂林文化城时期承担大量的进步书刊印刷任务，起了重要作用……为了把大量的进步书刊发行到广大读者中，除了在桂林发行，华应申发起组成了桂林书业界联合流动供应队，从 1939 年到 1940 年上半年，到了湖南衡阳，广东曲江、新会，广西平乐、八步等地去流动供应图书，主动送书到农村城镇广大群众中去。在桂林门市部，华应申也很注意方便读者和讲究服务质量，如门市部营业时间安排，从早上 7 点钟开始至晚上 9 点，一天营业 10 多个小时，节假日一般都不关门，以方便读者。门市部设有新书出版预告、缺数登记、邮购代办、图书信息、咨询等服务项目，想方设法满足读者需要”。①

当年的战友回忆道：“应申在桂林待了两年多，充分利用当地较好的条件，在姜君辰、邵荃麟等同志帮助下，几乎每月都有新书出版，这为当地进步文化界生色不少。”② 皖南事变后，华应申奉命撤离桂林到华东根据地工作，中华人民共和国成立后，他在中央文化部门担任领导工作。1961 年华应申再次回到这片青春时期战斗过的热土，担任广西壮族自治区文化局局长，再续前缘。

战时桂林出版的图书中，介绍马列主义和革命思想的经典著作《共产党宣言》《反杜林论》《路德维希·费尔巴哈与德国古典哲学的终结》《资本论》《国家与革命》《列宁选集》《列宁主义问题》《共产主义运动中的“左派”幼稚病》等，通过生活、新知、读书三家出版机构大量发行，马克思主义在桂林得到广泛传播。文化城的见证者魏华龄先生回忆：“在国民党统治区，正由于传播了马克思主义和毛泽东思想，才使广大青年在思想上得到了启蒙，用革命理论武装了头脑，坚定了理想的信念，从而追求进步，奔向抗日前线，

---

① 魏华龄，李建平．抗战时期文化名人在桂林［M］．桂林：漓江出版社，2000：485.

② 徐雪寒．怀念出版战线的老战友：华应申［M］// 徐雪寒．徐雪寒文集．北京：中国财政经济出版社，1989：365.

走上革命道路。”①

三、逆境中的坚持和发展

1941 年初皖南事变后，八路军桂林办事处被迫撤离，《救亡日报》被迫停刊，生活、新知、读书三家出版机构的门市部先后被迫停业，但是党员还在，党的出版发行工作还要继续。远在重庆的周恩来同志邀约桂林各书店的负责人赴渝共商对策。和邹韬奋一起创办生活书店的著名出版家徐伯昕回忆：“1942 年 8 月我从桂林专程去重庆向周恩来同志汇报和请示工作。周恩来同志又着重指示，在投资合营和化名自营的出版机构中，务必要严格区分一、二、三条战线，以利于战斗，免于遭受更加严重的损失。我们遵照周恩来同志的指示，将已办机构逐一排队：第一线的出版机构是在政治上冲锋陷阵准备牺牲的；第二线则偏重于出版理论性书籍和现实抵触较少；第三线以出版工具、技术或者历史、中外文学书籍为主，采取更加稳重隐蔽的做法。”②

除了提出“化整为零，多种形式”的方案，1941 年 6 月，作为中共中央南方局书记的周恩来派李亚群等到桂林建立中共桂林统战委员会，周恩来对李亚群说：“桂林这个阵地不能丢，一定要保存下来大大发挥作用；广西同其他地方有差别，要充分利用这个差别，做好交朋友的工作。”③ 周恩来提到广西同其他地方的差别，指当时主政广西的国民党新桂系采用“反共要留有余地”的政策，他们对夏衍、范长江等文化界人士也是采用“以礼相待，送客出境”的方式送他们离开桂林。

广西当局接到“中央”查封生活书店桂林分店的命令后，先是约生活书店桂林分店负责人谈话，限期办理停业，这样就给其他进步书店如新知书店、读书出版社等安全撤离留出了充裕的时间。当时新知书店得知消息后，随即把桂西路门市部转让给文化供应社，隐蔽精干力量，只保留太平路的办公地点。

李亚群到桂林后，得到新任军事委员会桂林办公厅主任李济深的支持，工作逐步恢复。接着，成立了以邵荃麟为组长的文化工作组，成员有张锡昌、狄

---

① 李建平，张中良．抗战文化研究：第 12 辑［M］．桂林：广西师范大学出版社，2019：1–14.
② 宋应离．中国当代出版史料：第 4 卷［M］．郑州：大象出版社，1999：421.
③ 金冲及．周恩来传：1898—1949［M］．北京：中央文献出版社，1998：648.

超白二人。在文化工作组的领导下，桂林的文化和出版工作又重新活跃起来了。1942 年出版的文艺刊物就有 10 种之多，与皖南事变前的 1940 年相比，出版的文艺刊物略少，但比当年重庆出版的刊物要多。大型综合性理论刊物《文化杂志》就是于 1942 年创刊的，由邵荃麟负责主编。

生活、新知、读书这三家出版机构虽然被迫停业，但是它们出版发行的图书并没有消失，遵照周恩来的指示，“化整为零”，建立起二、三线书店。工作人员除少数必须隐蔽和转移的以外，大部分仍然留在桂林继续战斗，只不过换了一个招牌，如生活书店除转移一部分人员和图书到三户图书社以外，同时又筹办起了学艺出版社和文学编辑社；文化供应社则把新知书店的图书发行任务承担下来，还有一部分干部也转入该社工作，另外又以远方书店和实学书局的名义继续出版发行新书；读书出版社则换上了新光书店的招牌。

四、桂林沦陷后的出版斗争

1944 年 4 月，日本发动豫湘桂战役，沿平汉、粤汉、湘桂铁路向我国南方进犯，8 月衡阳失守，9 月 12 日广西省政府发出第三次桂林紧急疏散令。当时桂林文化界人士撤往重庆的有熊佛西、宋云彬、黄新波、秦牧、聂绀弩等；前往昆明的有田汉、瞿白音率领的新中国剧社和演剧队同仁；前往桂东昭平、八步的有何香凝、欧阳予倩、陈此生、千家驹、高士其和广西省立艺术馆、广西日报社、广西建设研究会等机构。

湘桂大撤退前夕，党一直关心着在桂林的书店和出版社如何撤退。沈静芷回忆：“周恩来同志已预见到湘桂一战，国民党必然节节溃退，对桂林出版机构如何部署撤退，作了周详的指示……兵分两路，到时候，一路从陆路向西撤，到重庆来赶热闹，要配备主力；另一路，从水路向桂东撤，那边是山地，地势很好，是打游击的好地方，也要配备主力，必要时，组织当地人民，干它一家伙……撤，就是要大家去撒革命的文化火种。”[①]

生活书店、读书出版社、新知书店按照周恩来同志的部署，除读书出版社人员撤往重庆外，生活书店、新知书店大部分人员携带三家出版社的存书都疏

---

① 龙谦，胡庆嘉 . 桂林文史资料：第 38 辑［M］. 桂林：漓江出版社，1999：552.

散到桂东，在与广东毗连的八步镇（今贺州八步区）重新组建了“兄弟图书公司”，同时在粤北的连县（今连州市）设立发行点，满足内迁到此的广东省立艺术专科学校、国立中山大学连县分教处等几所学校师生的读书需求。

沈静芷回忆：“很快在八步沙街 44 号租到门市兼仓库房屋一栋。那时，正巧老一辈诗人柳亚子先生疏散在八步，我便亲趋拜访，请他题写店名，柳老慨允，立即挥毫题写‘兄弟图书公司’六个大字。柳老是老同盟会员和当时国民党中央执委，算是‘党国元老’，他一贯同情和支持我们的事业。”[1] 可见虽然桂林文化城沦陷了，但进步出版文化事业仍然在坚持，抗战和革命的文化火种仍然在八桂大地上燎原。

1945 年 8 月抗战胜利后，八步、粤北连县二店迁往广州成立广州兄弟图书公司。1945 年 12 月 1 日，位于广州惠爱东路 328 号（今中山四路 342 号）的门市正式开门营业，该公司广泛联系进步作家，成为张铁生、周钢鸣、司马文森、黄药眠、黄新波、陈残云、黄宁婴、章鸿猷、胡希明等进步文化人的聚会场所，[2] 一度引领广州进步文艺风潮，此为后话。

1948 年 10 月，生活书店、读书出版社、新知书店负责人在香港宣布三店合并，成立三联书店总管理处，翌年 3 月，总管理处迁至北京。从 1948 年在香港组建直到今天，三联出版社一直沿用着同一个社标，社标原型来自生活书店 1936 年启用的店徽，三名劳动者在光芒普照的五角星下挥锄扬镐，象征着三家书店同心协力，开垦出知识的新天地。

三联书店社标

“生活 · 读书 · 新知三联书店”三家出版机构店名字的组合，巧妙地概括

① 龙谦，胡庆嘉 . 桂林文史资料：第 38 辑［M］. 桂林：漓江出版社，1999 ：553.

② 生活 · 读书 · 新知三联书店文献史料集编委会 . 生活 · 读书 · 新知三联书店文献史料集：上［M］. 北京：生活 · 读书 · 新知三联书店，2004 ：639–640.

了读书人一生中最主要的三个维度：首先要热爱生活，其次在生活中要养成读书这一好习惯，如此才能不断获得新知识，并回馈于生活，让自己的生活更美好。1951 年三联书店曾与人民出版社合并，1986 年 1 月起，三联书店重新恢复独立建制，成为国家新闻出版总署（现为国家新闻出版署）直属的综合性出版社，多年来以出版高品位的人文科学和社会科学的译著图书，逐步形成了独特的文化品牌，并受到读书界的广泛尊敬。

如今的三联书店已成为享誉国内外的著名出版机构，被誉为“中国知识分子的精神家园”。诞生于民族救亡运动大潮中的三家出版机构，积极宣传先进思想、传播文化新知，成为中国现代进步出版事业的楷模。它们抗战时期在桂林为抗战文化作出的杰出贡献，在中国现代文化史上留下了浓墨重彩的一笔。

作者简介：

陆璎，广西社会科学院副编审，广西抗战文化研究会副会长兼秘书长。研究方向为抗战文化、广西民族音乐。

美国小说《我叫阿拉木》在抗战中国的译介

熊飞宇

［摘　要］威廉·萨洛扬是抗战时期中国文艺界竞相译介的一位美国作家。其代表作之一的短篇小说集《我叫阿拉木》在抗战时期的中国国内主要有两个译本：一是胡仲持所译《我叫阿拉谟》，二是吕叔湘所译《石榴树》及其译注选本《我叫阿拉木》。此外，尚有其他译者的单篇译作。胡译本曾颇受读者青睐，而吕译本因译笔自然、圆熟，尤为人称道，风行之下，间有仿作问世。

［关键词］威廉·萨洛扬;《我叫阿拉木》; 译介

［基金项目］本文系国家社科基金重大项目“抗战大后方文学史料数据库建设研究”（项目批准号：16ZDA191）的阶段性成果。

抗战时期的外国文学译介，大体上呈现出下述阶段性特征：从抗战全面开始到太平洋战争爆发，主要翻译和介绍苏联战前的作品以及世界古典名著；从太平洋战争爆发到抗战胜利，除继续前期的翻译介绍外，重点转向翻译英美和世界反法西斯战争的文学作品。[①]而在后一阶段，中国翻译界最关注的美国文学作家为欧内斯特·米勒尔·海明威（Ernest Miller Hemingway）、约翰·斯坦贝克（John Steinbeck）与威廉·萨洛扬（William Saroyan）。

威廉·萨洛扬（1908—1981），或译作萨洛阳、索洛延、沙乐扬等，时为美国蜚声文坛的新晋作家。其第一部长篇小说《人类的喜剧》（一译《人间喜剧》），因反法西斯战争的思想主旨和故事内容，甫一出版，即由柳无垢节选译出，连载于桂林的《半月文萃》；不久，又由文光书店出版其单行本。[②]短篇小说集《我叫阿拉木》（*My Name is Aram*）作为萨洛扬的代表作，更是得到密集的译介。

《我叫阿拉木》共收短篇小说 14 篇，即“The Summer of the Beautiful White Horse”“The Journey to Hanford”“The Pomegranate Trees”“One of Our Future

① 郑师渠，黄兴涛．中国文化通史·民国卷［M］．北京：北京师范大学出版社，2009：114.
② 陈玉刚．中国翻译文学史稿［M］．北京：中国对外翻译出版公司，1989：293.

Poets, You Might Say" "The Fifty-Yard Dash" "A Nice Old-Fashioned Romance, With Love Lyrics and Everything" "My Cousin Dikran, the Orator" "The Presbyterian Choir Singers" "The Circus" "The Three Swimmers and the Grocer from Yale" "Locomotive 38, the Ojibway" "Old Country Advice to the American Traveler" "The Poor and Burning Arab" "A Word to Scoffers"。该书曾有两个译本，一个是胡仲持译的《我叫阿拉谟》，另一个是吕叔湘译的《石榴树》。就其中单篇而言，胡仲持的翻译或早于吕叔湘，现就此分述之。

一、《我叫阿拉谟》(胡仲持译)

胡仲持（1900—1968），字学志，笔名宜闲，浙江上虞人，系胡愈之胞弟。1937年冬，上海沦陷后，他留守孤岛，曾与梅益、巴人等人编辑出版《译报》，并主编《译报周刊》《集纳》等。1938年，胡仲持接替胡愈之哈瓦斯通讯社的特约通讯员工作，负责翻译英文电讯。1940年冬，《华商报》在香港创刊，任主编。1942年春，转入东江抗日民主根据地，随后到桂林参加文协桂林分会，并任总务部长兼出版部主任。1945年8月，应李济深、陈劭先之邀，到广州主编《现代》半月刊，此刊出版三期后遭禁，胡仲持也被迫流亡香港。1947年11月，他任新加坡《南侨日报》驻香港特派员。1949年春，他由香港回到北京。

从王宗炎《评〈石榴树〉》和蔡家琪《介绍〈石榴树〉和〈我叫阿拉木〉》来看，《我叫阿拉谟》在20世纪40年代面世，但似乎流传不广，难觅踪影。据张鸿慰《蕻蔚集——报业史志稿》卷二“报界群英”之“文化名人·胡仲持”，该书曾由桂林“作者书店1943年出版”[①]，惜无从见。其又一版本，题作《我叫阿拉谟——少年小说集》，内封署“美国萨洛扬著，胡仲持译”，“一九四七年三月，香港咫园书屋版”。“少年小说集”应系咫园书屋所出丛书名，另有胡愈之《郁达夫的流亡和失踪》（1946年9月版）。[②] 胡愈之出生于敕五堂后咫园，故香港文化供应社在筹备之初，曾取用“咫园书屋”名义。

《我叫阿拉谟》包括《白马的夏天》《小旅行》《石榴树》《未来的诗人》《五十

① 张鸿慰．蕻蔚集：报业史志稿［M］．南宁：广西新闻史志编辑室，2003：143.

② 张泽贤．中国现代文学翻译版本闻见录续集1901—1949［M］．上海：上海远东出版社，2014：470.

码赛跑》《旧式罗曼斯》《小演说家》《两歌童》《马戏》《游泳家和诗人》《沃伊勃卫人》《乡下佬的劝告》《阿拉伯人》《教会小册子》等文章。卷首有威廉·萨洛扬“一九四〇年六月三十日”于旧金山所作《题记》，声明“把这些可喜的纪念品献给一九一五年到一九二五年加里福尼亚[①]弗莱斯诺的世界……给那些年代中间那个世界里他的近族的人们”，也就是说，“给那包含着大的滑稽世界的丑陋的小城市，给包含着一切人间性的骄傲而且愤怒的萨洛扬们”。

书中单篇，早期多已发表。现将可以查见的篇目，按发表先后顺序排列于后；同时，因所载刊物不一，译文常分别附有作者简介，文字虽大同小异，但为保存翻译史料，此处一并照录。

1.《石榴树》，发表于《中学生》第60期（总第628—633页），1942年11月5日出版。署“美国萨洛扬作，胡仲持译”。篇末有“译者附记”：

维廉·萨洛扬（William Saroyan）是美国新进（晋）的小说家、剧作家。生于加里福尼州盛产水果和葡萄的乡区。先代是从小亚细亚的亚美尼亚来的移民。一九四〇年他出版了一部短篇集，《我叫阿兰》（*My Name is Aram*），内容取材于（其）少年时代农村生活的回忆，富于美妙的幽默和生动的想像（象）。出版之后，纽约月书俱乐部当即选为月书（本篇就是其中的一篇）。批评家摩莱（Christopher Morley）说作者是多才的大艺术家，是散文方面的天才诗人，又是美国青年的代言人。除小说外，萨洛扬又写过不少剧本，获得普律受（现译为普利策）戏剧奖金。

2.《到汉福特去的旅行》，署“美国维廉·萨洛扬作，胡仲持译”，收入《雪山集》（第94—109页），1942年11月出版。篇末有“译者附记”：

维廉·萨洛扬（William Saroyan）是美国新进（晋）的小说家、戏剧家。生于加里福尼亚州的一个农村。先代是从小亚细亚的亚美尼亚来的移民。他的文学生活从剧本开始，著有剧本《旧时甜密（蜜）的恋歌》《你的生命“关头”》《我的心在高原》等，受了戏剧界非常的盛誉，因而博得普律受（现译为普利策）

① 现译为加利福尼亚。本书下同。

奖金。一九四〇年他的短篇小说集《我叫阿兰》（*My Name is Aram*）出版，纽约月书俱乐部选为月书，这就是其中一篇。

3.《白马的夏天》，发表于《青年文艺》第1卷第3期（第61—65页）的“小说”专栏，1943年1月10日出版。署“美国萨洛扬作，胡仲持译”。篇末有译者附言：

一九四〇年，美国出版的文学作品中间，有一部曾经受了批评界非常的重视。这就是新进（晋）作家萨洛扬的短篇小说集《我叫阿兰》（*My name is Aram*），其中各篇大都取材于作者少年时代的回忆。风格朴素而富于幽默，类似美国过去的大作家马克·吐温。这是其中的第一篇。

后又刊于《文艺春秋》第2卷第4期（第55—59页）“Ⅱ小说”，1946年3月15日出版。署“美·萨洛扬作，胡仲持”。

4.《黑板上的一首情诗》，发表于《文学译报》第1卷第5、6期合刊（第66—71页），1943年2月1日出版。作者署“美W.萨洛扬”，末署“胡仲持译”。该期《后记》（第139—140页）有译者所作的介绍：

美国新近（晋）作家W.萨洛扬一九四〇年出版一部短篇集，《我的名字是亚拉莫》，获得文学界批评非常的盛誉，题材大都是少年时代的回忆，富于滑稽的情味。这就是其中的一篇。

5.《美国的未来诗人之一》，发表于《人世间》月刊桂林版第1卷第4期（第53—54页），1943年4月1日出版。署“美国萨洛扬作，胡仲持译”。篇末有“译者附记”：

维廉·萨洛扬（William Saroyan）是美国新进（晋）的小说家，剧作家。生于加里福尼州，盛产水果和葡萄的乡区。先代是从小亚细亚的亚美尼亚来的移民。一九四〇年他出版了一部短篇集，《我叫阿拉谟》（*My Name is Aram*），内容取材于少年时代，农村生活的回忆，富于美妙的幽默和生动的想像（象）。出版之后，纽约月书俱乐部当即选为月书（本篇就是书中的一篇）。批评家摩莱（Christopher Morley）说作者是多才的大艺术家，是散文方面的天才诗人，又是美国青年的代言人。

6.《唱歌班的歌童们》，发表于《时与潮文艺》第1卷第2期（第23—30页），1943年5月15日出版。署“William Saroyan作，胡仲持译”。篇末有“译者附记”：

维廉·萨洛扬（William Saroyan）是美国新进（晋）的小说家、剧作家。生于加里福尼亚州盛产水果和葡萄的乡区。先代是从小亚细亚的亚美尼亚来的移民。一九四〇年，他出版了一部短篇集《我叫阿拉谟》（*My Name is Aram*），内容取材于少年时代农村生活的回忆，富于美妙的幽默和生动的想像（象）。出版之后，纽约月书俱乐部当即选为月书（本篇就是其中的一部）。批评家摩莱（Christopher Morley）说，作者是多才的大艺术家，是散文方面的天才诗人，又是美国青年的代言人。除小说外，萨洛扬又写过不少剧本，《爱情的古老的甜歌》《你的一生的时期》《我的心在高原》等，获得普立资（现译为普利策）戏剧奖金。

7.《马戏》，发表于《文学译报》第2卷第1期（第1—6页）的“小说”栏，1943年5月出版。作者署“美W.萨洛扬”，末署“胡仲持译”。后又刊于《文艺春秋》第2卷第2期（第54—58页）“Ⅱ小说”，1946年1月15日出版。署“美·W.萨洛扬，胡仲持”。

8.《五十码赛跑》，发表于《文学译报》第2卷第2期（第15—19页）的“美国现代小说特辑”，1943年9月出版。作者署“美W.萨洛扬”，末署“胡仲持译”。

9.《沃伊勃卫人——火车头三八号》，发表于《文艺杂志》第2卷第6期（第41—45页），1943年11月1日出版。署“胡仲持译，美·萨洛扬作”。篇末有“译者附记”：

维廉·萨洛扬（William Saroyan）是美国新进（晋）的小说家、剧作家。生于加里福尼州，盛产水果和葡萄的乡区。先代是从小亚细亚的亚美尼亚来的移民。一九四〇年，他出版了一本短篇小说集《我叫阿拉谟》（*My Name is*

Aram)，内容取材于少年时代农村生活的回忆，富于美妙的幽默和生动的想象。出版之后，纽约月书协会当即选为月书（本篇就是其中的一篇）。批评家摩莱（Christopher Morley）说作者是多才的大艺术家，是散文方面的天才诗人，又是美国青年的代言人。

二、《石榴树》(吕叔湘译)

吕叔湘(1904—1998)，江苏丹阳人，著名语言学家。其生平履历，于此不赘。《石榴树》初版于1943年6月。其版权页署著者为威廉·索洛延，译者为吕叔湘，发行者为章锡琛，开明书店（重庆分店：保安路一三二号。成都分店：陕西街一三一号）印行，定价一元八角。其内容包括《漂亮的白马》《罕福之行》《石榴树》《未来的诗人》《五十码赛跑》《情诗》《演说家》《长老会的歌唱队》《马戏班》《三个泅水的和一个掌柜的》《三十八号火车头》《经验之谈》《可怜的亚剌伯人》《得救》等篇目，并有《译者附记》，介绍作者，说明改换称呼的缘由。该书于1944年2月出版发行，发行者范洗人（赣县西安路开明书店），总发行所开明书店（桂林环湖路一七号），分发行所开明书店分店（赣州西安路、衡阳陕西巷、重庆保安路、江山柴金巷、成都陕西街、西安北大街、昆明武成路、贵阳醒狮路），印刷者为慈灿轩印刷厂。后该书收入“开明少年文学丛刊”，于1944年4月印第三版，1947年4月印第四版，1949年3月印第五版。该书曾附录叶圣陶《读〈石榴树〉》，但目次中并未显现。据张泽贤言，“在初版时，还没有《读〈石榴树〉》一文，至于是初版后的哪一版才开始有，不清”。[①] 笔者亦未能亲睹所有版本，但推断其应是始自1944年4月的新一版(即总第三版)。

集中所收作品，笔者发现部分篇目曾发表，其初版与赣一版（即总第二版）的扉页均有说明:《石榴树》曾载于《新中华》复刊号，《情诗》及《经验之谈》曾载于《乐山诚报》副刊，《漂亮的白马》及《马戏班》曾载于《中学生》，今承诸位编者允许收入此本，谨此致谢。经检索，目前可查见的篇目有：

---

① 张泽贤．中国现代文学翻译版本闻见录：1934—1949［M］．上海：上海远东出版社，2009：411.

1.《漂亮的白马》，发表于《中学生》第 61 期（第 53—56 页），1943 年 1 月 5 日出版。署“William Saroyan 原著，LH 译”。

2.《石榴树》，发表于《新中华》（*The New China Monthly*）复刊号（第 197—211 页），1943 年 1 月出版。署“美国索洛延作，吕叔湘译”。篇末附有作者简介：

作者 William Saroyan，亚美尼亚移民之子，一九〇八年生于美国加州之 Fresno 城，少年时为其叔农场助手，以余闲学作小说。初仿通俗刊物中小说为之，而不见录。乃恍然曰：“我当照我自己的写法写去。”一九三四年所作《秋千架上的大胆青年》一篇刊出于 Story，其名始为世人所知。写作甚快，能日作三篇。已刊小说集八种：《秋千架上的大胆青年及其他》《吸与呼》《三乘三》《小孩们》《亲爱的，我的帽子在这里》《老虎们的毛病》《别闹，妙（吵）得很》《我的名字叫阿剌木》。所作纯任自然，不事雕饰。毁之者甚至谓为欺世盗名，所作非小说，所写亦非英文。自云：“我是说故事的。我只有一个故事——人。我要照我自己的说法叙说这个简单的故事，我不记得甚（什）么叫作文的规则，修辞的诀窍。”本篇译自《我的名字叫阿剌木》，全书为半自传性的作品，为美国“每月新书会”一九四一年一月份选定书，Christopher Morley 甚称此书，谓为“终于表现作者已为成熟的多种色彩的艺术家，真实的散文诗人，世界少年的发言人”云。

此文后收入《沉默的人》（第 206—221 页，目录作“石榴”），中华书局 1948 年 10 月初版、发行。该书是“新中华丛书 · 文艺汇刊之一”。其版权页署原著者 W. 萨洛阳等，译者荒芜等，发行人李虞杰（中华书局股份有限公司代表）。

3.《马戏班》，发表于《中学生》第 64 期（第 31—35 页），1943 年 6 月出版。署“美国 W. Saroyan 作，L.H. 译”。

4.《经验之谈》，发表于《书报精华》第 21 期（第 57—58 页）的“文艺之页”，1946 年 9 月 20 日出版。署“美 · 萨洛阳作，吕叔湘译”。

需要说明的是，《漂亮的白马》和《马戏班》的译者署“LH”或“L.H.”，此“LH”“L.H.”是否为吕叔湘笔名，尚无明确记载，鉴于初版与赣一版已有译者说明，同时笔者亦将译文与《石榴树》比较，发现二者文字高度一致，由此遂可断定“LH”“L.H.”与吕叔湘实为一人。

三、《我叫阿拉木》(或作《我叫阿剌木》)

1947年10月1日,《中学生》总第192期(第95页)的“书籍介绍”,有蔡家琪的《介绍〈石榴树〉和〈我叫阿拉木〉》，作者认为胡仲持的《我叫阿拉谟》远不及吕译本来得自然、流畅，而且十分口语化。在他看来，“现代的英文，有走向平铺直叙、朴实流畅的趋势”，而吕叔湘的译文，“忠实地表达出原意，成为可看可读的现代文”，最后给出建议，“假使你看过了《石榴树》，觉得很有趣，再要看看这些故事在英文里是怎样表现的，那末(么)《我叫阿拉木》这个选本就能满足你的需要”。

《我叫阿拉木》，著作者为William Saroyan，译注者为吕叔湘，发行者为开明书店(代表人范洗人)，印刷者为开明书店，1947年3月初版。卷首有“本书介绍”：

My Name is Aram，一九四〇年出版。作者William Saroyan，1908年生。祖籍亚美尼亚，生于美国加利福尼亚州的Fresno城。少年时在农田里做工，晚上就学写小说，渐渐出名，现在已经是美国有名作家之一。他写小说，纯任自然，不事修饰，而拙朴之中自有清新之趣。本书是含有颇多的自叙成分的作品，在1940年出版，颇得好评，名作家Christopher Morley评这本书，说是足以表示作者是一个“真正的散文诗人，并且是世界的少年们的代言人”。全书十四篇，这里选录四篇。全书有中译本，改题“石榴树”(开明书店出版)。

所谓“四篇”，是指《漂亮的白马》《马戏》《三十八号火车头》《经验之谈》。此系“详注现代英文丛刊”(“Readings in Present-Day English”)甲辑第一种。卷首有《详注现代英文丛刊例言》，据此可知，丛刊分甲乙两辑，甲辑适合已学英文两三年的程度，乙辑适合已学英文三四年的程度。

四、其余译作

My Name is Aram 中的单篇，除胡仲持、吕叔湘所译外，亦偶见其他译文，举如：

1.《石榴林》，发表于《现代文艺》第 6 卷第 1 期（第 42—47 页）的“小说”栏，1942 年 10 月 25 日出版。署“W. 沙乐扬作，张尚之译”。末署“三一·七·九·化龙桥”。

译者张尚之，据曾健戎、刘耀华编《中国现代文坛笔名录》（重庆出版社，1986 年 8 月）与朱宝樑主编《二十世纪中国作家笔名录》（增订版，台北汉学研究中心，1989 年 6 月），其笔名为“张同”。《中国翻译家辞典》（中国对外翻译出版公司，1988 年 7 月）和《中国翻译词典》均设词条“张同”[①]。其以“张尚之”之名出版的译作有《英国的间谍》[（英）曼宁（A.F.Manning）、柯尔斯（C. H. Coles）著，改进出版社，1943 年 2 月]、《良辰》[戏剧集，（美）奥尼尔（Engene O'Neal）等著，大时代书局，1944 年 1 月]、《罗斯福总统传》[（美）玛·根西（C.Mackenzie，或译麦克根西）著，峨嵋书局，1947 年 9 月]、《诗人之恋》（汤麦斯·曼著，现代书局，1946 年 11 月）等。另有多篇散见于报刊。

对于萨洛扬及其《我叫阿拉木》，张尚之在翻译《杰克逊从军记》时，曾作《萨洛扬的路》置于卷首，以代译序，并指出威廉·萨洛扬在中国，已不是“太生疏的美国作家”，其短篇小说集《俺名字叫阿郎》和小说《人间喜剧》都有中译本。早期萨洛扬的短篇，充满了像《人鼠之间》那种“神奇古怪的气氛”，时常带着一种“颓废伤感，近于无可奈何的幽默”。后来他终于找到自己的方向，开始用人民的语言，即“最简朴，夹杂着俚语的文字”，来描写人民的生活。而《俺名字叫阿郎》中的自传式短篇，就是“萨洛扬风格”形成的最明显的标志。所谓“萨洛扬风格”，即幽默而充满诗意，张尚之认为其最适合用来表达

---

① 《中国翻译家辞典》关于“张同（1918— ）”的介绍：张同，浙江海宁人。笔名罗天德、安萍、阿五等。曾用名张望。青年时代就读于上海复旦大学新闻系，1944 年他从复旦大学毕业后，历任香港美国新闻处新闻部总编辑，香港树仁学院新闻系主任，香港商会学院传播系、新闻翻译人员研讨会及香港理工学院新闻翻译人员讲习讲师，香港英文笔会秘书等。现为香港中文大学校外部兼任讲师，香港翻译学会理事，专栏作家，漫画插图作家。长期从事新闻翻译。其主要译作有：《罗斯福传》《原子能浅谈》《太阳纵横谈》等。

活泼的美国式的生活和它所含蓄的哲学。正因为如此，有人甚至称萨洛扬为“美国的莎士比亚”。[①]

2.《三十六号机关车》，发表于《宇宙》1945 年第 2 期（第 132—138 页），署“M.Saroyan 著，坚卫译”。其中“M”应是“W”之误。不过，标题由“三八号”变为“三十六号”，令人不解。坚卫，系董鼎山（1922—2015）笔名。

译文题下有“译者附记”云：

我在上期本刊介绍了史坦倍克最新的作品，这里我要介绍的是美国最新颖独特的作家萨洛扬。他的作风的新奇，从一句忘了是那（哪）一位作家说过“和萨洛扬相比，海敏威老了几世纪了”的话便可知。本文译自美国陆军什志（U.S.A.），前有编者介绍文。

“上期本刊”“史坦倍克最新的作品”是指 1943 年 11 月 10 日《宇宙》创刊号（第 85—101 页）的《罐头街》。

所谓“编者介绍文”，即《〈美国陆军〉编者记》。据此可知，《三十六号机关车》节选自《我叫亚勒姆》。编者认为，威廉·萨洛扬是一位特别的美国作家，其剧本和小说，大都“粗鲁，未经修饰而有趣”。他的许多作品，在描写加里福尼亚的早期生活时，把“全部美国”也“搬上他的舞台”，如“纽约的街道和酒店，西部荒僻地方的小镇和农田”；而《三十六号机关车》则主要描写其少年时的故乡。萨洛扬惯于挑选“简单如画的背景，和同样简单的，有时典型有时荒唐的人物”，但“敬爱和瞭（了）解那还保持着本乡方式的年老的一代”；而他的小说也“帮助美国人瞭（了）解和他们生活在一起的移民们的文化教育、色彩和性格”。

五、有关书评

有关 *My Name is Aram* 译文的评论，主要是针对吕译本而发。最早进行评论的是叶圣陶。1943 年 7 月，叶圣陶于《中学生》复刊后第 65 期（第 31—34 页）

① 张尚之 . 萨洛扬的路［J］. 知识与生活，1947（9）：28.

发表其《读〈石榴树〉》一文，署名“圣陶”。文章开首谈道：“这本短篇集原名《我的名字叫阿剌木》，《石榴树》是十四篇中的一篇。叔湘先生起初译了三篇，让我看见了，仿佛尝了一种新鲜的异味，爱不忍释，就怂恿他全译，由开明书店出版。”

据陈大庆《吕叔湘先生年表》，1940年，吕叔湘离开昆明去成都，任华西协合大学中国文化研究所研究员、金陵大学中国文化研究所研究员，同时兼中央大学教授。是年，吕叔湘初识叶圣陶。1943年，吕叔湘的《文言虚字》《笔记文选读》《中国人学英文》以及译文《石榴树》（即《我叫阿拉木》）陆续在叶圣陶主编的《中学生》和叶圣陶、宋云彬主编的《国文杂志》上发表。[①]但据吕叔湘《怀念圣陶先生》一文可知，二人的相识是在1941年春天的一个细雨蒙蒙的上午。当时叶圣陶刚从乐山搬来成都不久，供职于四川省教育科学馆，但“住家和办公都在郊外”。[②]证之叶圣陶日记：1941年3月22日，午饭后，至华西坝，访顾颉刚，因“上星期与约，将导余访吕叔湘君（研究文法甚勤者）”，但顾颉刚不在，故又于3月24日晨，“作一书致吕叔湘君，请其为馆中编《文法指导举隅》一书”。[③]3月27日，得吕叔湘一信，“言愿为馆中编稿”。3月29日午后，“至华西坝访吕叔湘君，虽初见，谈话亦随便不拘。君于国文英文教学均极关切，现在华大研究所，研究我国语文法。托其为馆中编《文法指导举隅》一稿，当承应允，云二三月内即可完成。谈一时许而别”。[④]

《石榴树》的翻译与出版，亦可见诸叶圣陶日记：1942年10月14日午饭后，“出南门访叔湘，谈‘国志’（即《国文杂志》——引者注）编辑方法。叔湘示以所译小说三篇”。[⑤]12月20日，“晨间略发汗，热退。起来较晏。观叔湘所译美国索洛延短篇集。此集名《石榴树》，凡十四篇，将由开明出版。观三四篇”。[⑥]12月21日，“看毕《石榴树》各篇，颇惬意”。12月22日，“（金）韵锵来，

---

① 李行健，陈大庆，吕桂申，等．吕叔湘论语文教育［M］．开封：河南教育出版社，1995：470.
② 吕叔湘．怀念圣陶先生［J］．新文学史料，1988（3）：22.
③ 叶圣陶．叶圣陶日记：上［M］．北京：商务印书馆，2018：290.
④ 叶圣陶．叶圣陶日记：上［M］．北京：商务印书馆，2018：290.
⑤ 叶圣陶．叶圣陶日记：上［M］．北京：商务印书馆，2018：447.
⑥ 叶圣陶．叶圣陶日记：上［M］．北京：商务印书馆，2018：462.

以《石榴树》原稿交与，先往送审”。[①]1943 年 3 月 27 日，“饭后入睡一小时。小墨（即叶至善——引者注）归来，携归叔湘所译《石榴树》之排样，即校之，至十四面而停手”。[②]3 月 28 日，“续校《石榴树》十二面”。3 月 31 日，“发见（现）前日签字之《石榴树》校样尚有错误，入城往印刷所改之，已不及，盖打成纸型矣。至陕西街，续校《石榴树》八面。十一时半出城”。[③]4 月 4 日午后，“（胡）雨岩来，带来《石榴树》排样，即校之，约二十页”。4 月 5 日，“续校《石榴树》十余面”。[④]4 月 11 日，“校《石榴树》排样，自下午四时至临睡，共校二十四页”。4 月 12 日，“代三官（即叶至诚——引者注）作所编翻译短篇小说集之解释，凡二篇，此集即完成。集名《情诗》[⑤]，叔湘所译索洛延小说之一篇也。三官自去接洽，将交路明书店出版”。4 月 13 日，“作《石榴树》之广告辞（词）。并代三官作《情诗》之广告辞（词）”。[⑥] 其中“《情诗》之广告辞（词）”，今未得见；检《叶氏父子图书广告集》，亦无。4 月 18 日，“校《石榴树》二十余面”。[⑦]4 月 29 日，“灯下校《石榴树》二十余面”。4 月 30 日，“续校《石榴树》十余面”。“饭后入城，以《石榴树》校样交韵锵。”[⑧]5 月 6 日，“校《石榴树》五六面”。[⑨]5 月 12 日，“归陕西街，校《石榴树》二十余面，全书校毕”。[⑩]5 月 26 日，“拟作一文入‘中志’（即《中学生》杂志——引者注），介绍《石榴树》一集。自晨至晚，中间午睡两小时，仅成稿七纸，未完篇也”。5 月 27 日，“续作昨文，至夜得四纸，仍未完”。[⑪]5 月 28 日，“晨起作完昨文，全篇将近七千言”。[⑫] 此即《读〈石榴树〉》。《叶圣陶抗战时期文集》收录时，注明“5 月 28 日作”。6

---

① 叶圣陶 . 叶圣陶日记：上［M］. 北京：商务印书馆，2018 ：482.

② 叶圣陶 . 叶圣陶日记：上［M］. 北京：商务印书馆，2018 ：483.

③ 叶圣陶 . 叶圣陶日记：上［M］. 北京：商务印书馆，2018 ：484.

④ 商金林 . 叶圣陶抗战时期文集［M］. 北京：人民教育出版社，2005 ：22.

⑤ 《情诗》（翻译短篇小说精选），“叶至善至诚选编”，路明书店 1943 年 9 月出版，收 12 篇短篇小说：《欢喜推理的野兔》《雨》《假病人》《床》《酋长》《改变》《爱情与面包》《皇帝的衣服》《老牛》《斗牛》《最后的一张叶子》《情诗》。

⑥ 叶圣陶 . 叶圣陶日记：上［M］. 北京：商务印书馆，2018 ：485.

⑦ 叶圣陶 . 叶圣陶日记：上［M］. 北京：商务印书馆，2018 ：487.

⑧ 叶圣陶 . 叶圣陶日记：上［M］. 北京：商务印书馆，2018 ：489.

⑨ 叶圣陶 . 叶圣陶日记：上［M］. 北京：商务印书馆，2018 ：490.

⑩ 叶圣陶 . 叶圣陶日记：上［M］. 北京：商务印书馆，2018 ：492.

⑪ 叶圣陶 . 叶圣陶日记：上［M］. 北京：商务印书馆，2018 ：494.

⑫ 叶圣陶 . 叶圣陶日记：上［M］. 北京：商务印书馆，2018 ：495.

月 21 日，“自《石榴树》中取一篇，译为文言，刊入‘国志’，为文白对照之例。才千言耳，午后完篇”。[①]今检《国文杂志》，第 2 卷第 2 期（1943 年 8 月 15 日出版，第 12—14 页）有《白翻文:〈经验之谈〉》，署名“田觉民”，题下有小序：

读了几期《国文杂志》，文翻白的稿子登过了，白翻文的还没有。现在我来试试，意在供给学习语文的人作参考。我的翻译未必靠得住，要请编辑先生和读者指正。

翻的是《石榴树》中的一篇，《经验之谈》。《石榴树》是威廉·索罗延的短篇集，吕叔湘先生汉译，最近由开明书店出版。我买了一本，一口气读完，很满意。原作富于诗趣，有鲜味，译笔运用口语，精练传神。我试翻这篇《经验之谈》，为的是他在十四篇中最短。如果翻长的，文白对照，太占篇幅了，只怕编辑先生不欢迎。

翻罢了，我自己读过一遍，觉得吕先生译笔下那种风趣没有了，至少是大打折扣了。现代人写现代的东西，文言到底不及白话好。

结合日记来看，此“田觉民”必定是叶圣陶化名无疑，不过徐迺翔、钦鸿所编《中国现代文学作者笔名录》并不见收，由此可得叶圣陶又一笔名；而《白翻文:〈经验之谈〉》一文，商金林所编《叶圣陶抗战时期文集》亦未见录，由此可再添叶圣陶集外文一篇。[②]

《读〈石榴树〉》主要从两个方面展开。一是对小说和作家的评价。叶圣陶认为，一般而言，小说得有个故事，故事又得有个称为“顶点”的部分，以此吸引读者的注意，《石榴树》“自然也每篇说个故事，可是都平淡之极，无非阿剌木这个孩子日常生活中的一些小节目”，“若说‘顶点’，虽不能说完全没有，至少有的篇数不多；往往依着故事的顺序这么叙述下来，叙述完了也就完篇”。其次，“文艺的根源在观感”。“在日常事物之间，人人可以得到精深的观感”。“观感精而深，一切都在胸中安排停当，写出来便是好文章”，此即“不假思索

① 叶圣陶．叶圣陶日记：上［M］．北京：商务印书馆，2018：502.

② 叶圣陶以“田觉民”之名发表的文章，目前可查见的仅此一篇。

下笔成章的作者”。索洛延便属此类。“用画来比，他写东西犹如简笔画，一条多余的线条都没有，不用说无关紧要的一搭一块了。画在上面的几笔可真不马虎，看起来好像也只是随随便便的，骨子里却勾勒得极有分寸；因而笔笔传神”。最后，“小说得写人物”，而《石榴树》“可真是写人物”：“不是说些关于某人某人的事儿，而是着重在描绘某人某人”。作者“捉住一二要点”，且“捉得对劲”，“像白描画不用颜色似的”，“不堆砌形容词，不运用花巧的修词（辞）语句，只是朴素的（地）记叙人物的动作跟语言；就凭这些记叙，他把人物描绘了出来，不仅外貌，并及内心”，“总是个立体的人物”。

二是关于吕叔湘的译笔。叶圣陶认为，“一方面保持着原作的美质，一方面融化为我国的语言”，既是“翻译家的义务，也是翻译家的愉快”。如果“意趣很好，这是原作者的功绩；如果你顺口说下去，享受更多，这是翻译者的贡献”。而翻开《石榴树》，“一眼看下去”，“就可以知道他的译笔不是谁也不这么说的话，不是‘白话文’；是现代我国的语言，是活生生的语言，是精粹非凡的语言——一个‘了’字不多用，一个‘的’字不少用，在节奏韵味上推敲到了家。默默的（地）说下去，自己听听那种‘无声之声’，书中那些个人物就仿佛出现在面前：真是一种无比的享受”。

1945 年 10 月 16 日，《开明少年》第 4 期（第 47 页），有《石榴树》（美国索洛延著，吕叔湘译）广告云：“这个集子里的各篇，以一个叫阿剌木的人物为主体，写他幼年少年时候的所见所历，洞达人情，富于诗趣，完全白描的笔法，不加藻饰，只有简朴的叙述和对话，而人物的心情姿态，自然显露，可说是具有新风格的妙品。译者的文笔，也大可称美。一般译文只宜看不宜读，读起来不顺口。这本书的译笔运用口语，精练到几乎神化，在翻译界开创了一种新风格。你若读他，不只看他，享受一定更多。”这则图书广告，即出自叶圣陶笔下，[①] 可见诸前引日记。

1947 年 9 月，《开明》新 2 号（第 13—14 页）又节选发表《读〈石榴树〉》，同时发表的还有王宗炎的《评〈石榴树〉》（第 13 页）。论者认为索洛延的文风是开创性的，其写文章“仿佛信手拈来，一点看不出斧凿的痕迹”。他笔下

① 陈大庆 . 吕叔湘先生年表［J］. 徐州师范学院学报，1994（4）：94–99.

那些由空想和诗意交织而成的故事，虽然谈不上深刻和伟大，但充满活力、生趣，下笔如行云流水。《石榴树》的题材，多半是索洛延小时候的经历和见闻，一些小人物和小事件，用一些略带夸张和幽默语言形式，虽然免不了理想化，可也有别样的诗意和人情美。而更加令人惊喜的是吕叔湘的译笔，“达到了高度的忠实和流畅”，简洁、干脆、圆熟和精练。书中还复印了原书的许多插图，增加了阅读的趣味性。读者如想欣赏索洛延原书的风味，则可阅读《我叫阿拉木》。王宗炎此文，后又以《〈石榴树〉（索洛延著，吕叔湘译，开明书店出版）》为题，刊于《大公报》的《图书周刊》第31期（1947年11月29日第六版）。

1948年3月20日，《中央日报》的《儿童周刊》第二版之“书报介绍”，发表苏静的《〈石榴树〉（威廉・索洛延著，开明书店出版）》。论者称赞威廉・索洛延是“一个美国的天才作家”，其笔调“深入精确”，但亦有人批评其作品“不像马克・吐温会把握住最高潮”，“描述起来嫌太平淡”。不过，《石榴树》是一本“值得一看的书”，“阿剌木的遭遇”及其“累积的经验”都弥足珍贵。

从上述评论不难看出，论者对吕叔湘的译笔，均推崇备至。吕译本垂范后学，影响深远，著名翻译家刘炳善就曾多番致意。1988年7月，他在《兰姆在中国有了自己的知音》中写道，吕叔湘“解放前译的小说集《我叫阿拉木》是我学习翻译的范本——那干净、利落、好像透明似的语言，让人读起来是一种艺术享受”。①1989年10月21日，其又在《关键在于文化修养和责任感——文学翻译漫笔》一文中回忆：“作为一个文艺学徒，我受益于老一代翻译家之处甚多。胡适译的《最后一课》，赵元任译的《阿丽思漫游奇境记》，鲁迅译的《表》，曹靖华译的《远方》，吕叔湘译的《我叫阿拉木》，都曾在我的少年时代，对于我的思想、性情、爱好产生过重要影响。”②1992年10月15日，在香港中文大学翻译学系的演讲“谈谈文学翻译”中，刘炳善再次谈道：“上大学（引者注：1946年就读于国立重庆大学，先读中文系，后改外文系）时，我曾和原文一起读过赵元任译的《阿丽思漫游奇境记》和吕叔湘译的《我叫阿拉木》，这两本书让我明白：怎么样的翻译才算是翻译上品。”③

---

① 刘炳善．译事随笔［M］．北京：中国电影出版社，2000：116.
② 刘炳善．译事随笔［M］．北京：中国电影出版社，2000：101–102.
③ 刘炳善．译事随笔［M］．北京：中国电影出版社，2000：121.

六、对《石榴树》的仿作

《石榴树》出版之后，受萨洛扬风格的影响，不时有作者仿效创作。1943年12月，《中学生》复刊后第70期（第43—45页）的“青年文艺”曾发表叶至诚的小说《看戏：拟索洛延》，并在篇末道明缘由，“吕叔湘先生翻译美国作家索洛延的短篇集，定名为《石榴树》，由开明书店出版。承吕先生赠我一本，我读了不知多少回，觉得作者写人叙事，那么简单而得要，真如画家中速写白描的能手。喜欢之极，不免起意，摹（模）仿他一篇，就写了这篇《看戏》。摹（模）仿得好与不好，还请吕先生与读者多多指教”。①

《看戏》后收入叶至善、叶至美、叶至诚合著的《三叶》（第129—141页），由文光书店（总店：上海河南路三二八号；分店：重庆中山一路二一八号）于1949年1月上海出版。卷首有序，是朱自清1944年9月于“成都客中”所作，其中称赞叶至诚“虽是个小弟弟，又是个‘书朋友’”，但其“观察力和记忆力却骎骎乎与大哥异曲同工”。集中收叶至诚作品六篇，而“更可注意的”则是其“拟索洛延的小说”。

1986年5月，叶至诚曾作《我的绰号叫阿拉木》，详述其始末：

阿拉木是美国作家威廉·萨洛扬的短篇小说集《我叫阿拉木》里的主人公。抗战时期，四二到四三年间，吕叔湘先生把萨洛扬那个集子里的十多篇小说陆续翻译过来，在我父亲主编的《中学生》杂志上发表，随后又汇集成册，交开明书店出版，选了其中一篇的篇名作为书名，叫做（作）《石榴树》。

我父亲和吕先生当时相识还不很久，然而却一见如故，往来十分密切。吕先生家住成都著名的学府所在地华西坝，我们家在成都新西门外罗家碾附近，隔着相当远一段路程。所以除去登门拜访以外，我父亲和吕先生常常相约在少城公园里喝茶，坐上几个小时，畅谈种种。《石榴树》的十来篇译稿，多半是由我父亲从少城公园带回家的。才读了头三篇，我父亲就赞不绝口，既赞赏萨洛扬的作品，又赞赏吕先生的译笔。那几年哥哥、姐姐和我更热心于跟着父亲练习写作，家里边爱好文学的气氛特别浓，每次拿到吕先生的译文，除了年将

---

① 叶至善，叶至美，叶至诚．花萼与三叶［M］．成都：四川文艺出版社，2019：187-188.

七旬的祖母和出世不久的三午（哥哥的长子），我们一家子都争着享受“先睹”之快。吕先生的译文用毛笔小楷写在川省土造的连史纸上，字迹清秀，煞是好看，这里的“享受”两个字，还包含了这一层意思。

萨洛扬的短篇属于当时欧美小说中的革新派。不注重情节的戏剧性（譬如：设置悬念，造成冲突，一波三折，出人意料和推向高潮之类），不作（做）繁琐的景物描写和冗长的心理分析。叙述的节奏务求简洁明快，人物的描写大多要能诉之于视觉和听觉。至于选择的主人公则全是日常生活里的普通人。总之，是使文学和生活更靠近了一步。这样清新的文风，那时候我们还见得不多，吕先生用可以上口的普通话翻译过来，尤其传神。读了以后，阿拉木和他种种有趣的遭遇，自然成了我们在饭桌上和一起修改习作时候的热门话题。

我当时正是十六七岁，对于阿拉木那种单纯却又顽皮、活泼又带点儿胡闹的少年心理，特别容易理会。其中有一篇《马戏班》，写马戏班来到小镇前后，阿拉木和他的伙伴心响（向）往之的情景，跟我当时常常闹着要进城去看话剧，如出一辙。这就启发我摹（模）拟萨洛扬的笔法，写了一篇《看戏》，经我父亲修改以后，也刊登在《中学生》杂志上。后来，我进了开明书店当职员，一些跟我们一样喜爱《石榴树》而又读过《看戏》的开明同仁，就称呼我阿拉木，最初只是在同辈中流行，渐渐地，连父执辈也这么叫了。至今，当年开明的同仁还记得我有过这样一个外国绰号。

关于《看戏》，朱自清先生在给哥哥、姐姐和我的第二个合集所作的序言里特地写了几句，说：“索洛延（如今统译萨洛扬——至诚注）本以‘孩子话’著名，还带着几分孩子气的志诚，拟来自然容易象（像）些。可是难在有‘我’。这里有他的父亲和母亲，有中国这个时代，有他自己的健康的顽皮和机智，便不是亦步亦趋的拟作了。”可见我虽然摹（模）拟萨洛扬，却并非全盘西化，而是拿来写成中国式了的。①

最后，还要补充一点的是，叶至诚之子叶兆言也曾在 1998 年 3 月 15 日就《我叫阿拉木》写过一篇短文，回忆说：“父亲在世时，常跟我说起看吕先生手

① 商金林．四叶集［M］．桂林：漓江出版社，1989：725–727.

稿时的享受。他说的享受有几层意思：一是吕先生字好，用小楷写在川省的土造连丝纸上，赏心悦目。二是译笔好，地道的中文。三是故事有趣，很好看。”① 之所以“有趣”“好看”，是在于“萨洛扬说了许多孩子的故事，不是典型意义的少儿作品，而是借助了童年视角”，其小说“清新纯真，充满童趣，玻璃球一样透明，并且五光十色”，“不玩复杂情节，不说高深道理，仅仅以简单和丰富的人情味取胜，仿佛中国的写意画，寥寥数笔，点到为止”，是美国“简单派小说的老师之一”。② 不过，叶兆言说“是吕叔湘先生最早把萨洛扬的小说介绍到中国的”③，则又大谬不然。

对萨洛扬，孙晋三曾有评价，称之为“最近最引人注意的美国新兴作家”；至 *My Name is Aram* 出版，萨洛扬已经成为美国家喻户晓的作家；其作品，“是天籁一般，完全不带一点‘技巧’，更不卖弄笔墨，粗看像是小学生文章，可是不费力地道出了美国生活的真正情调”。④ 自太平洋战争爆发以来，一方面因为中美同属世界反法西斯阵营，另一方面，萨洛扬的作品因其清新稚拙的艺术风格，在当时的中国，尤其是在抗战大后方，风行一时。其间，*My Name is Aram* 虽经多人译介，但尤以吕叔湘的译本为胜，故叶圣陶曾题诗赞其翻译：“并臻信达兼今雅，译事群钦夙擅场；颇冀移栽名部说，俾因椽笔得深尝。”⑤ 而吕译本《我叫阿拉木》与叶氏三代的书缘，更是萨洛扬在中国译介的一段佳话。

作者简介：

熊飞宇，重庆师范大学文学博士，副研究员，硕士研究生导师。主要研究方向为重庆抗战文化。

---

① 叶兆言 . 枕边的书［M］. 济南：山东人民出版社，2018 ：15.
② 叶兆言 . 枕边的书［M］. 济南：山东人民出版社，2018 ：15-16.
③ 叶兆言 . 枕边的书［M］. 济南：山东人民出版社，2018 ：15.
④ 孙晋三 .“美国当代小说专号”引言［J］. 时与潮文艺，1943（2）：6.
⑤ 杨全红 . 翻译史另写［M］. 武汉：武汉大学出版社，2010 ：46.

试析"桂林文化城"抗战文献资源的专题整理与数字典藏

万　忆　周景怡　陈娅玲

［摘　要］抗战时期的桂林是国统区大后方的文化中心，被誉为"抗战文化城"。桂林抗战文化运动的文献资源是研究中国抗战文化乃至世界反法西斯文化的珍贵史料，更是中华民族宝贵的文化遗产。以"数字人文"理念为指导，调查、整理相关文献资源，在此基础上建设专题数据库，不但有利于历史文献的永久保存，而且对传承抗战历史记忆和开发利用抗战文化遗产也具有重大现实意义。当前，"桂林文化城"专题数据库建设还存在着对各类历史文献的调查和收集，以及对历史文献和原始文档的数字化建设两项亟待完成的工作。

［关键词］桂林文化城；数字人文；抗战文献；数字典藏

［基金项目］本文系国家社科基金重点项目"百年中国共产党青年宣传工作的历史经验与新时代青年政治引领研究"（项目编号：21AZD085）的阶段性成果。

抗战时期的广西省会桂林是国统区大后方的文化中心，被誉为"抗战文化城"[①]。当时活跃在桂林的文化人有一万人左右[②]，新闻出版机构有200多家，出版报刊289种、图书2000多种，印数和种类一度占到国统区出版总量的80%[③]。桂林抗战文化运动的文献资源是研究中国抗战文化乃至世界反法西斯文化的珍贵史料，更是中华民族宝贵的文化遗产。以"数字人文"理念为指导，调查、整理相关文献资源，在此基础上建设专题数据库，不但有利于历史文

---

① 魏华龄 . 桂林抗战文化综论［M］. 南宁：广西人民出版社，2014：3.

② 陶行知 . 岩洞教育的建议［N］. 广西日报，1938-12-08（1）.

③ 赵家璧 . 忆桂林：战时的"出版城"［N］. 大公报（上海），1947-05-18（8）.

献的永久保存，而且对传承抗战历史记忆和开发利用抗战文化遗产也具有重大现实意义。

一、"数字人文"与"桂林文化城"专题数据库建设

"数字人文"（Digital Humanities）是将现代信息技术应用于传统人文研究的重要思路与方向，也是新时代"桂林文化城"抗战文献资源整理与典藏的理论视角和技术基础。

（一）"数字人文"的理论与实践

在国外，"数字人文"概念源于20世纪40年代末的"人文计算"。1949年，意大利学者罗伯特·布萨首次将计算机技术用于编撰书籍，开启了计算机领域与人文、社会科学领域的关联及合作。随着计算机技术的深入发展，数字化被视为扩展传统人文学术研究工具的一种有效方法。

20世纪90年代，计算机"屏幕文化"出现，研究者通过文献数字化改变了资料的提取、存储和分发方式。21世纪初，美国学者约翰·昂斯沃思提出的"数字人文"概念逐渐成为计算机协同人文社科研究的代名词。"数字人文"通过智能化运算过程，生成不同模块化的"信息图表"，多模态再现海量历史与人文信息，为传统人文学科提供全新的方法、工具和平台，创造出新形态的研究价值。目前，全球有超过200个冠以"Digital Humanities"的研究机构或项目正在运行。

国内"人文计算"的研究与实践始于20世纪90年代末，当时主要涉及传统文本的数字化和数字作品的保存、简单分析与展示。2010年，武汉大学王晓光通过《"数字人文"的产生、发展与前沿》一文率先引介了"数字人文"相关概念。2011年，中国大陆首个相关研究机构——武汉大学数字人文研究中心创建，其后，复旦大学、南京大学等相关研究机构相继成立。香港、台湾等地大学亦设有数位（数字）人文研究中心。至今，国内开展"数字人文"研究仅十余年，相关研究仍属新兴交叉学科领域。

（二）文献的数字化与专题数据库建设

历史档案与文献是"数字人文"研究的核心对象之一，研究内容包括文献遗产的数字化处理、历史文献元数据著录和资料库数据的可视化等。数字人文

项目可以将数字化材料与原生数字材料进行整合处理，实现传统人文与社会科学的方法论同计算机技术工具（如数据可视化、信息检索、数据挖掘、文本挖掘工具）、数字出版的紧密结合。

文献史料的数字典藏是国内外“数字人文”领域关注的主要议题之一。“数字人文”改变了人们阅读文献的方式，扩展了人们对史料的需求，深刻影响了人文社科研究。国内馆藏文献的数字化发端于 1998 年的中国数字图书馆工程，该工程的目标是建立高质量、大规模的中文数据库群，为国内外用户提供高效能的信息服务。当前国内文献数字化已发展到“数据库化”阶段，当务之急是要建设一批有社会影响的文史地理信息数据库，为政府决策、科学研究及社会服务提供重要参考。

进入新世纪，国内抗战文献专题数据库的建设渐次开展起来。李学静等探讨了建立中国抗战美术作品专题数据库为现代艺术研究和教育提供文献信息服务的问题；任竞等提出了建设重庆抗战大后方专题数据库的构想。2016 年，重庆师范大学“抗战大后方文学史料数据库建设研究”获得国家社科基金重大招标项目立项。2018 年 9 月，中国社会科学院近代史研究所“抗日战争与近代中日关系文献数据平台”正式上线，这是抗战文献专题数据库（平台）建设的最新成果之一。

（三）“桂林文化城”抗战文献资源的调查、整理与典藏现状

“桂林文化城”抗战文献史料的调查、征集和研究工作始于 20 世纪 70 年代，经过 50 多年的努力，研究人员基本摸清了文献史料的构成、去向和馆藏情况。目前，这些文献史料主要散存于广西区内的桂林图书馆、桂林市档案馆、八路军桂林办事处纪念馆、广西师范大学图书馆、广西壮族自治区图书馆和区外的重庆、昆明、上海、北京等地公立馆藏机构。此外，我国的港台地区，东南亚一带，以及美国、俄罗斯等国的馆藏机构也收藏了相关的文献史料。2019 年，八路军桂林办事处纪念馆副馆长文丰义著文对桂林抗战文化史料的收集、研究与开发概况进行了总结梳理，为相关研究提供了进一步调查整理的线索。

21 世纪初，桂林图书馆曾设想以传统方式整合西南等地图书馆的桂林抗战文献资源，建设全国性的抗战文献专藏体系，但限于主客观原因未能如愿。2006 年，桂林图书馆郭志高等相关研究人员初步论述了建设桂林抗战文献资

源数据库的必要性和可行性。但是，各地馆藏的相关文献资源迄今未能实现整合，数字化资源建设也停留在较低水平。在信息技术高速发展的今天，大部分桂林抗战文献资源依然停留在纸质层面上，既无法满足学术界对抗战文献史料资源共享的需求，也不利于抗战文化遗产的开发利用。即便是已经初步实现数字化的部分历史文献，也存在存储格式不统一、数字化程度不高、存储数据库和全文检索平台不统一等问题，使用与查询极为不便，深为用户所诟病。

二、"桂林文化城"专题数据库建设具有重要学术意义和应用价值

"数字人文"技术与历史文献资源的有机结合，既为人文学术研究工作提供了新的工具和思路，也为历史档案文献的整理典藏及其社会价值的创新发挥提供了新的契机。

（一）"桂林文化城"专题数据库建设是原创性的重大学术工程

"桂林文化城"专题数据库建设，本质上是一次全面系统的文献史料搜集、发掘和整理过程，也是丰富和完善相关馆藏机构抗战文献资源的过程，这本身就是一项具有重大学术意义的原创性工程。相较于政治倾向鲜明的重庆和延安两地的抗战文化运动，桂林抗战文化运动是国共合作背景下民主进步的文化运动，文献种类更为多样，数量内容更加丰富。由于年久战乱，有关桂林抗战文化运动的历史文献不仅损毁严重，尚存于世的也散藏于各地馆藏机构和民间，亟待抢救性发掘整理与保护。数字典藏可以深入推进桂林抗战文献的研究工作，发掘其中蕴涵的人文和社会科学价值。

"桂林文化城"专题数据库建设可以真实再现中国共产党对抗战文化运动的坚强领导和丰硕成果。习近平总书记指出："必须坚持正确历史观、加强规划和力量整合、加强史料收集和整理、加强舆论宣传工作，让历史说话，用史实发言，着力研究和深入阐释中国人民抗日战争的伟大意义、中国人民抗日战争在世界反法西斯战争中的重要地位、中国共产党的中流砥柱作用是中国人民抗日战争胜利的关键等重大问题。"① 这就把抗战文献资源的开发建设提

① 习近平在中共中央政治局第二十五次集体学习时强调：让历史说话用史实发言，深入开展中国人民抗日战争研究［EB/OL］.（2015-07-31）［2021-07-28］.https：//politics.people.com.cn/n/2015/0731/c1024-27393908.html.

升到了一个新的高度，反映了新时代的新要求。桂林抗战文化运动是中国共产党领导下的进步文化运动，不仅在中国文化史、政治史和革命史上具有崇高地位，还是世界反法西斯文化的重要组成部分。数据库将以海量文献资源充分反映丰富的历史文化信息，尽可能真实还原和再现党领导下的抗日救亡文化运动的原貌与全貌。

“桂林文化城”专题数据库建设还将极大推进新时代抗战文化和相关学科的学术研究。“数字人文”技术与桂林抗战文献资源的有机结合，可以为抗战文化以及社会历史、文学艺术、政治经济和新闻传播等学科提供全新的研究工具和思路，为新时代突破传统学术研究的诸多局限提供理论依据和技术条件。目前桂林抗战文献史料在各地图书馆、档案馆都面临缺藏状况，即便是历史悠久且有地利之便的桂林图书馆也只有已知总量的三分之一左右。数据库建设应当秉持与各地馆藏机构“共建共享”的原则，建成后与各类抗战文献数据库和平台互相链接，无偿开放给各地学术同好使用。

（二）“桂林文化城”专题数据库建设可以助力抗战文化的开发建设

“桂林文化城”专题数据库不仅可以为用户提供全面快速的文献检索，还可为文献遗产的多向度开发提供切实的帮助。当前，桂林抗战文化运动的历史文献亟待征集抢救。以数据库建设为契机，可以将散存和流失的珍贵文献史料进行集中保护，永久传承这一抗战历史记忆，为子孙后代留下珍贵的抗战文化遗产。

桂林抗战文化运动是继五四运动之后，又一场以爱国主义为主题的新文化运动，“桂林文化城”专题数据库典藏的相关历史档案文献以原本形态真实展现中华民族救亡图存的爱国主义精神，便于民众近距离感受真实的抗战历史文化遗产。这既是当今中国文化自信的体现，亦有助于人类命运共同体的打造。“桂林文化城”专题数据库可以通过与各类展馆及学校合作，打造一个集历史教学科研和爱国主义教育于一体的综合性文化传播平台。

“桂林文化城”专题数据库还可助力“桂林文化城”社会及历史场景的重建。社会历史场景还原与重建是数字人文研究领域关注的热点。历史档案文献作为社会记忆建构过程中不可替代的要素，是社会记忆的重要表现形式和承载主体，肩负着记录社会和历史的重大责任。通过对历史档案文献内容进行深度挖掘和分析，尽可能实现“桂林文化城”社会历史场景的还原与再现。

三、“桂林文化城”专题数据库建设的文献整理与数字典藏

（一）桂林抗战文化运动相关文献的概念内涵

“桂林文化城”专题数据库建设收录典藏的“相关文献”是指记录桂林抗战文化运动相关内容和信息的一切载体，主要包括抗战时期的历史文献和后世整理编撰的资料与研究文献。其中，抗战历史文献包括报纸、期刊和图书，各类文件、宣传海报、图画、照片，以及音频和影像资料等；后世资料与研究文献包括根据历史文献整理编撰的史料性文章与史料集，学术研究专著与文集，学术研究论文与报告，亲历者访谈与口述的音频、影像资料，历史文献纪录片，遗址、遗迹、文物的文字、图片和影像资料等。

桂林抗战文化运动的时间范围从 1931 年 9 月 18 日抗战爆发至 1945 年 8 月 15 日日本投降，涵盖 14 年抗战时期。狭义的“桂林文化城”时期特指 1938 年 10 月武汉沦陷至 1944 年 9 月湘桂大撤退近 6 年时间，但从广义而言，在整个 14 年抗战期间，新桂系当局在中共影响下采取较为开明的文化政策，以“桂林文化城”为代表的进步文化运动始终贯穿其间，这也符合新时代对抗战文化研究的新认识和新要求。

桂林抗战文化运动的空间范围主要涵盖桂林及其抗战文化运动直接影响下的南宁、柳州、梧州、贺州、百色等区域文化中心，适当涉及国共合作背景下的新桂系抗战活动区域。

（二）“桂林文化城”专题数据库建设的主要内容

首先，调查和收集桂林抗战文化运动的相关文献资源。

数据库建设者应当在过往研究的基础上，进一步全面系统地调查了解国内外各类馆藏机构和私人藏家相关历史档案文献的种类、数量以及收藏存放情况，然后进行分类编目。

1. 报纸（按政治倾向分类）：中国共产党的《新华日报・桂林航空版》《救亡日报》等；新桂系的《广西日报》《南宁民国日报》等；国民党的《扫荡报・桂林版》《中央日报・梧州版》等；民营的《大公报・桂林版》《力报》等。

2. 期刊（按内容与对象分类）：综合性期刊；文艺期刊；青少年、中学生和

妇女期刊；新桂系各类工作（军事、政治、经济和教育）期刊等。

3. 图书（按出版机构政治背景分类）：中共影响下的生活、新知、读书三大出版机构等；民营的商务印书馆、文化供应社等；新桂系的民团周刊社、建设书店等；国民党的拔提书店、正中书局等。

4. 各类文件、宣传海报、图画（按发文制图机构分类）：中国共产党及其统战组织；新桂系当局；各类文化团体和活动组织机构等。

5. 历史照片（按拍摄对象分类）：机构；人物；活动等。

6. 音频与影像资料（按文献载体分类）：新桂系首领的广播录音；卡尔曼（苏联）的《桂林的岩洞教育》纪录电影（现存俄罗斯国家档案馆）等。

数据库建设者还应以桂林图书馆为平台，收集整理抗战胜利至今有关桂林抗战文化运动的文字图片和音视频文献资源；对各类文化遗址、遗迹和遗物进行调查存档，同样进行分类编目。

1. 学术论文、报告、专著、文集（按作者分类）。

2. 史料性文章与史料集（按作者分类）。

3. 历史文献纪录片（按摄制机构分类）。

4. 访谈与口述的音频、影像资料（按人名 + 内容分类）。

5. 文化机关和团体机构旧址、文化名人故居和活动旧址、文化工作和文化名人用品的文字图片及影像资料（按文献内容分类）。

其次，对相关文献资源进行专题整理与数字化。建设者应当根据共建原则，与各国、各地的馆藏机构和私人藏家合作，按照国家有关政策法规进一步收集、整理和修复文献，特别是历史档案文献。然后按照一定的技术规范和标准开展文献数字化工作，构筑文献资源数据库的对象数据和元数据——对已经数字化的进行进一步调整完善；对尚未数字化的进行数字化。

最后，建设文献数据库和服务平台。建设者可以重点考察“抗日战争与近代中日关系文献数据平台”和类似中文数据库，借鉴其设计建设经验，在此基础上制定本项目建设方案，突出“桂林文化城的区域特色”“抗战文化的时代特色”和“有助于查询的研究特色”。继而，根据共享原则，以桂林图书馆为平台，对各馆藏机构和私人藏家已经整理完成的数字化资源进行征集汇总，按照已制定的建设方案完成数据库建设。建设者还应基于用户需求，利用信息工具对数据库资源进行处理、整合和分析，提供可视化工具和处理分析的挖掘工具；提供支持各类设备的自适应平台服务，实现统一平台的多终端兼容访问。为有效开发建设本项目数据库和服务平台，建设者还需参考相关或类似的文献数据库与应用服务平台，同时对相关领域专家和受众用户等进行调研和访谈。

四、“桂林文化城”专题数据库建设的基本思路与实施方案

（一）数据库建设的基本思路

以“数字人文”理念为指导，借助图书馆和情报文献学、管理科学、历史学和传播学理论，运用定性与定量相结合以及大数据研究方法，对桂林抗战文化运动相关文献进行调研收集、分类编目，在数字化资源建设和整理的基础上设计开发专题数据库与网站服务平台，为学术研究和社会公众提供信息服务。

（二）数据库建设的实施方案

1. 数据库建设的技术路线

第一步，运用深度访谈与口述历史法，访问桂林抗战文化运动的研究者和亲历者，收集史料，取得相关信息与经验；运用考据法与文史互证法对历史文献进行甄别梳理和分类编目；运用文献研究法和田野调查法收集整理相关资料与研究文献。

第二步，与馆藏单位合作完成文献的模数转换，使原文信息以数据形式表现出来；对数据进行优化处理，提高数据质量，并适当压缩；利用相应软件识别数据信息的文字内容，形成文本数据副本；对数据文件进行数据置标，按照要求在索引系统中建立与之对应的索引信息。

第三步，对相关中文数据库、平台进行比较研究，总结评估其设计经验；运用德尔菲法访问文献学、抗战文化和电信科学专家，获取数据库建设专业意见；按照拟定格式和顺序将加工完成的数据信息存入相应数据库，并做好备份；运用大数据技术设计数据库和网站的智能应用；对研究人员开展问卷调查，了解他们的使用意见，及时改进完善。

数据库建设的技术路线如下图：

2. 数据库建设的开展计划

第一步，调查了解文献构成和存放情况，分类编目；撰写相关研究报告，编撰“文献简介和目录汇编”。

第二步，评估总结相关数据库、平台建设经验；提出本项目数据库建设和网站设计方案；撰写相关主题论文进行学术分享。

第三步，对相关文献进行数字化资源建设；将数据导入数据库并进行试运行；撰写相关主题论文进行学术分享。

第四步，完成数据库和网站建设，撰写使用手册和相关研究报告。

3. 数据库建设的技术目标

全面系统地收集整理桂林抗战文化运动相关文献，利用大数据处理和云计算存储等技术，将其以原初面貌和形式分门别类存储，建成一个富有特色、支持长期储存和便于查询的云数据库系统（Cloud DB）；设计开发“桂林抗战文化数字典藏”网站，开放给大众查阅，支持全文检索和音视频、图片资源在线观看，为研究人员和社会公众提供一个全方位、动态化、智能化的查询服务平台；实现数据库和网站与其他抗战文化数据库、平台的互联互通，实现全国抗战文化研究的资源共享。

五、“桂林文化城”专题数据库建设具有切实的可行性和明显的创新性

（一）数据库建设的可行性

一是桂林抗战文献资源的概况已基本摸清。桂林抗战文化研究工作开展已超过 50 年，研究者遍布海内外，国内知名抗战文化研究专家和广西抗战文化研究会、桂林图书馆、八路军桂林办事处纪念馆的学者和文博专家对相关档案文献十分熟悉，对其存放情况也已基本调查清楚，下一步即可开展收集整理和数字化资源建设工作。

二是抗战文献数据拥有众多受众。中国抗战文化的研究者遍布国内外。对世界反法西斯文化运动研究而言，桂林抗战文化史料也是不可或缺的材料来源。新时代“以史说话”“以史为鉴”的新要求，更使相关数据内容的研究、使用遍及人文社科各个领域和社会各个层面。

三是数据库和网站建设的技术资金有保障。目前，国内“数字人文”研究工作的开展已日趋成熟，相关领域的国家项目已有不少成功经验，桂林市乃至广西全区的相关单位和专家已掌握的技术、设备和软硬件资源将为本项目的完成提供保障。本项目数据库和网站可以依托桂林图书馆和八路军桂林办事处纪念馆开发建设，这些单位本身已具备相当数量的文献数字化资源基础，未来数据库和网站的建设维护也能获得实体馆藏机构提供的资金与人力、物力支持。

（二）数据库建设具有明显的创新性

数据库对桂林抗战文化运动的历史文献与资料研究文献进行全面系统的收集整合，充实了国内相关抗战文献资源数字典藏体系，为充分发挥相关文献的社会价值提供了新的渠道和契机；数据库的建成使用可以最大化地消除学术资源的私密性，使桂林抗战文献资源及其相关研究成果为更多专业人士和社会大众所共享，促进学术创新的持续健康发展；数据库建设立足公众视角，创新性地实现桂林抗战文献资源的数字典藏与智能传播，有利于弥补官方叙事的不足，使当代读者能够通过阅读“原始材料”进入虚拟的历史时空，促进“桂林抗战文化城”社会群体记忆的构建与形成。

数据库的建设还能够产生一批创新成果——“桂林文化城”专题数据库与“桂林抗战文化数字典藏”网站，数据库和网站使用手册；专著《“桂林文化城”抗战历史文献简介和目录汇编》；相关学术论文和“桂林文化城”抗战文献资源调查研究报告；有关抗战文化建设的政策建议和咨政报告。这些创新成果的使用方向极为广泛，例如：各地公共图书馆、档案馆、抗战纪念馆、文博机构、人文社科研究机构；各高校相关学科、专业和研究院所；各相关门户网站等。从预期社会效益来看，这些创新成果可以使珍贵的抗战历史文献得到更为妥善的保护和传承；可以使抗战文化史料更便利地服务于学术研究；还可以使抗战文化遗产更好地服务于社会大众和文化建设。

六、“桂林文化城”专题数据库建设亟待解决的问题

（一）对各类历史文献的调查和收集工作亟待开展

桂林抗战文化运动的历史文献是本数据库典藏的基础性内容，也是最具特色、最有保存和利用价值的文献。这些历史文献的收藏单位众多，样态极为复杂，且数量繁多、年代久远，甚至有损毁散失现象，必须以小心谨慎的态度和扎实的甄别考证来确保史料的系统性、完整性、真实性和可靠性。同时，有些文物史料的征集还涉及版权及经费问题，需要协调馆藏单位和私人藏家，运用法律、政策及经济手段加以解决。对于国外的藏品，尽量通过学术交流和公众外交的方式进行调查收集。

（二）对历史文献的数字化建设亟待完成

数据库典藏的历史文献，特别是抗战时期的报纸、期刊、图书需要以原始样态转换为电子信息，按照一定体例结构收入数据库，以便长期储存和查询利用。这些历史文献散藏各处，数量巨大，类型众多，且原始样态的技术质量（字体、纸张、印刷技术等）和保存状况参差不齐，将其转换为高清晰度电子数据存在诸多技术困难；已经数字化的文献材料制作方式和技术标准不尽统一，需要进一步转换调适。

作者简介：

万忆，华中师范大学新闻传播学院教授、博士生导师；周景怡，上海交通大学媒体与传播学院2020级硕士研究生；陈娅玲，上海交通大学媒体与传播学院2020级硕士研究生。

广西军队北上抗日行踪遗迹遗址调查（之三）

——以 1938 年武汉会战为中心

王建平 等[①]

［摘　要］抗战时期，国民党新桂系当局进行全方位的抗战总动员，积极备战，组织并派出部队北上，开赴前线，参加了淞沪会战、徐州会战、台儿庄战役、武汉会战、随枣会战、枣宜会战等重大战役，留下了大量富含历史内容、类型多样的抗战遗址遗迹。文章记叙抗战时期以武汉为中心的广西军队北上抗日行踪遗迹遗址调查的过程与情况，提出保护和利用的对策建议。

［关键词］广西军队；北上抗日；武汉会战；抗战遗址

2020 年是纪念中国人民抗日战争胜利暨世界反法西斯战争胜利 75 周年。广西社会科学院文化研究所与广西抗战文化研究会深入贯彻落实习近平新时代中国特色社会主义思想之抗战史观，认真学习、深刻领会习近平总书记在 2020 年 9 月 3 日在纪念中国人民抗日战争暨世界反法西斯战争胜利 75 周年座谈会上的重要讲话精神，继续进行“广西军队北上抗日行踪遗迹遗址调查”系列课题研究，以 1938 年武汉会战为中心展开调研。我们以抗战遗址为切入点，正确认识和把握中国人民抗日战争的历史进程，并结合广西地方文化研究，了解广西军队（以下简称“桂军”）在抗日战争中的事迹、作用与地位。

本课题的研究意义首先是贯彻落实习近平总书记提出的“深入开展中国人民抗日战争研究”“让历史说话，用史实发言”[②]的重要讲话精神；其次是以现存的抗战遗址及其背后事件，证实和阐释中国人民抗日战争的历史价值与中国人民抗日战争在世界反法西斯战争中的重要地位，揭示中华民族伟大的抗战精

① 本文系广西社会科学院国情（区情）调研课题《广西军队北上抗日行踪遗迹遗址调查》调研成果之三。本文作者为：王建平、李建平、过竹、韦芳、陆璎、陶志红、刘畅、王心远、刘乔叶、黄璐。

② 习近平在中共中央政治局第二十五次集体学习时强调：让历史说话用史实发言，深入开展中国人民抗日战争研究［EB/OL］.（2015-07-31）［2021-07-28］.http：//politics.people.com.cn/n/2015/0731/c1024-27393908.html.

神与伟大的国家复兴的必然关系，进而达到“铭记历史、缅怀先烈、珍爱和平、开创未来”之目的。

一、调研过程

2020 年 9 月 7 日至 16 日，课题组在湖北的武汉市、老河口市、麻城市、武穴市，河南的信阳市、唐河县、商城县等 7 个市县，实地调查了 33 处抗战遗址，其中与桂军抗战有直接关系的遗址有 12 处，从中进一步了解了武汉会战的相关史实和桂军战斗的情况。

二、武汉会战及桂军战况

（一）武汉会战概况

武汉会战是 1938 年 6 月至 10 月中国军队在以武汉为中心的长江两岸的安徽、河南、江西、湖北等地区展开的抗击日本侵略军的大规模会战。南京沦陷后，国民政府的许多重要部门迁至武汉，从而使武汉成为当时中国政治、经济、军事的中心。1938 年 4 月，日军大本营决定在实施徐州会战的同时，同步实施武汉会战；5 月，日军作战指导大纲认为“攻占汉口是早日结束战争的最大机会”，“从历史上看，只要攻占了汉口、广州，就可以统治中国”，“只要控制了中原地区，实质上即是统治了全中国”。[①] 为此，日军制定的武汉会战的战略是速战速决，即“推行大陆政策当前的目标，在于迅速解决中国事变”[②]，以达到统治中国之目的。而国民政府的应对策略是“国军以确保武汉为核心、持久抗战、争取最后胜利之目的”[③]，“应战于武汉之远方。守武汉而不战于武汉是为上策”[④]，在武汉外围作战，消耗敌人，以空间换时间，实现长期抗战。所以，在徐州会战后，武汉会战也随之打响。

日军以畑俊六大将为华中派遣军司令，统率第二军（司令官东久迩宫稔彦中将）的 3 个师团从北面入侵武汉，第十一军（司令官冈村宁次中将）的 3

---

① 郭汝槐，黄玉章 . 中国抗日战争正面战场作战记：下［M］. 南京：江苏人民出版社，2002：765-766.

② 郭汝槐，黄玉章 . 中国抗日战争正面战场作战记：下［M］. 南京：江苏人民出版社，2002：766.

③ 郭汝槐，黄玉章 . 中国抗日战争正面战场作战记：下［M］. 南京：江苏人民出版社，2002：769.

④ 郭汝槐，黄玉章 . 中国抗日战争正面战场作战记：下［M］. 南京：江苏人民出版社，2002：781.

个师团和1个支队从东面入侵武汉。此外日军还派遣军直辖部队的4个师团、1个旅团和增援的2个师团，以及航空兵团的空军和日本海军“中国方面舰队”“溯江作战部队”，计有舰船120余艘、飞机500余架、总兵力35万余人。

中国军队以蒋介石为总指挥。国民政府军事委员会针对日军要攻占武汉的企图，决定调整全国的作战序列，在1938年6月新编第九战区的同时，以第五战区和第九战区所属的部队来保卫武汉，调动了陆军、空军和海军，共计14个集团军、50个军、129个师，有舰艇40余艘、作战飞机220架（含苏联空军志愿队的90架）、总兵力近110万人。其中，桂军首领李宗仁为第五战区司令长官、白崇禧为代司令长官（在李宗仁生病期间代为指挥），指挥第五战区的2个兵团、8个集团军、4个军团、23个军、50个师、1个骑兵旅和1个骑兵团，负责长江以北的抗敌；陈诚为第九战区司令长官和武汉卫戍总司令，指挥2个兵团、5个集团军、6个军团、24个军、1个江防军、67个师，负责长江以南的抗敌。

武汉会战是一场陆海空的立体大战，经历了四个阶段。

1. 序战：从1938年6月初至7月20日。6月2日，日军在海军的配合下攻占安徽的安庆和桐城，拉开武汉会战序幕，中国军队退守潜山和太湖，与日军形成对峙。后来日军逐步攻占马当、彭泽、湖口等地，迫近九江。

2. 前方要地防守战：从7月下旬至8月下旬。中日两军在江北的东线战场反复争夺太湖、宿松、潜山等要地，中国军队在黄梅失守后组织反击，双方形成对峙；另外北线战场也形成对峙。在江南战场上，日军陆军在海军和空军的配合下，占据姑塘，并且成功合击九江。

3. 主要阵地防守战：从8月下旬至10月中旬。日军占领瑞昌之后，在西进路上受到中国军队顽强阻击。在江北战场，中国军队在黄梅、广济等地阻击并反复争夺主要阵地，但未能如愿。日军陆海空三军猛攻广济田家镇并在9月下旬夺取了田家镇和富池口等江防要塞，打开了武汉门户。在江南战场，9月下旬，日军在西犯路上，其第106师团一部被中国军队歼灭于万家岭，史称“万家岭大捷”。

4. 弃守武汉后的阻击战：发生在10月下旬。10月25日，中国军队弃守武汉，结束了武汉保卫战。第五战区军队在阻击日军追击的同时，撤往大别山区、大洪山区与桐柏山区，建立根据地，并以麻城、黄安为据点。第九战区军队留下薛岳兵团在南浔线阻击，主力则沿着粤汉线南撤。10 月 26 至 27 日，日军占领武汉三镇。

武汉会战中国军队伤亡 25 万多人，日军伤亡 10 万人左右。[①]它既是抗战以来战线最长的一次会战，也是双方投入兵力最多、牺牲最大的一次战役。[②]

然而，占领武汉的日军在战略上却失败了。首先，日军想速战速决统治中国的战略企图被粉碎，而中国则通过阻击日军，以空间换时间，使国民政府以及工业设备、战备物资、人员、学校等向大后方重庆疏散转移，实现了持久战的战略目的。从此，中国抗日战争进入到相持对峙阶段。其次，日本国力严重受损。据日军战史记载，因为武汉会战，“日本国力穷困急剧表面化……时间一长就维持不住了”[③]。

（二）桂军战况

在武汉会战中，桂军所派出的 4 个军共 11 个师都在长江以北的第五战区作战，他们分别是：李品仙任总司令的第四兵团及其第十一集团军的第八十四军和第四十八军；廖磊任总司令的第二十一集团军的第三十一军和第七军。

在江北战场上，日军试图从东面西犯和从北面南侵，矛头指向武汉。在东面西犯上，一是沿着长江水路打开武汉门户之武穴市田家镇及其要塞，二是从陆路上沿着广济老县城梅川突破关隘困龙颈（即困龙关）而进入武汉。在北面南侵上，一是从麻城福田河与河南光山沙窝交界的关隘小界岭打进武汉，二是从河南信阳的关隘武胜关闯入武汉。桂军主要在东面战场上阻击日军西犯，其战况主要有：

在序战阶段，李品仙和廖磊分别指挥第四十八军、第三十一军、第七军参加舒城和安庆的战斗；第七军、第三十一军参加了潜山和太湖的战斗。

在前方要地防守战阶段，第四十八军、第三十一军参加九江以北太湖、宿松、黄梅、广济的战斗。李宗仁计划调集桂军主力在川军、西北军的配合下重

---

① 郭汝槐，黄玉章 . 中国抗日战争正面战场作战记：下［M］. 南京：江苏人民出版社，2002：869–870.

② 步平，王建朗 . 中国抗日战争史：第 2 卷［M］. 北京：社会科学文献出版社，2019：168.

③ 郭汝槐，黄玉章 . 中国抗日战争正面战场作战记：下［M］. 南京：江苏人民出版社，2002：869–870.

点防御长江沿岸。覃莲芳第八十四军防守黄梅及长江以南沿岸地区；韦云淞第三十一军防守宿松、太湖一带，一部在广济担任预备队；廖磊的第二十一集团军主力固守立煌[①]根据地。但是，大战打响后，双方展开了激烈的争夺战，伤亡惨重。在战斗中，桂军主动反击，歼敌众多。广济失守后，李品仙在致蒋介石等密电中说：各部损失异常惨重，“勉强迎战者，惟第七军及四十八军各两师”[②]。由此可见，桂军的战斗力不但比其他各省军更强，而且是主动作战，有意反击，是这一阶段战役的主力军之一，作用重大。

在主要阵地防守战阶段，第四十八军、第三十一军、第七军、第八十四军均参加了广济的战斗，其中第四十八军重在防守，第三十一军、第七军重在反击，第八十四军则是主动向黄梅进攻。后来，第八十四军“在双城驿、塔儿寨一带与日军反复争夺，杀敌颇多，牺牲亦重，阵地终陷敌手”[③]。这就是说，桂军也是这一阶段战斗的主力军之一，并在广济之战中表现突出，不但能防守，而且还能反攻，致使日军进攻部队的第六师团“经过 8 昼夜的苦战，方占领了距黄梅仅 30 多公里的广济，死伤甚众，已无力继续进攻，因而构筑工事，转为守势，在广济以西界岭南北高地与中国军队对峙，等待补充”[④]。

在武汉会战后期，桂军按照国民政府军事委员会部署，廖磊指挥的第二十一集团军第七军留在商麻公路以东的大别山区开展游击战；李品仙指挥的第十一集团军之第三十一军、第八十四军，以及第三十九军向洛阳店及马坪集结。第五战区司令长官部也转移到地处桐柏山、大别山和大洪山之交的“鄂北重镇”——随县。由此可见，以桂军首脑为司令长官的第五战区及其桂军部队在武汉会战中占据了重要地位，成为坚决抗战的主力军之一。

三、桂军抗战遗址及纪念地

在这次调查中，与桂军有关的主要抗战遗址和纪念地介绍如下。

---

① 立煌县现已更名为金寨县。本书下同。

② 步平，王建朗. 中国抗日战争史：第 2 卷［M］. 北京：社会科学文献出版社，2019：160.

③ 郭汝槐，黄玉章. 中国抗日战争正面战场作战记：下［M］. 南京：江苏人民出版社，2002：826.

④ 郭汝槐，黄玉章. 中国抗日战争正面战场作战记：下［M］. 南京：江苏人民出版社，2002：869-870.

（一）抱冰堂：广西学生军在武汉驻扎地旧址

位于湖北省武汉市武昌蛇山东面山坡，为单檐歇山式堂屋，四周檐下环以外廊，造型精美，廊前悬挂“抱冰堂”匾额。“抱冰堂”源自张之洞晚年自号“抱冰老人”。1889 年张之洞任湖广总督，政绩显著。1907 年，他离鄂赴京任职，其僚属在蛇山脚下建此堂以存纪念。1937 年 12 月 28 日，由桂林出发的第二届广西学生军到达武汉，驻扎抱冰堂，休整一个月。其间，广西学生军参加了保卫武汉的大游行及献金运动。当时在武汉的中共领导人及将领周恩来、叶剑英、邓颖超、张爱萍等均来此看望学生军并进行演讲，沈钧儒、邓初民、马哲民、张志让等进步人士纷纷应邀来此给学生军作报告。其中，周恩来就国共合作和抗日民族统一战线进行专题演讲；邓颖超主讲《抗战与妇女解放》。这使武昌抱冰堂成了革命的摇篮。广西学生军亲切地把这里称为“抗日临时大学”。抱冰堂于 2008 年列入湖北省文物保护单位。

（二）老河口第五战区司令长官部旧址

位于湖北省老河口市北京路南段东侧，系湖北省文物保护单位、湖北省爱国主义教育示范基地。1939 年 5 月至 1945 年 3 月，第五战区司令长官李宗仁将军将长官部迁移到老河口并坚持抗战。旧址坐东朝西，原建筑一井三院，前、中院为典型砖木结构北方民居，后院为砖木结构仿欧式建筑。现建筑面积为 824 平方米，占地总面积为 2530 平方米。旧址经过两次维修复原后，现有高级将领军事会议室，李宗仁将军书房、卧室，侍从室，接待室，调查室，机要室，作战室等战时司令部机构。陈列《勿忘历史・警钟长鸣》图片展，着重介绍李宗仁在中国共产党抗日民族统一战线政策的影响下，在民族危亡时刻，坚持“焦土抗战”，率领第五战区爱国官兵移师老河口，活跃在鄂、豫、皖地区，先后与进犯日军进行了随枣会战、枣宜会战、豫南会战等著名战役，歼灭敌寇 10 万余人，保卫鄂北豫南大片国土，粉碎日军巩固华中、图霸西北的阴谋。李宗仁基本上坚持着抗日爱国的开明政策，使得胡绳、刘仲容、姚雪垠、碧野、臧克家、张光年、王寄舟等一大批共产党人和进步文化人士云集老河口，他们或在《鄂北日报》《阵中日报》上经常发表进步文章，或创作抗日文艺作品，或进行救亡演出活动，大大激发了第五战区爱国官兵抗战御侮的民族精神，使老河口的抗战文化宣传活动空前活跃，成为抗战时期继桂林后的又一个文化名城。该旧址是第五战区司令长官部驻扎老河口坚持近六年抗战的见证，是湖北省乃至全国抗战时期正面战场有重要影响的历史遗址。老河口市政府有意将旧址建设成为全国一流的抗日战争正面战场史迹纪念馆，从2010年起建设老河口抗战文化广场，开展各种抗战纪念主题活动，扩大旧址影响，促进宣教和开放工作，致力改变抗战纪念场馆硬件建设薄弱的状况。

（三）老河口平民医院旧址

位于湖北省老河口市中山公园东南角，始建于1941年6月。由于国民政府第五战区司令长官部进驻，老河口招致日机轰炸，造成百姓死伤千余人，第五战区司令长官李宗仁为抢救伤民，号召社会各界募捐，自己捐助法币2000元，修建“平民医院”，专为贫困百姓服务。医院由第五战区卫生处承建，拆用老河口城墙砖和城隍庙木料修建四十余间房屋，设内科、外科、妇科、五官科、皮肤科等科室，设施完备，第五战区军医承担主要医疗服务，日均诊治量上千人次。2010年9月公布为老河口市文物保护单位。

（四）老河口抗日阵亡将士暨死难同胞纪念碑

位于湖北省老河口市中山公园西侧。1940年4月，为纪念抗日阵亡将士和空袭死难同胞，李宗仁下令在中山公园东南角建“抗敌阵亡将士暨死难同胞纪念碑”。此碑毁于战火。抗战胜利后，在中山公园西北角建成纪念塔，塔顶铸有展翅的铜鹰，是抗战时来老河口的美国飞行员设计的。原塔身东面镌刻“第五战区抗日阵亡将士纪念塔”，塔身南面嵌碑文“功在兴邦”（蒋中正题），北面为“桓桓多士，御侮同役，取义成仁，躯捐七尺，身死国生，心丹血碧，浩气长存，芳流贞石”（李宗仁题），西面为“光照河岳”（刘峙题）。该塔1966年被毁。1984年、2010年两次复建为“抗日阵亡将士暨死难同胞纪念碑”。2013年再次复建在公园西侧。该碑所在碑园是当地举行弘扬抗战精神和传承抗战文化活动的场所。复建后的纪念碑，仅留下蒋介石、刘峙的题词，没有李宗仁的题词。复建地也不在原址，未能全面恢复历史原貌。

（五）老河口福民医院旧址

位于湖北省老河口市光化街胜利路市委大院内，系湖北省文物保护单位。原为福音堂，由挪威人建于1917年。它坐东朝西，通面阔28.6米，通进深16.5米，占地面积471.9米，为北欧风格的单体两层硬山式砖木结构建筑，共有房屋 17 间，木地板、青砖清水墙、红瓦屋顶。东西两面上下为檐廊，檐廊外各设 17 个拱形门。抗日战争时期改为“福民医院”，中美空军混合团第三大队（飞虎队）、朝鲜义勇队第三分队等先后驻扎于此。系老河口市保存下来的唯一一座挪威人主持兴建的北欧式风格建筑，具有较高的抗战历史纪念意义。旧址现是老河口市委机关办公场所，原建筑保护良好，仍在使用。笔者调研时它正进行整体维修。从老河口抗战历史文化缺乏展示空间的现状考虑，福民医院作为世界反法西斯统一战线的历史资源，可以尝试设计相关的展陈。

（六）麻城宋埠第五战区司令长官部驻扎地旧址

位于湖北省麻城市西南端宋埠镇郝铺（又名郝家铺）社区中的相公庙，系在原址上后移 50 米重建，主体已完工。建筑右为相公庙，即第五战区司令长官部驻扎地，左为郝氏宗祠，并列耸立，彼此相连。相公庙有 100 多平方米，上有飞檐隔火墙，正面有一门两窗，内部摆放着一些介绍小界岭战役的展板。庙的右边是一间厢房，门前有一个约两个篮球场大的院子，在原来的院墙边堆放着从旧庙拆下来的砖瓦。宋埠镇因为背靠大别山，又临举水河，所以交通便利，人口较多，商业繁华，被称为“小汉口”。在武汉会战期间的 7 月 28 日，第五战区代理司令长官白崇禧为了便于指挥作战，将司令长官部从河南商城迁到麻城宋埠，在郝家铺的相公庙驻扎。当时宋埠码头堆积着各种抗战前线急需物资。第五战区司令部在此直接指挥了小界岭战役。在战斗激烈的 10 月，蒋介石从武汉到宋埠亲自督战，与李宗仁协商指挥守卫大别山防线，曾在相公庙住宿一夜。郭沫若两次率领抗战文艺宣传队到这里演出，慰问抗日军民。

（七）武穴双城驿战斗遗址

位于武穴市余川镇双城驿村周边一带。双城驿战斗是武汉保卫战外围阻击战的重要战役——广济之战的组成部分。双城驿困龙村、功德桥、玉屏山、田家镇都是广济之战中的重要战场。广济在湖北省东部，双城驿是该市紧邻安徽省的一个村。这里有一条由安徽进入湖北的古道，双城驿就是古道上的一个驿站，如今已发展为一个自然村。当时，双城驿是日军由安徽西进湖北的必经之路。1938 年 8 月，日军进犯武穴，战斗首先在困龙山打响。不久，日军推进到双城驿一带。古道上的功德桥成了两军争夺的重要阵地。中国守军顽强抗击，与敌反复争夺阵地，3000多名将士壮烈牺牲。如今桥上有许多弹痕仍清晰可见，反映了战斗的激烈。双城驿失守后，桂系部队第八十四军奉命夺回此战略要地。第八十四军自1938年6月从广西北上抗日以来，双城驿战斗成为他们抗日第一战。据战事报告记载："8月3日，奉命接替六十八军广济附之李家湾、塔儿寨、叶家大屋、后山铺、苦足口之线，拒止西犯之敌。12日敌开始以炮轰击我军阵地，我不断向敌出击，屡挫敌锋，敌不断增援猛扑，与敌浴血战斗50余日，并克复双城驿，蒙委座嘉奖。"[①] 如今双城驿战斗相关遗迹多已不存，唯功德桥犹在，作为此次英勇战斗的历史见证。

（八）武穴四顾坪抗日阵亡将士纪念碑

位于武穴市梅川镇困龙村四顾坪田冲水库大坝左侧，刻立于2014年4月12日。它有约一个篮球场大的碑园，被青石砌成的园栏杆和碑台栏杆所包围。园中即为纪念碑。碑顶有四角檐，正面和背面均有铜铸的"抗日将士纪念碑"字样。碑座正面刻有文字，记叙了第五战区的桂军、川军等在此与日军殊死战斗的光辉历史。碑座背面刻着在困龙颈作战的抗日军队战斗序列及军队上至军长、下至团长等将领姓名，有桂军第七军军长张淦、副军长王赞斌、参谋长杨赞模、副参谋长王卫苍等。纪念碑周围之群山原为当年战场，仍有战壕等遗迹。

在武汉会战期间的9月至10月，中国军队在广济战场上阻击日军。第五战区以桂系张淦指挥的第七军扼守四顾坪山、川系曾福林指挥的第五十五军扼守龙顶寨，另以二十一师、六十七师分驻松杨桥、李兴泗、吴屋脊一带，在困龙颈一带的狭长山谷里设下埋伏。9月6日，广济县城梅川失守。7日，日军向梅川以西推进。日军进至困龙颈时，后撤的中国军队突然反攻，龙顶寨和四顾坪的川、桂伏军同时出击，敌寇猝不及防，被聚歼2000多人。自此，围绕四顾坪、龙顶寨的争夺战展开。白天，日军凭借飞机大炮的优势狂轰滥炸，占领山头；晚上，中国军队以劣势装备进行反攻，与敌军血战。至10月中旬，中国军队死死拖住日军第十三师团，迟滞了日军攻破田家镇要塞的时间，确

---

① 黄铮.广西抗日战争史料选编：第3卷［M］.南宁：广西人民出版社，2005：128.

保了武汉的各机构安全撤至重庆大后方。在这场战役中，数千名桂、川将士为国捐躯，忠骨埋于四顾坪、龙顶寨地区方圆几十里的山岭间。两个多月后，当地百姓将中国军队 3600 多名阵亡将士忠骨殓聚，建起 5 米高的石塔以葬之，告慰英灵。2014 年 4 月，武穴市民政局在四顾坪山西南角树立抗日阵亡将士纪念碑。

（九）武穴双泉寺抗日阵亡将士纪念塔

位于湖北省武穴市四望镇刘寿村金家山下，原名丛山口白骨塔，始建于 1939 年春，重建于 2006 年夏，并重新命名为“抗日阵亡将士纪念塔”。塔的两侧斜对面即双泉寺和观音堂。它是一座白色的七级六角塔，每级中间有穿透之门，塔角有飞檐。塔身镶嵌有“抗日阵亡将士纪念塔”字样。第一级正面门框有碑，刻有“抗日阵亡将士永垂不朽”字样，碑的两旁有对联，写着“牢记历史”“勿忘国耻”。塔的左面有碑图，介绍 9 月 14 日至 29 日田家镇战斗的经过，以及《田镇[①]要塞保卫战中国参战部队番号》和该塔修建过程，还有《重建抗日阵亡将士纪念塔序》等碑刻。塔的右面有双泉寺抗日阵亡烈士纪念塔庆典捐款名单。

在广济之战中，国民政府军事委员会调集 14 个军共 32 个师进行阻击，日军伤亡 9000 余人，中国将士牺牲 17000 多人。其中，中日两军在金家山和陶文寨等地展开激战。桂军第一七四师为夺取丛山口阵地而牺牲惨重。在战后的 1939 年春，当地士绅吴领选等人，以每户捐谷一手推车的方式，在观音堂后面 15 米处修建烈士塔，将在陶文寨牺牲的 2000 余名抗日阵亡将士骨骸聚敛于塔内，取名为丛山口白骨塔。在“文化大革命”期间，该塔被毁。2006 年，由朱友金、张金海等人发起，在武穴市人民政府、市委统战部等部门的支持下，筹资 5 万余元，重建此塔，以纪念在广济之战中英勇牺牲的抗日将士。

（十）钟毅将军殉难处

位于河南省唐河县苍台镇丁湾村西田野的路边，在一小土堆前立着两块碑。旧碑中间刻有“钟毅将军殉难处”，右上写着钟毅牺牲的时间“民国二十九年五月九日”，左下写着钟毅的籍贯“广西扶绥县扶南乡长沙村”。新碑刻有“钟毅

---

① 经笔者核实碑文照片，此处应为田镇，而非田家镇。

将军殉难处旧址”，系唐河县人民政府2017年5月公布、2019年7月所立，为县级文物保护单位。此处原为丁湾河滩，离西边的丁湾河仅300余米。

1938年夏，时任国民革命军第三十一军第一三八师第四一四旅少将旅长的钟毅率部赴鄂东参加武汉会战，在广济余川双城驿阻击日军。10月，他晋升为第四十八军第一七三师中将师长。武汉会战后，他的部队奉命退守湖北襄樊地区，负责保卫在老河口的第五战区司令长官部。1940年4月，日军发动第二次随枣战役，企图打击第五战区的中国军队。钟毅指挥的第一七三师参加战斗，防守随县和枣阳正面，随后掩护第一七四师和第一八九师向豫南撤退。5月5日，日军突破第一七三师左邻部队的防线。为了避免被包围，钟毅率部且战且退。5月8日，他们退至河南省南部的唐河县苍台乡附近，突然遭遇日军骑兵，双方发生乱战。5月9日，钟毅带领50多人，撤退到丁湾河滩，又与日军骑兵厮杀两个小时，所带官兵牺牲殆尽。钟毅右胸重伤，难以冲过300米外的丁湾河，回到中国军队阵地。下午3时，他为避免被俘而饮弹自尽，为国捐躯，年仅40岁。1941年5月19日，国民革命军将领蒋志飞会同地方3000余人在丁湾村为钟毅召开追悼会。第五战区司令长官李宗仁题词“钟毅将军殉难处”勒石纪念。钟毅牺牲后，李宗仁派人潜入敌占区，运回将军遗体，并在重庆北碚举行祭奠。同时，中共中央及各界代表1000余人也在延安为钟毅举行隆重的追悼大会。钟毅灵柩运回桂林安葬于尧山脚下。新中国成立后，钟毅被中央人民政府追认为革命烈士。2014年，民政部将钟毅选入“第一批300名著名抗日英烈和英雄群体名录”。

（十一）钟毅中学

位于河南省唐河县湖阳镇蓼山旁，系为纪念钟毅将军而建的一所中学，后改称唐河县第三高级中学，现又更名为唐河县湖阳镇第一初级中学，简称湖阳一中。在学校一个封闭的侧门（原校门）上，尚存有程思远题字的“钟毅中学”的字样。1940年5月9日钟毅将军牺牲后，1942年唐河县在湖阳镇创办中学一所，命名为“钟毅中学”。又据民间说法，起初人们为了纪念钟毅将军而在他殉难的苍台乡丁湾村建校，但是后来时任唐河县保安司令的湖阳人赵建恕强迫学校迁至他的家乡湖阳镇。

（十二）钟毅小学

位于河南省唐河县苍台镇丁湾村边，系为纪念钟毅将军而建的小学。校门门额有程思远题写的“钟毅小学”校名。校内还有一个六角亭，上有飞檐，下有 6 柱，亭内立有一块三角碑，面对教室的碑面刻有“钟毅小学简介”，记述了学校创建的缘故，部分碑文如下：“钟毅小学（其前身为丁湾小学）乃为纪念抗日名将钟毅所建。钟毅，乳名必魁，字天任，广西扶绥县扶南乡长沙村人，生前系国民党李宗仁部一七三师中将师长。为人正直，爱国进步，与我党密切接触。一九四〇年五月，日军大举进攻枣阳宜城地区，钟毅奉命参加随枣战役，与日军藤田师团血战七日，伤亡惨重，被迫弃枣向西转移。五月九日在我村西麦田突遭敌骑围攻，饮弹身亡，为国殉躯。名将阵亡，举国震惊。国民政府厚奠之余，决定在将军殉国处设立‘钟毅中学’以示纪念，后因诸多缘故未能如愿。值抗战胜利五十周年之际，为纪念爱国将领，启迪后人，丁湾村人特奉请全国人大常委会副委员长程思远先生为‘钟毅小学’题写校名。钟毅小学自此始。”

（十三）陆军第八十四军抗战阵亡将士忠烈祠

陆军第八十四军抗战阵亡将士忠烈祠位于河南信阳市商城县城关镇半个店山坡上。1942 年，第八十四军军长莫树杰为悼念抗战以来第八十四军牺牲的上万名官兵，在半个店购买土地建立纪念墓园，原有忠烈祠和墓园两大部分，现墓园已不复存在，只剩忠烈祠、钟毅墓和祭祀广场。系河南省文物保护单位。

陆军第八十四军抗战阵亡将士忠烈祠（李建平　摄）

整个墓园南北纵深180米，东西宽约110米，占地近2万平方米。忠烈祠坐北向南而建，为歇山飞檐，门立盘龙雕柱。祠堂内正中靠后竖立一通巨碑，竖刻“陆军第八十四军抗日阵亡将士之神位”，内壁镶嵌有莫树杰撰写的《陆军第八十四军忠烈祠碑记》，东、北、西三面墙上有镌刻该军为国捐躯将士姓名、简介的3组横连碑，名单有数千人之多。祠堂西面依岗坡地势垒砌7级台阶式墓道。1943年7月7日，该墓园建成，第八十四军举行盛大的落成典礼，第五战区军政要员云集商城，参加公祭仪式。

忠烈祠后的墓园在“文化大革命”期间被推平，现为菜地。原有的周元将军墓和庞汉祯将军墓也已消失。整个园区附属设施多有破坏缺失，亟须加强保护。

四、其他抗战遗址及纪念地

在重点调查桂军抗战遗址的同时，我们对与武汉会战相关的抗战遗址一并进行了调查。主要有：

1. 八路军武汉办事处旧址纪念馆
2. 汉口新四军军部旧址
3. 国民政府军事委员会政治部第三厅旧址
4. 汉口总商会暨中华全国文艺界抗敌协会旧址
5. 武汉大学周恩来故居
6. 武汉大学体育馆：蒋介石检阅战时军官训练团学员场所
7. 武汉大学运动场：战时军官训练团训练场地
8. 唐河战役抗日殉难烈士墓旧址
9. 汉口碉堡群
10. 武汉受降堂及受降纪念碑
11. 武昌蛇山烈士祠
12. 武汉解放公园苏联空军志愿队烈士墓
13. 鸡公山武汉会战历史纪念馆（鸡公山花旗楼）
14. 鸡公山美龄舞厅
15. 鸡公山抗战阵亡将士纪念碑

16. 麻城小界岭战役遗址

17. 武穴五福寺前后山脉抗日阵亡烈士纪念碑及公墓

18. 武穴田家镇要塞保卫战遗址

19. 老河口望江楼遗址

受篇幅所限，以上遗址简况从略。

五、抗战遗址现状存在的问题以及开发利用的对策建议

习近平总书记指出：文物承载灿烂文明，传承历史文化，维系民族精神，是老祖宗留给我们的宝贵遗产，是加强社会主义精神文明建设的深厚滋养。保护文物功在当代、利在千秋。

经过此次调研，课题组认为应该结合时代背景，做好顶层设计，科学合理开发利用抗战遗迹遗址。

抗日战争留下的珍贵遗迹遗址，是先辈忠魂凝聚所在，是中华民族宝贵的红色文化资源，是红色文化传承不可替代的载体，是爱国主义教育重要阵地，是先进文化的核心和灵魂，是中国特色社会主义核心价值体系的重要组成部分，在我国社会发展历程中具有独特的、不可替代的作用。在党中央的部署下，各级政府及相关职能部门不断加大对抗战遗址的保护力度，先后建立了平型关大捷遗址、台儿庄战役遗址、昆仑关战役遗址、中国战区侵华日军投降签字仪式旧址等一批抗战遗址保护单位。抗战遗迹遗址资源保护和开发取得很大成效。

武汉抗战遗址历史内涵丰富，特色鲜明。不少遗址保护得很好，也很用心。如解放公园苏联空军志愿队烈士墓，在墓园一旁的介绍栏给调研组留下深刻印象，除了墓园简介，还有解放公园管理处特设的《告示》和《公共空间诗歌》。

《告示》内容如下：

解放公园苏联空军志愿队烈士墓是一个庄严肃穆的地方，是缅怀先烈，纪念英雄的清净之地，为维护墓区环境卫生整洁和良好秩序，使广大市民在园内有一个文明、安全的祭扫场所，根据广大市民及上级有关要求，特作如下管理规定：

一、爱护文物和建筑设施，不得在建筑及地面涂鸦及张贴广告。

二、尊敬烈士，不得在墓台上锻炼行走。

三、墓区内不得随意播放音乐及大声喧哗。

四、爱护烈士墓区内的一草一木，不得随意采摘。

五、禁止墓区内乱扔垃圾和随地大小便等不文明行为。

请广大市民遵守上述规定，并自觉接受工作人员的监督和管理，凡违反规定造成园内绿化、设施等损坏时，必须照价赔偿，对不服从管理，扰乱公园秩序的由公安部门处理。

《公共空间诗歌》栏契合墓园纪念主题，节选俄罗斯诗人叶赛宁诗歌《不惋惜，不呼唤，我也不啼哭》，吟诵中，仿佛看到烈士们为了正义、和平而笑卧沙场的牺牲情怀，英雄不死，英雄永生！

武汉解放公园苏联空军志愿队烈士墓的抗战纪念设施，注重管理，从细节入手，形成非常完整的纪念体系，值得借鉴。

但是，对于众多散落民间、乡野的抗战遗迹遗址而言，资源保护的力度还不够，开发利用的成效有限。因此，必须进一步深入研究，采取更加有效的措施保护和开发利用好抗战遗迹遗址资源，发挥抗战遗迹遗址独特的红色文化资源优势，为进一步提升我国文化软实力作出重大贡献。

（一）存在的问题

1. 缺乏可操作的保障机制

《中华人民共和国文物保护法》等诸多相关法规缺乏具体的保护利用规定和措施。一些地方和部门对抗战遗迹遗址特别是一些新挖掘出来的遗迹遗址缺乏相关的制度性规定。这就造成抗战遗迹遗址在资源保护与开发利用上缺乏可操作的法规依据和保障机制。

2. 缺乏协同配合的工作机制

抗战遗迹遗址的等级认证、保护、管理、开发等职能分别由党史、民政、文化、旅游等相关部门行使，各司其职，但没有形成合力。由于未确定保护等级、无管护责任单位，同时，各有关单位协调不足，缺乏有效的协作机制，令不少抗战遗迹遗址得不到重视而散落民间。

3. 缺乏科学规划

大多抗战遗迹遗址资源闲置于民间，散落在乡间荒野，没能得到有效保护和合理开发利用。这与科学规划有很大关系。特别是不少抗战遗迹遗址未能纳入所在地的文化发展规划、旅游发展规划，无法获得立项。

4. 缺乏常态化的保护经费

不少抗战遗迹遗址无管护资金或经费严重不足，保存状况每况愈下，更甚者年久失修，无人问津，损毁严重。如不及时进行修缮，这些弥足珍贵的抗战遗迹遗址资源将很快面临损毁消失，不复存在。

5. 缺乏行之有效的宣传

除了如上海淞沪抗战纪念馆、台儿庄大战纪念馆、昆仑关战役博物馆等有一定的社会知名度外，那些较小战役及未经开发成型的抗战遗址鲜为人知，社会公众对其缺乏了解和认知。

6. 开发利用有余，修缮保护不足

在乡村建设、旅游开发的浪潮中，那些较小战役及未经开发成型的抗战遗迹遗址遭到“保护性拆除、建设性破坏”。

（二）对策与建议

1. 认识到位、管理到岗、责任到人

要大力引导和教育各级党组织及其党员领导干部，让他们充分认识抗战遗址遗迹保护和利用工作的必要性和现实性。

抗战遗址保护出现的问题，主要原因在于认识不到位、管理不到岗、责任不到人。因此，必须从巩固党的执政之基的高度出发，实现认识到位、管理到岗、责任到人。

抗战遗迹遗址是无数先烈用鲜血染红的，是中华血脉的“基因”，是社会主义核心价值观的重要基石，当地党委、政府必须以敬畏之心、敬仰之情，呵护好、保护好抗战遗迹遗址。弘扬传承抗战文化，是一项政治工程、文化工程、民心工程。应将抗战遗迹遗址的保护与开发利用纳入各级政府绩效考评体系，列入当地党政领导“一岗双责”之中。

2. 统一领导，强化监督，落实责任

党委统一领导，政府出台《抗战遗迹遗址保护条例》，以文物部门为主，公安、纪检监察机关为辅，强化监督。

强化人大、政协民主监督，将抗战遗迹遗址保护列入人大、政协调研、协商范围，督促抗战遗迹遗址所在地党委、政府抓好落实。

落实责任，将抗战遗迹遗址的保护和利用纳入各级党委主体责任之内，层层压实主体责任，传导压力。按照分级保护的原则，层层签订《抗战遗迹遗址保护主体责任书》，并按此加以落实到位。强化多层级、多方面的监管。

3. 各司其职，各尽所能，形成合力

抗战烈士纪念建筑物由民政部门管理，抗战遗迹遗址文物由文旅部门管理，抗战史料收集、研究由档案、党史等部门负责。上述部门各司其职、各尽所能的同时，还要形成合力。党史部门提供遗址名录，文旅部门将所有符合文物保护条件的抗战遗迹遗址列入文物保护单位，民政、文管部门对列入文物保护的抗战遗迹遗址给予专项资金保障。文旅部门调整文旅融合项目思路，把抗战遗迹遗址列入文旅重大或重点旅游开发项目，以政府文旅部门主导的科学开发利用来遏制破坏抗战遗迹遗址和易地仿建伪造抗战遗迹遗址的现象。

4. 结合实际，突出特色，寓教于乐

抗战遗迹遗址的保护与开发利用必须结合实际，突出特色。

（1）坚守保护为主，合理使用为辅。抗战遗迹遗址是不可再生的稀缺资源，不能功利地胡乱开发，必须科学合理使用而不是盲目利用。

（2）紧贴时代背景，搞好科学规划。抗战遗迹遗址饱含社会历史背景和抗战军事特色，必须做到结合实现中华民族伟大复兴的时代主题，结合抗战文化和不屈不挠、艰苦奋斗的特色主题，这既是抗战遗迹遗址保护与开发利用的初衷，也是核心。

（3）结合资源实际，突出文化特色。抗战遗迹遗址的开发利用不能无中生有、生搬硬套、千篇一律，在项目规划设计和开发建设过程中，要把握好抗战遗迹遗址所在地的抗战文化元素、地域文化特色，让抗战遗迹遗址与开发景区景点有机融合，打造各具特色的抗战遗迹遗址红色旅游项目。

（4）力求锐意创新，发挥灵活创意。在全域旅游、全民旅游的大背景下，旅游产业发展朝气蓬勃。但是，抗战遗迹遗址红色旅游项目的“双效益”不尽如人意，主要原因是抗战遗迹遗址红色旅游项目规划理念陈旧，项目内容呆板、单一，项目同质化问题突出，缺乏创意和参与性项目。因此，抗战遗迹遗址的开发必须锐意创新，发挥灵活创意，让抗战遗迹遗址活起来、动起来、趣起来、教起来。

（5）坚持简朴大气，务须表里如一。抗战遗迹遗址不同于一般的旅游资源，这是由抗战社会历史背景和抗战民族精神所决定的，是不可替代的独特人文资源。因此，不能打着“抗战”旗号，挂羊头卖狗肉，表里不一，名不副实。抗战遗迹遗址保护应做到开发建设上大气，文化展示上高调，让游客身临其境，穿越到那个激情燃烧的岁月，体验卓绝宏大的抗战史诗意境。

作者简介：

王建平，广西社会科学院教授，广西抗战文化研究会会长；李建平，广西社会科学院研究员，广西抗战文化研究会名誉会长；过竹，广西社会科学院文化研究所研究员；韦芳，桂林市李宗仁文物陈列馆研究馆员；陆璎，广西社会科学院副编审，广西抗战文化研究会副会长兼秘书长；陶志红，广西大学新闻与传播学院副研究馆员；刘畅，北京广播电视台网络信息中心主任编辑；王心远，广西建设职业技术学院讲师；刘乔叶，广西广播电视台高级编辑；黄璐，广西社会科学院文化研究所副研究员，广西抗战文化研究会副秘书长。

广西军队北上抗日行踪遗迹遗址调查（之四）

——以抗战时期大别山地区（安徽省部分）为中心

王建平 等[①]

引言

本课题是广西社会科学院“广西军队北上抗日行踪遗迹遗址调查”系列研究的第四部分，以抗战时期大别山地区（安徽省部分）为中心，主要聚焦广西军队（以下简称“桂军”）在大别山区展开游击战的历史。课题组继2018年以1937年淞沪会战为中心、2019年以1938年徐州会战为中心、2020年以1938年武汉会战为中心进行抗战遗址实地调查之后，在2021年又关注武汉会战之后的战局，寻访桂军在大别山区的抗战遗址，探讨他们所展开的抗日游击战的历史。为此，课题组梳理史料，厘清脉络，准确评价，以抗战遗址证实抗战历史，进而把握桂军在中国人民抗日战争正面战场和敌后战场上的历史、功绩，以及地位和影响。同时，课题组还关注中国共产党在大别山区的抗战活动及其遗址、桂军之外的国民党军队的抗战历史及其遗址，以及沦陷区的抗战遗址。

2020年9月3日，习近平总书记在《在纪念中国人民抗日战争暨世界反法西斯战争胜利75周年座谈会上的讲话》中指出：“中国人民抗日战争胜利是以爱国主义为核心的民族精神的伟大胜利……面对国家和民族生死存亡，全体中华儿女同仇敌忾、众志成城，奏响了气吞山河的爱国主义壮歌。”[②]“中国人民抗日战争胜利是全民族众志成城奋勇抗战的伟大胜利……中国共产党领导开辟的敌后战场和国民党指挥的正面战场协力合作，形成了共同抗击日本侵略者的战略局面。中国人民抗日战争胜利是全体中华儿女勠力同心、以弱胜强的雄浑

---

① 本文系广西社会科学院国情（区情）调研课题《广西军队北上抗日行踪遗迹遗址调查》调研成果之四。本文作者为：王建平、李建平、过竹、黄璐、薛辉、陆璎、陶志红、王心远、刘畅。

② 习近平.在纪念中国人民抗日战争暨世界反法西斯战争胜利75周年座谈会上的讲话［EB/OL］.（2020-09-03）［2023-01-09］.https：//www.gov.cn/xinwen/2020-09/03/content_5540181.htm.

史诗，显示了中国人民和中华儿女坚不可摧的磅礴力量！”① 他的讲话不但高度赞扬“中国共产党领导开辟的敌后战场”，而且还高度评价了“国民党指挥的正面战场”，对国民党军队的抗战给予充分肯定。所以，习近平总书记把中国人民抗日战争的胜利当作是全民族众志成城奋勇抗战的伟大胜利。

习近平总书记对国民党军队在抗日战争中的作用与贡献的肯定和赞扬，是本课题立论的理论基础。广西社会科学院文化研究所与广西抗战文化研究会通力合作，开展“广西军队北上抗日行踪遗迹遗址调查”系列课题研究，按照时间顺序，沿着广西军队北上抗日的足迹，寻访抗战遗址，回到历史现场，感受先烈们为国奋战、为国捐躯的英雄事迹，体会爱国主义精神，进而深刻领会习近平总书记关于抗日战争的重要论述，获得思想境界的提升和学术研究的创新。

一、历史背景

（一）大别山区的游击战

武汉会战后，抗日战争进入相持阶段。

国民政府对各战区进行重新调整，以李宗仁作为司令长官的第五战区作战范围包括豫南、鄂北和皖西。它横跨三省之界，北与第一战区毗连，东与第三战区相邻，南与第九战区隔长江相望。战区内多为山区，中间有大洪山，东面有大别山，西面有荆山，北面有桐柏山，汉水（襄河）从西北向东南贯穿战区，平汉铁路从北向南穿过战区。这样的地理位置，使得第五战区部队既可以出击武汉，又可以退守山区，与日军周旋打游击。战区所辖部队除了桂军的第十一集团军、第二十一集团军外，还有第二十二集团军、第二十九集团军、第三十三集团军，以及江防军等共 6 个集团军 13 个军。

鉴于中国军队在淞沪会战、徐州会战、武汉会战等大战役中损失严重，战力下降，蒋介石在南岳召开军事会议，“最大目的，就是要整理军队、建立军队……确立第二期抗战胜利的基础”②，为此，他提出全国部队“拟分三期轮流

---

① 习近平 . 在纪念中国人民抗日战争暨世界反法西斯战争胜利 75 周年座谈会上的讲话［EB/OL］.（2020-09-03）［2023-01-09］.https：//www.gov.cn/xinwen/2020-09/03/content_5540181.htm.

② 郭汝槐，黄玉章 . 中国抗日战争正面战场作战记：下［M］. 南京：江苏人民出版社，2002：907.

整训，限期完成……三分之一配备在游击区域——敌军的后方担任游击；以三分之一布置在前方，对敌抗战；而抽调三分之一到后方整训”[①]。随后，各部队进行轮训，一年完成，以此重建部队，增强战力。

第五战区部队遵照国民军事委员会命令在武汉会战后进行有计划转移和重新部署。战区长官部转移至湖北樊城，桂军第二十一集团军廖磊部（第七军、第四十八军）留在商（城）麻（城）路以东的大别山区打游击，牵制日军，作为策应。第十一集团军李品仙部（第三十一军、八十四军、三十九军）向河南洛阳及马坪集结，担任大洪山至桐柏山之间的防务，重点在随县至枣阳地区，即后来两次随枣会战之地。

李宗仁在《李宗仁回忆录》中说：“这一时期，我五战区的战略是死守桐柏山、大洪山两据点，以便随时向武汉外围出击，同时与平汉路东大别山区内的廖磊集团军相呼应，威胁平汉路的交通，使敌人疲于奔命，发挥机动战与游击战的最高效能。”[②]

对于留守大别山区的安排，《李宗仁回忆录》有记载：武汉会战后，“中央旋即明令，除大别山据点保留为游击基地外，所有五战区部队应悉数向鄂北撤退。为商讨据守大别山问题，我乃在夏店召集第二十一集团军总司令廖磊和第十一集团军总司令李品仙开紧急军事会议”[③]。李宗仁见李品仙似乎不大愿意去大别山，“也觉得廖磊为人笃实持重，比较适宜于这项艰苦工作”[④]，而廖磊也表示愿意在大别山打游击。于是，李宗仁“遂派廖磊率第二十一集团军在大别山内打游击……大别山根据地后来竟变成敌后的世外桃源，比大后方还要安定繁荣。不久，中央又发表廖磊兼安徽省政府主席……廖磊在大别山苦心孤诣经营的结果，竟形成令人羡慕的小康之局”[⑤]。廖磊在 1939 年 10 月病故后，李宗仁

---

① 郭汝槐，黄玉章 . 中国抗日战争正面战场作战记：下［M］. 南京：江苏人民出版社，2002 ：907.

② 中国人民政治协商会议广西壮族自治区委员会文史资料研究委员会 . 广西文史资料专辑：李宗仁回忆录［M］. 南宁：政协广西壮族自治区委员会文史资料研究委员会，1980 ：764.

③ 中国人民政治协商会议广西壮族自治区委员会文史资料研究委员会 . 广西文史资料专辑：李宗仁回忆录［M］. 南宁：政协广西壮族自治区委员会文史资料研究委员会，1980 ：760.

④ 中国人民政治协商会议广西壮族自治区委员会文史资料研究委员会 . 广西文史资料专辑：李宗仁回忆录［M］. 南宁：政协广西壮族自治区委员会文史资料研究委员会，1980 ：760.

⑤ 中国人民政治协商会议广西壮族自治区委员会文史资料研究委员会 . 广西文史资料专辑：李宗仁回忆录［M］. 南宁：政协广西壮族自治区委员会文史资料研究委员会，1980 ：761.

又“呈请中央调第十一集团军总司令李品仙继任第二十一集团军总司令，并兼安徽省主席，驻节立煌”①。大别山游击区又称豫鄂皖游击区，正式说法是第五战区豫鄂皖边区，后改为第五战区豫鄂皖苏边区（包括江苏部分地区）。它辖地包括津浦线以西、平汉线以东、长江以北、淮河以南的河南南部、安徽北部、湖北东部等广大丘陵地区，是第五战区最为重要的抗日游击区。第二十一集团军在此处配合第五战区各军作战，进行策应，打了许多仗。

（二）桂军战况

据黄铮主编的《广西抗日战争史料选编》第三卷《广西军队和驻桂军队的对日作战》之《第二十一集团军总部、豫鄂皖边区总部和第十一战区长官部部队编成及抗战史料（1937—1945）》（原件藏中国第二历史档案馆，全宗号：787，卷宗号 6616）记载，在武汉沦陷后，1938 年 11 月，第二十一集团军奉命开进大别山区，建立游击抗日根据地，以立煌县为总部驻地。派第七军负责守备湖北东部，与第三战区部队相呼应；派第四十八军守备安徽中部各地。1939 年 8 月，第二十一集团军奉命成立豫鄂皖苏边区游击兵团总司令部，廖磊兼任游击总司令，统辖 21 个游击纵队以及鄂东游击总指挥部。第二十一集团军在大别山区（豫鄂皖边区）时期打过的重要战役战斗有“扩展游击根据地各战役”“奇袭安庆战役”“策应随枣会战之役”“第二次随枣会战之西进，及荆宜会战之鄂东出击”“淮南路东古河战役”“盛家桥、黄姑闸两役”“策应九战区之作战”“二次策应九战区作战”“策应英美作战，发动之全面游击战”“策应第三战区作战”“大别山作战”“策应六战区之作战”“民国三十三年（1944 年）4 月至 9 月，策应中原会战之役”等。每次战役都包括一些具体的战斗，如“扩展游击根据地各战役”包括落儿岭战斗；“大别山作战”既包括击落日军司令官冢田攻飞机而引起的反击日军报复的战斗，还包括梁园战斗等。在《陆军第七军抗战期间作战经过概要》中还有不少桂军作战的记录。在大别山区展开游击战的桂军与鄂豫地区的桂军，以及第三战区等其他中国军队互相策应，彼此支持，坚持抗战，直至胜利。

---

① 中国人民政治协商会议广西壮族自治区委员会文史资料研究委员会 . 广西文史资料专辑：李宗仁回忆录［M］. 南宁：政协广西壮族自治区委员会文史资料研究委员会，1980：761.

李品仙在接任廖磊的职务后，主持大别山游击区的党政军事务，制定了战时时政纲领《豫皖鄂边区党政整建纲要》，推动抗日干部培训、民团组织建设和经济发展等工作，取得显著成绩，在全国敌后游击区中是比较成功的。1943年夏，李宗仁到立煌县视察，对大别山游击区的军政建设给予肯定。这是桂军北上抗日时所取得的另一个功绩。

二、调查过程

本课题在立项后，课题组立即开展前期的案头调研工作，制订计划，并于2021年7月2日启程，赴安徽省金寨县开始抗战遗址调查工作。

7月2日，课题组从南宁飞抵湖北省武汉市，再乘高铁前往安徽省金寨县，得到金寨县委党校常务副校长、金寨县干部学院院长胡遵远，金寨县委党校副校长赵丕，金寨县委党史研究室主任胡本昌等同志接待。当晚，课题组在金寨县委党校围绕课题举行调查座谈会。

7月3日，胡遵远副校长（院长）亲自带队，课题组先后调查金寨县槐树湾乡廖磊墓、国民革命军第二十一集团军司令部驻地和弹药库旧址、中共地下党员麦世法等烈士殉难处、查儿岭阻击战陵墓、中共鄂豫皖区委员会旧址、中共安徽省工作委员会驻地旧址、安徽省政府驻地旧址（现为梅山镇安徽抗日历史展馆）。

7月4日，课题组调查霍山县落儿岭镇鹿吐石铺大捷纪念园和六安市的安徽省抗日民众总动员委员会旧址（即六安文庙）。

7月5日，课题组上午在合肥市与安徽省社会科学院历史研究所、文学研究所专家座谈，展开学术交流；下午前往肥东县梁园镇邓岗村合蚌路东考察梁园抗日阵亡将士陵园及第一七一师抗战纪念碑。

7月6日，课题组调查太湖县弥陀镇真君村孙湾组（又称平阳组）被桂军第四十八军击落的日酋冢田攻专机坠毁地遗址、大石乡第五战区第十一挺进纵队第一支队抗日英烈园、县城北四面尖山的“通山阵亡烈士各位之墓”。

7月7日，课题组调查潜山市黄铺镇湖墩村梅树嘴花山尖抗战阵亡烈士墓及忠烈祠、黄铺镇云峰村牌楼抗战纪念馆（桂军第四十八军第一三八师师部旧址）、桂军第四十八军第一三八师木子堰纪念碑、潜山市天柱山镇野寨街野寨中学国民革命军第四十八军第一七六师公墓（野寨抗战阵亡将士公墓）、野寨中学抗战纪念馆。

7 月 8 日，课题组调查岳西县城北温泉镇汤池畈桂军第四十八军抗战阵亡公墓和天堂镇大别山烈士陵园。

7 月 9 日，课题组调查巢湖市柘皋镇晒书墩战场遗址和合肥市大蜀山战场遗址。

7 月 10 日，课题组调查淮南市侵华日军战后碉堡和蚌埠市中国第十战区受降仪式纪念墙。

7 月 11 日，课题组调查肥西县新四军四支队花岗伏击战旧址。

7 月 12 日，课题组结束调查，返回南宁。

课题组在 11 天内奔赴安徽省 12 个市县，举行了 2 次调研座谈会，实地调查 25 处遗址，其中桂军抗战遗址 19 处，深入了解了桂军在大别山区的战斗和生活情况，以及抗战时期中国共产党在大别山区活动的遗址及其作用等情况，圆满完成任务。

三、调查情况

（一）桂军遗址

1. 廖磊墓

位于安徽省六安市金寨县古碑镇槐树湾乡响山寺后山。墓为穹窿形，冢径约 8 米，呈正八边形围墙土丘。墓正面有一副挽联“求治至诚，见危授受，耿耿精忠能贯日；杀敌争先，尽瘁以死，芸芸黎庶载丰碑”，为蒋中正行楷所题；旁边有另一副挽联“坠泪读碑文，惠政难忘羊太傅；破胡留战绩，英风常想岳家军”，为于右任草书所题。墓碑“豫鄂皖游击总司令陆军上将兼安徽省政府主席廖磊之墓”为时任国民政府主席林森题写。“文化大革命”时，廖磊墓被毁，林森题写的墓碑和墓冢封土周围从独山运来的石块被移作修筑小水库之用，后寻无果。但令人欣慰的是，石刻挽联被巧妙地保存下来，地下墓室亦完好无损。金寨县委统战部和槐树湾乡人民政府于 2000 年春出资将墓修葺一新。蒋介石、于右任的挽联题词均放置于前，墓碑则重新镌刻，其内容是：“原鄂豫皖游击纵队总司令、陆军上将兼安徽省政府主席廖磊之墓，林森题，中华民国二十八年十月二十三日，公元二〇〇〇年重修”。

廖磊，广西陆川人。1937 年淞沪会战爆发后，廖磊任第二十一集团军副总司令兼第七军军长率部参战，在大塘战斗中与日军激战 6 昼夜，收复 70 余个村庄，消灭日军 6000 余人，而后又驰援大场守军。同年 10 月，任第二十一集团军总司令。1938 年 2 月，兼任第四十八军军长，率部参加徐州会战。第五战区成立后，奉命留守大别山区。9 月 29 日，兼任安徽省政府主席。10 月 8 日，兼任安徽省保安司令、豫鄂皖边区游击兵团总指挥。1939 年 10 月 23 日，因脑出血猝死于立煌县金家寨，终年仅 50 岁。廖磊逝世后，被国民政府追授为陆军二级上将。

2. 国民革命军第二十一集团军司令部驻地和弹药库旧址

位于安徽省六安市金寨县古碑镇槐树湾乡响山寺。该寺原系唐建中四年（783 年）段秀实太尉兴建，后人建寺院后，将西殿辟为段忠烈公祠，保留至今。

抗战时期，国民革命军第二十一集团军司令部曾在此处驻军办公，现寺院正门旁的一块石碑记载：抗日时期此处为国民党二十一集团军驻地。当时寺院东西两侧的厢房均为二十一集团军副官处占驻，二十一集团军还在响山寺后院建了弹药汽油库一座。1939 年 10 月，二十一集团军总司令廖磊病故，葬于寺后的山坡上。1943 年 1 月 2 日，日军进犯大别山，打进金家寨，到响山寺烧毁了弹药汽油库，一夜之间响山寺化为灰烬，幸存东头三间厢房。日军退出金寨后，响山寺了缘和尚多次向省政府要求集资重建，最终得到时任安徽省主席的新桂系将领李品仙的允诺，拨款重建。大殿和东西两厢主殿的正梁都由李品仙题字后方才上梁搭建。重建后的响山寺恢复原来的一院三厢格局，共三十间房屋，中部十间分前后大殿；东厢十间为廖公祠，西厢十间为段忠烈公祠。门首大书“响山禅寺”四个金字，据说也是李品仙所写。现为安徽省文物保护单位。

3. 安徽省抗日民众总动员委员会旧址

位于安徽省六安市衡山镇文盛街文庙内，现存中、后大殿，东、西廊房。大殿前有较开阔的广场，便于开展集会和演讲。

全面抗战爆发后，李宗仁就任第五战区司令长官，又兼任安徽省主席。

1938 年 2 月，李宗仁来到当时的安徽省会六安，就任安徽省主席。2 月 23 日，他组建了“第五战区民众总动员委员会”，不久，改名为“安徽省抗日民众总动员委员会”，3 月 5 日在六安正式办公。安徽省抗日民众总动员委员会由安徽省民政厅厅长张义纯兼任主任，日常工作由章乃器代理。朱蕴山任总务部部长，总负责具体工作，委员会成员还有周新民、沈子修、童汉章、狄超白、常恒芳等。[①] 安徽省抗日民众总动员委员会是一个抗日民族统一战线的组织，中国共产党先后派了张劲夫、周新民等一批共产党员到该会总部和各级动委会、工作团去工作，使该委员会的实际领导权掌握在中共地下党和进步人士手里。安徽省抗日民众总动员委员会“在中国共产党的组织和推动下，广泛开展抗日救亡运动，动员民众抗日，团结进步力量，打击国民党顽固派，培养青年干部”[②]，广西学生军到达六安后，部分成员参加了该委员会的宣传动员工作。1938 年夏，日军进攻六安，该委员会于 6 月迁到立煌县。1940 年春，李品仙在国民党第一次反共高潮中，解散了安徽省抗日民众总动员委员会。

六安文庙始建于 1300 年，几经战火和天灾毁损后多次重建。现建筑是 260 年前清康熙年间建造，为歇山式、五架梁、抬梁式建筑。建筑主体由 20 根大柱支撑，飞檐挂角，红墙黄瓦，雕梁画栋，十分庄重沉稳。现为安徽省重点文物保护单位，正在维修中。

4. 合肥大蜀山抗战遗址

位于安徽省合肥市西郊大蜀山。大蜀山孤峰突兀，山势险峻，要塞天成。山顶处尚存日军于 1940 年修建的“大蜀山阵地构筑纪念塔”，塔高 1 米，为四面锥体石塔，上有“昭和拾五年一月二十二日开工、四月十七日竣工”字样，落款为西山工程队，大蜀山抗战纪念墙紧挨日军纪念塔遗址，以昭后世。

自 1938 年 5 月 14 日合肥沦陷后，大蜀山成为中日军队争夺的战略要地。据合肥市人民政府 2015 年修建的大蜀山抗战纪念墙旁《合肥大蜀山抗战记》介绍，1940 年 1 月 3 日，日军一部到合肥西乡扫荡，被国民党新桂系第四十八军

---

① 中共安徽省委党史研究院 . 中国共产党安徽历史：第 1 卷［M］. 北京：中共党史出版社，2021：214.

② 中共安徽省委党史研究院 . 中国共产党安徽历史：第 1 卷［M］. 北京：中共党史出版社，2021：215.

第一三八师第四一二旅龙炎武部阻击，双方激战后，敌军溃逃至大蜀山西麓，山上中国驻军与龙炎武部合击日军，击毙日酋三浦中佐，尽歼余部。翌日夜，敌军市川联队出城反扑，在西郊十里庙被新四军四支队政委戴季英率部伏击，市川联队队长当场毙命。第三天中午，从蚌埠来肥增援的日军小琦少将也被中方军队炮弹击中丧命。是役，国共两军紧密配合，歼敌 300 余人，史称“农蜀大捷”，是国共合作抗战的成功战例。受到重创的日军后来再度占山，并修筑防御工事，遗址留存至今。

5. 梁园抗日阵亡将士陵园及第一七一师抗战纪念碑遗址

位于安徽省肥东县梁园镇邓岗村合蚌路东侧，占地面积 1500 平方米。陵园内建有第一七一师抗战纪念碑一座，碑正面刻文“梁园抗日阵亡将士爱国精神永存”。园内还有 30 余块阵亡将士的墓碑。

据陵园内《梁园军民抗日纪念碑记》记载，此处先后发生三次规模较大的抗日反击战，“一九三九年二月十九日，日军纠集两百多人，分两路偷袭梁园、东山口的新四军支队八团驻地，经过激烈战斗，敌人终于被我英勇的新四军八团击溃，日军伤亡百余人，我方也有部分同志牺牲；一九四一年正月二十三日，日军集中约三千兵力，分两路扫荡新四军津浦路西根据地及梁园、古河（属全椒县）一带的国民革命军，五天后，日伪军又集中一千多人，再次袭击梁园镇，遭到国民革命军一三八师八二八补充团一部和新四军四支队八团二营的顽强抵抗，共击毙敌人三百余人，我方也有伤亡；一九四二年一月十七日，四千多日伪军在六架飞机掩护下，从合肥、店埠、古河、下塘四路进犯梁园镇，驻守该镇的国民革命军一七一师五一一团二营和五一二团一营官兵与数倍敌人进行殊死搏斗，在危急时刻我新四军第四支队九团二营闻讯赶来援救，迫使日伪军仓皇逃回合肥”。其中，1942 年的梁园保卫战是最为惨烈的一次战斗，击毙日伪军 800 多人，也是国共两党军队合作共同抗击侵略、保卫家园的典型战例，被李品仙称为“边区作战最惨烈的一役”。①《第二十一集团军总部、豫鄂皖边区总部和第十一战区长官部部队编成及抗战史料（1937—1945）》亦有记载。梁园抗日阵亡将士陵园就是为纪念此役中牺牲的将士而建，战后不久国民党有关

① 步平，王建朗．中国抗日战争史：第 2 卷［M］．北京：社会科学文献出版社，2019：203.

方面将 400 多名阵亡将士掩葬于梁园北头岗，并逐个立碑，1945 年抗战胜利后曾被修成陵园，2001 年当地政府拨款修复陵园，现保护完好。

6. 鹿吐石铺大捷纪念碑

位于安徽省六安市霍山县落儿岭镇古桥畈村紧邻国道 346 线的小山坡上，离县城约 15 公里。纪念碑碑高 19.38 米，上山台阶 138 级，都象征着鹿吐石铺大捷发生在 1938 年。周围是连绵群山。

据鹿吐石铺大捷纪念碑碑记介绍：“1938 年 9 月 4 日，日本侵略军进犯霍山县，所到之处烧杀奸掳、无恶不作，广大军民奋起反击，先后发动了秦冲阻击战、半边冲战斗，有力地打击了敌人的嚣张气焰。9 月 25 日至 27 日，日军教导队一千五百余人由联队长南浦湘吉率领，由县城西犯，妄图由霍山穿越大别山参加武汉会战。在鹿吐石铺与守军国民党一七一师、一三八师、省保安八团、四团激战，此次战役我军毙敌 1370 人，缴获重机枪 30 把，掷弹筒 52 支，生俘敌特务营长舒正太以下数十人，守军兵死伤 410 余人，保八团邬团长牺牲，赖刚旅某排在鸡笼山全部阵亡，日军元气大伤，十月十三日退出霍山县境，通过大别山通道由霍山西侵武汉的图谋失败，鹿吐石铺大捷是抗日战争时期安徽省境内歼灭日军最多的一次战役，谱写了一曲同仇敌忾、英勇抗战的凯歌。”

7. 野寨抗日阵亡将士公墓

位于安徽省安庆市潜山市天柱山镇野寨街 50 号野寨中学内，主体建筑沿一条中轴线分为五部分：墓道、碑园、墓园、忠烈祠、阵亡将士纪念塔。从吴伯雄先生题写的“景忠园”石刻左拐，顺墓道便可进入野寨抗日阵亡将士公墓的碑园。抗日阵亡将士纪念塔于 2013 年公墓落成 70 周年之际恢复重建，纪念塔基本保留了原塔式样，雄伟、大气。塔身的南、北两面分别为国民党名誉主席吴伯雄先生题写的“陆军一七六师抗战阵亡将士纪念塔”和全国人大常委会原副委员长、民革中央原主席周铁农题写的“抗战英烈永垂不朽”。为表彰国民革命军第四十八军第一七六师抗战阵亡将士的爱国精神，皖鄂两省知名人士于 1942 年选择在野寨修建陵园，建忠烈祠，集 985 名第一七六师抗战阵亡将士遗骸，埋葬于陵园内，1943 年陵园落成，为永久纪念忠烈，知名人士范苑声等人在陵园内创办纪念学校，即今天的野寨中学，野寨中学是全国唯一为护陵而建的学校。2015年，为纪念抗日战争胜利70周年，当地政府完成了忠烈祠的重修。该公墓现为全国重点文物保护单位，第三批国家级抗战纪念设施、遗址。

8. 野寨中学抗战纪念馆

位于安徽省安庆市潜山市天柱山镇野寨街50号野寨中学内。抗战纪念馆由建于1943年的野寨中学景忠厅开辟建造，其造型周正，风格独特，建筑面积100平方米，分序厅、东厅、西前厅、西后厅和穿廊五个空间，以“铁血军魂，忠烈千秋——国民革命军第四十八军第一七六师抗战史展”为主要展示内容，分序言、第一七六师的渊源、全面抗战誓师出征、鏖战大江南北、孤军悬敌后坚守大别山、抗战英烈与野寨中学以及结语等七个部分，同时陈列有抗战历史文物四十余件，以翔实的图文资料集中展示第一七六师浴血抗战的光荣历史。

9. 潜山市牌楼抗战纪念馆（国民革命军第四十八军第一三八师师部旧址）

位于安徽省安庆市潜山市黄铺镇云峰村（原王家牌楼）李大屋组。1943年，国民革命军第四十八军第一三八师师部机关在此暂驻。1943年1月，日军扫荡潜山吼水岭，第一三八师师部机关原驻地遭日军烧毁；同年2月，第一三八师师部机关迁至王家牌楼李大屋，时任师长李本一。李大屋原为康熙年间古建筑，有前、中、后厅。第一三八师师部驻此期间，李大屋中厅曾设作师部会议厅，两边阁楼及空屋设作临时堆放枪支、弹药、军装、食盐等军需物资的仓库。师部办公室除保留旧貌外，现增设抗战文物陈列室以供参观，主要展示第一三八师在太湖阻击战中歼灭6000日本兵、击落侵华日军第11军司令官冢田攻飞机的光辉战绩，国民革命军第四十八军军长苏祖馨的英雄事迹、抗战时期第一三八师历任师长简介和第一三八师第四一二团历任团长简介、抗战英雄个人简介等。后屋保留有第一三八师指挥部旧貌，内设作战指挥室、师长会客室和师长卧室。现为安庆市文物保护单位。

10. 陆军第一三八师重建木子堰纪念碑

位于安徽省安庆市潜山市牌楼乡云峰村牌楼河木子堰旁。1943年，国民革命军第四十八军第一三八师部在此驻扎期间，为当地百姓兴修水利，建起多座小型水坝，其中以木子堰最为著名。木子堰拦水坝全长17米、宽3米、高

0.6 米，用均匀卵石浆砌。据木子堰纪念碑碑文记载："1943 年夏，此地连降暴雨，引发山洪，牌楼河沿岸灾情严重，时国民革命军第一三八师师部机关驻李大屋，该师遂调动第四一二团部分官兵参与毁后重建。他们在原址下方数十米处修复的木子堰，灌溉农田数百亩。后虽屡遭水患，但堰坝主体未损，至今仍发挥抗洪灌溉作用。"2015 年 8 月，在中国人民抗日战争暨世界反法西斯战争胜利 70 周年之际，当地村民为缅怀抗战时期第一三八师官兵的功绩，特立此碑以示纪念。

11. 潜山市花山尖抗日战斗旧址

位于安徽省安庆市潜山市黄铺镇湖墩村的梅树嘴，建有抗战阵亡烈士墓和忠烈祠。抗战阵亡烈士墓安葬的是武汉会战期间牺牲在花山尖的国民革命军第四十八军第一三八师第四一二团某营曹潘润营长所率领的全营 372 位官兵，由当地老百姓出资为他们立碑建祠。

花山尖地势险要，战时是个制高点。抗战时期，曹潘润营长奉命率部驻守于此。1938 年 7 月 20 日，日军以数倍于国军的兵力分三路向花山尖发起进攻，在战役中曹营长及全营官兵英勇抗敌，但终因寡不敌众，全部壮烈牺牲。花山尖保卫战后，当地村民将曹营长和阵亡士兵的遗体安葬在花山尖。烈士墓周围用水泥作围护，墓碑刻着"抗日英雄曹潘润营长及阵亡官兵之墓"。墓旁左侧还有一块旧墓碑，但碑文已模糊不清。忠烈祠背靠花山尖，距离烈士墓约 100 米，为仿古建筑，两进四间，近百平方米，四周墙上，张挂着"忠烈千秋""保家卫国"的匾额，正中供奉曹营长真人大小的塑像。每年农历正月十五、十六，当地群众都会以社会筹款的方式举办曹营长和全营官兵抗日殉国纪念活动。现为潜山市文物保护单位。

12. 柘皋晒书墩抗战遗址

位于安徽省巢湖市柘皋镇晒书墩。现在的巢柘公路将晒书墩小山坡一分为二，山坡上绿草如茵，东边不远处为柘皋河支流远景河。柘皋镇为江淮名邑之一，自古以来就是军事战略要地，南宋时期宋军抗金的重要战役"柘皋之战"就发生在这里。镇东二里小朱自然村有一小山坡，相传孔子周游列国时经过这里，不慎将马车上所载书简落入水中，后人将孔子在此晒书的小山坡称为晒书墩。

1941年2月，盘踞巢城的日军纠集合肥等地兵力1000余人从巢城、中埠、炯炀三地围击柘皋。日军强占晒书墩后架炮向镇内轰击，驻守该镇的国民革命军保八团顽强抵抗，国民革命军第二十一集团军第四十八军第一三八师第四一二团随即赶来增援，与日军展开激战。我军绕到日军背后，控制制高点晒书墩，一举消灭了日军100余人，取得了保卫战的胜利，柘皋始终没有落入日军手中。

13. 太湖县四面尖山“通山阵亡烈士各位之墓”遗址

位于安徽省安庆市太湖县城北四面尖山顶二尖发射台附近的路边，有墓碑一块，周围仍有被炮火炸毁的痕迹。出于安全考虑，课题组只到达遗址附近。关于它的地理信息则采用湖北军民抗战博物馆万学工先生的说法。在太湖阻击战之后，四面尖山下的民众将在战斗中阵亡的抗日将士遗骨收殓，葬于该山二尖，立“通山阵亡烈士各位之墓”墓碑。1941年秋，当地政府将烈士遗骨迁至东头山，重修抗日烈士墓，1944年秋又在墓旁建忠烈祠，以表彰桂军在太湖县抗战牺牲的将士。所以，此处墓碑实际上也是当年战场遗址的标识。

1938年7月24日，日军以占领武汉为目的，向武汉外围的太湖县发起进攻，中国军队（含桂军）因此进行太湖阻击战：

国民政府军第二十一集团军第三十一军第一三八师莫德宏部在太湖小池、刘山铺、东山头、县城等地顽强阻击。从26日清晨开始，在6架飞机和二三十门炮火支持下，日军约2个联队向太湖东部一三八师第一线猛攻，战斗异常激烈，一三八师炮弹用尽，第五战区副司令长官李品仙即令星夜解运，双方伤亡在七八百人以上。激战至26日正午，太湖县城失守，城内百余守军尽皆牺牲，一三八师大部退守太湖城北龙山宫、四面尖、花凉亭和城西隘路口两侧高地主阵地。26日夜，一三八师自长河河谷向日军右翼进行反击，但未能收复县城。27日晨，今村支队向太湖以西的花凉亭、隘路口两侧高地之线的一三八师阵地实施步、炮、空联合猛烈攻击，但在莫师步、炮协击下，日军死伤约1600人以上，阵地依然，一三八师士气大增。同日，从怀宁石牌经太湖徐家桥进攻宿松的第六师团第三十六旅团（牛岛支队）在桃铺杨家岭遭遇国民政府军二十一集团军一三一师（一说川军杨森部李介立团也参加了这次阻击战），双方展开激战，战斗从拂晓开始，一直持续到下午4时左右，国民政府军牺牲64人。因太湖战事紧迫，这支日军改为投入进攻太湖的战斗。

……

25日、26日、27日3日，日军在太湖一线总计伤亡3000余人，一三八师伤亡1000余人。29日晨，今村支队在增加两个联队援军的支持下，向太湖城北四面尖高地反复冲击，至下午3时，四面尖阵地被占领，山上守军多数人牺牲，仅在二尖这个不足100平方米的地方就有100多人壮烈牺牲。日军因是仰攻，死伤比一三八师更为惨重。而此时南面龙山宫国民党守军一部被日军重重包围，仍在死战，其余阵地尚在一三八师手中，双方仍在激战。至30日晨，一三八师等部伤亡过大，退却到塔镇、大湖河。日军占领龙山宫、羊坞山等地后，一三八师等部退至龙湾。[①]

“在四面尖地区3天3夜的激战中，日军共遭到了290多次的反击”[②]，可见桂军将士作战之勇猛。

“在太湖战场中国军队伤亡3000余人，日军伤亡6000余人。中国军队对侵华日军第六师团予以重创，再次打破了日军不可战胜的神话。国民党第一三八师太湖抗击日军是武汉保卫战的一部分，太湖阻击战开创了中日战损1∶2骄人战绩的先例，打击了日本侵略者的嚣张气焰，鼓舞了中国军民的抗战信心；它迫使日军第十一军因伤亡重大，暂时放弃进攻南昌的计划，第六师团也因伤亡过大，不得不在黄梅地区进行休整，这为中国方面保卫大武汉赢得了宝贵的时间；太湖县的全面收复，最终守住了大别山的门户，使这一地区的抗战有了一个较为稳定的大后方。它再一次充分体现了中华民族团结御侮的民族精神，是太湖历史上又一值得浓墨重彩的一笔。”[③]

1938年8月27日，桂军之第七军重新收复太湖县城。

---

① 中共太湖县委党史研究室．中国共产党太湖地方史［M］．合肥：安徽人民出版社，2009：139-141.

② 中共太湖县委党史研究室．中国共产党太湖地方史［M］．合肥：安徽人民出版社，2009：141.

③ 中共太湖县委党史研究室．中国共产党太湖地方史［M］．合肥：安徽人民出版社，2009：142.

14. 太湖县日酋冢田攻专机被击落坠毁地遗址

位于大别山南麓的安徽省安庆市太湖县西北山区的弥陀镇真君村孙湾组（又称平阳组）金家屋的山后。从孙湾组居民点住房旁边，沿小路登上山顶，有一处较为平坦光滑的石壁。石壁原先刻有“飞机坠落处”字样，经风吹雨打，现字迹模糊，仅有一道横划痕尚可辨认。在石壁旁的悬崖上，可见山后与对面山峰之间的山坳，当地人称为杨树垄山沟。现在，山沟及其两旁山坡长满茂盛树木，虽仍能够认出山沟的形状，但已经看不出飞机坠落的痕迹。据当地老人回忆，当时飞机坠落此处时发出“轰”的巨大声响，飞机两翼架在山崖，机身摔进山沟，留下一道大划痕，飞机零件四散，被人捡走。

1942 年 12 月 8 日（一说 18 日）中午，时任侵华日军第十一军司令官冢田攻中将在南京参加军事会议后，乘坐飞机从南京返回武汉。恰逢天气阴沉，能见度不高，飞机低空飞至太湖县境内，13 时左右被正在进行防空重机枪演练的桂军第二十一集团军第四十八军第一三八师第四一二团第三营第九连发现。该连士兵用防空重机枪对准飞机齐射，击中飞机油箱，使之坠毁于杨树垄山沟。2 名飞机驾驶员当场毙命，冢田攻中将与其参谋藤原武大佐等 8 人被烧死。当地驻军和地方政府将其尸首及飞机残骸埋在田家滩的沙河滩里。冢田攻之死使日军制定的在中国西南开辟新战场的“第五号作战计划”流产。日军为了寻找冢田攻的尸体及飞机残骸，对大别山游击区进行疯狂报复，其中对太湖县发起扫荡，血腥屠杀当地军民 5000 多人。

据《中国抗日战争史》记载：“1942 年 12 月 8 日，日军新任第十一军司令官冢田攻由南京飞汉口途中，在太湖县上空被一三八师击落，冢田攻及 8 名高级军官毙命。日军为寻找残骸及报复国民党军，集结重兵攻陷大别山游击司令部所在地立煌县。第五战区立即调集第七军予以反击，在立煌城郊与日军激战，并很快收复立煌。日军向西转移的过程中攻陷固始、商城。国民党军第三十九军及八十四军向商城反攻。日军被迫放弃商城、固始。至 1943 年 1 月 12 日，战区恢复原来态势，总部立煌的机关和营舍也很快次第恢复。”①

冢田攻作为华中方面军参谋长，曾辅佐日军司令官松井石根大将，参与指

① 步平，王建朗 . 中国抗日战争史：第 2 卷［M］. 北京：社会科学文献出版社，2019：223–224.

挥入侵南京，是造成南京大屠杀的主犯之一。冢田攻死后，日军陆军省颁布命令，追晋他为陆军大将。他是抗日战争期间被直接击毙的侵华日军职务和军衔最高者。

15. 金寨查儿岭阻击战陵墓遗址

位于安徽省六安市金寨县城金家寨东边古碑镇黄尖村查儿岭薛家山上，系当时桂军第二十一集团军及安徽省政府、立煌县政府所在地金家寨的东大门。这里周围都是大山，有一条公路穿山而过。从公路边沿着一条被草丛遮掩的小路往里走约 200 米，在陡峭山坡树丛中，有新旧两个陵墓，旧墓为周明连长之墓，立于中华民国三十二年（1943 年）六月，墓碑陈旧，字迹模糊，勉强可辨认的碑文是“周君名明，字铭魁，湘衡人，幼怀壮志，从戎报国，每战勇敢，积功擢升连长……尝以不获马革裹尸为憾，今如愿以偿矣，精神永存，功绩共仰……国人之模……”新墓较大，也是周明连长的，于 2019 年 4 月重立。墓碑写有“抗日英烈永垂不朽”“陆军第七军一七一师五一三团三营八连上尉连长周君明字铭魁之墓”等字样。碑旁有碑联“英雄万民景仰”“烈士百世流芳”。碑上横批是“永垂不朽”。在新墓的左边与旧墓碑相对应的是一块记载“查儿岭阻击战”的新碑。碑上所刻的简介为：“日寇在茅坪烧杀抢掠之后，于 1943 年元月 2 日拂晓，即向金家寨进攻，查儿岭、石路岭、长冲岭处防御部队仅有第二十一集团军第七军第五一三团第三营和皖省干部训练团 100 多人。当日寇进至查儿岭时，即遭到三营八连的猛烈射击。由于八连仅有几百人之众，又加上伤亡 20 多人，弹药消耗大半，有战士向连长周明提出撤退，周明坚决的（地）说：‘这正是我们抗战到底，为国捐躯的时候，不能撤！只要我们机枪不哑，就不准日寇从此通过！誓死抗击日寇。’周连长的几百战士壮烈牺牲，阻击了日寇，未能翻越查儿岭，保住古碑老金寨群众免遭日寇屠刀。当地居民每逢节日前往墓地祭拜。”

在通往周明陵墓的小路边，还立有一块“古碑镇新时代文明实践红色基因传承基地”宣传栏，其中写道：“古碑镇新时代文明实践红色基因传承基地‘查儿岭阻击战’陵墓建立。‘查儿岭阻击战’陵墓是为了纪念在抗日战争中阻击日寇进攻，保护人民群众而英勇牺牲的陆军第七军一七一师五一三团三营八连战士，他们为抗日战争抛头颅、洒热血，牺牲了宝贵的生命。今天我们缅怀先烈就是要继承他们大无畏的牺牲精神，传承和发扬大别山精神。”

1942 年 12 月，日酋冢田攻的座机被击落后，日军向大别山游击区发动进攻，一边搜寻冢田攻等人的尸体，一边进行疯狂报复。日军分东西两路突袭当时第二十一集团军总部及安徽省政府所在地立煌县金家寨。1943 年 1 月 1 日午夜，西路日军偷袭金家寨西边 60 里外的茅坪，制造了茅坪大屠杀惨案，562 个遇难百姓后被葬在一起，史称“茅坪万人墓”。1 月 2 日清晨，东路日军攻到金家寨东大门查儿岭时，受到在这里布防的桂军第七军第一七一师第五一三团第三营第八连的阻击。全连战士在连长周明的指挥下，先是伏击日军，歼敌 8 人；然后又冒着日军炮火，痛击再次冲上公路的敌人，打死 60 余人，使其无法通过防线。午后，敌人改变进攻方式，兵分两路。一股日军继续攻击八连阵地，另一股日军穿插到八连后方进行包抄，并在下午 1 点多钟从后方进攻八连。八连腹背受敌，连长周明及大部分战友牺牲，查儿岭阵地最终失守。

日军接着又进攻长冲岭，遭到了第五战区干部训练团驻皖分团的 100 多名学员的阻击。此即长冲岭阻击战。

虽然八连战士及干部训练团学员最终没能阻挡日军进犯的铁蹄，但是他们英勇阻击，迟滞敌人 7 个多小时，为在金家寨的第二十一集团军总部、安徽省政府机关、群众团体和广大居民的撤离与疏散赢得了时间。

16. 第五战区第十一挺进纵队第一支队抗日英烈园

位于安徽省安庆市太湖县大石乡大明村小屋组穿村公路的北边，面积为 5 亩，坐北朝南。纪念广场在南，较宽大；广场的北边是三级拜台，中间有阶梯，逐级而上，最上层是一个大墓冢。墓前立有一块大碑，刻有“第五战区第十一挺进纵队第一支队抗战阵亡烈士公墓”字样。墓地周边是带瓦檐的白色围墙，其中东边围墙镶有旧碑 13 块和新碑 2 块。旧碑刻有抗日阵亡烈士名录、烈士墓志铭、纪念碑题刻，以及当时政界人士和社会名流题字等；新碑刻有“重修抗日英烈园碑记”等。英烈园的西边正在修建一幢纪念馆。

该英烈园始建于 20 世纪 40 年代。1944 年 10 月，当地政府报经第五战区司令部和安徽省政府批准同意，将在各次战斗中牺牲的 674 位官兵全部迁葬在此，修建第五战区第十一挺进纵队第一支队抗日英烈园，并于 1946 年 5 月建成。当时，英烈园有第五战区第十一挺进纵队第一支队抗日烈士公墓、英烈祠，以及纪念广场、纪念塔、八角纪念亭、守军营房等纪念设施，占地面积 5 亩。后来，英烈园被毁坏，仅存墓冢。为纪念中国人民抗日战争胜利 70 周年，安徽省文物局拨专款 40 万元，于 2015 年 9 月重新修缮英烈园，2016 年 3 月 28 日竣工。该园系太湖县文物保护单位、安庆市文物保护单位和安徽省重点文物保护单位。

第五战区第十一挺进纵队第一支队创建于 1939 年 1 月，当时的安徽省主席廖磊按照第五战区司令长官部的命令，将安徽人民自卫军改编为 17 支游击纵队。其中第十一挺进纵队第一支队由阜阳县（今阜阳市）、涡阳县、颍上县和亳县（今亳州市）的人民自卫军改编而成，设 3 个大队和 1 个机枪中队，有官兵 1059 人。该支队在抗战时期一直转战于江淮地区，参加了临涣三集战斗、白沙南埠战斗、庐江盛家桥战斗、望江大阳山战斗、石牛山战斗等数十场战斗，共歼敌万余人，毙日军少佐 2 人，缴获许多战利品，沉重打击日军，为抗日战争的胜利作出了贡献。

17. 岳西县国民革命军陆军四十八军抗战阵亡烈士公墓

位于安徽省安庆市岳西县温泉镇汤池畈路边民居之中，系一座坐北朝南的大墓，墓上杂草颇多。墓的正面阶梯旁有两块立于 2017 年 4 月 1 日的新碑，左边是“重修国民革命军陆军第四十八军阵亡将士公墓功德碑”，刻有捐款修墓者名单；右边是徐而缓撰写的“陆军第四十八军简介”，介绍该军在抗战时期的基本情况。墓的西面有碑四块，其中三块为旧残碑。右边那块残碑中间只存“战阵亡将士之墓”等字，上款有立碑的时间，下款为“全体官兵同立”等字样。中间的墓碑较为完整，立于 1944 年秋，上款刻“陆军第四八军抗日阵亡将士祠墓记”，中间刻“战死光荣”，下款刻“辎重兵团第四营长魏自修、副营长覃秀奇”。左边的旧碑损毁程度较重，仅存可辨之字有“陆军第四十□□”和“军长苏祖馨立”。在三块旧残碑的左侧还有一块新立的四方形柱碑，上首刻有“中华民国卅三年□月十一日午时迁葬先烈刘煜陶等四百人于安徽省岳西县汤池畈凤凰山吉穴卒山乙向西兼西夕”，中间刻有“陆军第四十八军抗战阵亡将士之墓”，落款为“军长苏祖馨率全体官兵同立”等，它实际上是重刻旧残碑右边第一块碑的内容。

“陆军第四十八军简介”碑文写道：

陆军第 48 军为桂系两大主力之一，被称为“加钢黄鳝”。前期为 3 个整旅，后期为 2 个整师，3 万余人。代表人物有：廖磊、苏祖馨、张义纯、韦云淞、李本一、凌压西、莫敌等，首任军长夏威。

1937 年淞沪会战爆发时，第 48 军和第 7 军组成第 21 集团军，奉命北上抗日，军长韦云淞，下辖：第 173 师，师长贺维珍；第 174 师，师长王赞斌；第 176 师，师长区寿年。其中第 176 师是两次参加淞沪会战的部队。淞沪会战时，第 48 军将士浴血杀敌，减员过半。军长韦云淞离任，第 21 集团军总司令廖磊兼任军长，王赞斌任副军长。1938 年 7 月，该军整编，张义纯接任军长，下辖：第 138 师，新组建，师长莫德宏；第 176 师，师长区寿年。原第 173 师、174 师改隶第 8 集团军，后改隶第 31 军。此次整编后，该军参加了徐州会战和武汉会战。同年 10 月 25 日，武汉失守后，该军退往安徽大别山区坚持敌后抗日。1939 年 11 月，张义纯离任，区寿年任军长，率部参加了随枣会战和冬季攻势作战。1940 年，苏祖馨任军长，率部参加了枣宜会战后，48 军由第五战区直辖。1941 年 5 月，直属第 5 战区的第 173 师改隶 48 军。1942 年春，第 173 师与第 7 军第 174 师对调。第 48 军辖第 138 师、第 174 师、第 176 师。

1942 年 12 月 18 日，第 48 军 138 师（师长李本一）率部在安徽省太湖县弥陀击落日机“九江号”，机上包括日军大将冢田攻、少将藤原武等 11 人被击毙。冢田攻是日军华中派遣军司令，日军第 11 集团军司令，是“南京大屠杀”的策划人、刽子手之一，是在中国战场上被击毙的最高职务的日军军官，也是世界反法西斯战争史上被击毙的最高职务的日军将领。第 48 军创造了抗日战争、世界反法西斯战争史上的奇迹。

1945 年 8 月，苏祖馨升任第 21 集团军副总司令兼第 48 军军长。8 月 15 日，日本宣布无条件投降，苏祖馨任安庆受降官。9 月 15 日，苏祖馨将军在安庆举行受降仪式，接受日军第 131 师团长小仓达次中将、独立混成旅旅长门胁卫大佐、第九十五旅团旅团长岩本高次少将、第九十六旅团旅团长海福三千雄少将等共计 20370 名日军的投降。

第四十八军在转战安徽时，牺牲了许多将士。该军 1941 年 8 月驻扎于霍山县，至 1943 年 1 月又转移至岳西县，驻扎汤池畈，在局势相对稳定时决定修建忠烈祠和公墓，将抗战阵亡将士遗骨合葬于此。

18. 麦世法等烈士殉难处遗址

位于安徽省六安市金寨县古碑镇傅家湾东岳庙背后响泥巴左侧半山处，现较为荒芜，长满杂草，无标识。

1943 年秋，第五战区司令长官李宗仁在安徽立煌召开重要军事会议，麦世法参加会议并担任记录员。会议内容是根据蒋介石发动第三次反共高潮的部署，在鄂豫皖地区制造军事摩擦，袭击新四军。因为情况紧急，麦世法派一个新交通员化装成乞丐给新四军军部递送会议记录。不幸的是，该交通员途中被国民党的检查哨发现，其所带会议记录被搜出。交通员耐不住严刑威逼，供出中共地下党员麦世法、刘敦安等人。于是，麦世法、刘敦安、史迁、詹运生、余会之、陈达吾、林采微、陈务信、胡承祧、樊政、尹荣、黎柽梁等 10 余人先后被捕，关押在东岳庙。为了让麦世法招供，国民党顽固派对其施用酷刑，但他受尽酷刑始终坚贞不屈、毫不畏惧，不仅慷慨激昂地痛斥国民党顽固派消极抗日、积极反共的倒行逆施，而且还曾组织越狱，但未成功。于是，国民党第二十一集团军党政总队特务头目刘廷禄、文月夫下令于 12 月 15 日残忍地将他和 10 余名共产党员活埋于东岳庙的背后响泥巴左侧半山处，制造了震惊全国的“大别山惨案”。1985 年，麦世法被追认为烈士。据了解，每年清明节期间，当地有关部门和村民会除去遗址周围的荒草，临时开辟出一条山间小路进去扫墓，祭奠各位烈士。

19. 蚌埠中国第十战区受降仪式纪念墙

位于安徽省蚌埠市龙子湖区凤阳西路立交桥北侧，新建了中国第十战区受降仪式纪念墙及受降纪念碑、纪念亭、纪念广场和相应的配套基础设施。此处正是抗战时期中国第十战区蚌埠受降仪式举行地。据纪念墙文字简介“1945 年 8 月 15 日，侵华日军无条件向中国人民投降，蚌埠成为中国第十战区安徽、江苏两省长江以北地区 68234 名侵华日军缴械投降的指挥中心”。1945 年 9 月 24 日，中国第十战区在蚌埠举行接受苏皖境内侵华日军投降仪式，第十战区司令长官李品仙以受降主官身份接受日军投降主官十川次郎投降，这次受降仪式为蚌埠市留下了厚重的历史记忆。为铭记历史，2019 年蚌埠市在此建设纪念设施。

（二）其他遗址

在重点调查桂军抗战遗址的同时，课题组对与大别山地区游击战（安徽省部分）相关的抗战遗址一并进行了调查。主要有：

1. 中共安徽省工作委员会驻地旧址
2. 中共鄂豫皖区委员会旧址
3. 岳西县大别山烈士陵园
4. 新四军四支队花岗伏击战旧址
5. 淮南战后碉堡
6. 安徽抗日战争历史展馆

受篇幅所限，以上遗址简介从略。

四、对策建议

（一）查找问题，寻找保护与开发的有效路径

大别山地区（安徽省部分）的桂军抗战遗址资源大多未能得到很好的开发利用。即使少数遗址获得开发，也是处于初级阶段，存在如下问题：

1. 综合配套不足，基础设施建设落后。遗址的门庭、停车场、游客服务中心、旅游公厕、规范化标识标牌、导览系统等有待完善。

2. 资源转化为旅游产品粗放、单一。多为简单的陈列式展览，文物实物少，展示手段单一，展示方式雷同，未能做到不同遗址的自然环境与特定文化内涵的有机融合，更缺乏具有参与性与互动性的项目设置，难以向社会公众展现特色鲜明的桂军北上抗日爱国主义精神。

3. 陈列宣传内容简单、单调，缺乏现代展览的声光电布局和三维立体展现的设备、设施，难以吸引游客。

4. 多数处于自然闲置状态。如安徽省潜山野寨中学抗战纪念馆，其管理体制在一定程度上束缚了遗址资源的旅游产品开发与文旅项目运营。不少遗址尚未建立适应市场经济环境与红色文化教育、研学的开发利用机制。

5. 史料的整理、爱国主义的深度发掘研究、各类文艺作品的编创等有待加强。

因此，需要进一步提高认识，盘活资源，在有效保护的基础上融入文旅综

合开发，使桂军北上抗日遗址资源得到有效利用，为构筑中华民族爱国主义精神家园作出贡献。

（二）提高认识，着力做好铸魂工程

抗战文化是我国重要的精神文化资源，是构筑中华民族共有精神家园的重要基石，是中华文化之魂柱，由历代中华英烈魂髓所铸就。因此，必须提高认识，深刻理解桂军北上抗日壮举和其所展现的“为国家生存而战、为民族复兴而战、为人类正义而战”① 的坚强意志，是“我们民族精神的核心，是中国人民和中华民族同心同德、自强不息的精神纽带”② 的重要组成。要把桂军北上抗日遗址纳入各地各级政府新时代中国特色社会主义和爱国主义文化建设的大盘之中，着力做好弘扬爱国主义民族精神的铸魂工程。

（三）盘活资源，融入文旅综合开发

桂军北上抗日遗址资源是历史标记明显、个性独特的爱国主义教育资源，属于红色文化资源范畴，十分适合开发为红色文化旅游项目。

1. 提高桂军北上抗日遗址属地主管部门对发展遗址红色旅游的认识。从发展先进文化的高度对遗址资源进行文旅融合，有效开发形式与内容上的创新，系统思考遗址红色文化旅游、爱国主义教育产品的研发，形成具有巨大市场价值的旅游品牌与系列文旅产品，让游客在体验和感受产品丰富文化内涵的同时，自然地获得精神升华。

2. 以打造主题文化公园的理念做好桂军北上抗日遗址公园的规划设计。建立以潜山市牌楼抗战纪念馆、潜山市花山尖抗日战斗旧址、潜山野寨中学抗战纪念馆、合肥大蜀山抗战遗址等为依托的抗战主题文化公园。将遗址保护与公园建设相结合，将遗址资源转化为旅游文化产品，通过主题文化公园更好地保护遗址，传承抗战文化，弘扬爱国主义。在产生良好经济效益与社会效益的同时，实现遗址的可持续性保护。

3. 将桂军北上抗日遗址与属地自然环境、人文文化有机融合。在开发利用

---

① 习近平 . 在纪念中国人民抗日战争暨世界反法西斯战争胜利 75 周年座谈会上的讲话［EB/OL］.（2020-09-03）［2023-01-09］.http：//gs.people.com.cn/n2/2020/0904/c183342-34271177.html.

② 习近平 . 在纪念中国人民抗日战争暨世界反法西斯战争胜利 75 周年座谈会上的讲话［EB/OL］.（2020-09-03）［2023-01-09］.http：//gs.people.com.cn/n2/2020/0904/c183342-34271177.html.

遗址资源过程中，要根据属地自然环境、人文文化背景进行有效的要素组合，在充分反映桂军北上抗日遗址文旅产品独特的历史质感和文化韵味的同时，呈现属地自然环境风貌与人文文化特质，彰显特色。

4. 在利用好属地历史的、地方的、民间的文化要素的同时，必须结合当代的、国际的、主流的文化展示方式，开发出适应当代游客需求的爱国主义文旅产品。

5. 打造独具桂军北上抗日遗址特质、属地自然与人文特色的爱国主义红色旅游精品景区。构建文旅产品体系，打造点、线、面与遗址爱国主义教育基地、属地文化游、属地生态游相互衔接、协调互补的特色文旅线。

6. 完善保护管理制度，加强日常管理监督，规范日常养护工作。加快制定和颁布遗址保护条例、遗址管理暂行规定等规范性法律文件。成立相应的遗址管理机构，配备管理人员，承担管理职责，常态化开展遗址的监测巡查、安全防范、保养维护、信息管理等工作。

作者简介：

王建平，广西社会科学院文化研究所教授，广西抗战文化研究会会长；李建平，广西社会科学院研究员，广西抗战文化研究会名誉会长；过竹，广西社会科学院文化研究所研究员；黄璐，广西社会科学院文化研究所副研究员，广西抗战文化研究会副秘书长；薛辉，广西社会科学院文化研究所助理研究员；陆璎，广西社会科学院副编审，广西抗战文化研究会副会长兼秘书长；陶志红，广西大学新闻与传播学院副研究馆员；王心远，广西建设职业技术学院讲师；刘畅，北京广播电视台网络信息中心主任编辑。

电影《狮子吼》对佛教爱国抗战精神的诠释

黄海云

[摘　要] 20 世纪三四十年代的全民抗日战争，包括了中国佛教界的抗战活动。2020 年电影《狮子吼》首映，电影表现了巨赞法师的爱国抗战经历，反映佛教界的抗战精神。本文以史实与电影艺术内容相对照，分析该电影对佛教抗战史实的诠释及相关的艺术手法，揭示影片拍摄的当代意义。

[关键词] 巨赞法师；《狮子吼》；佛教；抗战

在 20 世纪中国抗日战争时期，佛教界许多爱国人士投入到挽救国难的运动当中，为抗战胜利作出了不可磨灭的贡献。2020 年 11 月 25 日，由广西电影集团、深圳市视界浪潮传媒有限公司和桂平市联合拍摄的电影《狮子吼》在桂平西山首映，真实地还原了爱国高僧巨赞法师的抗战事迹。

巨赞法师（1908—1984）既是一位有着深厚佛教理论修养的高僧，也是著名的佛教抗战救国的组织者及代表人物。他不仅投入到抗战救国的实践当中，而且撰写了一系列佛教抗战救国方面的理论文章，其新佛教思想影响至今。电影取名《狮子吼》，有三层意思。首先，“狮子吼”是佛教名词，佛教把佛讲法譬喻为“狮子吼”，形容佛、菩萨讲法，就如狮子威服百兽一般；其次，在近现代中国历史上，“狮子吼”一词也被借用为“警醒民智”的意思。清末爱国志士陈天华为他所著的一部中篇小说取名为《狮子吼》，借用佛家语，宣传革命，希望其宣扬的资产阶级民主主义的政治理想能如狮子吼声震动世界；最后，为了纪念巨赞等人创办的佛教抗战宣传刊物《狮子吼》月刊。巨赞等爱国僧人，以其实际爱国行动，作狮子吼，号召佛教界人士一起投身抗战。

一、电影《狮子吼》的拍摄缘起

2016年12月26日，电影《狮子吼》研讨会在桂平召开，国家新闻出版广电总局电影剧本规划策划中心策划室、电影局艺术处，广西有关部门负责人及相关专家参加了研讨会。“狮子吼系列电影”是广西电影集团策划实施的电影拍摄项目。与一般的佛教题材偏重教理宣传不同，该系列电影虽以佛教人物为题材，但把社会普通观众定位为主要受众。影片以巨赞法师抗日救国活动为主要内容，讲述高僧爱国爱教的传奇人生故事。

由于题材的特殊性，电影《狮子吼》以纪实的手法还原了巨赞法师的主要爱国抗战事迹。影片既具备纪录片的历史真实性，又注重运用艺术的表现手法，实现真实性与艺术性的完美结合，具有强烈的感染力与极高的观赏性。整部片展现佛教界对爱国抗战实践的深沉思索，反映了巨赞法师等人所倡导的人间佛教的深厚济世情怀。影片由白铁军导演。影片通过了国家宗教局影片审批，获得广电总局公映许可，于2020年11月在西山龙华寺重光三十周年庆典及“首届东盟广西佛教论坛”在桂平召开之际首映。

二、虚实相生还原佛教爱国抗战事迹

巨赞法师俗姓潘，名楚桐，字琴朴，1908年出生于江阴市澄江街道贯庄村。他是我国著名高僧、佛学家、爱国活动家、现代新佛学奠基人，曾担任中国佛教协会副会长兼秘书长、中国佛学院副院长、全国政协常委等职。

巨赞法师早年就读于上海大夏大学，年轻时即怀抱爱民救国的济世情怀。出家前，巨赞法师一面教书，一面参加革命活动，秘密与共产党地下组织联系并开展相关工作。1931年，23岁的巨赞法师在灵隐寺剃度出家。他深研佛法，为其日后佛学思想的提升打下坚实的基础。他追随太虚法师进行新佛教改革运动，努力寻找佛教的救国之道。在电影里，这些内容采用了概括的方式呈现出来。

众所周知，佛教教义强调以慈悲为怀，戒杀生、戒暴力。这些教义，与抗战似乎存在明显的冲突。这也是佛教爱国抗战思想最不容易让世人理解的地方。影片通过虚实结合的艺术手法，还原了历史，巧妙地解答了观众的疑惑。

影片详细讲述的部分，围绕巨赞法师在抗战时期三个地点的抗战活动而展开：在南岳时的抗战活动，在桂林创办《狮子吼》月刊，以及在桂平协助瑶族地方首领歼灭日军。

（一）在南岳讲学时期的抗战活动

1937 年七七事变后，巨赞法师四处奔走宣传、组织佛教徒参加抗日救亡运动。1938 年，大师应邀到南岳华严研究社讲学。国难当头之际，巨赞法师在田汉的引荐下，见到时任西南游击干训班副教育长的叶剑英同志。在叶剑英的支持下，巨赞法师等人组建了南岳佛道救难协会。随后，巨赞法师发表了著名的《南岳佛道救难协会告各地救亡团体同志书》，号召南岳的佛道同门分别编入抗战宣传队、救护队、慰劳队。1938 年 5 月 8 日巨赞法师举办了“战时知识训练班”，训练班结束后，巨赞法师率领佛教青年服务团赴长沙前线，宣传抗日救亡思想，同时撰写并散发《告各国佛道同仁书》，广泛推动佛道信徒的反侵略运动。

1939 年春，巨赞法师在湖南衡山南岳祝融峰顶的上封寺，见到了特地来南岳给正在举办的游击干部训练班进行专题报告的周恩来和叶剑英。周恩来看了巨赞法师的《南岳佛道救难协会告各地救亡团体同志书》后，连声称赞，并当场挥毫写下“上马杀贼、下马学佛”八个大字题赠巨赞法师。

巨赞法师在南岳时开始以笔为战，他在 1939 年 7 月 13 日《阵中日报》的《佛青特刊》上，开宗明义，提出了“佛家之救亡抗战论”。文中巨赞法师论证佛经和佛祖都有号召国民抵御外敌入侵的教诲，指出“抗战救亡，无分于世出世间也”“然则杀敌而死，乃无上光荣”。文末呼吁：“为国民者，务应遵信佛家全心之说，各各自勉为血性之丈夫，不屈不挠，视死如归而共赴国难。”①

在南岳宣传佛教抗战思想时，巨赞法师曾发表以下的演讲：“佛本慈悲，但当今妖孽横行，日寇逆天行道残害生灵。佛亦要作狮子吼，降魔灭邪，以正天理！”事实上，巨赞法师的这些主张，与一般认识中的佛门清规戒律相抵触，因而引发当时佛教保守派人士的争议与不满。殊不知，普通世人只知道出家人应慈悲为怀，却不知亦有怒目金刚。《地藏本愿经》中有云：“我不入地狱，谁

① 曾瀛洲．抗战时期南岳僧人创编的《佛青特刊》[EB/OL]．(2014-04-22)[2023-01-09]．https：//www.krzzjn.com/show-558-1118.html.

入地狱？”这句话表现出佛教舍己为人、敢为别人牺牲、经世济民的精神，也表现出一种勇猛精进、拯救人心、改造社会风气的精神。

电影在真实还原上述史实的前提下，试图通过艺术手法对历史进行诠释，帮助世人理解巨赞法师的佛教抗战思想的合理性与必要性。例如，影片中出现不少战争的残酷镜头，通过渲染战争的残酷性，揭示不义战争导致生灵涂炭的悲惨现实对巨赞法师心灵的巨大触动，从而帮助人们理解他所倡导的佛教抗战活动。如在影片开头，巨赞法师奔走在救国的旅途当中，饥渴疲惫之时，在郊外田野中一处农民的草棚下落脚歇息。在他吃完饭离开不久，几架日军飞机轰然而至，投下几枚炸弹，顿时，身后的农民及其家人、草棚瞬间化为灰烬。这样一个合理化的艺术处理细节，诠释了巨赞法师所倡导的佛教抗战活动：日军残害同胞生命，人间恶魔盛行，作为出家人，生逢乱世，也无法自保全身，出家人应一起汇入到抗战的洪流中，承担起抗战报国的社会责任。

影片还通过点面结合的办法来反映上述南岳佛教抗战史实。从“面”上看，影片从整体上反映了巨赞法师所领导的南岳佛道救难协会组织抗战宣传的活动场面以及僧人们参加战时知识训练班的练武、学习场面。从“点”上看，影片加入了一个细节：巨赞法师与脱去僧衣参加抗战的弟子理妙之间的故事。这个情节的加入，也是基于历史史实的处理。历史上，怀抱抗战报国理想的理妙法师，从北平广济寺来到南岳追随巨赞法师，后来被巨赞法师称为“新佛教运动的全身披挂的英雄战士”①。理妙法师赴湘北敌后工作，揭露敌情，破坏交通，积功甚多。在被敌人抓捕后，威逼利诱，皆不为所动。结果，理妙法师被挖眼割耳，惨死在敌人的疯狂兽行之下。

电影表现这个故事时，主要通过两组镜头来完成：理妙在出发前与巨赞的告别场面；理妙牺牲之后，他人将其遗物——一串念珠转交到巨赞法师手中的情形。理妙是参加抗战的众多僧人之一。这个故事表现了巨赞法师与这位年轻僧人的深厚情谊，更突出表现了出家人勇赴国难的无畏精神。点面结合、虚实相生的艺术处理，使佛教抗战精神更为感人。

---

① 巨赞．悼念新佛教运动的战士理妙法师［J］．狮子吼，1940（1）：6-7.

（二）在桂林创办《狮子吼》宣传抗战

1940 年秋，巨赞法师从长沙转移到桂林。著名爱国高僧道安法师在桂林筹建广西佛教会，请巨赞法师担任秘书长。当年 12 月 15 日，巨赞与道安两位法师共同创办并主编佛教界进步刊物《狮子吼》。该刊以弘扬佛法、挽救世道人心为根本，宣传佛教的反侵略思想，号召佛家弟子进行抗日救国活动，支持全面抗战，组织抗战服务团，救济难胞和伤兵等。

巨赞法师出家前本是一位受过高等教育的文化人，国学修养深厚，且笔力甚健。他为《狮子吼》撰写多篇文章，阐述他的新佛教爱国抗战理念，如《悼念新佛教运动的战士理妙法师》《新佛教运动与抗战建国》《新佛教运动的回顾与前瞻》《佛家之救亡抗战论》《致抗日将士慰劳书》等。《狮子吼》期刊实际上只出了 12 期共 6 刊本（除一、二期单独出刊外，其余 4 刊本为两期或三期的合刊），巨赞为该刊共撰写了 14 篇文章，为所有作者之最。他把他在南岳的抗战实践及思索进行了理论概括。《狮子吼》给世人留下了弥足珍贵的佛教抗战思想。凝结了民族危难、时局动荡之际，一批进步佛教徒对中国前途及佛教命运展开的思考。正如巨赞法师在《一支有力的笔部队——〈狮子吼〉月刊征稿的话》中所说：“在寂寞的佛教圈内，《狮子吼》将成为深入祖国广大原野的一支有力的笔部队。阐扬佛的正义，来打击敌寇汉奸的疯狂行为与荒谬理论，在焦土上树立佛教文化的堡垒，从荆棘中另辟佛教新闻事业的新天地！”①《狮子吼》记录抗日救亡的艰辛历程，关注佛教的新变化，保护佛学思想内核，寻找自救之路，在中国佛教史上影响甚深。近代“人生佛教”领袖太虚法师盛赞《狮子吼》月刊，将它与我国佛教界早期的重要刊物《海潮音》相提并论。

当时，很多左翼文化人士从全国各地避难来到桂林。巨赞法师与夏衍、田汉、欧阳予倩、聂绀弩、郭沫若、柳亚子、端木蕻良、廖沫沙等人交往甚密。巨赞法师还常常应邀参加当时颇负盛名的爱国诗社漓江雅集相关活动，与许多左翼文化人士集会议事，并互有酬唱。

---

① 周欣．烽火岁月里，以笔为戎的《狮子吼月刊》[EB/OL]．(2019-05-07) [2023-01-09] .https：//fo.ifeng.com/c/7mTsXqGFSxT.

巨赞法师的桂林时期，是以笔为战进行佛教抗战宣传的时期。对于这段历史，影片以纪实性的手法，侧重表现巨赞法师主编《狮子吼》的艰辛，影片以多组镜头表现他废寝忘食、奋笔疾书撰写抗战文章的情形。

（三）在桂平协助瑶族地方首领歼灭日军

巨赞法师于 1942 年离开广西桂林到桂平西山，任龙华寺住持。巨赞法师推行的新佛教运动的内容，除了佛教抗战建国之外，还包括佛教“学术化”“生产化”的主张。这个主张在桂林提出后没有得到实施，他来到桂平之后，便把西山作为贯彻这些佛教改革主张的实验场。一方面，他推动佛学研究的开展；另一方面，他因地制宜在西山开垦、培植茶场。1944 年，日军攻陷桂林、柳州等地，桂平亦面临危险，法师避难金田，投宿桂平金田乡安众村徐汉平的家中，两人朝夕相处有半年之久。在徐汉平的引路下，巨赞法师赴瑶山造访瑶族地方首领李荣保。李荣保与巨赞法师曾同为李宗仁在桂林的战区司令部的座上宾，彼此认识。据徐汉平回忆，巨赞法师到瑶山不久，便发生了“石崖塘夜战”。起因是驻扎在金田的日军被游击队包围，日军便派作战主任小林友一带领百余日军前往金田增援解围。李荣保获悉日军行动后，便与巨赞法师秘密商议。巨赞法师打破佛门清规，参与策划。最终由李荣保率领百名瑶族士兵，携冲锋枪事前潜伏于石崖塘。日军到时，正巧天黑如墨。瑶族士兵趁日军未备，率先发起进攻。日军被打得死的死、伤的伤，狼狈遁逃。是役日军死伤近百，而瑶族士兵伤亡仅各一人。如此悬殊的敌我双方伤亡比例，在抗日游击战中实属罕见。得胜凯旋后，巨赞法师为伤员敷药救治，当晚为死者超度，李荣保甚为感动。[①]巨赞法师自己则写下《瑶山十日》《石崖塘夜战》记载这次经历。

在电影中，巨赞法师避难金田、协助瑶族地方首领抗击日军的故事得到详细展现。这个故事也是本部传记式电影中，情节相对生动、吸引人的部分。电影前面所表现的巨赞法师抗战事迹，多属于组织抗战宣传活动、以笔为战进行理论宣传的内容，并没有真正意义上的“上马杀贼”。在这段史实中，涉及巨赞法师出奇谋协助李荣保歼灭日军，虽非直接所为，自可列入真正“杀贼”的范畴了。这也属于一般民众不易理解的部分。因此，影片进行了重点展现。

---

① 徐汉平 . 巨赞法师在金田［J］. 文史春秋，1996（1）：45–48.

电影表现这段抗战故事时，运用了艺术的合理虚构。据徐汉平回忆文章，巨赞法师只是给死去的瑶族士兵超度，但在电影中，导演运用对比的镜头，结合虚实交错的手法。镜头一方面呈现瑶族士兵们歼杀日军、日军尸横遍野的现场；另一方面，则转到巨赞法师身穿袈裟，双掌合十，在室外空地上盘腿打坐念经，为死者超度的镜头。镜头似乎表现的是巨赞法师在为包括日军在内的所有战争死难者超度。大雨倾盆而下，法师依然纹丝不动。战争是实的，而超度则是经艺术加工的虚景，虚与实互衬，表现法师内心复杂、矛盾的心理。观众于此处似乎读出了镜头的弦外之音：杀人本非出家人所愿，然而，面对残暴无人性的日军，只能用“杀”的办法铲除，恢复世间的安宁。电影在这里戛然而止，给观众留下无限的思索余地。

这个超度仪式的镜头，属于整部电影的点睛之笔，表现巨赞法师所奉持的新佛教出家人慈悲精神的内涵：“杀”虽是佛门禁戒，但在乱世之中，为人间除恶杀贼却是另一种大慈悲的表现。这种精神看似有违佛门传统，有违戒律，有悖常理，实则却是合乎传统、合乎常理、奉行戒律的圆融之法。这是该影片对所要诠释的佛教爱国抗战精神进行的揭示与总结。

三、电影对巨赞法师形象的塑造特点

电影涉及对巨赞法师新佛教运动抗战建国思想的诠释，但又面向社会大众放映，因此，要找到方便大众欣赏理解与表现巨赞法师新佛教深刻思想之间的平衡点，这不是一件易事。面对一代高僧巨赞法师丰富的传奇人生经历，影片重点突出反映法师所倡导的“爱国抗战”的内容。因为，古往今来，“爱国”都是最容易引起不同层次与身份的观众共鸣的主题。

佛教抗战的思想，在当时就饱受保守僧人的质疑与反对，也不易为普通民众所理解。所以，影片欲进行两方面的颠覆：一是颠覆世俗对出家人应不理世事、隐居深山修炼的偏见；二是颠覆人们把传统佛教的“慈悲”与“杀生”绝对对立的错误认识。巨赞法师所提倡的佛教抗战爱国精神，是希望出家人不再当不理世事而隐居修炼的自了汉；面对人间恶魔肆虐、国家危难之际，不再当不管善恶是非、一味躲避的忍辱者。真正的佛教徒，面对妖邪乱世，亦会成为怒目之金刚；真正的佛教徒，还是深研佛理，勤劳力作（包括精神与物质的生产）的修行人。影片通过艺术手法展现巨赞法师的爱国抗战事迹，塑造巨赞法师的人物形象，诠释佛教抗战爱国精神的内涵，同时回答了世人对佛教抗战爱国思想的不解与疑惑。

为了达到这样的目的，影片拍摄遵循求真的原则。首先是内容的求真。影片反映的爱国抗战事迹，都是历史上有迹可循的，电影不作任何拔高与夸张。其次是表演的求真。包括演员的求真与电影背景的求真。出演巨赞法师的演员邓飞，为了更好地塑造大师的形象，曾剃度出家，到寺庙里生活了一段时间，观察、模仿、学习出家人的生活及言行举止。最终，他塑造的巨赞法师形象十分逼真感人，让观众产生代入感。片中有近 300 名比丘僧人本色出演，增强了表演的真实性。摄制组特邀广西佛教协会副会长、广西龙华古寺方丈湛空法师担任佛学顾问，参与了影片的创作并全程指导，保证了电影拍摄中许多涉及佛教文化细节的真实性。电影中许多镜头在寺院中取景，全国八大寺院共同参与影片的拍摄。例如，为了使影片更具真实性，更好地还原历史，影片拍摄时还特意避开当代的水泥混凝土的寺庙建筑；巨赞法师出家时的剃度偈语，用的是民国僧人出家时流行的六祖慧能写的《剃度》诗，等等。

电影作为艺术作品，艺术性手段的应用是十分必要的。如运用合理的艺术想象，史实与艺术性想象两者“虚实相间”的结合手法，以增强艺术的感染性。从这一点上看，影片对巨赞法师人物形象的刻画比较成功。

电影没有刻意渲染曲折的情节。如果把史实称为“实”，艺术的想象称为“虚”的话，影片中以艺术性虚化处理，通过构造一个个颇具寓意、情景交融的镜头画面，表达主人公忧国忧民的心绪及深沉的思索。如通过其奋笔疾书、废寝忘食的镜头来反映巨赞法师创办佛教抗战宣传刊物《狮子吼》的贡献。在宽阔的浔江之上，江水浑浊湍急，寓意时代的危险与不安宁；身穿和尚袍服独立舟头的巨赞法师，外表看似平静，然而内心因悲悯苍生，感慨时局，就如身边的江水一般激荡。巨赞法师独自站在西山九龙亭远眺桂平河山景色的镜头，亦有类似效果。

影片还通过许多特写镜头展现巨赞法师的面部表情，以此反映其丰富的心灵世界。巨赞法师性格恬淡，举止稳重，然而大师更是一位有血有肉之人，也有自己的悲、愤、怨、憾等情感。影片这样的处理，向我们展示了一位真实的佛教大师的形象：出家人并非人们一般认识中的四大皆空。当看到日军轰炸造成无辜民众惨死的现场时，特写镜头展示了巨赞法师惊愕而悲愤的表情；当巨赞法师收到抗战中牺牲的佛家弟子理妙的遗物时，特写镜头又出现他眼含泪水悲不可遏的神情；镜头出现瑶族士兵与日军激战，尸横遍野的情景，又交错转向巨赞法师身穿袈裟，结跏趺坐，表情平静，喃喃诵经的画面。特写镜头对准双目轻阖的巨赞，身边的巨雷暴雨，似乎揭示了他内心的不平静，或是不安，或是悲悯，或是无奈，或是坦然。

这些艺术性的处理手段，结合男主角邓飞出色的表演，成功地塑造出巨赞法师的艺术形象。再加上男主角相貌本与真实的巨赞法师有几分相似，形神兼具的巨赞法师的形象，便在观众心中栩栩如生地浮现了。

1939 年，巨赞法师在南岳佛道救难协会成立大会上，曾写过一副对联铭志："身在佛门，愿不惹人间是非；国有大难，今显出炎黄本色。"田汉曾作诗称赞巨赞法师"缁衣不着着锦衣，敢向人间惹是非"[①]，这位本不愿惹人间是非的出家人，却在国家大难之时，敢于惹人间是非。巨赞法师的形象，可以说是他同时期无数投身于佛教抗战救国的爱国僧人的形象缩影，也是对新佛教运动下，僧人的形象与使命的说明：出家未敢忘忧国。新佛教思想的深意，在电影中，通过巨赞法师倡导的佛教抗战精神与实践得到很好的诠释。

四、影片的当代意义

巨赞法师是 20 世纪中后叶中国的佛教领袖之一，他所倡导的新佛教运动，并非要摒弃传统佛教而创造出新的佛教，恰恰相反，这个运动正是要恢复佛教优良的传统，这个"新"字在于要革除中国佛教界中存在的变异了的、扭曲了的教理、教制。在当时抗战的背景下，新佛教运动一方面倡导佛教界以实际行动救国家民族于危难之中；另一方面，期望用新佛教运动革除佛教界之沉疴积弊，从而使佛教更好地裨益世间。

19 世纪末 20 世纪初，杨仁山居士、太虚法师等人开启佛教改革运动。太虚法师提出"人生佛教"的思想。巨赞法师是太虚法师的追随者，巨赞法师的

---

① 朱哲 . 爱国爱教的光辉一生：纪念巨赞法师诞辰一百周年［J］. 中国宗教，2008（10）：34-36.

新佛教思想是抗战时期对“人生佛教”思想的发展与完善。而“人间佛教”则是赵朴初先生继承太虚法师的遗志，在社会主义阶段阐扬出来的佛教思想体系。“人间佛教”就是“人生佛教”，是继承“人生佛教”而来的。不管是抗战时期的新佛教思想，还是社会主义时期的“人间佛教”思想，其核心思想是一致的，即立足于人生。二者都强调佛教要根据时代背景，与国家、民族发展潮流相适应，要与时俱进，服务于社会与现实人生。

巨赞法师是一位知行合一的人。从他的人生经历来看，他在南岳的时期，应是其倡导的佛教爱国抗战精神及实践的初始时期；巨赞法师在广西的5年多时间，正是抗战时局发展的中后期阶段，也是巨赞法师的新佛教思想成熟及理论提升的重要时期，他协助瑶族地方首领歼灭日军，可谓佛教抗战的惊世之举。更为难得的是，他以自己的如椽巨笔，留下众多宝贵的新佛教思想财富。

巨赞法师1938年来到南岳，1940年秋从长沙转到桂林，12月创办《狮子吼》月刊。1942年，他从桂林来到桂平西山任龙华寺住持，以“学术化”“生活化”为原则，在西山建设新佛教运动的实验基地。1944年，巨赞法师任教于内迁至北流的无锡国学专修学校，授课之余撰写20多万字的《新佛教概论》。这本论著，可以说是对包括佛教抗战、国家建设思想在内的新佛教运动的一个总结。抗日战争胜利之后，1945年10月10日，巨赞法师与国学大师饶宗颐、向达等人登上北流山围之磐石山赋诗咏怀。不久，巨赞法师回杭州灵隐寺，任浙江省及杭州市佛教协会秘书长。

电影以反映佛教抗战为主，通过巨赞法师的爱国抗战活动轨迹，突出表现佛教界的抗战爱国思想与实践。巨赞法师曾用“万均”笔名在《狮子吼》月刊发表《新佛教运动的回顾与前瞻》一文，指出“新佛教运动要和全面抗战、全民动员的阵容配合着，普遍发动佛教同仁参加实际工作”①。同文论述如何完成新佛教运动的时候，他列举了三个方面，其中的第一个方面是“倡议成立全国性质的佛教抗战团体，发挥佛教在抗战以及文化上的作用”。巨赞法师所倡导的佛教抗战救国思想，不仅是佛教界也是抗战文化中一笔宝贵的思想财富，是对全民抗战文化研究的一个有益补充。它对佛教自身的革故鼎新也有着重要的

① 万均 . 新佛教运动的回顾与前瞻［J］. 狮子吼月刊，1940（1）：7-13.

意义，指出了当代佛教的发展方向：佛教徒不应消极隐居避世，而应把爱国放在首位，以自己独特的方式，服务于社会与人生。

拍摄这部影片，对于我们认识全民抗战的完整含义，认识佛教抗战思想的内涵，以及巨赞法师对当代佛教发展的杰出贡献都十分有帮助。这部影片的拍摄，创造了一个宗教性题材的大众电影的拍摄范例。它试图拉近新佛教与世俗之间的距离，从而给宗教题材电影的创作提供了借鉴，有利于发挥宗教对当今社会的积极作用。

影片略有不足之处，如影片反映巨赞法师人际交往时，多偏重他与佛教界人士的交往，如与理妙、道安的交往。由于是面向大众放映，影片若能增加巨赞法师在抗战过程中与左翼文化人士、国共两党抗战爱国著名将领的交往，如与叶剑英、周恩来、李宗仁等的交往内容，意义则会更明显。尤其是周恩来曾为巨赞法师题写“上马杀贼、下马学佛”，海内皆知。巨赞法师推动的新佛教思想的内容之一，就是要保持佛教的学术化特点，为此应与国内学术界保持密切联系而不是切断交往。巨赞法师在桂林时，曾与众多左翼文人参加漓江雅集，可谓一时兴会；在北流无锡国学专修学校任教时，他又曾与饶宗颐、向达等国学大师交好。影片对这方面的内容，没有着重表现。

另外，整体而言，影片抒情的成分偏多，叙事的成分偏少，相对弱化了情节性内容。这也许是整部影片过于执着“求真”带来的失虑之处。

五、结语

电影《狮子吼》结合艺术与纪实的手法，帮助大众理解巨赞法师倡导并推行的佛教爱国抗战思想及运动的历史与意义。全民抗战时期，佛教界为抗战作出了应有的贡献；在和平时代，佛教界也应延续造福国家的新佛教发展思路，为社会的健康发展、民族的振兴作出积极的贡献。

巨赞法师是一位思想家，他一生笔耕不辍，留下许多有价值的文章。他在广西桂平西山龙华寺任住持时，曾为西山写下了《桂平的西山》，对佛教的发展及西山景区的建设提出了许多独到见解。这篇长文初发表在当时的《旅行杂志》第 16 卷第 9 期，后印成小册子，人们争相阅读。国内许多人因此书而了解桂平西山。2020 年 11 月 25 日，在巨赞法师驻锡过的西山，首映这部以他的抗战时期经历为题材的电影，相信西山又将因法师更加声名远播。这是法师身前身后的功德，也是法师与西山的不解之缘。

作者简介：

黄海云，博士，广西大学文学院教授、广西大学文学与文化中心研究人员。主要从事广西地方文学与文化研究。

广西抗战文化研究会大事记（2012—2022 年）

李建平

[摘　要] 本文主要记录广西抗战文化研究会 2012 年至 2022 年 11 年间的重要会议、成果、获奖和各类活动情况，反映该会的工作重点和学术倾向。

[关键词] 广西抗战文化研究会；大事记；《抗战文化研究》

本文是第三篇“广西抗战文化研究会大事记”。第一篇《广西抗战文化研究会大事记（1988—2001 年）》刊发于《桂林抗战文化研究文集》（第七辑），广西师范大学出版社 2003 年出版；第二篇《广西抗战文化研究会大事记（2002—2011 年）》发表于《抗战文化研究》（第六辑），广西师范大学出版社 2012 年出版。如今，又一个 10 年过去了，广西抗战文化研究会再编写《广西抗战文化研究会大事记（2012—2022 年）》，留给后人作为抗战文化研究的学术史资料。

2012 年

3 月 16 日　广西抗战文化研究会承办由广西社会科学界联合会（以下简称广西社科联）和广西社会科学院联合主办的“以社科管理创新推进文化大发展大繁荣”座谈会。

3 月　会长李建平的抗战文化研究论文结集编入《李建平集》，由线装书局出版。该集收入作者自 20 世纪 80 年代以来关于抗战文化研究的论文共 26 篇，内容以桂林抗战文化研究为主，兼及茅盾、田汉、艾青等重要文艺家在抗战时期的活动史实研究和抗战文化遗产保护研究等。

5 月　广西抗战文化研究会与广西电视台联合制作的纪录片《方舟——桂

林抗战文化城记事》参加在乌克兰举办的“我们共同的胜利”国际电影电视节，获优秀节目奖。该片在广西电视台综艺频道播出。会长李建平、副会长兼秘书长王建平、副会长文丰义担任主要策划和第一、第二撰稿。

6月19日　副会长文丰义参加中国近现代史研究所与广西师范大学文旅学院联合举办的“20世纪30年代广西建设研究学术研讨会”，提交论文《抗战时期新桂系对广西文化建设的作用》，并在大会发言。

6月30日　广西抗战文化研究会与昆仑关战役博物馆联合举办的“广西抗战遗址图片展”在昆仑关战役博物馆开展，共展出图片500余幅。

7月18日　会长李建平出席广西社科联2012年学会工作会议，并在大会作题为《以抗战精神研究抗战文化》的工作汇报。

8月23—25日　会长李建平参加黑龙江省社会科学院和韩国国史编纂委员会在牡丹江共同主办的“抗日历史问题第十二次国际学术研讨会”，在大会宣读《中国抗战文化研究近况述评》论文。

8月26—28日　会长李建平在黑龙江开展抗战遗址考察，考察了位于牡丹江的侵华日军军事工事东宁要塞和位于哈尔滨的侵华日军第七三一部队遗址等。

8月　常务理事刘绍卫申报的“中国共产党在民族地区文化建设的历史考察及经验研究”获2012年国家社科基金项目立项，项目编号：12BDJ025。

9月12日　广西抗战文化研究会召开五届二次理事会，会议就日本政府以所谓购买方式公然侵占我国领土钓鱼岛事件进行讨论。专家们指出，钓鱼岛及其附属岛屿自古以来就属于中国，这在历史史实和国际法律上都有充分的依据。抗日战争时期日本侵略者两次入侵广西，给广西人民造成巨大的生命和财产损失。今天，日本政府和日本右翼分子没有深刻反思历史罪行和日本侵略者给中国人民带来的巨大伤害，反而以所谓“购买钓鱼岛”为借口侵犯我国领土主权，再次伤害中国人民的感情，不仅侵犯中国领土，而且严重威胁亚洲和世界和平，这是中国人民坚决反对和强烈抗议的。会议就此发表抗议声明。会议审议批准万玉琴等7人为新会员。

9月12日　广西抗战文化研究会主办“桂林抗战艺术史与广西当代文艺发展研讨会”，会议围绕李建平等编写的《桂林抗战艺术史》探讨了桂林抗战艺术的发展史实、过程、贡献和对当代文艺发展的作用。名誉会长黄铮、副会长王建平、广西师范大学教授张利群、广西美术出版社编审苏旅作专题发言。

9 月 14 日　名誉会长黄铮、副会长兼秘书长王建平、常务理事黄伟林参加由广西壮族自治区主席马飚委办、自治区政府参事室举办的“广西抗战研究与创作规划会”。三人分别就广西抗战历史研究和抗战文化遗产保护、抗战文艺题材创作等议题向自治区政府汇报情况和发表建议。

11 月　广西抗战文化研究会和广西社会科学院文史研究所联合选编，李建平、张中良任主编的《抗战文化研究》第六辑由广西师范大学出版社出版。该辑收入论文和书评、史料文章共 29 篇。中国知网全文收录。

12 月 15 日　会长李建平在广州考察抗战遗址，考察了十九路军淞沪抗日残护军人教养院遗址和十九路军淞沪抗日阵亡将士陵园。

12 月　在 2012 年举行的广西第十二次社会科学优秀成果奖评选中，广西抗战文化研究会会员共获得 6 项奖。获二等奖的是：黄伟林的《人：小说的聚焦——论新时期三种小说形态中的人》，李建平的《从桂林抗战文学研究看史料发掘和思路拓展》，黄晓娟的《论口传文学的精神生态与审美语境》，付广华的《民族生态学理论与方法研究》。获三等奖的是：何成学的《从中国特色革命理论到中国特色社会主义理论研究》，陈丽琴的《文艺生态学视野下的黑衣壮民歌》。

2013 年

3 月 27 日　由李建平、李江、覃国康、陆璎合作完成的《桂林抗战艺术史》项目获国家社科基金艺术学项目办公室结项。

6 月　李建平的抗战文化研究论文结集编成的《桂林抗战文艺论》由台湾省台北市秀威资讯科技股份有限公司出版。该集收入李建平自 20 世纪 80 年代以来关于抗战文化研究的论文共 26 篇，内容以桂林抗战文化研究论文为主。

7 月 30 日　李建平、王建平参加由广西社科联举办的 2013 年广西第二次社科专家学者活动日。该活动的主要议题为“广西社科奖评奖方案的修订”，两人在活动日上发言。

8 月 15—21 日　副秘书长、接力出版社编辑陆璎赴上海考察淞沪抗战遗址，参观上海淞沪抗战纪念馆，重点了解 1937 年桂军参加淞沪会战的情况。

9 月 13—15 日　中央电视台纪录频道（CCTV-9）在黄金时段 20：00—20：30 播放广西抗战文化研究会与广西电视台联合制作的纪录片《方舟——桂林抗战文化城记事》（3 集）。该片反映抗日战争时期爱国进步文化人士在桂林开展文化抗战，弘扬民族精神，保卫民族文化的斗争历史和感人事迹。

9 月　副会长文丰义和秦彬合著的《桂林抗战文化城奇闻异事》由广西师范大学出版社出版，该书 30 万字，插入历史照片 240 幅，记录了抗战时期桂林的文化活动。

9 月　副会长唐凌参加中国社会科学院近代史研究所、美国哈佛大学、日本日中关系史研究会、中国西南大学联合举办的“第二次世界大战背景下的中日战争——中日战争国际共同研究第五次会议”，提交论文并在会上发言。

11 月 13 日　副秘书长陆璎应广西大学艺术学院邀请，在该院举办题为“故乡——桂林抗战音乐研究”的讲座，介绍桂林抗战音乐活动。

11 月　广西抗战文化研究会和广西社会科学院文史研究所联合选编，李建平、张中良任主编的《抗战文化研究》第七辑由广西师范大学出版社出版发行。该辑收入论文和书评、史料文章共 29 篇。中国知网全文收录。

12 月 12 日　副会长王建平参加中国电影局和越南电影局在凭祥联合举办的首届中越电影文化论坛，作为出席活动的三位专家之一，代表中方作主题发言。

12 月 14 日　广西抗战文化研究会与广西桂林图书馆、桂林抗战文化研究会、八路军桂林办事处纪念馆等单位在桂林联合主办“纪念桂林抗战文化研究会成立 20 周年暨抗战时期桂林出版物和抗战史料保护利用研讨会”。来自南宁、桂林、柳州、自治区直属机关、科研院所和高等院校的专家学者共 45 人出席会议。会长李建平致开幕词。桂林图书馆、广西壮族自治区图书馆和柳州市图书馆就桂林、南宁、柳州等地现存抗战出版物的情况进行介绍。专家们还对抗战书刊、抗战文物等抗战史料的保护利用问题进行了探讨。

12 月 14 日　广西抗战文化研究会在桂林召开五届三次理事会，会长李建平主持会议。会议总结 2013 年的工作，研究 2014 年工作计划；对编辑“桂林抗战文化史料文库”和编撰《广西抗战文化研究丛书》进行了探讨。理事会还审议通过了万忆等 7 人为新会员。

本年　副会长唐凌担任《抗战时期大后方丛书·广西卷》主编。该套丛书由中国抗战大后方历史文化研究中心（重庆）组织编写，计划于2015年出版。

本年　李建平当选广西壮族自治区社会科学界联合会第七届委员会常委。

2014年

3月21日　广西抗战文化研究会与广西社会科学院文化研究所联合举办“丘振声学术思想研讨会”。丘振声是广西社会科学院文学研究所原所长，广西抗战文化研究会原会长、名誉会长，广西社科界首批获得国家人事部有突出贡献专家荣誉称号专家，出版著作多部，在古典文学、桂林抗战文艺研究、文艺评论等领域多有贡献。来自广西高校和社会各界专家以及广西社会科学院的领导和同事共22人出席会议。与会专家探讨了丘振声的学术思想，高度评价他的学术贡献。丘振声发表感言，表达了他对社会科学事业的追求和对友人关怀的感激。

4月　广西抗战文化研究会策划的“广西抗战文化系列研究”项目经广西社科联推荐，向自治区党委宣传部申报广西文化精品项目获得立项。该项目计划编撰出版丛书一套（6部），年刊2辑，召开两次学术研讨会，为中国人民抗日战争胜利70周年献礼。

6月　会长李建平领衔申报的“中国西部地区抗战遗址调查与保护利用研究”获2014年国家社科基金西部项目立项。

6月　经中共中央宣传部批准，会员万忆获“全国文化名家”称号。

7月20日　会长李建平在广西师范大学文学院给广西桂学研究会桂学研究生班讲课，主讲《广西抗战文化研究》，听课学生18人。

7月24日　广西抗战文化研究会在南宁召开五届四次理事会。会长李建平主持会议。会议研究2014年广西文化精品项目《广西抗战文化研究丛书》的编撰出版工作；对举行纪念中国人民抗日战争胜利70周年活动进行商议。理事会还审议通过了刘铁群等7人为新会员，增补覃振锋、万忆为理事。

7月24日上午　广西抗战文化研究会与广西社会科学院文化研究所在南宁联合主办“《广西抗战文化研究丛书》编撰出版学术研讨会”。来自南宁、桂林、柳州、区直单位的专家学者共30人出席会议。副会长兼秘书长王建平主持会议。会长李建平介绍了《广西抗战文化研究丛书》获得自治区党委宣传部2014年广西文化精品项目立项的情况和编撰构想。与会专家研讨了《广西抗战文化研究丛书》的内容与构成，会议确定编撰《桂林抗战艺术史》《桂林抗战文化综论》《广西抗战文化史》《广西抗战文化大事记》《广西在抗日战争中的历史作用与贡献》《中共中央南方局与广西抗战文化》6部专著。广西抗战文化研究会与作者签订了约稿合同。

7月24日下午　广西抗战文化研究会在南宁召开“西部地区抗战遗址调查与抗战精神传承学术研讨会”。会议围绕如何做好抗战遗址保护、促进抗战精神传承等学术议题进行了研讨。参会人员为广西社会科学院、区内各高校、区党校、区直文化部门和桂林市、柳州市文化单位的专家，共25人。副会长兼秘书长王建平主持会议，会长李建平作主旨报告，并对“中国西部地区抗战遗址调查与保护利用研究”课题进行说明，同时提出工作要求。万忆、文丰义、王建平等专家对会议议题发表意见。会议还对开展西部地区抗战遗址考察工作进行部署和分工。

9月2日　广西抗战文化研究会举办“西部地区抗战遗址调查工作汇报图片展”，在广西社会科学院橱窗展出考察图片36幅，参观人员360人。

9月3日　广西抗战文化研究会与广西社会科学院联合召开“中国人民抗日战争胜利纪念日（2014）座谈会”。广西社会科学院副院长黄天贵主持会议，副院长黄志勇发表讲话。会长李建平、理事覃振锋、副会长兼秘书长王建平等专家对如何开展纪念抗日战争胜利的活动和研究工作提出了建设性意见。会议还对2015年开展纪念中国人民抗日战争胜利70周年的活动安排进行商议。

9月17日　会长李建平在广西电视台给广西桂学研究会桂学研究生班讲课，主讲《广西抗战文化研究》，听课学生20人。

9月　广西抗战文化研究会和广西社会科学院文史研究所联合选编，李建平、张中良主编《抗战文化研究》第八辑由广西师范大学出版发行。该辑收入论文和书评、史料文章共32篇。中国知网全文收录。

10月　李建平、李江、覃国康、陆璎合著的《桂林抗战艺术史》由广西人民出版社出版。

10月　名誉会长魏华龄著《桂林抗战文化综论》由广西人民出版社出版。

10 月　文丰义著《桂林抗战文物精品集萃》由广西师范大学出版社出版。

本年　李建平、王建平、文丰义、陆璎、黎学锐、陶志红等分赴四川、重庆、陕西、内蒙古、贵州、云南、青海、甘肃、新疆等省（自治区、直辖市）以及在广西区内开展西部地区抗战遗址调查。

2015 年

4 月 20—26 日　会长李建平、副会长兼秘书长王建平随广西社会科学院访问团赴台湾学术交流，于 20 日在与台湾“中央研究院”近代史研究所联合举办的“海峡两岸抗日史实研讨会”上作学术演讲。22 日又在台南与成功大学历史学系教授座谈抗日战争史论题。

6 月　副会长黄晓娟的“少数民族女性文学的中华文化认同与传承研究”获 2015 年度国家社科基金一般项目立项。常务理事何成学的“中国工农红军长征史有关问题考辨”获 2015 年度国家社科基金西部项目立项。

7 月 18 日　李建平应邀在徐州举行的江苏省第五届书展上作“中国西部地区抗战遗址概说”的演讲。

8 月　李建平等著《中国西部地区抗战遗址图说》由江苏大学出版社出版。

8 月　由潘琦主编、副会长黄伟林任执行主编的《抗战桂林文化城史料汇编》印刷出书，内部发行。该书由广西桂学研究会资助，分为政治、经济、军事、民族、教育、文学、戏剧、美术、新闻出版、音乐舞蹈、自然科学、社会科学、文化建设、国际问题、广西人文 15 卷，每卷收入历史文献数十篇及专题资料索引，共计 500 万字。“是迄今为止最大规模的抗战时期桂林文化城史料丛书。”（该书《编选说明》）

8 月　由广西抗战文化研究会和广西社会科学院文化研究所编选，李建平、张中良任主编的《抗战文化研究》第九辑由广西师范大学出版社出版。该辑收入论文 36 篇。中国知网全文收录。

8 月　会员、广西师范大学退休教授黄绍清的诗论著作《不屈的诗城　愤怒的战歌——抗战时期桂林文化城诗歌荟萃》由中国文史出版社出版。

8 月 21 日　由广西社科联主办、广西抗战文化研究会协办的“广西社科界纪念中国人民抗日战争和世界反法西斯战争胜利 70 周年座谈会”在南宁召开，来自有关学会（协会、研究会）的专家学者以及自治区社科联机关干部等近 100 人参会。广西社科联主席沈德海作主题报告，广西抗战文化研究会专家黄伟林、李建平、盘福东等作了学术发言，副会长王建平主持大会的学术发言并作点评。会上举行了“广西社科界纪念中国人民抗日战争和世界反法西斯战争胜利 70 周年学术研讨会论文”颁奖仪式。专家组对收到的论文 127 篇进行评审，评出获奖论文 50 篇。广西抗战文化研究会多名专家的论文获奖：黄伟林、李建平、盘福东获一等奖；欧阳宜文、何成学、魏华龄获二等奖。

8 月 27 日　广西抗战文化研究会在南宁召开五届五次理事会。会长李建平主持会议。会议研究了为纪念中国人民抗日战争暨世界反法西斯战争胜利 70 周年开展一系列活动的筹备工作，特别讨论了 8 月 28 日即将召开的《抗战文化研究》编委会工作会议和西部地区抗战遗址考察与保护研讨会的具体筹备工作。会议审议通过了张明学等 4 人为新会员。

8 月 28 日上午　广西抗战文化研究会在南宁举办“《抗战文化研究》编委会工作会议”。来自北京、上海、山东、四川、重庆、广西的 9 位编委会委员张泉、张中良、陈青生、黄万华、李光荣、张凤琦、郝明工、黄伟林、李建平，以及来自北京、成都、重庆、昆明、桂林、南宁的 10 余位专家出席会议。主编李建平介绍了《抗战文化研究》9 年来的工作情况；《抗战文化研究》编委会副主任、上海交通大学人文学院教授张中良评议了《抗战文化研究》的学术定位与走向，介绍了其相关社会影响。与会委员和有关专家评议了《抗战文化研究》9 年来的工作，对今后进一步办好《抗战文化研究》提出了建设性意见。

28 日下午　广西抗战文化研究会和广西人民出版社在南宁联合召开《广西抗战文化研究丛书》（6 本）出版座谈会。该丛书由李建平主编，魏华龄、李建平、何成学、万忆、刘绍卫、文丰义等撰写，由广西人民出版社出版。

28 日下午　广西抗战文化研究会在南宁召开西部地区抗战遗址考察与保护利用研讨会，来自重庆、四川、云南、北京、上海、山东的学者与广西的抗战文史专家数十人聚集在一起，对抗战遗址的史学价值和保护抗战遗址的政治意义、文化价值发表了意见，并肯定了广西学者开展西部地区抗战遗址调查的成绩与意义。29 日至 30 日，与会专家还重返历史现场，到昆仑关战役旧址、桂林保卫战遗址、八百壮士墓、美国飞虎队桂林机场遗址公园等地考察。

8 月　广西抗战文化研究会和广西社会科学院文化研究所联合选编，李建平、张中良主编的《抗战文化研究》第九辑由广西师范大学出版社出版发行，收入论文 36 篇。中国知网全文收录。

11 月　副会长兼秘书长王建平在全国社科联第 16 次学会工作会议上被评为“2015 年度全国社科联优秀学会工作者”。

11 月　副会长文丰义和会员唐军富、万玉琴合著《南国抗战旗帜：中共南方局对南方抗日斗争的领导》由武汉大学出版社出版。

12 月　经自治区党委宣传部批准，副会长王建平、黄晓娟和理事万忆、黄伟林获首届广西文化名家暨“四个一批”人才称号。

本年　会员、广西师范学院新闻传播学院教授徐健的国家社科基金项目“抗战时期桂林进步报人群体新闻活动研究”通过评审结项。

本年　李建平、陆璎赴贵州、云南，开展西部地区抗战遗址调查。

2016 年

4 月　会员、广西师范学院新闻传播学院教授陈洪波的《抗战时期〈广西日报〉（桂林）广告研究：1937—1945》由厦门大学出版社出版。

6 月　由李建平主持的国家社科基金项目“中国西部地区抗战遗址调查与保护利用研究”通过国家社科基金规划办评审，以良好等级结项。该课题由李建平、文丰义、王建平、陆璎、黎学锐、陶志红、刘畅、刘乔叶、黄璐合作完成。

6 月　会员、百色学院韩继伟教授的“抗日战争期间西南边疆经略与交通变迁二维互动研究”获 2016 年度国家社科基金西部项目立项。会员黎学锐的“山水实景演出研究”获 2016 年度国家社科基金艺术学青年项目立项。

7 月 9 日　广西抗战文化研究会和广西民革区直桃源支部联合主办七七事变爆发 79 周年抗战歌曲演唱会。演唱会在南宁抗战遗址——桂南战役阵亡将士纪念亭前举行。广西抗战文化研究会理事容杰主持活动，会长李建平、广西民革区直桃源支部书记李茜玲分别发表讲话。曾参加过抗日战争的 4 位年近百岁的老兵来到现场，现年 97 岁的抗战老兵吴肯代表抗日老战士发表了激昂振奋、充满爱国激情的演讲。演唱会开始前，全体参会者起立向抗日阵亡将士默哀。各界人士组织的演唱团先后唱起《义勇军进行曲》《松花江上》《广西学生军军歌》《广西军歌》《中国父母心》等抗战时期歌曲，抒发不忘国难、众志成城的爱国情怀。副秘书长陆璎参加了演唱会。

10月28日　广西抗战文化研究会主办的“2016年学术年会暨广西各地抗战文化活动史料收集整理研讨会”在柳州市举行，来自北京和南宁、桂林、柳州、玉林、贺州、河池等市以及自治区直属科研单位、高校的专家学者共38人出席会议。会议的开幕式由副会长唐凌主持，柳州市政协副主席温其辉发表讲话。学术研讨会由副会长李乐年主持。柳州市博物馆馆长程州、中共桂林市委政策研究室凌世君、人力资源和社会保障部劳动科学研究所哈晓斯分别作了题为《柳州抗战历史的发掘整理》《桂林抗战图影史料的发掘与利用》《桂林风雨社与老报人哈庸凡在桂林的抗日新闻活动》的学术报告，中共玉林市委党史研究室赵彦行、河池市环江毛南族自治县党史研究室蒙祖升、贺州市教育局薛世安、广西区委党校何成学、广西师范大学唐凌、广西民族文化艺术研究院院长黄燕熙作专题发言。会长李建平作会议总结。

10月28日晚上　广西抗战文化研究会召开五届六次理事会。副会长黄燕熙主持会议。会长李建平介绍了本年工作情况和2017年召开代表大会和换届工作的准备情况。理事们讨论了2017年的工作计划，初步商议了召开第六次代表大会和组成第六届理事会的有关事宜，审议批准了陈洪波等3人为新会员。

29日　广西各地抗战文化活动学术研讨会与会专家考察了柳州抗战遗址“战时农都”，即广西农事试验场和美国飞虎队柳州机场遗址。

10月　广西抗战文化研究会和广西社会科学院文化研究所联合选编，李建平、张中良主编的《抗战文化研究》第十辑由广西师范大学出版社出版发行，收入论文32篇。中国知网全文收录。

11月18日　广西抗战文化研究会获全国社科联第17次学会工作会议授予“2016年度全国社科联先进学会”奖状。该奖项由全国社科联第17次学会工作会议大会主席团和河南省社科联联合颁发证书。

本年　在广西第十四次社会科学优秀成果奖评选中，广西抗战文化研究会会员共获得8项奖。获二等奖1项：覃振锋的论文《新常态下广西文化产业发展新突破研究（之一至之七）》。获三等奖7项：黎学锐等的专著《桂西北作家群的文化诗学研究》、李建平和盘福东的专著《广西抗战文化史》、付广华的专著《壮族地区生态文明建设研究——基于民族生态学的视角》、何成学的专著《红军在广西活动的历史考察》、付广华的论文《在地方发现全球性：人类学的视角——兼谈龙脊古壮寨生态重建案例》、李建平的论文《中国西部地区抗战遗址调查研究（之一至之三）》、何颖等的研究报告《全面建设小康社会与西部少数民族地区文化建设研究》（何颖为第二作者）。

本年　广西抗战文化研究会在参加自治区人民政府举办的第七届广西文艺创作铜鼓奖评奖活动中，李建平、李江、覃国康、陆瓔合著的《桂林抗战艺术史》；广西抗战文化研究会与广西电视台合作，李建平、王建平、文丰义、蒋延担任文字撰稿的电视纪录片《方舟——桂林抗战文化城记事》分别获奖。

2017 年

6 月 16—19 日　会长李建平参加中国近现代史史料学学会与香港浸会大学当代中国研究所联合举办的“香港抗日战争历史研究交流会”，在会上作《中国抗战遗址概况》学术演讲。17—19 日，李建平考察了香港和平纪念碑、太平山抗日防御战遗址、港九独立大队元朗区山下村宿营地达仁书院遗址、香港圣公会圣约翰教堂及其英军烈士墓、护港战士奥斯本塑像等抗战遗址、纪念设施。

6 月　李建平、文丰义、李乐年、方建诠合著的《广西抗战文化遗产保护与旅游开发研究》由广西人民出版社出版。

7 月 7 日　广西抗战文化研究会在桂林召开五届七次理事会。副会长王建平主持会议。会长李建平汇报了召开第六次代表大会的筹备工作，商议了第六次代表大会的议程和新一届理事会人选，审议通过吴能贞等 6 人为新会员。

7 月 7 日　广西抗战文化研究会与八路军桂林办事处纪念馆、广西社会科学院文化研究所联合主办“纪念中华民族全面抗战爆发 80 周年座谈会”，来自南宁、桂林、柳州等地的专家学者聚集在抗战遗址——八路军桂林办事处纪念馆举行座谈。副会长王建平主持会议，会长李建平作主旨讲话。文丰义、黄燕熙、唐凌、黄伟林、钟琼、李乐年、刘铁群等专家对如何深入开展抗日战争史研究特别是抗日战争史教育活动提出了多项建设性意见。

8 月 11 日　广西抗战文化研究会在南宁市召开第六次会员代表大会。42 名会员代表出席大会。会长李建平在大会上作了第五届理事会工作报告，回顾了六年来的工作情况和成绩，提出了今后工作的目标和要求。副会长王建平在大会上作了财务报告，黄燕熙作了修改章程的报告。大会通过了以上三个报告，并以无记名投票方式选举出第六届理事会理事 23 名。应邀出席大会的广西社科联党组副书记、副主席庞卡和广西社会科学院副书记兼副院长谢林城分别在大会发表讲话，阐明了传承抗战精神的重要意义，肯定广西抗战文化研究会多年来的工作成绩和研究成果，勉励各位代表要更加努力学习习近平总书记系列重要讲话精神，以优异成绩迎接党的十九大召开。

8 月 11 日下午　广西抗战文化研究会在南宁召开“广西抗战遗址保护暨《中国西部地区抗战遗址调查与保护利用》编撰研讨会”。来自南宁、桂林、柳州、百色等市和自治区直属科研单位、高校的专家学者共 42 人出席会议。研讨会由副会长王建平主持。会长李建平代表《中国西部地区抗战遗址调查与保护利用》作者团队作主旨报告。多位专家学者进行学术发言。

8 月 11 日晚上　广西抗战文化研究会召开六届一次理事会。会议选举王建平为会长，李建平等 8 人为副会长，李建平兼任秘书长，聘请魏华龄为名誉会长，聘请严颖为监事。名单见下。

理事（排名不分先后）：王建平、李建平、文丰义、黄燕熙、唐凌、黄伟林、钟琼、刘频、何成学、刘春燕、陆瓔、宋泉、林艳红、万玉琴、凌世君、韦芳、刘绍卫、容杰、黎学锐、刘铁群、卢芳明、张明学、陈洪波。

名誉会长：魏华龄，顾问：李乐年、苏关鑫、黄绍清、江建文、周德荣、陈欣德。

会长：王建平。副会长：文丰义、李建平、刘频、何成学、钟琼、唐凌、黄伟林、黄燕熙。秘书长：李建平（兼）。副秘书长：陆瓔、宋泉、万玉琴、凌世君、林艳红、刘铁群。

8 月 13—19 日　会长王建平、副会长李建平出席中国近现代史料学学会在新疆石河子和伊犁举办的“中国抗战历史研究暨中国近现代史料学学会第二十七届学术年会”，李建平在两地的研讨会和学术交流会上作学术演讲。

8 月　李建平、文丰义、王建平合著的《中国西部地区抗战遗址图说》获中国近现代史史料学学会第八届（2014—2017）优秀成果一等奖。

本年　副会长何成学的论文《关于“红军长征”中的“长征”一词的考析》

获中国国际报告文学研究会“全国第二届长征精神学术论文评奖”一等奖。

2018 年

1 月　副会长黄伟林所著的《历史的静脉——桂林文化城的另一种温故》由广西师范大学出版社出版。

6 月　广西抗战文化研究会和广西社会科学院文化研究所联合选编，李建平、张中良主编的《抗战文化研究》第十一辑由广西师范大学出版社出版发行，收入论文 27 篇。中国知网全文收录。

6 月　会员、广西师范大学教授张红的“抗战时期马克思主义在西南国民党统治区青年学生中的传播研究”获 2018 年度国家社科基金一般项目立项。

9 月 7—13 日　由会长王建平领队，广西抗战文化研究会、广西社会科学院文化研究所和桂林市李宗仁文物管理处联合组成“广西军队北上抗日行踪遗迹遗址调查（之一）——以 1937 年淞沪会战为中心”组，到上海、浙江、江苏考察抗战遗址。李建平、陆璎、韦芳、过竹、陶志红、辛华玲等参与调研。

9 月 12 日　副会长李建平参加中国田汉基金会在人民大会堂举办的纪念田汉诞辰 120 周年暨《田汉画册》出版座谈会。副会长李建平、文丰义参与了《田汉画册》的编撰和审定工作，担任编委和部分图片说明撰稿。

9 月　理事、广西大学教授张明学的著作《抗战漫画》由河南大学出版社出版。

10 月 26 日　会长王建平当选广西社会科学界联合会第八届委员会常委。

11 月 20 日至 21 日　副会长文丰义参与主办纪念八路军桂林办事处建立 80 周年纪念活动暨学术研讨会并主持会议，会长王建平、副会长李建平、副会长何成学参加会议并在会上进行学术发言。

11 月 28 日　广西社科联主办、广西抗战文化研究会承办的“2018 年广西抗日战争研究专家座谈会”在南宁召开，来自南宁、桂林、柳州、百色市共 22 个研究院所、高等院校、文化单位、学术团体的 59 位专家学者与会，会议收到论文 25 篇。会议由会长王建平、副会长李建平先后主持。广西社科联党组副书记、副主席庞卡在开幕式上致辞。王建平对会议进行总结。

11 月 28 日下午　广西抗战文化研究会召开六届二次理事会。理事会由副会长李建平主持。会长王建平总结了2018年工作情况，提出2019年工作建议，对做好《广西抗日战争志》资料收集和撰稿工作提出意见。理事们讨论了2019年的工作计划，审议通过了李萍等4人为新会员。

本年　副会长、广西区委党校研究员何成学《关于“红军长征”中的“长征”一词的考析》获全国党校系统第十二届优秀科研成果奖三等奖；独著《伟大的长征与伟大的长征精神》获中国国际报告文学研究会（全国性的一级学术性社会团体）等举办的“全国第三届（2018）长征精神研讨会”论文一等奖。

本年　在广西第十五次社会科学优秀成果奖评选中，广西抗战文化研究会会员获得二等奖1项，黎学锐等的论文《小人物身上的大时代痕迹——从彩调剧〈哪嗬咿嗬嗨〉到话剧〈花桥荣记〉》（第一作者）；获三等奖5项，李建平等的研究报告《中国西部抗战遗址调查与保护利用》（第一作者）、陈洪波的著作《抗战时期〈广西日报〉（桂林）广告研究：1937—1945》（独著）、刘绍卫等的研究报告《中国共产党在民族地区文化建设的历史考察与经验》（第一作者）、王建平等的研究报告《彩调剧生态研究》（第二作者）、黎学锐的论文《环境戏剧与旅游表演：山水实景演出的两个思想来源》（独著）。

本年　副会长、广西师范大学教授唐凌主持的2011年度国家社科基金项目“战时‘农都’在外来旱地农作物本土化进程中的作用”通过鉴定结项。

2019年

1月　副会长何成学获国务院颁发的政府特殊津贴证书。

2月　理事、百色学院韩继伟的专著《抗战的贵州》由贵州教育出版社出版。

5月18—26日　由会长王建平领队，广西抗战文化研究会、广西社会科学院文化研究所和桂林市李宗仁文物管理处联合组成的“广西军队北上抗日行踪遗迹遗址调查（以徐州会战为中心）”组，到安徽、江苏、山东考察抗战遗址。李建平、陆璎、韦芳、过竹、陶志红、刘乔叶、辛华玲等参与调研。

6月　广西抗战文化研究会和广西社会科学院文化研究所联合选编，李建平、张中良主编的《抗战文化研究》第十二辑由广西师范大学出版社出版，收录论文28篇。中国知网全文收录。

7月　副会长、广西师范大学黄伟林的“抗战时期桂林文化城文学编年史”

获2019年度国家社科基金一般项目立项。

7月　副会长唐凌的“抗战时期桂越国际交通线文献资料整理与研究”获2019年度国家社科基金西部项目立项。

7月　副秘书长、广西师范大学教授刘铁群主持的2015年国家社科基金项目“抗战时期桂林文化城文艺期刊研究”获批结项。

8月20日上午　广西抗战文化研究会专家王建平、李建平、唐凌、文丰义、黄伟林、何成学、蒋宁华、凌世君、刘铁群、容杰、陆璎、曾强、卢芳明等出席由中共中央台湾工作办公室、中国抗日战争史学会和台湾中华民族抗日战争纪念协会共同主办的“第三届中华民族抗日战争史与抗战精神传承研讨会”，李建平作题为《广西在抗战中的贡献》的主题发言。

8月20日下午　广西社科联主办、广西抗战文化研究会承办的“新中国70年与广西抗战文化研究专家座谈会”在南宁召开，来自南宁、桂林、梧州、贺州、柳州市和自治区直属机关的研究院所、高等院校、政府部门、图书馆、博物（纪念）馆、学术团体的58位专家学者与会，共提交论文25篇。会上有20多位专家发言，王建平会长对会议进行总结。

8月20日下午　广西抗战文化研究会召开六届三次理事会。会长王建平就做好《广西抗日战争志》资料收集和撰稿以及加强科普工作提出意见。会议审议通过了薛辉等5人为新会员，增补蒋宁华、曾强、韩继伟3人为理事。

8月30日　广西抗战文化研究会与中国田汉研究会、桂林市两新组织党工委、桂林市文学艺术界联合会、桂林博物馆、广西桂林图书馆、桂林抗战文化研究会在桂林联合主办“‘为了前进的事业——田汉生平事迹展’暨‘田汉在桂林’学术研讨会”。副会长钟琼主持“为了前进的事业——田汉生平事迹展（桂林站）”揭幕仪式。随后举行研讨会，中国田汉研究会副会长兼秘书长郭超与广西抗战文化研究会副秘书长、桂林抗战文化研究会会长凌世君主持会议，副会长李建平、文丰义、黄伟林和副秘书长刘铁群在会上作主题发言。

11月15—17日　副秘书长、接力出版社副编审陆璎和理事韩继伟出席由贵州师范大学、西南大学、《抗日战争研究》编辑部联合在贵阳主办的“第四届中国抗战大后方研究高端论坛”。陆璎担任分会场主持人并以《贵州省抗战遗址调查》为题作主题发言，韩继伟以《抗战时期国民政府过境印支运输外交磋商述评》为题作主题发言。

11月23—24日　副会长李建平、黄伟林出席由中国现代文学研究会、中国艺术研究院《文艺研究》编辑部、中国现代文学研究会、重庆市抗战文史研究基地和重庆师范大学在重庆联合主办的2019年“抗战文化与文学”学术研讨会。李建平作题为《抗战文化遗产的整理与社会效用》的主题发言并担任第一分会场主持人，黄伟林作题为《田汉在桂林的时间》的主题发言。

11月26日　广西抗战文化研究会召开六届四次理事会。由会长王建平主持。王建平会长提出2020年工作建议，并对开展相关项目进行说明；李建平副会长传达了中共广西壮族自治区社科联社会组织委员会关于加快推进社会组织党组织建设的文件精神，介绍了本会筹建党支部的有关工作。理事会同意王建平会长提出的2020年工作计划，增补了陈梅云为理事。

11月26日　广西抗战文化研究会召开第一次党员大会。会议由副会长李建平主持。李建平传达了中共广西壮族自治区社科联社会组织委员会关于加快推进社会组织党组织建设的文件精神，介绍了近半年来本会筹建党支部的有关工作和支部委员候选人的基本情况。大会对经中共广西壮族自治区社科联社会组织委员会批准的支部委员候选人进行了审议和投票。投票选举出李建平任支部书记，李建平、刘绍卫、宋泉三人担任支部委员。

12月9日　中共广西壮族自治区社科联社会组织委员会下文，批准中共广西抗战文化研究会党支部成立，批准李建平、刘绍卫、宋泉组成党支部委员会。

12月19日　会长王建平、副会长何成学出席由民革中央、民革广西区委会、南宁市人民政府共同主办的“纪念南宁昆仑关大捷80周年座谈会”，王建平作《昆仑关大捷研究开发的“深”与“活”》专题发言，何成学作《从大历史大思路研究昆仑关战役的历史作用与当代价值》专题发言。

本年　广西抗战文化研究会专家参与撰写《广西抗日战争志》。该项目为国家社科基金重大项目《中国抗日战争志》的子课题，由广西地方志编纂委员会办公室主持开展。王建平、李建平、文丰义、唐凌、薛辉等参与组稿或撰稿。

本年　会长王建平获全国社科联联席会议“2019年度全国社科联优秀社会组织工作者”表彰。

本年　副会长唐凌获中国地方志指导小组办公室“社会力量参与地方志工作先进个人”表彰。

2020 年

6 月 26 日　广西抗战文化研究会召开六届五次理事（扩大）会议。由于处于新冠疫情防控时期，会议采用视频形式召开。出席会议理事 27 人，达到应出席人数的 100%。会长王建平主持会议。会议讨论了遵照《自治区民政厅转发民政部关于在社会组织登记管理工作中贯彻落实〈中共中央关于加强党的政治建设的意见〉有关要求的通知》修订了广西抗战文化研究会章程“总则”部分，27 人一致同意修订后的新章程，同意票达到发出票的 100%。

8 月 29 日　由广西社科联和广西社会科学院联合主办、广西抗战文化研究会和广西社会科学院文化研究所承办的“民族战争的伟大胜利——纪念中国人民抗日战争胜利 75 周年专家座谈会”在南宁召开。广西社科机构、高校、党校和来自南宁、桂林、柳州、梧州、百色、贺州等市的专家学者 60 多人出席会议。会长王建平主持会议。广西社科联副主席杨东星和广西社会科学院副院长黄天贵发表讲话。会议收到论文和书面发言提纲 27 份。专家们发表了学习习近平总书记关于抗日战争系列重要讲话的心得体会，就如何深入开展抗日战争史研究特别是抗战文化研究，发表研究成果，提出多项建设性意见。

8 月 29 日　广西抗战文化研究会召开六届六次理事会。会长王建平主持会议，副会长李建平汇报上一年度 11 月组建成立功能型党支部情况，提出下半年工作计划和 2021 年学术会议议题。会议讨论通过了 2021 年举办“中国共产党与广西抗战”学术座谈会的方案，讨论通过了彭子龙等 7 人为新会员。

9 月 3 日　会长王建平和副会长李建平在中共桂林市委党史研究室和桂林抗战文化研究会举办的“追忆桂林抗战往事，保护桂林抗战遗址座谈会”作演讲。

9 月 7—17 日　由会长王建平带队组成的抗战遗址调研组深入湖北、河南两省，开展专题调研。调研组深入湖北省武汉市、老河口市、麻城市、武穴市和河南省信阳市、唐河县、商城县等地，实地考察了八路军武汉办事处旧址暨纪念馆、老河口市国民政府第五战区李宗仁司令长官部旧址、信阳市鸡公山武汉会战历史纪念馆、唐河县钟毅将军殉难处旧址、商城县国民革命军第八十四军阵亡将士忠烈祠等抗战遗址和纪念设施。在武穴市，调研组与该市档案馆、史志办公室联合召开了调研座谈会。李建平、陆璎、过竹、韦芳等参加了调研。

10 月 20 日　副会长李建平应中共梧州市委党史研究室邀请，到梧州市公安局作《学习习近平抗日战争史观，准确认识广西抗日斗争和历史贡献》宣讲。

10 月 22 日　副会长李建平应中共南宁市江南区委员会组织部邀请作《广西的抗日斗争与历史贡献》宣讲。

10 月 28 日　副秘书长陆璎应桂林电子科技大学信息科技学院邀请作《浩歌声里请长缨——广西抗战文化纪事》专题讲座；11 月 14 日应广西艺术学院邀请作同题讲座。

11 月　广西抗战文化研究会和广西社会科学院文化研究所联合选编，李建平、张中良主编的《抗战文化研究》第十三辑（2020 年版）由广西师范大学出版社出版并在全国发行。该辑共汇集论文 18 篇，综述 1 篇，计有 27 万字，被中国知网全文收录。

2021 年

7 月 2—12 日　由王建平任组长的课题组，深入安徽省金寨、六安、合肥、太湖、潜山、岳西等地，考察了野寨抗日阵亡将士公墓、安徽省抗日民众总动员委员会旧址、第二十一集团军响山寺旧址、廖磊墓、国民革命军 131 师师部旧址、大别山烈士陵园等抗战遗址和纪念设施。调研组与安徽社会科学院有关专家联合召开了抗战史实调研座谈会。李建平、陆璎、过竹、黄璐、薛辉、陶志红等参加调研。

7 月 28 日　由广西社会科学院主办、广西抗战文化研究会承办的“中国共产党与广西抗战”学术座谈会在南宁召开。来自南宁、桂林、柳州、梧州、百色和自治区直属机关、高校、科研单位的 50 多位专家学者出席会议。会议收到论文和发言提纲 24 份。广西社会科学院院长陈立生出席会议并作重要讲话。王建平、文丰义、李建平、何成学、凌世君、韦芳、万玉琴、曾强、黄少雄、谷昀凌、林艳红、李萍、任旭彬、韦俊海、薛辉、侯巍等专家进行发言。

7 月 28 日下午　广西抗战文化研究会举行六届七次理事会，会长王建平主持会议。会议商议了 2022 年工作计划，对 2022 年将举行的第七次会员代表大会和换届选举工作进行了讨论，审议通过了罗天等 4 人为新会员，并增补李萍为理事。

9 月 24 日　会员广西师范大学刘铁群申报的“桂林文化城文学名家作品版本流变研究”获 2021 年国家社科基金一般项目立项。会员北部湾大学李波申报的“抗战时期桂林版画文献整理与当代价值研究”获 2021 年国家社科基金一般项目立项。

12 月 23 日　会长王建平代表广西抗战文化研究会在广西社科联学会工作会议上作了工作汇报和经验交流发言，介绍广西抗战文化研究会的工作亮点及成果经验。

2022 年

6 月 2 日　广西抗战文化研究会举行六届八次理事会，会长王建平主持会议。会议对将于 2022 年秋季举行的第七次会员代表大会和换届选举工作进行了讨论，推选成立了代表大会和换届选举工作筹备组，由王建平任组长，酝酿讨论通过了王建平等 11 人组成的第七届会长、副会长、秘书长等候选名单。会议还通过了增补帅民风、黄璐为理事，黄璐为副秘书长的决议，以及通过了一批新会员名单。

6 月 2 日下午　中共广西抗战文化研究会党支部举行支委会扩大会议，参加会议的有支部书记李建平、支部委员宋泉、支部书记后备人选黄璐。会议特邀会长王建平出席。会议由李建平传达 4 月 13 日广西社科联召开的 2022 年社会组织党建工作暨意识形态工作暨廉政建设工作会议精神，强调要做好广西抗战文化研究会的微信群管理和将在下半年召开的学术座谈会的意识形态管理工作。王建平就 10 月份召开的第七次会员大会和学术研讨会的筹备工作发表了筹备设想，提出由党支部抓好论文征集和初审工作，保证会议顺利召开。支部委员刘绍卫因参加新农村建设未能赶回南宁而请假缺席本次会议。

8 月 8 日　李建平撰写的《广西抗战文化研究概述》完稿，与广西人民出版社签订出版合同，计划 2023 年 8 月出版。

8 月 11—23 日　由王建平任组长的课题组前往湖北、河南两省开展抗战遗址调查活动。调查组深入湖北省罗田、随州、武汉和河南省潢川、信阳、南阳等地，考察了凤凰山战斗遗址、蒙蒙山抗日战争遗址、新唐抗战胜利纪念碑、塔儿湾战斗遗址、潢川县抗战教育工作宣讲团旧址、李宗仁汉中行营遗址等抗战遗址，以实证材料论证广西人民为抗日战争的胜利做出的巨大牺牲和重大贡献，论证弘扬抗战精神的重要性和必要性。李建平、陆璎、过竹、陶志红参加调研。

9月14—23日　由李建平任组长的“中国共产党军队中广西籍将领抗日行踪遗址遗迹调查”课题组到陕西、山西等省开展实地调查活动。调查组前往陕西西安，甘肃庆阳，山西太原、阳泉、大同、长治等市，考察了八路军西安办事处旧址、八路军太原办事处旧址、八路军三五八旅旅部旧址、平型关战役旧址、八路军总部（王家峪）旧址、八路军总部故县旧址、神头岭战斗遗址、关家垴战斗遗址、黄崖洞保卫战旧址、长乐村战斗遗址暨纪念碑、晋绥军区暨抗日边区政府（蔡家崖）旧址、百团大战狮脑山战斗遗址暨纪念碑、八路军太行纪念馆等抗战遗址和纪念馆。陆璎、过竹、黄璐、岑贞霈参加调研。

9月30日　全国哲学社会科学工作办公室公布2022年国家社科基金项目立项名单，会员广西教育学院程志军的“桂林抗战文艺运动与延安经验的关联研究”、广西师范大学黄艺红“抗战时期文化供应社的进步文学生产研究”获立项。

9月　《抗战文化研究》第十五辑与广西教育出版社签署出版合同，计划2023年10月出版。

10月29日上午　广西抗战文化研究会在南宁举行第七次会员大会。出席会议会员48人。大会听取并通过了王建平作的第六届理事会工作报告、李建平作的财务报告、黄燕熙作的章程修改报告。大会选举了王建平等36人为理事。担任第七届理事会理事的是（排名不分先后）：王建平、陆璎、李萍、黄璐、陈梅云、薛辉、冯名梦、过竹、李建平、吴能贞、宋泉、张明学、何成学、刘绍卫、蒋宁华、陈洪波、帅民风、农华霞、欧阳宜文、陶志红、黄海云、容杰、黄少雄、文丰义、黄伟林、凌世君、唐凌、万玉琴、刘铁群、林艳红、曾强、彭志创、邱洁玲、潘晓军、韦芳、韩继伟。选举严颖为监事。大会后举行七届一次理事会，王建平主持会议。会议选举出以王建平为会长的第七届理事会领导班子。第七届理事会领导班子由以下人员组成：

会长：王建平。副会长：陆璎、何成学、刘绍卫、张明学、蒋宁华、宋泉、凌世君、文丰义、黄伟林、曾强。秘书长：陆璎（兼）。

会议决议聘请魏华龄、李建平为名誉会长。会议还讨论通过了新会员名单。

10 月 29 日下午　由广西社科联主办、广西抗战文化研究会和广西社会科学院文化研究所联合承办的“抗战精神的传承与传播”专家学者交流座谈会在南宁召开。来自南宁、桂林、柳州、梧州和自治区直属机关、高校、科研单位的 40 多位专家学者出席会议。会议收到论文和发言提纲 27 份。李建平、何成学、文丰义、张明学、万玉琴、凌世君、李萍、陆璎、宋泉、曾强、谷昀凌等专家作了发言。王建平作会议总结。

10 月　《抗战文化研究》第十四辑由中共党史出版社出版。收录论文 24 篇。

11 月 30 日　王建平主持的广西社会科学院新型智库创新团队重大项目“广西抗战文化名人研究”完成阶段性成果：《广西抗战文化名人研究之一——文学家、艺术家研究》。

12 月 20 日　《抗战文化研究》第十六辑编定，收录论文 24 篇，送交广西教育出版社，计划 2024 年 3 月出版。

作者简介：

李建平，广西社会科学院研究员，广西抗战文化研究会名誉会长。

“抗战精神的传承与传播”专家学者交流座谈会召开

黄　璐

为深入学习贯彻党的二十大精神，传承和弘扬伟大抗战精神，2022年10月29日下午，由广西社科联主办，广西社会科学院文化研究所、广西抗战文化研究会承办的“抗战精神的传承与传播”专家学者交流座谈会在南宁市新华大酒店举行。来自广西社会科学院、中共广西区委党校、广西大学、广西艺术学院、八路军桂林办事处纪念馆、桂林市委党校、桂林图书馆、梧州市政协文化文史和学习委员会等单位的40多名专家学者出席。

会议由广西社会科学院文化研究所原所长、广西抗战文化研究会会长王建平教授和广西社会科学院文化研究所副所长李萍研究员主持。与会专家就学习习近平新时代中国特色社会主义思想、抗战精神的传承与传播、抗战名人研究、抗战史料的整理与利用等论题相继进行发言。

广西抗战文化研究会名誉会长、广西社会科学院二级研究员李建平以《学习习近平总书记关于学习历史暨文博保护利用论述推进抗战精神的传承与传播》为题进行发言。他说：党的十八大以来，习近平总书记反复强调学习历史、保护历史文化遗产的重要性，也多次论述了抗日战争和抗战精神，对学习和研究抗日战争史、宣传抗战精神和开展抗战遗址保护等工作作出重要指示。近年来，为深入学习贯彻习近平总书记的重要指示精神，广西抗战文化研究会积极开展抗战文化遗产调查工作，编撰出版了一批有关抗战遗址和文物的资料集，出版了《桂林抗战文化遗产》《中国西部地区抗战遗址调查与保护利用研究》《广西抗战文化遗产保护与旅游开发研究》等一批学术专著，抗战遗址保护研究形成了全国性影响。同时，广西抗战文化研究会还举办了相关学术研讨会、座谈会、纪念会、图片展览，参与制作抗战题材影视作品等，为传承和传播抗战精神作出了积极贡献。

广西抗战文化研究会副会长、八路军桂林办事处纪念馆副馆长文丰义研究员以《当代党性教育中的抗战精神传承与弘扬》为题进行发言。他指出：抗战精神是弥足珍贵的精神财富。在新时代的党性教育和国际形势复杂多变背景下的治国理政中，传承和弘扬抗战精神，具有重要的现实意义和必要性。要充分利用“互联网 +”等高科技手段，通过多种途径传播和弘扬抗战精神。

八路军桂林办事处纪念馆副研究馆员万玉琴就抗战精神传播的宣传途径与方式进行发言。她指出：抗战精神的传播要注重内容，创新宣传途径和方式，要见人见物见史见精神，做到细分受众、精准传播，强调“以观众为中心”，抗战精神的宣传以受众目标的“全覆盖”为主要目的。切实做到“四个一”“三个教”“两个化”和“一个融”。利用“互联网 +”、文物 +”陈列融媒体传播平台，以剧本杀、沉浸式体验（戏剧）、沉浸式讲解、定制式服务等灵活多样的宣传途径和方式提升抗战精神传播的体验性、互动感、参与度。

广西艺术学院副教授宋泉博士结合抗战时期桂林文化供应社“大众化”出版实践作了发言。广西社会科学院文化研究所副所长李萍研究员、陆璎副编审，梧州政协文化文史和学习委员会曾强三位专家就广西抗战名人的抗战活动、抗战思想和爱国情怀进行发言。广西大学张明学、中共广西区委党校何成学、中共桂林市委党史研究室凌世君、中共桂林市委党校谷昀凌等多位专家就如何利用好抗战历史文化资源，赓续红色血脉、传承红色基因、弘扬抗战精神建言献策。与会专家一致认为，要以习近平新时代中国特色社会主义思想和党的二十大精神为指导，增强文化自信自强，踔厉奋发、勇毅前行，继续深化和拓展抗战历史文化研究，在建设中国特色社会主义新时代壮美广西新征程中展现新担当、新作为、新贡献。

当天上午，还举行了广西抗战文化研究会第七次会员大会，通过换届选举产生了新一届学会理事会和领导班子。王建平当选新一届广西抗战文化研究会会长，陆璎、何成学、刘绍卫、宋泉、蒋宁华、张明学、文丰义、黄伟林、凌世君、曾强当选为副会长，陆璎兼任秘书长。会上，聘请李建平担任研究会名誉会长。

作者简介：

黄璐，广西社会科学院文化研究所副研究员、广西抗战文化研究会副秘书长。

后　记

《抗战文化研究》第十五辑编入文章23篇（含评论1篇、资料1篇、活动报道1篇），作者来自全国10个省、自治区、直辖市，稿源分布情况是：上海（4篇）、北京（2篇）、重庆（2篇）、江西（1篇）、四川（1篇）、山东（1篇）、湖北（1篇）、湖南（1篇）、广东（1篇）、广西（9篇）。本辑中的论文均为首次公开发表，有的是国家社科基金项目的阶段性成果。本辑的“本辑关注”栏目，集中发表了几篇关于“中国共产党与抗日战争”的研究文章，以庆祝中国共产党成立100周年。“思潮与运动”栏目中《文化抗战、抗战文化与抗战文化运动》一文，较为全面系统地论述了文化抗战与抗战文化的关系，值得一读；其余几篇，也都论题新颖，视角独特，史料扎实，是颇多新见的好文。“文本论析”中，《植根于传统与现实的晋察冀抗战文艺》论述了在红军革命传统和民间文艺传统交织影响下根据地抗战文艺的发展情形；《江西抗战文艺运动中的新诗创作》与地域文学相关，论述了特殊人文地理环境里的诗歌表现，两篇文章对抗战文艺的研究都有新的角度和创新结论。“抗战文化遗产研究”中关于抗战文化资源的数字化整理的文章和两篇抗战遗址调查报告，都提供了新的研究资料和思路，可资借鉴。

最后，衷心感谢广西教育出版社精心编排出版，尤其要感谢责任编辑在编辑工作中付出的辛劳。本书由广西社会科学院资助出版，在此致以深挚谢意。衷心感谢阅读和关心本书的各位读者，欢迎来函来电指导，联系方式详见《征稿启事》。

编　者

2023年12月28日

征稿启事

《抗战文化研究》辑刊以抢救和保存中国抗战文化和世界反法西斯文化遗产，弘扬抗战精神，促进中国抗日战争史、世界反法西斯战争史学科建设和当代先进文化建设为宗旨，反映和研究中国抗日战争（1931—1945 年）和二战时期中国大陆、港澳台地区和东亚各国的文化史实、文化艺术成果、文化运动和文化思想流变，汇集今人的学术成果，尤其欢迎有关中国各地和东南亚各国抗战和二战文化遗产调查抢救保护的调研报告。

《抗战文化研究》每年出版一辑，当年 5 月 31 日截稿。设置栏目见本辑。来稿以 8000—10000 字为宜，文章请按学术论文规范格式行文，包括以下要素：文章标题、作者姓名、摘要、关键词、基金项目、正文、注释、参考文献、作者简介、联系地址和电话。会议综述、书评等非论文可不加摘要和关键词。文章请用 Word 软件排版，注释请用脚注。文稿、照片均请用 E-mail 发到主编邮箱：ljp0123456@sina.com。来稿采用与否均通过邮箱答复。来稿发表后赠书 2 册并酌付薄酬。

编辑部地址：广西壮族自治区南宁市新竹路 5 号广西社会科学院文化研究所 607、613 室

邮编：530022

电话：0771-5865620（办）

《抗战文化研究》编辑部

著作权使用声明